文化强国背景下原创文化节目发展与传播研究

张爱凤 著

中国国际广播出版社

目 录

绪　论 / 001

上篇　理论探索：
原创文化节目发展与社会主义文化强国建设

第一章　文化救国：以旧日之觉醒唤今日之觉醒 / 039

第一节　"文科无用"论与"文化救国"论 / 040

第二节　"艺术·历史·思想"合一的逻辑起点 / 043

第三节　近现代知识分子"人物谱系"的艺术呈现 / 047

第四节　建构具象化的思想传播逻辑 / 057

第五节　《觉醒年代》热播唤今日之觉醒 / 063

第二章　文化求索：中华民族文化心理的百年嬗变 / 068

第一节　文化的代际延续与记忆传承 / 068

第二节　记忆的跨学科研究 / 070

第三节　文化自卑心理与"文化记忆"的断裂 / 084

第四节　文化自觉：从学术反思到强国战略 / 086

第五节　文化强国：中华民族伟大复兴的当代命题 / 089

第三章　文化自信：原创文化节目建构的多维认同 / 095

第一节　原创文化节目发展与文化自信的确立 / 095

第二节　坚定原创文化节目参与国家治理的文化自信 / 098

第三节　原创文化节目建构的身份认同 / 101

第四节　原创文化节目建构的文化认同 / 104

第五节　原创文化节目不断提升市场价值 / 109

第四章　文化创新：2013—2024年原创文化节目的发展 / 116

第一节　政策引领下的原创文化节目创新 / 117

第二节　原创文化节目对"三源一体"文化的影像建构 / 123

第三节　原创文化节目"具身传播"的创造性发展 / 132

第四节　Z世代表达：原创文化节目与青年的双向奔赴 / 137

第五章　文化自强：着力提升原创文化节目传播力 / 142

第一节　文化自强的理论内涵 / 142

第二节　传播力：从学术概念到政治概念 / 143

第三节　原创文化节目传播力的内涵及指标体系 / 147

第四节　提升原创文化节目传播力的经验 / 161

第五节　全国七大区域省级卫视原创文化节目传播力排名 / 180

下篇　实践创新：
原创文化节目生产传播的多元创新路径

第六章　深耕中华文化　焕新"中国节日"——河南卫视"新国风"文化节目的创新发展与融合传播 / 187

第一节　文化立台：河南卫视的发展与变革 / 188

第二节　精准突破：提升融合传播能力 / 200

第三节 受众（用户）至上，传受同频共振 / 205

第七章 弘扬红色文化 强化融媒传播——江西卫视对"英雄文化"节目的创新生产与传播 / 213

第一节 "大历史观 大时代观"下的红色文化节目创作 / 213

第二节 《跨越时空的回信》对"英雄文化"的媒介建构 / 216

第三节 《跨越时空的回信》融合传播策略 / 229

第四节 《闪亮的坐标》提升传播力的创新策略 / 232

第五节 烈士家书线上＋线下诵读提升红色文化节目传播力——基于G大学的项目实践 / 236

第八章 根植岭南文化 引领国潮音乐——广东卫视原创"音乐文化"节目的创新发展路径 / 242

第一节 广东卫视的发展与湾区文化品牌的打造 / 242

第二节 顶层设计着力提升湾区音乐文化节目品质 / 246

第三节 《国乐大典》对国乐文化的创新演绎 / 250

第四节 《流淌的歌声》对岭南文化的创新发展 / 255

第五节 《技惊四座》出海提升国际传播力 / 266

第九章 政策扶持·名家IP·戏曲网红——戏曲类原创文化节目发展与传播的创新路径 / 270

第一节 戏曲与电视的结缘、发展与困境 / 270

第二节 白燕升团队助推戏曲类文化节目的创新发展 / 276

第三节 名家参与和青春化传播：传统戏曲焕发年轻态 / 286

第四节 借力社交媒体当"网红"：让传统戏曲重焕光彩 / 292

第十章 以身话文 以舞表意——舞蹈类文化节目对中国"文化记忆"的
　　　　具身传播 / 298

　　第一节 舞蹈类文化节目发展与具身传播 / 299
　　第二节 身体形塑重构历史人物形象 / 304
　　第三节 身体叙事再现历史事件 / 307
　　第四节 身体隐喻表达思想观念 / 310

第十一章 融合与共生——原创文化节目融入学校美育的理论逻辑与实践
　　　　路径 / 316

　　第一节 移动互联网时代的美育发展 / 316
　　第二节 原创文化节目融入大学美育的多元背景 / 318
　　第三节 原创文化节目与大学美育融合的理论逻辑 / 323
　　第四节 原创文化节目融入大学美育的实践路径 / 328
　　第五节 公益＋美育：语言文化浸润乡村学校的创新路径 / 337

附录1 2013—2024年中央广播电视总台及省级上星电视频道播出的
　　　原创文化节目 / 350

附录2 2018—2023年获国家广电总局表彰的电视创新创优栏目 / 372

参考文献 / 396

后　记 / 409

绪　论

> 文化不是一个人的,而是全体人的;不是一朝一夕的,而是长久的。

党的十八大以来,电视节目泛娱乐化、海外节目引进潮、原创力弱、传播力不强等问题得到了一定的解决。以《中国诗词大会》《朗读者》《经典咏流传》《故事里的中国》《典籍里的中国》《诗画中国》为代表的弘扬中华优秀传统文化、赓续中华文脉的原创文化节目蔚然成风。

上述原创文化节目传承了中国电视文艺怎样的创新精神?原创文化节目的崛起、发展与社会主义文化强国之间存在着怎样的关联?原创文化节目在社会主义文化强国建设进程中应当发挥怎样的价值?立足当下,面向未来,原创文化节目的生产与传播还存在哪些问题?如何解决?这些都是本书要着力回应的问题。

一、研究缘起

本书中的"原创文化节目",特指2013年以来由我国内地广播电视媒体自主创新,以弘扬传承中华优秀传统文化、革命文化及社会主义先进文化为主旨的电视文化综艺节目。① 2013 年 7 月 11 日，河南卫视和爱奇艺联合制作播出了《汉字英雄》；2013 年 8 月 2 日，中央电视台科教频道制作播出的《中国汉字听写大会》，是最早开办的两档原创文化节目。

2014 年 1 月，国家新闻出版广电总局发布的《关于积极开办原创文化节目 弘扬和传承优秀传统文化的通知》（下文简称《通知》）中，第一次明确使用了"原创文化节目"的概念。《通知》指出："2013 年，中央电视台《中国汉字听写大会》、河南卫视《汉字英雄》等节目热播，掀起一股原创文化节目热潮……这些节目把中华文化元素与现代电视节目形态有机结合，在传承展示优秀传统文化、丰富电视节目表现内容、创新节目形态方面进行了有益探索，值得提倡推广。"《通知》要求各广播电视机构，特别是电视上星综合频道要深入挖掘传统文化资源，积极开办以弘扬和传承优秀传统文化为主旨的原创文化节目。

据不完全统计，2013 年以来，国内各大电视台和视频网站推出的原创文化节目总量超过 200 档，如中央广播电视总台的《中国诗词大会》《朗读者》《国家宝藏》《经典咏流传》《故事里的中国》《典籍里的中国》《诗画中国》等；北京广播电视台的《传承者》《上新了·故宫》《了不起的长城》《我在颐和园等你》《最美中轴线》《最美中国戏》等；山西广播电视台的《歌从黄河来》《伶人王中王》；江苏省广播电视总台的《一本好书》《阅读·阅美》《似是故人来》等；浙江广播电视集团的《中华好故事》《少年国学派》《一堂好课》《还有诗和远方》《万里走单骑》等；安徽广播电视台的《耳畔中国》《诗·中国》《家风中华》等；湖南广播电视台的《中华文明之美》《儿行千里》《声临其境》《神奇的汉字》《时光的旋律》等；广东广播电视台的《国乐大典》《劳动号子》《流淌的歌声》《技惊四座》《跟着

---

① 本书聚焦由我国各级广播电视媒体机构牵头主创的原创文化节目，涵盖商业视频网站，自媒体等独立创作的文化节目，但不是本书的主要研究对象，可作为后续研究推进。

国乐去旅行》等；山东广播电视台的《国学小名士》《戏宇宙》《中国礼 中国乐》；河南广播电视台的"中国节日"系列节目等，都是原创文化节目的优秀代表。①

上述节目树立了中国电视本土化创新的标杆，成为中华优秀传统文化当代化、大众化、创新化传播的重要载体。但是，在媒体市场竞争激烈的环境中，相比于其他纯娱乐综艺节目，如《奔跑吧》《王牌对王牌》《欢乐喜剧人》《乘风破浪的姐姐》《披荆斩棘的哥哥》等，原创文化节目的传播力整体比较弱，市场价值与文化价值、社会价值不相匹配。

CSM媒介研究数据显示，2018年1—9月电视综艺节目收视贡献为11.6%，同比减少0.8个百分点，收视率稳定在1%以上的电视综艺节目屈指可数。在2018年度网播量排名前十的电视综艺节目中，文化类综艺节目无一上榜。根据CSM52城收视率调查数据，各大卫视制作播出的原创文化节目中，2019年平均收视率超过1%的仅有《中国诗词大会》（第四季）。

2013年以来，较多原创文化节目聚焦汉字、诗词、朗读等领域，形成了一定的题材、模式同质化问题（见表1）。

表1　2013—2019年央视及省级卫视制播的汉字、诗词、读书类原创文化节目表
（以首播时间为序）

节目名称	题材	制作方	主要播出平台	首播时间
《汉字英雄》共3季	汉字文化	河南广播电视台、爱奇艺	河南卫视、爱奇艺	2013.7.11
《中国汉字听写大会》共3季	汉字文化	中央广播电视总台、国家语言文字工作委员会、北京实力电传文化发展股份有限公司	央视综合频道、科教频道，腾讯视频	2013.8.2

---

① 2013—2024年完整的原创文化节目名录请见附录1。

续表

节目名称	题材	制作方	主要播出平台	首播时间
《中华好诗词》已播出8季	诗词文化	河北广播电视台	河北卫视、爱奇艺、优酷、搜狐视频、乐视、PPTV、风行	2013.10.19
《成语英雄》播出2季	成语文化	河南广播电视台	河南卫视、爱奇艺、腾讯视频	2013.11.21
《最爱中国字》已播出2季	汉字文化	黑龙江广播电视台、好看传媒	黑龙江卫视、爱奇艺	2014.1.6
《中国成语大会》已播出2季	成语文化	中央广播电视总台、国家语言文字工作委员会	央视综合频道、科教频道、央视网、乐视、爱奇艺	2014.4.18
《唐诗风云会》已播出2季	唐诗	陕西广播电视台	陕西卫视、爱奇艺、腾讯视频	2015.3.1
《文学英雄》	中国文学	河南广播电视台、果麦文化传媒	河南卫视	2015.5.15
《诗歌之王》共2季	原创诗歌	四川广播电视台	四川卫视、爱奇艺、腾讯视频、乐视	2015.12.12
《中国诗词大会》已播出9季	诗词文化	中央广播电视总台、国家语言文字工作委员会	央视综合频道、科教频道、央视网、爱奇艺、B站	2016.2.12
《朗读者》共3季（含《一平方米》新媒体节目）	经典诗文人文故事	中央广播电视总台、央视创造	央视综合频道、央视网、爱奇艺、B站	2017.2.18
《诗书中华》	古诗文	上海广播电视台、东方娱乐集团	东方卫视、腾讯视频、爱奇艺	2017.4.14
《汉字风云会》	汉字文化	浙江广播电视台、北京实力文化	浙江卫视、爱奇艺	2017.7.13

续表

节目名称	题材	制作方	主要播出平台	首播时间
《向上吧！诗词》	诗词文化	浙江广播电视集团	浙江卫视、爱奇艺、腾讯视频、搜狐视频、优酷、乐视	2017.8.13
《阅读·阅美》已播出3季	阅读美文	江苏省广播电视总台	江苏卫视、爱奇艺、腾讯视频、优酷	2017.8.26
《童声朗朗》	少年儿童诵读	湖北广播电视台	湖北卫视、爱奇艺	2018.5.8
《一本好书》已播出2季	场景读书	江苏省广播电视总台、实力文化、腾讯视频	江苏卫视、腾讯视频	2018.10.8
《奇妙的汉字》已播出6季	汉字文化	湖北广播电视台	湖北卫视、爱奇艺	2019.4.30
《神奇的汉字》已播出2季	汉字文化	湖南广播电视台	湖南卫视、芒果TV	2019.6.10
《我爱古诗词》已播出2季	诗词文化	江苏省文明办、共青团江苏省委、江苏省广播电视总台	江苏城市频道、江苏卫视、荔枝网、B站、优酷	2019.6.15
《邻家诗话》已播出5季	诗歌庭院雅集	腾讯视频、河北广播电视台、一心明德文化	河北卫视、腾讯视频	2019.6.24
《成语天下》已播出2季	成语	河北广播电视台	河北卫视、腾讯视频、B站	2019.6.30
《诗·中国》	中华诗词文化	安徽广播电视台	安徽卫视、爱奇艺	2019.10.13

2020年以来，原创文化节目的题材范围大大拓展，涵盖了汉字、成语、诗词、节气、冰上舞蹈、旅行、公益、乡村、园林、服饰、杂技等多个具象落点（见表2），节目形态不断丰富，艺术手法不断创新，给观众带来了"知识+娱乐+科技+审美"的新体验。

表2 2020年央视及省级卫视制播的原创文化节目（以首播时间为序）

节目名称	题材	制作方	主要播出平台	首播时间
《了不起的长城》	长城文化体验	北京广播电视台、灿星制作	北京卫视、芒果TV、优酷	2020.1.4
《24节气生活》	节气文化探索	浙江广播电视集团、观正影视、冉世文化	浙江卫视、腾讯视频、B站	2020.1.9
《与冰共舞》	冰上舞蹈竞演	黑龙江广播电视台	黑龙江卫视、爱奇艺、腾讯视频	2020.1.22
《经典咏流传》第三季	诗词文化音乐	中央广播电视总台	央视综合频道、央视网、腾讯视频、爱奇艺、优酷视频	2020.1.26
《中国诗词大会》第五季	诗词文化	中央广播电视总台	央视综合频道、科教频道、央视网	2020.1.28
《神奇的汉字》第二季	汉字文化	湖南广播电视台	湖南卫视、芒果TV	2020.5.18
《第一粒扣子》	课本剧	江苏省广播电视总台	江苏卫视、爱奇艺	2020.6.1
《我在颐和园等你》	园林文化户外综艺	北京市颐和园管理处、北京广播电视台、华传文化	北京卫视、爱奇艺、腾讯视频	2020.7.3
《似是故人来》	实景文化深度访谈	江苏省广播电视总台、中国互联网新闻中心	中国网、江苏卫视、新浪微博、B站、百度百家号、腾讯视频	2020.7.21
《叮咚上线，老师好》	互动知识分享	湖南广播电视台	湖南卫视、腾讯视频、爱奇艺、芒果TV	2020.7.27
《还有诗和远方·诗画浙江篇》	文化旅游探寻体验	浙江广播电视集团	浙江卫视、爱奇艺、腾讯视频、优酷、B站、中国蓝TV	2020.8.9
《我的桃花源》	乡村文旅体验	北京广播电视台、北京市文化和旅游局	北京卫视、腾讯视频、爱奇艺	2020.8.18
《海报里的英雄》	人文历史	中央广播电视总台	央视综艺频道、央视网、B站	2020.8.30

续表

节目名称	题材	制作方	主要播出平台	首播时间
《青春在大地》	脱贫攻坚	湖南广播电视台	湖南卫视、芒果 TV	2020.8.30
《美好的时光》	音乐旅行	浙江广播电视集团	浙江卫视、腾讯视频、爱奇艺、中国蓝 TV、Z 视介	2020.9.12
《成语天下》第二季	成语文化	河北广播电视台	河北卫视、腾讯视频、B 站	2020.9.19
《田园中国》	乡村振兴融媒	山东广播电视台	山东卫视、爱奇艺、腾讯视频	2020.9.27
《故事里的中国》第二季	戏剧影视综艺文化	中央广播电视总台	央视综合频道、央视网、央视频	2020.10.2
《传承进行时》	启智致用访谈	安徽广播电视台	安徽卫视、爱奇艺	2020.10.2
《从长江的尽头回家》	公益文化纪实	江苏省广播电视总台、煜盛文化	江苏卫视、爱奇艺、优酷视频	2020.10.16
《衣尚中国》	中华传统服饰文化	中央广播电视总台	央视综艺频道、央视网	2020.11.7
《奇妙的诗词》	原创诗词文化	湖北广播电视台	湖北卫视、爱奇艺	2020.12.5
《宝藏般的乡村》	乡村文化体验	浙江广播电视集团、浙江从容影视	浙江卫视、爱奇艺、腾讯视频、优酷、中国蓝 TV	2020.12.20
《技惊四座》	原创杂技文化	广东广播电视台	广东卫视、B 站	2020.12.19
《学习达人大会》	辩论观察理论	安徽广播电视台、共青团中央宣传部、安徽省委宣传部、安徽省委网信办、共青团安徽省委员会	安徽卫视、学习强国	2020.12.21

续表

节目名称	题材	制作方	主要播出平台	首播时间
《上线吧！华彩少年》	台网互动国风少年创演	中央广播电视总台	央视综合频道、央视频、西瓜视频	2020.12.25

2020年后，部分原创文化节目尝试云录制或恢复演播室制作，如湖南卫视《神奇的汉字》（第二季）、《叮咚上线！老师好》、江苏卫视《第一粒扣子》、河北卫视《成语天下》（第二季）等。此后，除了中央广播电视总台、省级一线广播电视台的原创文化节目保持较好的发展态势，其他省级广播电视台面临用户活跃度和留存率低、原创文化节目老化、模式创新滞后、融媒体平台竞争力不强、产品运营和市场拓展能力不足、媒体（节目）经营困难等问题。

2022年，人社部、国家发展改革委等四部门联合印发的《关于扩大阶段性缓缴社会保险费政策实施范围等问题的通知》中，广播、电视、电影等17个行业被列入扩大实施缓缴政策的困难行业名单。

全国广播电视行业统计公报数据显示，2023年，全国电视节目制作时间260.01万小时，同比下降3.97%；益智类综艺电视节目制作时间21.07万小时，同比下降14.25%，播出时间97.89万小时，同比下降6.09%；电视广告收入516.35亿元，同比下降6.67%。2023年度新增互联网视频节目11291.87万小时，网民人均每天观看互联网视听节目（含短视频）约3小时。[1] 电视节目制播与互联网视频节目制播时长、观众（网民）观看节目时长"此消彼长"的态势越发明显。这些综合因素都对原创文化节目的可持续发展产生了重要影响。

---

[1] 规划财务司.2023年全国广播电视行业统计公报［EB/OL］.(2024-05-08)［2024-08-28］.https://www.nrta.gov.cn/art/2024/5/8/art_113_67383.html.

如图 1 所示，2024 年一季度晚间时段首播文艺节目收视率前 20 名中，中央广播电视总台的原创文化节目上榜情况要优于地方卫视。在建设社会主义文化强国背景下，在节目数量繁荣的基础上，如何推动原创文化节目持续发展创新，着力提升节目传播力，成为一个迫切需要解决的问题。

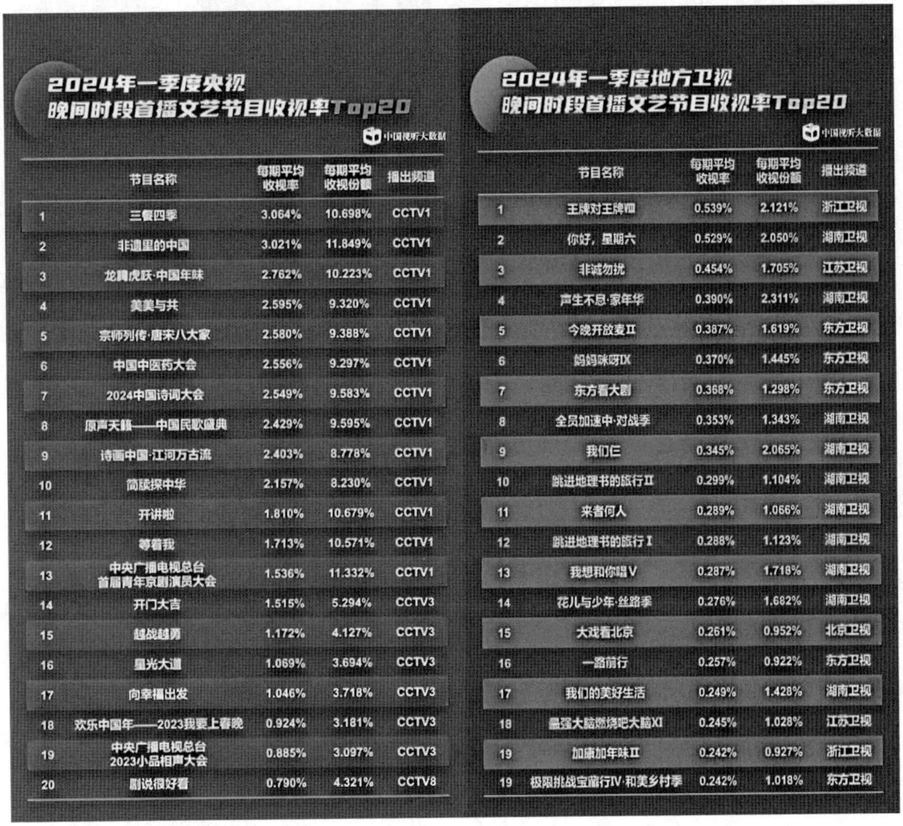

2024年一季度央视
晚间时段首播文艺节目收视率Top20
中国视听大数据

	节目名称	每期平均收视率	每期平均收视份额	播出频道
1	三餐四季	3.064%	10.698%	CCTV1
2	非遗里的中国	3.021%	11.849%	CCTV1
3	龙腾虎跃·中国年味	2.762%	10.223%	CCTV1
4	美美与共	2.595%	9.320%	CCTV1
5	宗师列传·唐宋八大家	2.580%	9.388%	CCTV1
6	中国中医药大会	2.556%	9.297%	CCTV1
7	2024中国诗词大会	2.549%	9.583%	CCTV1
8	原声天籁——中国民歌盛典	2.429%	9.595%	CCTV1
9	诗画中国·江河万古流	2.403%	8.778%	CCTV1
10	简牍探中华	2.157%	8.230%	CCTV1
11	开讲啦	1.810%	10.679%	CCTV1
12	等着我	1.713%	10.571%	CCTV1
13	中央广播电视总台首届青年京剧演员大会	1.536%	11.332%	CCTV1
14	开门大吉	1.515%	5.294%	CCTV3
15	越战越勇	1.172%	4.127%	CCTV3
16	星光大道	1.069%	3.694%	CCTV3
17	向幸福出发	1.046%	3.718%	CCTV3
18	欢乐中国年——2023我要上春晚	0.924%	3.181%	CCTV3
19	中央广播电视总台2023小品相声大会	0.885%	3.097%	CCTV3
20	剧说很好看	0.790%	4.321%	CCTV8

2024年一季度地方卫视
晚间时段首播文艺节目收视率Top20
中国视听大数据

	节目名称	每期平均收视率	每期平均收视份额	播出频道
1	王牌对王牌Ⅷ	0.539%	2.121%	浙江卫视
2	你好，星期六	0.529%	2.050%	湖南卫视
3	非诚勿扰	0.454%	1.705%	江苏卫视
4	声生不息·家年华	0.390%	2.311%	湖南卫视
5	今晚开放麦Ⅱ	0.387%	1.619%	东方卫视
6	妈妈咪呀Ⅸ	0.370%	1.445%	东方卫视
7	东方看大剧	0.368%	1.298%	东方卫视
8	全员加速中·对战季	0.353%	1.343%	湖南卫视
9	我们仨	0.345%	2.065%	湖南卫视
10	跳进地理书的旅行Ⅱ	0.299%	1.104%	湖南卫视
11	来者何人	0.289%	1.066%	湖南卫视
12	跳进地理书的旅行Ⅰ	0.288%	1.123%	湖南卫视
13	我想和你唱Ⅴ	0.287%	1.718%	湖南卫视
14	花儿与少年·丝路季	0.276%	1.682%	湖南卫视
15	大戏看北京	0.261%	0.952%	北京卫视
16	一路前行	0.257%	0.922%	东方卫视
17	我们的美好生活	0.249%	1.428%	湖南卫视
18	最强大脑燃烧吧大脑Ⅺ	0.245%	1.028%	江苏卫视
19	加康加年味Ⅱ	0.242%	0.927%	浙江卫视
19	极限挑战宝藏行Ⅳ·和美乡村季	0.242%	1.018%	东方卫视

图1　左：2024 年一季度中央广播电视总台晚间时段首播文艺节目收视率 Top20
右：2024 年一季度地方卫视晚间时段首播文艺节目收视率 Top20[①]

① 图片来源：中国视听大数据。

二、国内外相关研究的学术史梳理

本书名有两个"文化",即"文化"强国与原创"文化"节目,两个"文化"的内涵既有相通之处,也各有侧重。

"文化"在当代是一个使用率很高的概念。在学术维度,意大利马克思主义理论家安东尼奥·葛兰西提出了"文化霸权(文化领导权)"的概念,法兰克福学派的"文化工业""大众文化"理论,英国伯明翰学派的文化研究,法国社会学家皮埃尔·布尔迪厄提出的"文化资本"理论,德国文化学家扬·阿斯曼提出的"文化记忆"理论,中国社会学家费孝通提出的"文化自觉"概念等,被学术界广泛应用。而在社会或商业维度,出现了"地域文化""企业文化""校园文化""美食文化""夜经济夜文化"等概念。

在中外学术史上,不同学科关于"文化"的概念有数百种之多。美国学者罗威勒曾经说,"我被托付一项困难的工作,就是谈文化。但是,在这个世界上,没有别的东西比文化更难以捉摸。我们不能分析它,因为它的成分无穷无尽;我们不能叙述它,因为它没有固定形状。我们想用字来范围它的意义,这正像要把空气抓在手里似的:当我们去寻找文化时,它除了不在我们手里以外,它无所不在"。[①] 由此可见,"文化"这个概念对于我们来说,既熟悉又陌生。因此,追溯"文化"概念的前世今生、发展流变,对于我们理解原创文化节目发展和社会主义文化强国建设具有重要的意义。

(一)"文化"概念的中外历史溯源

1. 中国历史中"文化"概念的发展

"文化"一词在中国古已有之,但最初"文"与"化"各具其义,与现今我们使用的"文化"一词意义并不相同。

---

① 殷海光.中国文化的展望[M].上海:上海三联书店,2002:26.

绪 论

如图 2 所示，甲骨文的"文"是象形字，像一个正立的人，胸前刻有花纹。金文的形体基本上同甲骨文，篆文则把人胸前的花纹省略了。"文"的本义是指刻在胸前的花纹、纹理，是"纹"的初文。在《说文解字·文部》中："文，错画也，象交文。"段玉裁《说文解字注》曰："错画者，交错之画也。象两纹交互也。"王筠的《说文解字句读》中："错者，交错也。错而画之，乃成文也。"在《礼记·乐记》中："五色成文而不乱。"

甲骨文	金文	战国文字	篆文	隶书	楷书
图	图	图	图	文	文

图 2 "文"字形演变图

"文"这个字也被用作动词，指刻画出花纹，如庄子在《逍遥游》中写道："宋人资章甫而适诸越，越人断发文身，无所用之。"[①] 范宁注："文身，刻画其身以为文也。"

"文"是汉语中的部首字，以"文"作为部首组成的字大多与花纹相关，比如斑、斓、斐等。在历史的发展变迁中，"文"从最初的"花纹"引申为"文字"，又延展为"文章""文采"之义。"文"同"纹"，由纵横交错的笔画构成，但不是杂乱无章、毫无条理的，而是有着内在的秩序和逻辑，因此，"文"又同"理"（陆德明《经典释文》中"文，犹理也"），指自然界和人类社会某些具有规律性的现象，乃有天文、地文、人文之说，就是指"天、地、人"三者各自遵行的规律。

如图 3 所示，"化"字始见于商代甲骨文，是正反两个人形，左部是倒立的人，右部是正立的人。《说文解字》中："从（huà）人，亦声。"战国

---

① 意思是北方的宋人贩卖礼帽到南方越国，发现越国人不蓄头发且文身，根本用不着帽子。

011

时代的"化"字,左为正人形,右为倒人形,一正一倒,表示变化,属会意字。①小篆的"化"字,保持了商代甲骨文中正反两个"人"的造型,但将左侧人的手部延长,右侧人头部弯曲。"化"发展到汉代隶书阶段,左侧的人变为单人旁,右侧的人身变为一竖弯钩(乚),并为后世楷书所承袭。

甲骨文	战国文字	小篆	隶书	楷书

图3 "化"字形演变图

在《说文解字》中:"化,教行也。"所谓"教行"就是"教化"。"化"字的本义应为变易、改变,如《玉篇·匕部》中:"化,易也。"《周易·恒》中:"日月得天而能久照,四时变化而能久成,圣人久于其道,而天下化成。"庄子《逍遥游》中:"北冥有鱼,其名为鲲。鲲之大,不知其几千里也;化而为鸟,其名为鹏。"

后来,"化"引申为感化、教化之意,指人心或民风受到教育、引导而发生变化。在《礼记·学记》中:"君子如欲化民成俗,其必由学乎!"进而,"化"字又衍生出美感、美化之义,《礼记·乐记》中有"乐者,天地之和也……和,故万物皆化"。郑玄注,"化,犹生也","鼓之以雷霆,奋之以风雨,动之以四时,暖之以日月,而百化兴焉"。

中国古代对"文化"一词最早做出表述的是《周易·贲卦》:"刚柔交错,天文也。文明以止,人文也。观乎天文,以察时变;观乎人文,以化成天下。"此处的"文""化"两字各具其义,前者"文"的意思是人文,后者"化"的意思是感化、化育,意为以人文的方式教化天下。

---

① 有学者解释说,古人习惯于以倒人表示人死,"故化字即人生死变化字"。如"坐化"是佛教徒圆寂的一种方式,即端坐着安详地死去,这个用法也许更接近"化"的本义。

绪 论

自西汉始,"文"与"化"开始并提,从而形成一个完整的词语。刘向的《说苑·指武篇》中:"圣人之治天下也,先文德而后武力。凡武之兴,为不服也。文化不改,然后加诛。"其中所说的"文化",后来演变为与武力征服相对应的文治教化之意。在历史的发展中,"文""化"二字由分至合,逐渐形成当代语境中的"文化"意义。

2. 英语 culture 的概念溯源[①]

英语 culture 源自拉丁词 cultura(cultura 则来自拉丁文的 colo),原义为种植、培育,与农业、畜牧业相关,意指对庄稼的种植和对家畜的饲养。这层意思至今仍然保存在英语"农业"(agriculture)、"园艺"(horticulture)等词之中。

古罗马政治家、哲学家西塞罗是最早把 cultura 一词与人的心智培养与文化修养关联起来的人,他用"cultura animi"进行定义,原意是指"灵魂的培养"。到了18世纪,这一变化开始对英语产生影响。法语(La culture)、德语(先拼作 cultur,后来拼作 kultur)中的"文化"一词,也在18世纪中叶以后发生了类似的变化,即从农业、畜牧生产领域转向了人类的精神生活领域。德国思想家赫尔德在著作中使用的"cultura"便包含着对人的心智能力的发展和培养的意思,并在"文化"一词的词尾后面加复数,作为一个名词被理解为某一特定社会生活方式的总和。[②] 在19世纪早期,"文化"一词被用来作为"文明"的同义词,或者在某些情况下作为对照使用。

德国古典哲学的创始人康德在其著作《判断力批判》中指出,"在一个有理性的存在者里面,产生一种达到任何自行抉择的目的的能力,从而也

[①] 姚文放.中国语境与汉语系统中的"文化"概念分析[J].社会科学战线,2008(8):199-207.

[②] 何平.中国和西方思想中的"文化"概念[J].史学理论研究,1999(2):68-79.

就是产生一个存在者自由地抉择其目的之能力的就是文化"[1]。而黑格尔认为"文化以其绝对的定义说……是解放和高度解放的工作"。二者都强调文化是以人的对象化为基础，并在主体和客体的相互作用中产生。这一时期，由德国哲学家和历史学家所表述的文化的概念可以称为"古典概念"，即文化是发展和提升人类才能的过程，这个过程通过吸收学术与艺术作品而得到推动，并与时代的进步性有联系。[2]

马克思没有对"文化"下定义或做出具体的界定，但他在著作《人类学笔记》《巴黎手稿》中使用的大多是广义的文化概念，认为文化是人在改造自然的劳动对象化中产生的，是以人为基础，以人的本质或本质力量的对象化为实质的，包括物质文化、精神文化、制度文化等因素。[3]

到了19世纪后期，文化概念被整合进新兴的人类学学科，形成一种文化的"描述性概念"，即一个群体的或社会的文化是人们作为该群体或社会成员所具有的一批信仰、习俗、思想和价值观，以及物质制品、物品和工具。[4] 而作为一种象征性概念的文化，是体现于象征形式（包括行动、语言和各种有意义的物品）中的意义形式，人们依靠它相互交流并共同具有一些经验、概念与信仰。[5] 在实际中，许多学者是在混合意义上使用"文化"这个概念的。

3. 当 culture 遇见 "文化"

culture 一词传入中国的时间并不长。据黄兴涛先生研究，culture 一词最早在 19 世纪 60 年代在华传教士以及中国人编纂的一些英汉词典中

---

[1] 康德.判断力批判[M].邓晓芒，杨祖陶，译.北京：人民邮电出版社，2017.
[2] 汤普森.意识形态与现代文化[M].高铦，等译.南京：译林出版社，2019：135.
[3] 王仲士.马克思的文化概念[J].清华大学学报（哲学社会科学版），1997(1)：20-26.
[4] 汤普森.意识形态与现代文化[M].高铦，等译.南京：译林出版社，2019：139.
[5] 汤普森.意识形态与现代文化[M].高铦，等译.南京：译林出版社，2019：141-142.

绪　论

被列为条目，但很少译为汉语"文化"一词，而是将其译为"开化""风化""教化""文雅""文教兴盛""有教化"等。[①]

真正将 culture 译为汉语"文化"一词也是近代的事。19 世纪 80 年代，颜永京在翻译英国思想家斯宾塞所著的《教育论》以及美国传教士丁韪良所著的《西学考略》时，第一次在现代意义上使用"文化"一词，来对译 culture 一词。[②] 可见，将 culture 一词引进中国并翻译为"文化"的概念，只是 100 多年前的事，而中国人使用"文化"一词，已有两千年甚至更长久的历史。

到了当代，英国文艺理论家特里·伊格尔顿在《论文化》一书中指出，文化是一个非常复杂的词，但在复杂的含义中，有四种主要的含义更加突出：一是大量的艺术性作品与知识性作品；二是一个精神与智力发展的过程；三是人们崇尚的价值观、遵循的习俗、坚持的信仰以及一系列象征实践；四是一种在代代相传中形成的完整的生活方式。[③]

美国人类学家克利福德·格尔茨在《文化的解释》一书中提出，"最好不要把文化看成一个具体行为模式——习俗、惯例、传统、习惯——的复合体"，"人明显地是这样一种动物，他极度依赖于超过遗传的、在其皮肤之外的控制机制和文化程度来控制自己的行为"，"我们的思想、我们的价值、我们的行动，甚至我们的情感，像我们的神经系统自身一样，都是文化的产物"。[④] 格尔茨阐述了文化的象征意义，并分析了文化与人互融共生的关系。

综上所述，不管是中国还是外国，文化的概念始终与"人"的发展密切相关。人们在与客观世界互动的过程中，不断丰富、创新、发展"文化"的概念、内涵与形态。当代学术界一般把文化分为广义和狭义两种：广义的文化即人类创造的一切物质和精神财富的总和，由外到内包含物质、制

[①] 黄兴涛.晚清民初现代"文明"和"文化"概念的形成及其历史实践[J].近代史研究，2006（6）：1-34.
[②] 黄兴涛.晚清民初现代"文明"和"文化"概念的形成及其历史实践[J].近代史研究，2006（6）：1-34.
[③] 伊格尔顿.论文化[M].张舒语，译.北京：中信出版集团，2017：1.
[④] 格尔茨.文化的解释[M].韩莉，译.南京：译林出版社，2014.

度和科学、文化心理、核心价值观等四个层次[①]；狭义的文化特指精神文化，包括思维方式、审美意识、文学艺术、风土人情等。一般学界关于文化的讨论，都是在文化的狭义维度上展开的。"只有作为观念形态的文化，才能显示其重要性，才能显示其对于经济政治的渗透性。"[②]

4. 当代中国语境中的"文化"概念

文化在任何阶级社会中，都起着维护社会稳定、保持社会延续的精神支柱作用。在当代中国语境中，文化问题既是一个重大的理论问题，也是一个重要的实践问题。

在我国，党的十二届六中全会正式提出"社会主义现代化建设总体布局"并明确提出"三位一体"：以经济建设为中心，坚定不移地进行经济体制改革，坚定不移地进行政治体制改革，坚定不移地加强精神文明建设。

党的十六届六中全会把和谐社会建设作为中国特色社会主义事业总体布局的一项重要内容确立下来，使总体布局发展为包括经济建设、政治建设、文化建设、社会建设在内的"四位一体"。

中共十八大站在历史和全局的战略高度，对推进新时代"五位一体"总体布局作了全面部署，从经济、政治、文化、社会、生态文明五个方面，制定了新时代统筹推进"五位一体"总体布局的战略目标。

党的十九大报告明确指出了中国特色社会主义文化包括中华优秀传统文化、革命文化和社会主义先进文化。"问渠那得清如许，为有源头活水来"，中华优秀传统文化是中华民族的"精神根基"和社会主义文化建设的"源头活水"；革命文化是马克思主义与中华优秀传统文化相结合的产物，是在马克思主义中国化的过程中孕育出来的新的文化形态；社会主义先进文化是中华优秀传统文化和革命文化在当代的创造性转化和创新性发展，三者共同构成了中国特色社会主义文化的主体与主流。

---

① 李文阁，孙煜华，李达.兴国之魂：文化强国背景下的核心价值体系和核心价值观研究[M].北京：人民出版社，2017：53.
② 陈先达.文化自信中的传统与当代[M].北京：北京师范大学出版社，2017：35.

绪 论

党的二十大报告58次提到"文化",贯穿报告的15个部分,指出"坚持创造性转化、创新性发展,以社会主义核心价值观为引领,发展社会主义先进文化,弘扬革命文化,传承中华优秀传统文化,满足人民日益增长的精神文化需求,巩固全党全国各族人民团结奋斗的共同思想基础,不断提升国家文化软实力和中华文化影响力"。[①]

本书提到的原创文化节目是中华优秀文化在当代创造性转化、创新性发展的成果,弘扬的中华优秀文化既包括中华优秀传统文化,如中央广播电视总台的《中国诗词大会》《国家宝藏》《中国考古大会》《经典咏流传》《典籍里的中国》等,河南卫视的"中国节日"系列节目,山东卫视的《中国礼 中国乐》等;还包括革命(红色)文化,如中央广播电视总台的《海报里的英雄》,江西卫视的《跨越时空的对话》《闪亮的坐标》等;还有社会主义先进文化,如中央广播电视总台的《绿水青山看中国》,江苏卫视的《小镇故事》《一本好书》,浙江卫视的《同一堂课》《还有诗和远方·诗画浙江篇》,广东卫视的《流淌的歌声》等。

综上所述,在中国当代语境中,文化强国中的"文化",是指相对于政治、经济、社会的存在,是指狭义的文化,即观念形态的文化,中外具有共通性;而原创文化节目中的"文化",特指中国特色社会主义文化,由中华优秀传统文化、革命(红色)文化、社会主义先进文化组成,既包括物质层面(如文物、建筑、各类文化遗产等),也包括精神、制度层面的中华美学精神、社会主义核心价值观等,是具有中国特色的文化。

(二)原创文化节目的诞生与概念界定

1.原创文化节目的诞生及发展

我国的电视事业起步于1958年。纵观世界各国的广播电视媒体,一般

[①] 习近平.高举中国特色社会主义伟大旗帜 为全面建设社会主义现代化国家而团结奋斗:在中国共产党第二十次全国代表大会上的报告[N].人民日报,2022-10-16(1).

都是从新闻、文艺两种节目形态开始，然后逐渐衍生出其他节目形态。在"原创文化节目"概念出现之前，电视领域的学界和业界都倾向于用"电视文艺节目"这个概念指称有别于电视新闻节目且具有艺术审美性的电视节目。

"电视文艺是以先进的电子技术为传播手段，以电视独特的声画造型为表现方式，运用艺术的审美思维，对各类文艺作品进行加工、综合、创造，通过塑造鲜明的屏幕形象，达到以情感人目的的一种特殊的屏幕艺术形态。"[1] 与电视新闻节目相对应，我国电视文艺节目的范围很广，除了电视剧，还包括早期的电视散文、电视诗歌、专题文艺栏目、文艺晚会等。在原创文化节目发展的前史阶段，业界、学界通常采用电视文艺节目的概念。

21世纪以来热播的各类综艺节目均属于广义的电视文艺节目的范畴。电视综艺节目是指由两种以上（含两种）电视文艺节目综合成为一个有机整体的节目形态。1981年元旦，广东电视台仿照香港电视节目《欢乐今宵》开办了一个杂志型的电视文艺专栏《万紫千红》，被认为是我国最早开办的电视综艺栏目。1982年6月5日，中央电视台《舞台与银幕》栏目开播，这是由转播剧场演出转向自办电视文艺栏目的创新尝试。1984年，中央电视台又推出了《艺苑之花》《音乐与舞蹈》《曲艺与杂技》《周末文艺》等栏目。其中，《周末文艺》的开播，在我国电视综艺栏目发展史上具有里程碑意义。虽然《周末文艺》栏目早已停办，定格为一个时代的记忆，但是"当中国社会在20世纪80年代中后期开始遭遇港台流行文化与庸俗娱乐的第一波侵袭时，以《周末文艺》为代表的本土传统综艺栏目始终坚持精英主义美学的追求"。[2] 这体现了中国电视文艺工作者对社会主义文艺精神与文化品质的坚守。

---

[1] 张凤铸，关玲.中国当代广播电视文艺学[M].2版.北京：中国传媒大学出版社，2016：43.

[2] 仲呈祥.中国电视文艺发展史[M].北京：中国电影出版社，2014：9.

绪　论

同期，上海电视台的《大世界》《大舞台》；吉林电视台的《艺林漫步》；天津电视台的《戏曲之花》等地方电视台制作的电视文艺栏目也竞相发展。总体而言，在这一时期，全国电视台的电视文艺节目既摆脱了对剧场演出的依赖，也突破了传统艺术门类的局限，开始有了明晰的"主体"、"独创"和"电视栏目化"意识，尤其是中央电视台的电视文艺栏目建设取得了较大进展。

自20世纪80年代中期始，中央电视台举办了一系列文艺竞技类比赛，如青年歌手电视大奖赛、"桃李杯"舞蹈比赛、相声邀请赛、全国戏剧小品大赛、中华杯猜谜赛、青年京剧演员电视大选赛等。[①] 如表3所示，当下很多原创文化节目传承了上述赛事节目的文化基因，并融合当代影像艺术和技术进行了模式重构与形态创新。

表3　中央电视台举办的电视文艺赛事与部分原创文化节目的关联

年份	赛事名称	原创文化节目（首播年度）
1985	"桃李杯"舞蹈比赛	《舞千年》（2022）
1986	全国部分省市电视相声邀请赛 全国电视书法大赛	《笑礼相迎》（2018） 《中国书法大会》（2023）
1987	首届"中华杯"谜语大赛 全国青年京剧演员电视大赛	《中国灯谜大会》（2013） 《中国谜语大会》（2014） 《国色天香》（2014）
1989	全国部分民族乐器电视大奖赛	《国乐大典》（2018）
1992—1994	梅兰芳金奖大赛	《喝彩中华》（2017）
1993	中国音乐电视大赛	《经典咏流传》（2018） 《流淌的歌声》（2018） 《声生不息》（2022）

[①] 近几年热播的《中国好声音》《舞林争霸》《舞林大会》《欢乐喜剧人》《中国谜语大会》《伶人王中王》等节目，都与这些比赛有着渊源。

续表

年份	赛事名称	原创文化节目（首播年度）
2000	首届 CCTV 电视舞蹈大赛	《舞蹈风暴》（2019）
2001	全国京剧戏迷票友电视大赛	《伶人王中王》（2016） 《戏码头》（2018） 《传承中国》（2018） 《最美中国戏》（2021）
2002	CCTV 全国电视相声大赛 全国电视节目主持人大赛	《相声有新人》（2018） 中央广播电视总台主持人大赛
2004	CCTV 朗诵艺术大赛	《中国诗词大会》（2016） 《朗读者》（2017） 《经典咏流传》（2018）
2006	越剧青年演员电视挑战赛	《中国好声音·越剧特别季》（2022）
2007	CCTV 民族器乐电视大赛	《国乐大典》（2018） 《开播吧！国潮》（2024）

1990年3月14日，中央电视台《综艺大观》正式开播，"是20世纪90年代大众文化的产物，它继承了20世纪80年代精英文化对'真、善、美'的崇尚，包容了20世纪90年代港台流行文化对明星的追逐"[①]，标志着中国电视综艺栏目发展进入新阶段，也意味着20世纪80年代主导的电视精英文化向大众文化的靠拢与妥协。

进入21世纪，随着互联网的发展和媒体市场化的推进，电视文艺节目或电视综艺节目的形态、外延在不断拓展。2005年是国内电视真人秀节目快速发展的一年，其中以草根海选、全民娱乐、平民造星为主要特征的表演选秀类真人秀成为最大赢家。在这一阶段，中国各地电视台加强与海外节目市场的联系，也越来越多地建立与海外节目研发机构，如 Fremental、

---

① 仲呈祥.中国电视文艺发展史［M］.北京：中国电影出版社，2014：10.

Talpa 等公司的合作。由此，国内广播电视机构从海外引进电视节目模式成为一股潮流，并逐渐进入鼎盛时期。

与此同时，国家广电主管部门密切关注到此问题，开始加强对电视泛娱乐化和引进模式的管理。2011年7月，国家广播电视总局专门召开了"关于防止部分广播电视节目过度娱乐化座谈会"。同年10月25日，国家广电总局正式下发《关于进一步加强电视上星综合频道节目管理的意见》（下文简称《意见》），《意见》提出，各大卫视对节目形态雷同、过多过滥的婚恋交友类、才艺竞秀类、情感故事类、游戏竞技类、综艺娱乐类、访谈脱口秀、真人秀等类型节目实行播出总量控制，防止节目类型过度同质化。

《意见》发布后，各省级卫视在保持原有优势节目的同时，将频道的娱乐节目资源进行了大规模的重组和调整。

2013年10月12日，国家新闻出版广电总局下发《关于做好2014年电视上星综合频道节目编排和备案工作的通知》。主要内容包括：优化节目结构，丰富节目类型；坚持自主创新，加强引进管理；抵制过度娱乐，防止雷同浪费；履行社会责任，实行年报制度；切实加强管理，做好备案工作等。[①]

2014年1月，国家新闻出版广电总局发布的《关于积极开办原创文化节目弘扬和传承优秀传统文化的通知》[②]（下文简称《通知》）中，第一次明确使用了"原创文化节目"的概念。《通知》要求各广播电视机构特别是电视上星综合频道要深入挖掘传统文化资源，积极开办以弘扬和传承优秀传统文化为主旨的原创文化节目。

---

① 国家广电总局2013年第68号文。
② 宣传管理司.关于积极开办原创文化节目弘扬和传承优秀传统文化的通知［EB/OL］.（2014-01-23）［2018-10-22］. https://www.nrta.gov.cn/art/2014/1/23/art_31_755.html.

2013年以来，以《汉字英雄》《中国汉字听写大会》《中国诗词大会》《朗读者》《经典咏流传》《国家宝藏》《典籍里的中国》等节目为代表的原创文化节目的诞生和发展，传承了我国电视文艺发展的民族文化基因，是新时期国家文艺政策不断调控、积极引导的结果，也是电视文艺工作者在市场化、娱乐化、大众化、节目引进潮背景下自觉反思、积极创新的结果。

2. 原创文化节目的概念界定

对于什么是"原创文化节目"，学界观点比较多元。在概念使用上，"原创文化节目"和"文化综艺节目"指向的是同一类型节目。有观点认为"原创文化节目是一种把中华文化元素与现代电视节目形态有机结合，利用电视媒介特性展示和传承优秀传统文化并兼具娱乐性的电视节目形态"[1]，也有观点认为原创文化节目是"以中国传统文化为题材并融合了真人秀和益智类节目元素"[2]，以新颖的赛制吸引受众注意力的节目类型；也有观点认为原创文化节目归根结底是"综艺娱乐节目的一个分支或者说是一个亚类型，艺术性和娱乐性仍是其题中之义"[3]；也有观点提出，《传承者》等文化节目在实质上有别于传统文化类节目的特征，"文化作为包装样式而非内在肌理存在于节目中"，"'传统文化'成为一种至关重要的电视文化符号，构成文化类节目发展的内生性动力"。[4]

本书进一步明确"原创文化节目"的三个重要特征：一是我国广播电视媒体自主原创，而非海外引进版权或模式的电视文化综艺节目；二是节

---

[1] 纪腾飞. 2013—2015年原创文化节目对传统文化的媒介建构[D].金华：浙江师范大学，2016.

[2] 方佳辰，罗彬.传播学视阈下的原创文化类电视节目分析：以《中国诗词大会》第二季为例[J].今传媒，2017，25(4)：89-90.

[3] 盖琪.概念、形态与话语：对文化类综艺节目的三重考察[J].电视研究，2018(5)：38-40.

[4] 颜梅，何天平.电视文化类节目的嬗变轨迹及文化反思[J].现代传播（中国传媒大学学报），2017，39(7)：87-90.

绪 论

目以弘扬中华优秀传统文化、革命文化、社会主义先进文化为宗旨①；三是节目体现出"以文化人"的公共文化服务价值。②

本书重点研究的"原创文化节目"是指中国内地电视机构在全球化背景下，面对大量引进的海外节目、多元价值激烈碰撞、国产节目自主创新精神不足等问题自觉反思，并致力于自主创新的重要成果。

国家广播电视总局主办的每两年一届的政府奖项电视文艺"星光奖"评选体现了对电视创新创优节目的褒奖。"星光奖"涵盖的节目类型包括：电视文艺栏目、电视纪录片、电视综艺节目、电视戏曲节目、电视动画节目、少儿电视节目等。

在 2018 年第 25 届电视文艺"星光奖"评选活动中，中央广播电视总台的《朗读者》（第一季）、《中国诗词大会》（第二季）、安徽广播电视台的《耳畔中国》（第一季）、山西广播电视台的《〈走进大戏台〉中国戏曲公开课·北大行——如歌的行板》、上海广播电视台东方卫视中心的《喝彩中华》等原创文化节目均获得大奖。

在 2020 年第 26 届电视文艺"星光奖"评选结果中，中央广播电视总台的《经典咏流传》、北京广播电视台的《上新了·故宫》获得优秀电视文艺栏目奖，中央广播电视总台的《国家宝藏（第一季）》《中国地名大会》，江西广播电视台的《〈跨越时空的回信〉之"父亲"》均获得优秀电视综艺节目奖。在 2022 年第 27 届电视文艺"星光奖"评选中，中央广播电视总台的《典籍里的中国》、河南广播电视台的"中国节日"系列节目 2021 季获得优秀电视综艺节目奖。2024 年，《最美中轴线》（第三季）、《声生不息·宝岛季》、《中国智慧中国行》、《海洋公开课》、《戏宇宙》（第二季）等节目获得第 28 届电视文艺

---

① 之前作者对于"原创文化节目"的界定主要集中于弘扬中华优秀传统文化，此书进一步明确弘扬革命文化和社会主义先进文化，如庆祝中国共产党成立 100 周年，反映脱贫攻坚、乡村振兴类主题的原创文化节目。

② 张爱凤.源与变：中国电视原创文化节目发展史论［M］.北京：中国传媒大学出版社，2019：3.

023

"星光奖"优秀电视综艺节目奖和优秀电视戏曲节目奖。上述获奖节目都是近年来我国广播电视机构研发制作的优秀原创文化节目的代表。

（三）原创文化节目研究文献回顾

2013年以来，国内关于原创文化节目的研究成果主要体现在以下两个方面。

1. 原创文化节目形态创新及传播价值研究

理论研究与实践探索犹如硬币的正反两面，业界为学界研究提供丰富多元的对象和鲜活的素材，学界理应为业界的创新发展提供理念和价值引领。央视及地方卫视相继推出的原创文化节目引发了学界的关注和研究，各种研讨会和论坛相继举行，原创文化节目研究也成为2013年以来电视研究领域的热点问题。

以中央广播电视总台不同时期的三档现象级节目《中国汉字听写大会》《中国诗词大会》《朗读者》为例。《中国汉字听写大会》是早期原创文化节目的代表，采用的是国内语文课上最为熟悉的"听写"形式，对于电视观众来说，唤醒了成长记忆，具有很强的贴近性；同时，节目也运用了高科技数字化的书写工具以及多屏同步合成的显示方式，使得视听效果大大增强；钱文忠、蒙曼等文化学者担任点评嘉宾，对汉字背后的历史文化进行解读，使得节目兼具权威性、知识性与群众参与性。

截至2021年8月15日，以《中国汉字听写大会》为个案研究的论文有171篇，发文时间集中在2013—2015年，随着节目的停播，在2016年后研究热度明显下降。文卫华等学者较早关注了《中国汉字听写大会》节目形态的创新，认为该节目具有"平民化的竞赛参与、纯粹化的竞赛环境、荣誉化的竞赛奖励、质朴化的竞赛制作"[1]等特点；这种寓教于乐的节目形态借鉴娱

---

① 文卫华.电视节目的价值引领与形态创新：《中国汉字听写大会》热播的启示[J].中国电视，2013（10）：15-17，1.

乐游戏元素而不"娱乐化",恰好体现了中国传统文化的审美倾向。[①]

以《中国诗词大会》为个案研究的论文超过 400 篇,在 2017 年达到顶峰,和《中国诗词大会》第二季的热播有明显关联,2018 年之后,呈明显的下降趋势。除此之外,《朗读者》也成为个案研究的热点,仅 2017 年就有 300 多篇研究论文,其后呈直线下降的趋势(见图 4)。

图 4　2013—2020 年三档节目研究论文发文量

从图 4 可以看出,学界的研究紧密围绕现象级节目的诞生与发展展开,研究对象的集中及发文数量的增减反映出学界对于原创文化节目关注度的变化,已有成果多侧重于微观视角,较多关注了热播节目的个案研究,选题较多集中于节目的"创新""价值"研究(见图 5),重合度比较高。

---

① 纪忠慧.《中国汉字听写大会》的文化传承与形态创新[J].电视研究,2014(12):46-48.

图5 三档节目研究论文引用率前20名的标题关键词云图

如图6所示，2017年以来，《国家宝藏》《典籍里的中国》《经典咏流传》《上新了·故宫》《故事里的中国》《朗读者》《见字如面》《一本好书》等原创文化节目也成为研究的热点。中国知网的成果较多聚焦于热播节目的个案研究，聚焦创新路径、创新策略、传播策略等主题，原创文化节目研究的整体性、理论性有待拓展。

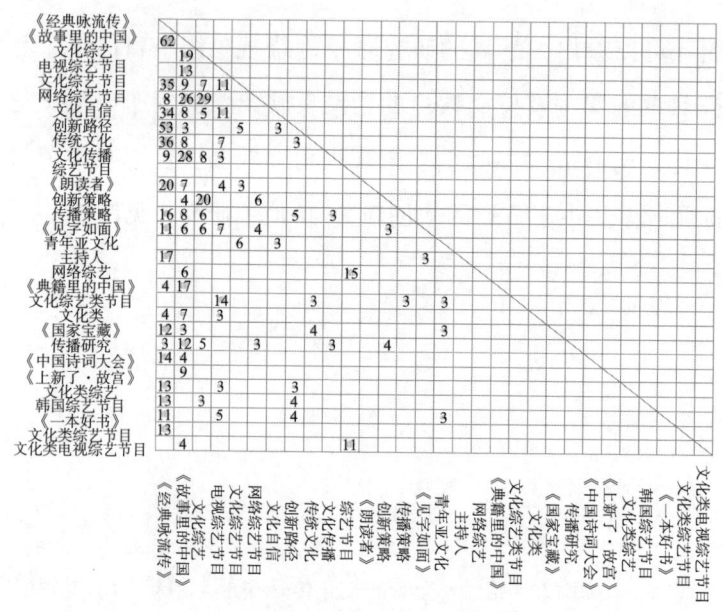

图6 近年来原创文化节目研究关键词矩阵分布图

2. 原创文化节目对中华优秀传统文化的传承与创新研究

中华优秀传统文化是原创文化节目的源头活水，蕴含着丰富的变革、创新思想，"苟日新，日日新，又日新"（《礼记·大学》），"天行健，君子以自强不息"（《易传·乾卦·象传》），"刚健笃实，辉光日新"（《周易·大畜卦·象传》），"日新之谓盛德，生生之谓易"（《易传·系辞上》）。先哲们的思想孕育了中华民族的创新精神，也是新时代电视文化节目创新发展的深厚思想基础和鲜明精神指引。

自诞生以来，中国电视文艺通过文化留存、文化体验、文化再造为中华优秀传统文化的传承与创新做出了独特贡献。[①] 原创文化节目主要利用传统化语言、符号化语言和视听化语言表征传统文化，通过对传统文化的符号化建构和娱乐性表达，完成对传统文化的媒介建构[②]；从电视媒介的表层、中层与深层三个层次展开"文化表达"，从选题、形式与元素融合以及理念转向等四个方面拓展文化表达空间[③]；将传统文化现代化、时尚化、年轻化，注重与新媒体的融合，具有突出的文化意义、社会意义以及传媒价值、艺术价值[④]；通过真人戏剧演绎、历史剧场搭建和复调式叙事结构运用，实现了节目叙事的空间转向[⑤]。原创文化节目对中华传统文化的某一个点或面进行具象化传播，可以有效唤醒受众内心民族归属感的文化意识，有效推进

---

① 胡智锋，兰健华.文化传承与创新语境下中国电视文艺的发展思考［J］.当代电视，2023（12）：4-10.

② 纪腾飞.2013—2015年原创文化节目对传统文化的媒介建构［D］.金华：浙江师范大学，2016.

③ 潘怿晗.原创传统文化电视节目的"文化表达"及其空间拓展探析［J］.当代文坛，2015（4）：142-145.

④ 胡智锋，郝娴贞.走依托优秀传统文化资源的电视节目原创之路［N］.文艺报，2016-06-15（4）.

⑤ 王韵，薛羽佳，辛笑颖.剧式表达：文化类综艺节目叙事的空间转向［J］.中国电视，2020（12）：41-45.

文化基因的传承与巩固，强化民族文化认同。①

原创文化节目蕴含着深厚的历史文化内涵，是中国文艺长河绵延至今的一条支流，也是中国电视文艺发展到当代的创新形态。以《中国诗词大会》《国家宝藏》《经典咏流传》《典籍里的中国》等为代表的原创文化节目，对中华优秀传统文化进行了创新化、当代化、大众化的传播。笔者较早从重构"文化记忆"的视角研究原创文化节目的价值，以《中国诗词大会》为代表的原创文化节目推动了国人恢复对文化传统的记忆和热爱，增强了传承中华优秀传统文化的自觉意识，并通过视听影像重构文化记忆，在价值层面融入了争取文化领导权、实现媒体公共文化服务价值、重塑文化自信的战略要求。②后续，其他研究者也从原创文化节目对文化记忆的再生产、文化记忆重塑、美育功能等方面进行了研究。③此外，笔者还提出了媒介融合背景下原创文化节目可以借助融媒体传播、家庭教育、学校教育等传承文化记忆，以审美教育的新方式弥合不同代际的审美代沟。④

（四）原创文化节目传播力研究回溯

"原创文化节目"与"传播力"都是近年来国内学术界的热点问题，但将二者关联、系统研究"原创文化节目传播力"的成果非常少。

国内学者刘建明最早提出了"传播力"的概念，认为传播力本质上是一种思想征服力，传播效果是媒介传播力的主要表征。学界关于媒体传播力影响因素的研究，多集中在媒体自身条件或媒体产品特征上，忽略了传

---

① 王源.中华传统文化的具象化传播：原创性电视节目发展的新路径［J］.西南大学学报（社会科学版），2017，43（6）：146-154.

② 张爱凤.原创文化类节目对中国"文化记忆"的媒介重构与价值传播［J］.现代传播（中国传媒大学学报），2017，39（5）：85-90.

③ 张晶，谷疏博.文化记忆、崇高仪式与游戏表意：论原创文化类节目的美育功能［J］.现代传播（中国传媒大学学报），2018，40（9）：80-85.

④ 张爱凤.媒介融合背景下原创文化节目创新与审美代沟弥合［J］.中国新闻传播研究，2019（5）：107-121.

播过程中的另一重要环节——受众。此外，对媒体传播力进行评估以及提升中国媒体内外传播力的策略研究成果颇丰，但直接关涉原创文化节目传播力研究的成果很少。

在为数不多的原创文化节目传播力研究成果中，有观点认为原创文化节目传播力既包含了其作为传播媒体应具备的核心竞争力，也体现为其传承与发展传统文化所具备的能力与影响力[1]；也有观点指出原创文化类节目的主持人在拓宽受众群、提高收视率、增强节目品牌传播效果等方面发挥了重要的作用。[2] 但上述成果并未界定原创文化节目传播力的内涵，本书第五章在这方面做了一些推进性研究。

媒体融合对媒体格局、文化舆论生态等都产生了重要的影响，移动互联网、社交媒体、大数据算法、人工智能生成内容的广泛运用，也使节目的受众对象和传播方式发生深刻变革。受众在哪里，节目生产和传播的触角就要伸向哪里。

有部分研究者关注原创文化节目的受众研究[3]，提出"强满足、弱群体"是原创文化节目的受众心理特征。[4] 在当下激烈的媒体市场竞争中，原创文化节目要更好地满足受众的多元文化需求，既要重视节目形式和内容的创新，更要精准把握观众的收视需求。可以通过大数据分析原创文化节目的观众群体构成、收视需求以及社交媒体平台的评价意见，加强问题研究的针对性和精准度。此外，原创文化节目传播力研究还可以恰当引入社会学的相关研究方法，如实证研究、深度访谈等，找准原创文化节目在资源整

---

[1] 李薇.原创传统文化节目传播力提升路径［J］.中国广播电视学刊，2018（7）：40-43.

[2] 周隽，王永.主持人因素与原创文化节目传播力提升［J］.新闻战线，2020（20）：116-118.

[3] 楚亚菲.我国电视文化综艺类节目的受众研究［D］.北京：北京交通大学，2019.

[4] 张国光.强满足、弱群体：中国原创文化节目受众心理分析［J］.湖南师范大学社会科学学报，2022，51（5）：137-147.

合、节目创意表达、营销推广等方面可持续发展的着力点。

基于已有成果梳理，从研究对象看，对中央广播电视总台热播节目的研究比较充分，对省级广播电视台及地市级媒体原创文化节目的关注不够均衡；从研究内容看，原创文化节目相关研究成果较多集中在创新经验的总结上，而受众及传播效果研究仍然是薄弱环节。根据中国知网 2013—2024 年的文献搜索，央视播出的原创文化节目得到了研究者集中的关注（见表4），相比较而言，省级广播电视台的原创文化节目则受到关注较少，且较集中于一、二线卫视的节目。三、四线卫视以及基数庞大的地市级、县市级电视台的节目，几乎无人问津，由此形成了原创文化节目研究两极分化、冷热不均衡的状况。

表4 部分原创文化节目研究论文数量表（知网数据截至2024年8月7日）

节目名称	制播机构	研究论文数
《国家宝藏》	中央广播电视总台	601
《朗读者》	中央广播电视总台	512
《中国诗词大会》	中央广播电视总台	414
《经典咏流传》	中央广播电视总台	309
《典籍里的中国》	中央广播电视总台	298
《声临其境》	湖南广播电视台	170
"中国节日"系列节目	河南广播电视台	130
《一本好书》	江苏省广播电视总台	68
《中华好诗词》	河北广播电视台	43
《国乐大典》	广东广播电视台 山西广播电视台	37
《国学小名士》	山东广播电视台	20
《流淌的歌声》	广东广播电视台	11
《跨越时空的回信》	江西广播电视台	11
《万里走单骑——遗产里的中国》	浙江广播电视集团	3
《斯文江南》	上海广播电视台	3

绪　论

国外虽没有直接研究"原创文化节目传播力"的成果，但以下三方面成果对本书研究有重要借鉴意义。

1. 融合传播理论与实践

在融合型媒介／文化（Convergence Media/culture）理论框架的基础上，延展型媒体（Spreadable Media）成为 Web 3.0 时代媒介和文化传播的主要方式，借助于人工智能等新的科技手段，政府部门、各类媒体、学校、企事业、社会团体、受众等多元主体通过联动策划、制播、参与体验等方式，共同完成媒介内容的生产、消费和流通。上述成果为思考在媒体融合语境中如何提升原创文化节目传播力提供了理论参考。

2. 受众研究的拓展

随着移动互联网和前沿科技的发展，传统、被动、单一身份的受众角色已经终止，取而代之的是积极的参与者与有效的互动者，喜欢线上线下互动体验的青少年受众得到了各方的更多重视。在电视文化节目的营销和推广方面，主流媒体与商业媒体、社交媒体、游戏互动媒体、科技公司之间的深度融合与合作也成为一个新的趋势。相关成果拓宽了原创文化节目受众研究的视野。

3. 意识形态建构与文化认同的关系研究

20 世纪 90 年代后，传媒被纳入国家软实力的范畴并得到各国政府的重视。20 世纪末，韩国开始实施文化立国战略，从政策制定、制度保障、资金投入、人才扶持等方面支持本土原创节目的发展，重塑国民文化认同。这类研究有助于深入思考提升原创文化节目传播力对于建设社会主义文化强国的重要意义。

在建设社会主义文化强国、增强人民文化自信的背景下，无论是国家政治层面还是媒体实践层面，中华优秀传统文化的弘扬传承和原创文化节目的创新发展都将受到持续关注。但在学术层面，研究视角、研究内容及研究方法仍需进一步拓展。本书试图从以下三个方面进行推进。

第一，从微观视角、个案研究转向基于宏观视角的整体性、系统性研究。面对媒体市场竞争中原创文化节目整体传播力较弱的问题，本书不仅关注央视热播节目，也关注省级广播电视机构如北京广播电视台、河南广播电视台、江西广播电视台、广东广播电视台等，以及深耕区域、面向基层的地市级媒体对原创文化节目的生产与发展。

第二，从原创文化节目的电视传播转向融合传播研究。随着媒体融合的深度推进，面对电视收视率低迷的局面，本书积极探寻原创文化节目的融合传播策略，特别关注节目社交媒体传播及线下传播能力的增长，如关注河南卫视"中国节日"系列节目的融媒体传播机制、戏曲类文化节目在网络传播方面的创新发展，原创文化节目融入学校美育、公共文化服务活动的创新实践。

第三，加强对原创文化节目受众（尤其是青少年）的研究。受众是原创文化节目传播力得以实现的关键因素，青少年是弘扬传承优秀传统文化的主力军，他们接受原创文化节目的方式有哪些特点？这正是当前研究的薄弱点。本书特别关注受众（尤其是青少年）审美需求以及传承中华优秀传统文化的多元方式，更精准、有效地提出优化节目传播力的策略。

三、本书具有相对于已有研究的独到学术价值和应用价值

中国国家图书馆的文献检索显示，国内正式出版的有关原创文化节目的著作有两部，一部是笔者的《源与变：中国电视原创文化节目发展史论》（中国传媒大学出版社，2019年），另一部是笔者作为首席理论专家参与研究的课题成果，由扬州广播电视总台王永主编的《守正创新：原创文化类节目传播力提升研究与实践》（中国传媒大学出版社，2021年）。前者注重原创文化节目的发展史与理论研究，后者侧重业界原创文化节目的实践

绪 论

探索。

相比较上面两部著作，本书综合了广播电视学、传播学、美学、社会学、心理学、文化研究等多学科理论，就原创文化节目与社会主义文化强国建设的逻辑关联、全国省级广播电视机构原创文化节目传播力评估、媒体融合背景下提升原创文化节目传播力的多元路径做了整体性、系统性研究，对丰富中国特色的原创文化节目传播理论进行了学术探索。

本书全面系统地梳理了2013年至2024年的省级卫视原创文化节目，建立了节目资料库；调查评估不同层级、不同区域原创文化节目传播力，撰写了《2017—2022年原创文化节目传播力调查报告》[①]，为政府主管部门、媒体及节目制作机构准确把握原创文化节目传播力状况提供事实证据和理论依据。

此外，移动新媒体、文化创意产业和传播科技的强势崛起，为原创文化节目传播力的提升及优秀传统文化的传承与发展提供了新的思路。本书先期完成的《媒体融合语境中提升原创文化节目传播力的策略》报告[②]，为国家决策和行业发展提供可靠建议，有助于更好地发挥原创文化节目在社会主义文化建设中示范引领的作用，提升国家文化软实力，凝聚文化认同。

四、本书的主要内容与特色建树

（一）本书的主要内容

本书的主体部分，沿着"理论探索：原创文化节目发展与社会主义文

---

① 根据该报告撰写的论文《2018：原创文化节目发展与研究新动向》，刊载于《中国文艺评论》2019年第1期。
② 根据该报告撰写的论文《加快构建原创文化节目的现代传播体系》《2019：原创文化综艺节目的"新"与"变"》，分别刊载于《电视研究》2018年第2期、《电视研究》2020年第3期。

化强国建设""实践创新：原创文化节目生产传播的多元创新路径"的逻辑线索展开。

理论探索包括第一章到第五章，沿着"文化救国—文化求索—文化自信—文化创新—文化自强"的逻辑，阐述了原创文化节目发展与社会主义文化强国建设之间的深层理论逻辑。

这些优秀的原创文化节目深刻把握中国共产党从文化救国到文化强国的百年历史演进轨迹，对于社会主义文化建设具有重要作用。以弘扬传承中华优秀传统文化、革命文化和社会主义先进文化为主旨的原创文化节目，既满足了人民的文化审美需求，同时也是把握意识形态领导权的载体。文艺只有真正做到了以人民为中心，才能发挥最大正能量。在媒体融合深度推进的当下，在纷繁复杂的多元文化形态竞争中，原创文化节目只有有效地到达"人民"——受众/用户那里，并获得他们的认同，才能真正实现"以文化人"的价值。

实践创新包括第六章到第十一章，从媒体、艺术家、学校等多维度阐述了推动原创文化节目发展与传播创新的多元路径。

党的十八大以来，文艺政策从主体责任归属、创新创优机制建立、中央地方奖励扶持制度对接等多方面，有力引领了全国电视节目的创新创优发展。中央广播电视总台与省级广播电视台之间形成"主峰高耸、次峰争奇、群峰起伏"的"山"字形媒体格局；电视创新创优节目成为书写国家历史、记录时代记忆的重要载体，并在植根区域文化、发掘独特的文化资源中破解了节目同质化问题，实现了差异内容的错位竞争。

这部分内容采用了案例研究法，首先对河南卫视的"新国风"节目、江西卫视的"英雄文化"节目、广东卫视的"音乐文化"节目，在内容创新与融合传播方面的路径、经验、不足等做了具体的分析；然后对学界较少关注的戏曲类文化节目、舞蹈类文化节目的创新发展做了个案分析；最后，结合笔者一直以来的文化实践，探索将原创文化节目作为实施美育浸润的优质视听资源，融入课程学习、课外实践、社团活动，丰富和提升学校美育工作质量，培养热爱中华优秀文化、讲好中国故事的青少年传承人与传播者。

（二）本书的特色和主要建树

本书在国家社科基金项目"文化强国背景下提升原创文化节目传播力研究"成果基础上修订而成，与2019年出版的《源与变：中国电视原创文化节目发展史论》形成一个整体，具有一定的系统性和开拓性。

第一，依托项目发表的原创文化节目研究系列论文，总他引率位居该研究方向的第一名，笔者提出的"原创文化节目对中国文化记忆的媒介重构""融媒时代原创文化节目创新与审美代沟弥合""从融媒体到融文化——原创文化节目生产传播机制构建""原创文化节目融入学校美育的理论逻辑与实践路径"等观点都具有独创性。

第二，项目的前中期成果获得国家广电总局星光奖第五届、第六届电视文艺评论（论文）一等奖两次，中国高校影视学会"学会奖"四项，江苏省文艺评论奖一项，在研究领域产生了积极的影响。

第三，项目研究努力体现出"明体达用、体用贯通"的品格，倡导知行合一、学术并举，在理论研究的同时，积极参与原创文化节目的传播实践，面向大中小学生开展中华经典诵读、中国故事讲演、中华优秀传统文化传习等方面的教学与指导工作，依托教育部国家语言文字推广基地（广州大学），指导学生开展原创文化节目创作与融媒体传播。

由于笔者研究能力有限，本书中还存在诸多不足之处，敬请方家批评指正！

上篇

理论探索：原创文化节目发展与社会主义文化强国建设

第一章　文化救国：以旧日之觉醒唤今日之觉醒

> 文明特别是思想文化是一个国家、一个民族的灵魂。

　　2015 年，日本国内因文部科学省发布的题为《关于国立大学法人等组织及业务的整体调整》的通知，引发了一场"要废除文科学部"的轩然大波，在《产经新闻》《朝日新闻》《每日新闻》等诸多媒体的报道中，"挣钱的理科"与"不挣钱的文科"等话题持续发酵。"二战中及战后，日本的大学一贯重视理科，文科被边缘化。在'废除文科学部'以前，日本的国立大学就实质而言都是理工科大学。"[1]

　　2021 年，一篇题为《关于我国人口转型的认识和应对之策》的文章引发网络热议，作者在文中称"东南亚国家掉入中等收入陷阱的原因之一是文科生太多"，因此要重视理工科教育。不可否认，在工具理性、功利主义、实用主义思潮的影响下，"文科无用"论正在不同国家蔓延。"最近的半个世纪，整个人文学科一直处于危机之中，虽然危机在每个国家的表现有所不同。"[2] 文艺创新、文化传承都与文科的发展密切相关，在建设社会

---

[1] 吉见俊哉."废除文科学部"的冲击[M].王京，史欧，译.上海：上海译文出版社，2022：90.
[2] 古尔迪，阿米蒂奇.历史学宣言[M].孙岳，译.上海：格致出版社，上海人民出版社，2017：6.

主义文化强国的背景下，我们需要重新关注并认真思考这一问题。

第一节 "文科无用"论与"文化救国"论

一、文科与新文科

文科一般指人文学科（Humanities）与社会科学（Social Science）。其中，人文学科包括文学、历史学、哲学及其衍生出来的宗教学、伦理学、美学、文化学、艺术学等，核心在于探索人类的精神世界和文化创造等，主要研究人的思想观念、审美精神、情感价值等，以及在历史发展中积淀下来的精神文化，与前文所述的狭义的文化概念有较多重叠。社会科学包括经济学、管理学、社会学、政治学、法学等，主要研究各种人类社会现象及其发展规律，[①]关注人类社会的行为、组织、结构和过程，侧重于使用科学方法来研究人类社会现象。按照我国教育部2024年发布的中国大学本科专业目录，除了理学、工学、农学和医学，哲学、经济学、法学、教育学、文学、历史学、管理学、艺术学等八个学科门类都可纳入"文科"范畴。

2018年，中共中央首次在文件中提出"新文科"[②]这一概念。有观点认为，"新文科（New Liberal Arts）"的概念源于西方发达国家传统文科的日渐式微，"'新文科'的产生是由于欧美国家近年来文科式微，学生不再报名、选课，文科教师因此产生危机感，为了减缓这种危机发生的可能，他

[①] 樊丽明."新文科"：时代需求与建设重点[J].中国大学教学，2020（5）：4-8.
[②] 新工科、新医科、新农科、新文科，简称"四新"。

们开始了创建新文科的努力"①。在我国,"新文科"概念的提出与创新科技的推动、社会发展新需求的产生以及适应新国情的人才培养要求密切相关。新文科建设是一种自上而下、政府主导的国家工程,重视人文学科与社会科学、自然科学和技术科学的深度融合。

从学科维度看,新文科之"新"主要体现在多学科交叉融合以及现代信息技术的影响;从时代维度看,新文科是教育领域应对"百年未有之大变局"和"人文学科危机"的产物;从国家维度看,新文科是构建中国学科体系、话语体系、学术体系的必然要求。②通过融合科技创新技术手段、跨学科交叉融合、紧密对接社会发展需求等方式,新文科努力培养出具有综合素质和创新能力、能满足信息社会发展需求的复合型人才。

二、文科(新文科)是社会主义文化建设的重要载体

文化是个体、民族、国家生存和发展的根基和精神力量。没有文化的繁荣,就没有中华民族的伟大复兴。文化发展需要新时代的哲学社会科学作为支撑并发挥积极的作用。"哲学社会科学是人们认识世界、改造世界的重要工具,是推动历史发展和社会进步的重要力量,其发展水平反映了一个民族的思维能力、精神品格、文明素质,体现了一个国家的综合国力和国际竞争力。一个国家的发展水平,既取决于自然科学发展水平,也取决于哲学社会科学发展水平。一个没有发达的自然科学的国家不可能走在世界前列,一个没有繁荣的哲学社会科学的国家也不可能走在世界前列。"③

社会主义文艺发展与人文学科发展深度联结。根据国民经济与社会发

---

① 吴岩."守城"到"攻城":新文科建设的时代转向[J].探索与争鸣,2020(1):26-28.
② 张俊宗.新文科:四个维度的解读[J].西北师大学报(社会科学版),2019,56(5):13-17.
③ 习近平.在哲学社会科学工作座谈会上的讲话[N].人民日报,2016-05-19(2).

展"十四五"规划和 2035 年远景目标纲要，2035 年，我国将建成文化强国，国民素质和社会文明程度达到新高度，国家文化软实力显著增强。"时代为我国文艺繁荣发展提供了前所未有的广阔舞台。推动社会主义文艺繁荣发展、建设社会主义文化强国，广大文艺工作者义不容辞、重任在肩、大有作为。广大文艺工作者要增强文化自觉、坚定文化自信，以强烈的历史主动精神，积极投身社会主义文化强国建设。"[1]

当下，建设社会主义文化强国、实现中华民族的伟大复兴，成为中国共产党团结带领中国人民努力完成的一项重大而紧迫的任务，关涉民族尊严、国家安全、文化自信和人民幸福。因此，新时代的文科发展要与社会主义文化强国建设同向同行。

三、"文化救国"论的历史价值与时代创新

意大利历史学家、哲学家、文艺批评家贝奈戴托·克罗齐主张把历史和现实紧密地结合在一起，认为历史不是写给过去的人看的，而是写给当代和未来的人看的，因此提出了"当代性乃是一切历史的内在特征"[2]这一观点。

萌芽于 19 世纪末的"以文化改造国民性"思想是中国近代思想史的重要内容之一。梁启超在《新民说》中，系统地提出改造国民性思想，"新民为今日中国第一急务"成为这一时期改造国民思想的代表。梁启超所说的"新民之道"，是要以西方近代的思想文化来改造中国人。到了新文化运动期间，"启蒙"与"救亡"并存更是成为时代的主题。

何谓文化救国论？即"在救国诸因素中，把文化摆在首位，以文化的

---

[1] 习近平.习近平谈治国理政：第4卷[M].北京：外文出版社，2022：320.
[2] 克罗齐.历史学的理论和实际[M].安斯利，傅任敢，译.北京：商务印书馆，1982：3.

振兴作为国家现代化的前提,以解决文化问题作为政治、经济等问题解决之基础"①。100多年前,北京大学会聚了当时中国最优秀的一批文科教授、爱国知识分子,呼吁"文化救国""思想救国",领导了新文化运动及五四运动,传播了马克思主义,发起成立了中国共产党,挽救了中国的前途命运,改变了中国的发展方向。

新文化运动和五四运动的主导力量是知识界、思想界,"审视过去的百多年,还没有其他的历史运动如同五四运动一样,知识界能发挥过如此巨大的作用和产生过如此深远的影响。这更造成了五四运动在知识界有着无可取代的历史地位"。②2021年热播的电视剧《觉醒年代》再现了100多年前发生在中国大地上的"文化救国"思想启蒙与社会救亡运动,旨在以"旧日之觉醒"唤起"今日之觉醒",对于深刻把握中国共产党从文化救国到文化强国的百年历史演进轨迹,理性思考当下的文理之争、纠偏"文科无用"论具有重要的启发意义。

第二节 "艺术·历史·思想"合一的逻辑起点

"没有形象思维的作品,根本无法触及人们的灵魂。"这是电视剧《觉醒年代》中鲁迅的一句台词,也可以用来评价《觉醒年代》"以形象思维触及人们灵魂"的艺术效果。作为庆祝建党100周年的献礼剧,《觉醒年代》在央视、省级卫视以及爱奇艺、优酷、腾讯视频等平台多轮播出后,有46万网民在豆瓣打出9.3的评分,其中四星、五星评分占比94.6%③,形成"破圈传播"效应。

---

① 间小波.文化救国论:中国人一个世纪的梦[J].江汉论坛,1989(9):26-30.
② 陈万雄.五四新文化的源流[M].北京:生活·读书·新知三联书店,2018:1.
③ 数据截止时间为2023年3月12日0时。

该剧获得第 27 届上海电视节白玉兰奖最佳导演、最佳编剧（原创）和最佳男主角三项大奖，第 33 届中国电视剧飞天奖优秀电视剧、优秀导演，第 31 届中国电视金鹰奖最佳电视剧、最佳电视剧编剧、最佳男配角，实现了电视剧三大奖大满贯。2021 年 7 月 12 日起，《觉醒年代》在香港播出，引发新一轮关注，并于年底入选国家广播电视总局"2021 年度优秀海外传播作品"，通过翻译字幕、本地化配音等方式向不同国家进行传播。

1847 年，恩格斯提出"美学和历史的观点"这一批评标准，从文艺观念上"把文艺的本质理解为审美本质和社会本质的辩证统一"。[①] 作为一部重大历史文化题材剧，《觉醒年代》将艺术与历史、思想的统一作为叙事的逻辑起点，成就了新时代社会主义文化强国建设进程中的精品力作。

一、以艺术真实反映历史真实

历史，既指客观存在的史实，如实证主义历史学家认为，历史是"人类经历过的客观存在的过程"[②]，客观如实是历史学的本分。但历史也是经人书写而成的历史。任何一个历史的考察者、书写者、阅读者都无法对历史事实保持完全客观、中立的态度，个体的世界观、价值观、视野、学识、修养、方法论等都会在潜意识中有意无意地影响个体对史料的获取、选择和判断，进而影响"史"的形成。

不管是在中国近现代史还是在学术思想史上，新文化运动、五四运动都得到了很多的关注，也取得了丰硕的研究成果，但在一些研究领域仍然存在诸多争议。而在中国电视艺术史上，直接反映这一段历史的电视剧作

---

① 陆贵山.对恩格斯的"美学的历史的观点"的再理解[J].文艺争鸣，1988（2）：4-11.

② 庞卓恒，李学智，吴英.史学概论[M].北京：高等教育出版社，1995：77.

品及其研究成果十分稀缺。①毛泽东在《改造我们的学习》一文中提出，"不注重研究现状""不注重研究历史"都是极坏的作风，我们"不要割断历史"，"不仅要懂得中国的今天，还要懂得中国的昨天和前天"。②

电视剧《觉醒年代》的编剧龙平平，曾任中共中央文献研究室副秘书长、第三编研部主任，曾参与电视剧《我们的法兰西岁月》《历史转折中的邓小平》的创作。龙平平发现在现实生活中，很多人习惯于把1921年、上海石库门、嘉兴南湖红船看成中国共产党的源头，很少去追寻这条红船从何驶来；此外，通过调研，他还发现当代大学生对赵世炎、邓中夏、陈延年、陈乔年等早期牺牲的共产党领导人十分陌生。基于此，龙平平萌发了创作一部能全面客观地反映中国共产党从酝酿到建立整个过程的电视剧的想法。③

作为一名有着30多年学术积累的专职党史研究者，龙平平坚持唯物主义历史观，在充分尊重历史事实的基础上，"以习近平总书记的有关论述和《中国共产党历史》及党史研究的最新成果为依据"④，历经六年，数易其稿，用剧本构建起自1915年《青年杂志》问世，至1921年中国共产党诞生这六年的历史，贯穿新文化运动、五四运动和中国共产党成立这三大历史事件，形成严密的逻辑，回应了"中国共产党从何而来""社会主义为何能救中国"这两个重要的历史问题。

"文明特别是思想文化是一个国家、一个民族的灵魂。无论哪一个国家、哪一个民族，如果不珍惜自己的思想文化，丢掉了思想文化这个灵魂，

---

① 笔者在中国知网进行搜索，"电视剧"与"新文化运动""五四思想史"相关的研究论文均为零。
② 毛泽东.毛泽东选集：第3卷[M].北京：人民出版社，1991：797，801.
③ 王桂环.用艺术精品宣传研究党史的一次尝试：访《觉醒年代》编剧龙平平[J].北京党史，2021（3）：55-62.
④ 王桂环.用艺术精品宣传研究党史的一次尝试：访《觉醒年代》编剧龙平平[J].北京党史，2021（3）：55-62.

这个国家、这个民族是立不起来的。"①2021年，正值全党开展党史学习教育之际，《觉醒年代》以艺术叙事的方式，全景式展现了新文化运动、五四运动，以及中国共产党从酝酿到诞生的整个过程，突出了文科知识分子在文化救国运动中的地位与作用，突破了以往党史题材电视剧创作中的薄弱点，表现出很强的探索性和创新性。

二、以艺术性表现思想性

"党的历史是最生动、最有说服力的教科书。""了解历史才能看得远，理解历史才能走得远。"②研究思想史或党史的学术著述，擅长以文字为主要符号，按时间、事件、人物、思想观点等逻辑顺序一一展开，具有高度的抽象性、理论性和系统性。对于一般读者来说，理解起来难度较大。

电视剧作为影像艺术，擅长以形象思维进行叙事，思想性通常要通过艺术性来体现。电视剧《觉醒年代》用43集的篇幅，表现了20世纪初中国一次伟大的思想启蒙与社会救亡运动，其中包含着庞杂的理论思潮与激烈的思想争辩。电视剧创作、角色塑造和观赏的核心都是人，《觉醒年代》通过建构起"人物谱系"与"思想传播"这两重逻辑展开艺术化叙事，对观众而言，更具贴近性。

以蔡元培、陈独秀、李大钊、胡适、鲁迅等为代表的新文化运动思想先驱，不管是在近现代史或是在语文课本上，名字和事迹都频频出现，但在《觉醒年代》之前，还没有一部电影或电视剧以正面、集中、全景的方式塑造过这一群体形象。③《觉醒年代》秉持"大事不虚、小事不拘"的艺

---

① 习近平.在纪念孔子诞辰2565周年国际学术研讨会暨国际儒学联合会第五届会员大会开幕会上的讲话[M].北京：人民出版社，2014：9.
② 习近平.在党史学习教育动员大会上的讲话[J].党建，2021（4）：4-11.
③ 笔者梳理改革开放以来的电视剧史，全面、集中反映新文化运动的电视剧为零。

术创作原则，以形神兼备的方式塑造了新文化运动领导者以及毛泽东、周恩来、邓中夏、赵世炎、陈延年、陈乔年等一代"新青年"形象，建构起该剧的第一重叙事逻辑——人物谱系。对当下的观众而言，起到了重要的历史文化普及作用。网民发表弹幕评论："因为这部剧，看懂了这段历史。"[1]

"历史乃是深入内心的结果，外在的编排分类得到的则是自然史。"[2] 新文化思想流变以及马克思主义最初在中国传播时，在学术著述中通常是以时间、文字、图表等方式予以呈现的。为了避免将历史事件、思想观点做流水式的简单展示，电视剧《觉醒年代》通过建构"北大/思想阵地、《新青年》/思想载体、演说/思想传播方式"的叙事逻辑，将错综复杂的主义之争、思想之辩以及早期马克思主义在中国传播的过程予以具象化、生动化地呈现，体现出艺术性与思想性的统一。该剧被网民评价为"每一句台词都是知识点"，由此成为鲜活、生动的新文化运动思想史及党史学习教材。

第三节　近现代知识分子"人物谱系"的艺术呈现

相较于大量以毛泽东、周恩来等中国共产党领导人为主角的电视剧，如《长征》（2001）、《东方》（2011）、《国家命运》（2012）、《外交风云》（2019）等，以陈独秀、李大钊为主要角色的电视剧作品是比较少的。由于历史原因，在很长一段时期，学界对陈独秀的评价存在争议。"陈独秀问题，过去是禁区，现在是半禁区，说是半禁区，是不少人在若干方面接触

---

[1] 文中采用的网民评论来自爱奇艺、腾讯视频播放弹幕，新浪微博、豆瓣、知乎评论。
[2] 彭刚.克罗齐与历史主义[J].史学理论研究，1999（3）：74-86，160.

了，但不全面，也不深入，大概有顾虑。"① 在 1945 年 4 月 21 日召开的中共七大预备会议上，毛泽东在谈到陈独秀时认为，"他是五四运动时期的总司令，整个运动实际是他领导的……他创造了党，有功劳"。②

一、陈独秀、李大钊的"双主角"形象

《觉醒年代》编剧龙平平认为，在中国共产党成立 100 周年之际，"我们应该有一部客观公正地全面反映陈独秀、李大钊缔造中国共产党的过程和贡献的影视作品，让人民充分了解这段历史"。③ 陈独秀、李大钊作为新文化运动的思想先驱、五四运动的领导人、中国共产党的主要创始人，是较早觉悟并提出在文化及思想观念上彻底改造国民性、触及中国革新核心问题的知识分子。他们共同成为《觉醒年代》的主角，体现了该剧坚持历史唯物主义、实事求是的创作原则。

近代中国起始的标志是 1840 年的鸦片战争。面对日益严峻的内忧外患，遭受着"国家蒙辱、人民蒙难、文明蒙尘"的劫难，以及身处"国将不国"的境况，以李大钊、陈独秀为代表的先期觉醒的知识分子忧心忡忡。1914 年 7 月 10 日，李大钊在《风俗》一文中写道：

> 哀莫大于心死，痛莫深于亡群。一群之人心死，则其群必亡。今人但惧亡国之祸至，而不知其群之已亡也。但知亡国之祸烈，而不知亡群之祸更烈于亡国也。群之既亡，国未亡而犹亡，将亡而必亡。亡国而不亡其群，国虽亡而未亡，暂亡而终不亡……今日之群象，人欲横于洪流，衣冠沦于禽兽，斯真所谓仁义充塞人将相食之时也，斯真

---

① 唐宝林.陈独秀全传[M].北京：社会科学文献出版社，2013：3.
② 唐宝林.陈独秀全传[M].北京：社会科学文献出版社，2013：3.
③ 龙平平.我是如何创作《觉醒年代》的[N].学习时报，2021-05-21（4）.

亡群之日也。群之人而甘于亡也，夫又何说？其不然也，则保群之事，必有任其责者矣。①

1914年11月，针对"二次革命"后袁世凯实行的名为共和、实为专制的统治，陈独秀在《甲寅》杂志上发表《爱国心与自觉心》一文，文中称："国人无爱国心者，其国恒亡。国人无自觉心者，其国亦殆。二者俱无，国必不国。"

上述两段话都说明了亡国是外在的显性威胁，而心死、无爱国心、无自觉心则是当时中国内在的隐形自毁。因此，救国的关键在于启蒙思想、拯救民心，增强民族凝聚力。这就是在过去100多年的历史进程中，中国在存亡绝续的关键时刻，最先觉醒的知识分子面对民族危机时奋力寻求思想解放的历史。"现代国家观念及现代爱国主义的形成、五四进步知识分子的忧患意识和担当精神促使他们这一代人对'爱国心''自觉心'等重大理论问题进行了理性思考和阐释，使中华民族救亡图存的忧患意识进入到一种自觉的阶段。"②

《觉醒年代》的第一集交代了李大钊和陈独秀相识的背景。辛亥革命之后，袁世凯为窃取革命成果，同日本秘密签署丧权辱国的"二十一条"。同在日本早稻田大学的李大钊和陈独秀相识，李大钊发出了"越是在民族危亡之时，就越应唤起民众的觉醒"，"当今第一要务，就是要启发民众真正的爱国心"的呼吁。陈独秀认为中国的"出路不是老路，只有找到一条新路，中国才不会亡"。两人不约而同地提出了一个问题："中国的出路究竟在何方？"

---

① 李大钊.李大钊全集：第1卷[M].北京：人民出版社，2006：88.
② 裴赞芬，常玉华.陈独秀、李大钊等人的"爱国心"和"自觉心"：兼论五四时期进步知识分子的责任担当与理性自觉[J].石家庄学院学报，2017(5)：80-84.

"钊自束发受书，即矢志努力于民族解放之事业，实践其所信，励行其所知，为功为罪，所不暇计。"①创建中国共产党的一代先驱李大钊和陈独秀因为一个共同的理想走到了一起。其后，整部剧都是围绕着两人寻求科学理论、探索救国救民道路这一核心问题展开的。

青少年时期，李大钊受到长达十年的中国传统科举训练，后进入天津北洋法政专门学校，接受近代新式学堂教育，专攻政治和法律。在日本早稻田大学留学期间，李大钊学习了近代西方政治、经济、社会学等理论，主张通过立宪政治等手段实现国家富强，"其思想明显带有资产阶级改良主义色彩"。②在俄国十月革命的直接影响下，李大钊开始转向马克思主义，发表了《我的马克思主义观》，是最早一批在中国传播马克思主义的学者之一。他坚定地认为，只有社会主义才能救中国，必须通过无产阶级革命推翻剥削制度，实现社会公平正义。

出生于晚清时期的陈独秀，少年时也接受了四书五经和八股文的训练，乡试落第后，转变为康梁的信徒。1915年，从日本留学归国的陈独秀在上海创办《青年杂志》（后改名为《新青年》），高举民主和科学大旗，反对封建专制和迷信愚昧，形成了较完整的资产阶级民主思想，推动了新文化运动的发展。1919年6月10日，陈独秀因在北京天桥游艺场散发《北京市民宣言》传单而被捕入狱，亲身实践了他"出了研究室就入监狱，出了监狱就入研究室，这才是人生最高尚优美的生活"的思想。在狱中，陈独秀潜心研究马克思主义理论和俄国革命成功的经验，救国思想发生了根本性的转变。

在《觉醒年代》第三十九集中，陈独秀出狱后，与李大钊在长城上做了推心置腹的一场谈话："虽然现在我还没能十分肯定，但是大体上已经有

---

① 李大钊.李大钊全集：第5卷[M].北京：人民出版社，2006：230.
② 王敏，张继良.李大钊早期宪政思想探析[J].河北师范大学学报（哲学社会科学版），2023（1）：126-131.

了初步的概念，那就是也许只有马克思主义可以救中国。"随后他提到《新青年》复刊，要重点宣传和引进马克思主义，要把办刊的重点由原来的思想启蒙转到探寻救国的道路、实现社会的根本改造上来。至此，陈独秀已经从早期认为只有民主和科学可以扭转中国政治、道德、学术、思想的黑暗，转向了信仰马克思主义，救国思想有了极大的升华。李大钊也积极响应，计划在北京大学建立马克思主义学说研究会，为将来提供一个政治性组织做好准备，"要重新再造一个国家，一个崭新的国家"。

在《觉醒年代》第四十集中，艺术化地再现了"南陈北李，相约建党"的经典场景。在悲凉苍茫的海河边上，面对苦难同胞，陈独秀和李大钊相约建党，并一起宣誓："为了让中国的老百姓过上富裕幸福的生活，为了让穷人不再受欺负，人人都能当家做主，为了人人都受教育，少有所教，老有所依，为了中华民富国强，为了民族再造复兴，我愿意奋斗终身！"至此，电视剧的艺术叙事有了一个完整的逻辑，清晰地展示出李大钊、陈独秀两人救国思想的嬗变轨迹，回答了"中国共产党从何而来""中国共产党的初心为何"等问题。

"让人物'活'起来，就是剧里画内让他们说人话，办人事。"这是《觉醒年代》张永新导演对于剧中人物塑造的创作理念。与学术著述中平面、抽象的历史人物形象不同，电视剧《觉醒年代》塑造的李大钊和陈独秀，不仅是新文化运动的思想先驱、中国共产党的主要创始人，还是有情有义的大学文科教授、青年导师，有血有肉的丈夫、父亲。他们的生活形象在正统的文化思想史和党史著述中较少触及，对于很多观众来说也是相对陌生的。《觉醒年代》赋予两位历史人物更立体、多维、个性化的形象，让其在屏幕上血肉丰满地"活"了起来。

在《觉醒年代》中，陈独秀与李大钊对劳苦大众的悲悯，对青年学生关怀备至、大力提携，他们有着矢志不渝的爱国情怀，更兼具大无畏的牺牲精神。这些让两位历史人物更具人间烟火气和人格魅力。100 年前的

"仲甫先生、守常先生"深切地触动了当代观众的心弦,网民评论:"两位先生,以前只是历史书上的黑白照片,看剧以后才被其魅力所感染。""以前只是枯燥地在书本上知道陈独秀李大钊,但通过《觉醒年代》,真的深刻了解了当时的时代背景和革命伟人的伟大。才了解了原来像仲甫先生、守常先生绝不只是活在书本上的纸片人,而是有血有肉的伟人,每个人物都塑造得太丰满了!"[①]

二、"觉醒一代"的知识分子群像

近代知识分子是指从19世纪90年代到20世纪20年代,由传统士大夫向近代知识分子转化成功的一批文化思想先驱。《觉醒年代》塑造了既具共性同时又个性鲜明、各具特色的近代知识分子群体形象。

按出生时间先后排序,倡导"兼容并包、思想自由"的蔡元培(1868年),"倔强刚烈、意志顽强"的陈独秀(1879年),"独立思考、冷峻批判"的鲁迅(1881年),"为人谦和、博学儒雅"的沈尹默(1883年)、高一涵(1885年),"书生意气、性格刚猛"的钱玄同(1887年),"沉稳宽厚、高瞻远瞩"的李大钊(1889年),"真诚直率、忠厚活泼"的刘半农(1891年),"博学多才、风度翩翩"的胡适(1891年)等。剧中的多数角色都在形象、气质上极大地贴近了历史人物。

这一代知识分子有着相似的教育背景,在青少年时期,他们接受相对严格而完整的传统国学教育;成年之后,又接受了新学和西学教育,并且大多数人都有过出国留学的经历,如留德的蔡元培(学习内容主要涉及哲学及哲学史、心理学、德国文化史、文学、艺术等),留日的陈独秀(除了学习日、英、法等外文,还自学原著或日人译介的西方社会科学图书)、李

---

① 网民评论来源于新浪微博。

大钊（学习政治、经济、法律等学科）、鲁迅（学习日文与医学，后弃医从文）、高一涵（学习政治）等，留美的胡适（先学习农科，后学习哲学）等。他们是中国历史上罕有的学贯古今、融汇中西的一代知识分子。正因如此，他们对20世纪初中西文化发生的碰撞和思想观念的冲突感受最深刻，这也是他们能够成为最早的"觉醒一代"的原因。

存亡绝续的时代，赋予这一代知识分子强烈的使命感和责任感，他们立刻登上了历史舞台，成为新文化思想先驱。"这批第一代中国近现代知识分子已经在政治上、思想上接受了西方的自由、民主和个人主义，但他们的心态并不是西方近现代的个体主义，仍然是自屈原开始的中国传统的承续。在中国这一代近现代意义的知识分子身上所体现的，倒正是士大夫传统光芒的最后耀照。"[①] 觉醒一代的知识分子发起文化救国运动的立足点便是"发生一种新文化"，这种新文化便是民主与科学的文化。

《觉醒年代》在塑造这一群新文化思想先驱的时候，通过学术讨论、生活交往、思想争辩、街头演讲、家庭生活等多种富有人性、人情味的场景，凸显这一代知识分子学识渊博、信念坚定、人格独立、热血爱国的艺术形象。陈独秀、李大钊在日本早稻田大学的相识，陈独秀和钱玄同、刘半农在风雪陶然亭中的促膝长谈，钱玄同、鲁迅之间脱胎于《〈呐喊〉自序》的经典对白，革新、复古两派在文化相争时的唇枪舌剑等，通过电视剧形象化、视听化的呈现，给观众留下了深刻的印象。网民弹幕评论，"课本中的几行字，都在这部剧中鲜活生动起来了"。

鲁迅作为观众最为熟悉的历史人物，在《觉醒年代》中的初次出场，便是冷峻地背对身后麻木的看客和争抢人血馒头的国人。这一场景唤醒了观众关于中学语文课上《药》的集体记忆。

剧中的鲁迅，在愤怒中写完《狂人日记》后瘫软在地上流下的那一行

[①] 李泽厚.中国现代思想史论[M].合肥：安徽文艺出版社，1994：212.

清泪，凝神看向窗外的冷峻侧影，带给观众强大的视觉冲击力和心灵震撼力。鲁迅代表着中华民族现代文化意识在痛苦中的觉醒，是那个时代少数较早怀有强烈的文化意识体察到文化与民族心理改造的知识分子，"接通了两座桥梁：一座是横向的，即中国文化生命联结世界进步文化思潮的桥梁；一座是纵向的，即中国古老的文化过渡到现代文化的桥梁"。①

"我愿意把有限的资源做最好的整合给鲁迅先生。"这是张永新导演对作为民族之魂的鲁迅先生的致敬，也是对100年前最先"觉醒一代"的知识分子的致敬！

三、启蒙与救亡并举的"新青年"形象

在《觉醒年代》中，那一批近代知识分子除了胡适等个别人，大多数是政治革命的积极参与者。"革命与启蒙并举是这一代革命知识分子强烈的价值取向。"②李大钊从一开始就发出了"丢掉幻想准备战斗"的宣言，宁当第二个谭嗣同，九死而不悔。为了反对张勋复辟，李大钊亲自走上街头，散发传单，进行讲演，以致遭军警追捕。

以蔡元培、陈独秀、李大钊为代表的近代知识分子十分关注对青年学生的培养，他们在剧中被誉为"新青年的精神领袖和导师"，影响了毛泽东、周恩来、赵世炎、邓中夏、陈延年、陈乔年等更年轻一代的思想观念与人生道路。在《觉醒年代》中，受恩师杨昌济举荐来到北京大学的毛泽东，多次得到李大钊、陈独秀的关心和指导，参与了学校的读书会、北大新闻研究会、夜校等社团活动，较早接触了马克思主义思想，最终将之作为毕

---

① 杨义.在痛苦中觉醒的民族灵魂：鲁迅在中国文化史上的地位[J].中国现代文学研究丛刊，1987（2）：297-298.
② 陈万雄.五四新文化的源流[M].北京：生活·读书·新知三联书店，2018：171.

生的信仰。

　　李大钊是率先将马克思主义与中国的实际问题结合起来思考的先行者，并突出反映在中国农民问题上。在《青年与农村》一文中，李大钊写道："我们中国是一个农国，大多数的劳工阶级就是那些农民。他们若是不解放，就是我们国民全体不解放；他们的苦痛，就是我们国民全体的苦痛，他们的愚暗，就是我们国民全体的愚暗；他们生活的利病，就是我们国民全体的利病。去开发他们，使他们知道要求解放、陈说苦痛、脱去愚暗、自己打算自己生活的利病的人。"① 李大钊对于青年毛泽东成为坚定的马克思主义者起到了重要的引领作用。在许多重大问题上，如中国革命的指导思想、中国农民问题等，李大钊和毛泽东都保持着高度的一致。为此，毛泽东一再声称自己是李大钊那一代人的学生。

　　此外，李大钊、毛泽东对于文化的主张也是一脉相承。李大钊提出文化要为社会改造和国民革命的前途尽力，实现经济组织与人类精神的"物、心两面改造"。② 毛泽东在《新民主主义论》中指出："我们共产党人，多年以来，不但为中国的政治革命和经济革命而奋斗，而且为中国的文化革命而奋斗；一切这些的目的，在于建设一个中华民族的新社会和新国家。在这个新社会和新国家中，不但有新政治、新经济，而且有新文化……一句话，我们要建立一个新中国。建立中华民族的新文化，这就是我们在文化领域中的目的。"③

　　在李大钊等人思想的影响下，以赵世炎、邓中夏为代表的新青年们，除了在校园里读书，还成立了平民教育讲演团，积极深入工厂、农村去调研、宣讲，将马克思主义理论与中国实践相结合。面对危机四伏的国内外环境，为中国寻找救国救民的科学理论，将思想启蒙与社会救亡并举，成

---

① 李大钊.李大钊选集［M］.北京：人民出版社，1978：146-147.
② 李大钊.李大钊全集：第3卷［M］.北京：人民出版社，2013：14.
③ 毛泽东.毛泽东选集：第2卷［M］.北京：人民出版社，1991：663.

为这两代知识分子的共识。

陈独秀的长子陈延年、次子陈乔年，是100年前的"90后""00后"，也是中国共产党的早期领导人，因为《觉醒年代》的热播被观众熟知。陈延年、陈乔年组织成立了进化社、互助社，主编《进化》杂志。在旅法期间，陈延年、陈乔年多次与蔡和森、周恩来、赵世炎等中国共产主义者往来，信仰发生了根本性转变，成为坚定的马克思主义者。《觉醒年代》第三十九集用艺术化的闪前方式重构了时空，当陈独秀目送两个儿子前往法国勤工俭学时，镜头平行剪辑了1927年和1928年，在上海龙华警备司令部看守所，陈延年、陈乔年身着血迹衣衫、戴着镣铐赤脚蹚过血水慷慨就义的场景。悲怆的音乐加之"陈延年宁死不跪，被国民党反动派乱刀砍死"的字幕说明，更增强了艺术震撼力和人物的崇高感。

剧中的每一个重要角色谢幕的时候，屏幕上都会出现一行谢幕词，向先驱们致敬。赵世炎，26岁；陈乔年，26岁；陈延年，29岁；李大钊，38岁；邓中夏，39岁……当看到一位位熟悉的名字在最美好的年华里生命戛然而止，观众的心灵也受到了洗礼，弹幕评论"你们最早醒来，却牺牲在黎明之前"，"你们的热血，也是当代年轻人需要的"。

100多年前，觉醒一代新青年追寻马克思主义信仰之路以及人生蜕变成长的历程，对于当代青年具有重要的指导意义。"中国青年的觉醒，点燃了中华民族伟大复兴的希望之光。五四运动前后，一大批率先接受新思想、新文化、新知识的有志青年在反复比较中选择了马克思列宁主义，促进中国人民和中华民族实现了自鸦片战争以来的第一次全面觉醒。""青年的价值取向决定了未来整个社会的价值取向……中国青年不断从中华优秀传统文化、革命文化、社会主义先进文化中汲取养分，特别注重从源远流长的中华文明中获取力量。"[①] 这是《觉醒年代》艺术化再现这一段历史、以旧

---

① 中华人民共和国国务院新闻办公室.新时代的中国青年[N].人民日报，2022-04-22(10).

日之觉醒唤今日之觉醒的重要意义。

第四节 建构具象化的思想传播逻辑

马克思、恩格斯、列宁、毛泽东等无产阶级革命家十分注重将抽象理论进行具象化表达，以便于大众理解和接受。新文化思想嬗变以及马克思主义在中国的最初传播过程，成为《觉醒年代》叙事的另一条逻辑线。新文化运动前期，北京大学和以《新青年》为代表的报刊，是新文化运动和五四运动的发源地和舆论宣传阵地。而在俄国十月革命后，马克思主义通过《新青年》等报刊、研究会、演说的方式在中国进行了传播，对中国共产党的成立起到了关键的作用。

一、作为新文化思想阵地的北京大学

蔡元培是较早觉悟到从文化思想层面去改造中国的知识分子之一。在担任北大校长之前，蔡元培除了从事革命运动，还大量地办刊物、办教育，《警钟日报》便是其主办的刊物。蔡元培认为教育救国、科学救国、人才救国，普及科学和民主，根子在教育。"今之策国是者，莫不重教育；策教育，莫不谋普及夫教育曷贵乎普及，岂不曰教育普及，则社会国家一切至重要至困难问题，根本上皆得解决也。"[①] 这也为《觉醒年代》塑造一位敦厚、包容、睿智、勇敢的北大校长奠定了基础。

1916年12月26日，蔡元培上任北大校长，聘请陈独秀担任北京大学第三任文科学长，聘请李大钊担任北京大学图书馆馆长，使得当时主张教

---

① 高平叔.蔡元培全集：第3卷[M].北京：中华书局，1984：12.

育救国与文化救国的两股思潮在北大汇合，由此推动了中国历史的进程。《觉醒年代》第六集再现了蔡元培上任北京大学校长之后发表的就职演讲中提出的三大主张，即"抱定研究高深学问的宗旨，爱惜光阴，孜孜求学"，"砥砺德行，成为卓越之人，矫正颓废的社会风气"，以及"尊敬师友、荣辱与共，把北大建设成为出文化大家、思想大家的地方"。这段几分钟的演讲，有理有据，言辞诚恳，直击要害，振聋发聩，被网民剪辑成短视频后在微博、B站、抖音等社交平台上广泛传播。网民评论"时隔百年，仍如雷贯耳"，"说得好，是一面镜子，照过去，也照现在"，"蔡元培这段话放在现在都是光明的、先进的"，"希望再次觉醒"。

"文化是政治的先导。"蔡元培主政北大之后，即提出教学改革，旗帜鲜明地推行"兼容并包、思想自由"的办学思想。一方面是出于学术的考虑，广纳天下英才，以充实提升北大的学术研究和教育水平；另一方面是以"先锋模范人物整饬学风"引进的人物如陈独秀、李大钊、胡适、鲁迅、刘半农等，后来都成为新文化运动的主要领导者。正是在蔡元培的改革之下，北大成为大师云集、先锋辈出的新文化思想阵地。"以蔡元培为代表的教育救国思想与以陈独秀为代表的文化救国思想相结合，才使北大迅速出现崭新的局面。"[1]

剧中多次出现以陈独秀、钱玄同为代表的新文化革新派教授，与以辜鸿铭、黄侃为代表的复古派教授现场辩论的场景。蔡元培在其中进行了调停、斡旋，使得拥有不同学术思想、政见的大师，都能在北大共事。蔡元培倡导的"兼容并包、思想自由"的办学思想，在100年后的今天依然具有很强的现实意义。

---

[1] 朱成甲.北京大学与五四运动：兼论北大与教育救国、文化救国思潮的内在联系[J].北京大学学报（哲学社会科学版），2000（3）：87-96.

二、《新青年》发出新文化运动的思想号角

"一代人有一代人的责任,我们这一代人的职责就是办杂志。"辨析、选择、验证出一种当代最先进的思想理论,作为改造青年和社会的指导思想,是陈独秀自我赋予的使命。在《觉醒年代》第二集中,从日本留学归来的陈独秀,与同乡汪孟邹、易白沙在一起讨论,表达了自己创办刊物的主张,"改造中国,首先要改造中国人的思想,提高中国人的素质","创办一份杂志,作为唤醒国人政治的觉悟和伦理的觉悟的号角","办十年杂志,全国人民的思想都会为之改观"。

《青年杂志》是以陈独秀为首的安徽籍知识分子为主创办的杂志,创办成员之间有共事革命的背景。在《觉醒年代》中,陈独秀在上海震旦学院礼堂内以演讲的方式阐述了"科学与民主并重""以新文学的力量启蒙大众思想"的创刊理念。1915 年 9 月 15 日,《青年杂志》一经创刊,便威震四方,从而揭开了中国近代化思想启蒙运动的序幕。国家的政治救亡,必须从国民的文化革命开始,这个思想在当时和当代都是非常深刻的。

陈独秀所撰写的发刊词《敬告青年》一文中,"青年如初春,如朝日,如百卉之萌动,如利刃之新发于硎,人生最可宝贵之时期也。青年之于社会,犹新鲜活泼细胞之在人身",以及新青年应具有的六点标准,给当时包括毛泽东在内的青年们重要的精神指引。

从《青年杂志》第一卷前五期的前两三篇文章看,思想启蒙、文化革新的特点非常明显。

《敬告青年》(陈独秀)

《法兰西人与近代文明》(陈独秀)

《共和国家与青年之自觉》(高一涵)

《今日之教育方针》(陈独秀)

《共和国家与青年自觉》(续本卷一号)(高一涵)

《民约与邦本》(高一涵)

《共和国家与青年之自觉》(续本卷二号)(高一涵)

《东西民族根本思想之差异》(陈独秀)

《国家非人生之归宿论》(高一涵)

《自治与自由》(高一涵)

高一涵是陈独秀在新文化运动中的第一位得力助手。他和陈独秀是安徽老乡，且人生有诸多相同的经历，两人都在日本留学，系统学习西方民主政治思想，后加入《甲寅》杂志社，成为重要作者。

《青年杂志》首卷完刊后，因战事停滞了半年，1916年9月1日复刊，更名为《新青年》。《觉醒年代》以写意和写实相结合的方式，刻画了北大校长蔡元培在漫天飞雪中三顾陈独秀寓所，言辞恳切地邀请其担任北京大学文科学长的场景。最终，陈独秀接受了蔡元培的邀请，并将《新青年》杂志编辑部从上海迁往北京。由此，以北京大学作为新文化思想阵地和以《新青年》作为新文化运动舆论宣传载体的逻辑业已形成。

从第二卷起，《新青年》突破了以安徽籍作者为主的局面，作者群大幅扩大。第三、四卷新加入《新青年》的作者，多数为北京大学的教授和学生。这表明自陈独秀担任北京大学第三任文科学长后，《新青年》迅即成为北大新文化思想先驱们的言论阵地；反过来也说明，《新青年》倡导的新文化运动得到了当时全国最高学府北京大学知名教授和先进学生的支持，队伍更加壮大，声势更为浩大。

在新文化思想的孕育及发展过程中，以《新青年》《甲寅日刊》《每周评论》《新潮》等为代表的刊物成为重要的舆论宣传载体。尤其是《新青年》高举科学与民主大旗，刊登了一大批思想理论文章。《觉醒年代》中提及的著名文章有胡适的《文学改良刍议》，陈独秀的《文学革命论》，李大钊的《庶民的胜利》《布尔什维主义的胜利》《法俄革命之比较观》《我的马克思主义观》，毛泽东的《体育之研究》，鲁迅的《狂人日记》，刘半农的《复王敬轩书》等，都是新文化运动中有力的思想批判武器。《觉醒年代》多次聚焦位于北京箭杆胡同的《新青年》编辑部，同人编辑们的探讨、争论以及夜以继日地写稿、审稿，都说明了在当时的背景下，舆论及思想宣传阵地的重要性。

此外，《觉醒年代》还生动呈现了辜鸿铭、黄侃、林纾、刘师培等为代表的复古派与以陈独秀、李大钊、钱玄同、胡适、鲁迅等为代表的新文化革新派之间的文化之争和舆论之战，都是依托报纸、刊物等开展的。《觉醒年代》把以往教材中枯燥的理论表述与思想交锋，以形象、生动且富有冲突性的戏剧场景予以呈现，让观众耳目一新。

1919年以后，《新青年》大量刊登介绍十月革命和宣传马克思主义的文章，成为马克思主义在中国传播的思想阵地。中国共产党成立后，《新青年》一度成为党中央的机关刊物。至此，《觉醒年代》将《新青年》作为思想传播的载体，贯穿新文化运动、五四运动与中国共产党之间的逻辑线索已经清晰呈现。

三、演说成为新思想大众化的传播方式

作为在文化传播、思想启蒙中承担重要责任的知识分子，他们用以记载或传播自己思想的方式主要有两种：著述和演说。"文字寿于金石，声音则随风飘逝。但不管是思想启蒙、社会动员，还是文化传播、学术普及，'巧舌如簧'的功用，一点也不亚于'白纸黑字'。"[1]

---

[1] 陈平原.有声的中国："演说"与近现代中国文章变革[J].文学评论，2007（3）：5-21.

晚清以来，梁启超将学校、报章、演说并列为"传播文明三利器"，而在三利器中突出渲染了"演说"的功用。"大抵国民识字多者，当利用报纸；国民识字少者，当利用演说。"[①]剧中的蔡元培、陈独秀、李大钊、胡适、鲁迅等不仅是新文化运动的领导者，也是《新青年》《每周评论》等刊物的撰稿者、编辑，更是演说高手。

在《娱乐至死》中，波兹曼认为"电视无法表现政治哲学，电视的形式注定了它同政治哲学是水火不相容的"。[②]作为一部具有理论性且包含丰富思想内涵的剧，《觉醒年代》巧妙地引入学校、街头、工厂等公共演讲的方式，将抽象的理论文章和思想观点予以生动呈现和大众化传播。

《觉醒年代》充分展示了李大钊通过发起成立马克思学说研究会、社会主义研究会，举办各种讨论会、演讲会，开设各种科学社会主义课程宣讲马克思主义的过程。在剧中，李大钊多次发表激情澎湃的演讲："他们可以挡住天上的太阳，但无法遮挡民主的光芒"，"自觉，就是改进国家精神，自强不息地创立一个新的国家"，"中国是我们自己的中国，我们自己的国家，我们不爱，谁爱？""试看将来的环球，必是赤旗的世界。"李大钊在日本留学期间写下的《青春》一文，是中国近代思想史上的一篇著名文献，其中的"吾愿吾亲爱之青年，生于青春死于青春，生于少年死于少年也……为世界进文明，为人类造幸福。以青春之我，创建青春之家庭，青春之国家，青春之民族……"[③]在剧中被青年学生多次诵读、演讲。

剧中的毛泽东、周恩来、邓中夏、赵世炎、陈延年等都是学生运动领袖，也是出色的演讲高手。北大学子积极创建并参与"以增进平民知识，唤起平民之自觉心为宗旨"的平民教育讲演团，通过深入田间地头、街头

---

① 陈平原.有声的中国："演说"与近现代中国文章变革[J].文学评论，2007（3）：5-21.
② 波兹曼.娱乐至死[M].章艳，译.桂林：广西师范大学出版社，2004：9.
③ 2021年以后，全国各地举办的各类经典诵读大赛中，李大钊的《青春》一文被大中小学生诵读。

工厂演讲的方式宣传新思想，为推动新文化从校园走向大众起到了关键性的作用。

剧中人物的演说对于启蒙青年思想、激发工人农民的爱国热情、动员社会各界参与爱国救亡运动起到了推动作用。结尾处，李大钊所作的"中国只有走社会主义道路，才能实现中华民族之振兴，社会主义绝不会辜负中国"的演讲更是慷慨激昂，将全剧立意进行全面升华，令观众热血沸腾！

对于五四新文化运动的倡导者来说，演说是他们披坚执锐、笔扫千军的思想武器；而电视剧通过生动呈现一场场精彩绝伦的辩论、演讲，把文化思想先驱们的著作文章、思想理论予以形象化、通俗化、大众化地呈现，比课本中的理论文章更具有冲击力。剧中主要演员的台词功力深厚，演讲气势磅礴，非常具有鼓动性和感染力，有力地强化了思想先驱者的高大形象。很多观众在观剧听演讲的过程中，再次重温教科书中的经典段落，也是一次生动的党史学习教育和爱国主义教育。

第五节 《觉醒年代》热播唤今日之觉醒

在实现中华民族伟大复兴、建设社会主义文化强国、坚定文化自信的宏观背景下，《觉醒年代》从人物谱系、思想传播两重逻辑展开叙事，全景式展现了100多年前的新文化运动、五四运动以及中国共产党在艰难困苦中诞生的历程。

对于这一段历史的学习和铭记，不完全是学术界或艺术界的事，而应该是每个关注国家前途命运的人和事。在剧中，李大钊说："民众觉醒了，中国才有希望。"《觉醒年代》在网络平台播放时满屏的弹幕评论也是观众与剧中人物的对话："我们的考点是你们的一生。""《觉醒年代》有续集吗？""我们现在的幸福生活就是续集。""今日盛世中国如你们所愿。""以旧日之觉醒再唤今日之觉醒。"在豆瓣、知乎等平台，网民发表的评论数超过 14 万。[①]

根据人民网众云大数据平台，《觉醒年代》在互联网上的传播载体呈现出多元化特点，不仅有传统媒体，还有新媒体、自媒体等。如图 1-1 所示，《觉醒年代》在微博平台上的传播数据量最为突出。图 1-2 显示，新浪微博 # 觉醒年代 # 话题阅读量超过 30 亿，# 觉醒年代 yyds#、# 觉醒年代的选角 # 等话题阅读量超过 3 亿。

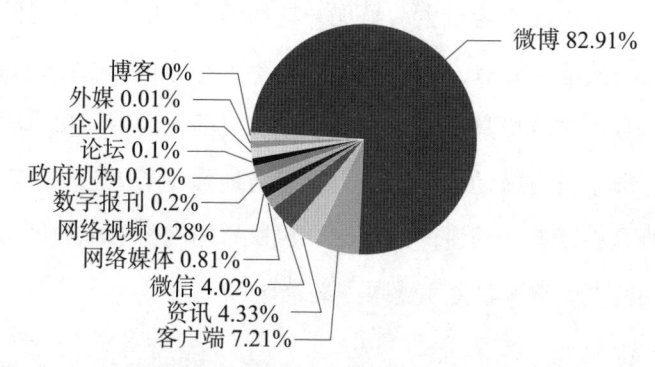

图 1-1 《觉醒年代》互联网信息传播渠道占比图（2021.1–2021.8）

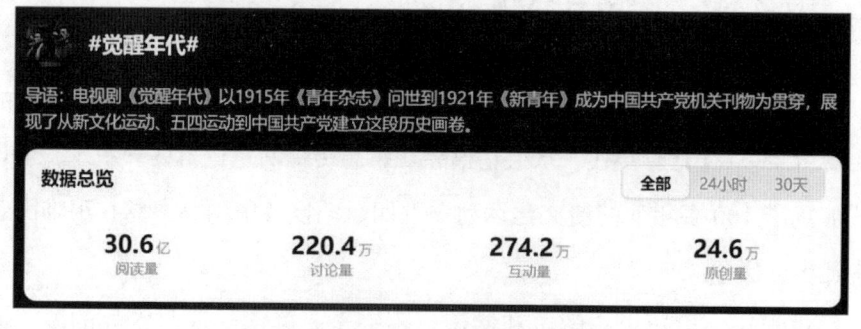

图 1-2 # 觉醒年代 # 新浪微博话题数据

在 2021 年 5 月 24 日新浪微博 @ 头条教育发布的 # 觉醒年代是否能觉

---

① 数据截止时间为 2021 年 8 月 17 日 0 时。

醒历史教育#话题微博下，有 6000 多条网民留言，点赞数超过 22 万。

  这是一部能提升精神境界的优秀电视剧！
  感觉不是在看电视剧，而是置身于当时的历史进程。
  我现在看完真的很想重新学一下初中和高中的历史，真正了解过这些先驱的事迹之后才更加理解书本上的内容。
  我是看了《觉醒年代》以后开始思考一些问题的，更加坚定了目标！想为建设美丽富强的祖国而努力！
  青年真的不是一味地喜欢偶像剧！我真的更追求《觉醒年代》这种高质量并且教育意义深远的正能量剧！
  这里的"觉醒年代"不再指一部剧，而是所有让人"思及历史，身处历史，与史人同仇敌忾，与世人聚力前行"的作品。越来越多人抛开所谓"梦想羞耻"，毫不掩饰赞赏与钦佩，恣意谈论自己的理想和抱负并为之努力。就这样，一个人在向上走，一群人在向上走，一国人在向上走，走着走着，盛世就要来了啊！

  很多观众看了《觉醒年代》后，自发前往北大红楼、《新青年》编辑部旧址、李大钊故居、上海龙华烈士陵园、安徽合肥的"延乔路"等地参观，向烈士们献花，并制作成短视频在社交平台传播。

  从传播学的角度来看，《觉醒年代》在线上线下都已触及观众的灵魂，起到了再次"觉醒"的作用，如图 1-3 所示。

  新浪微博发布的《2021 上半年·微博热搜榜趋势报告》显示，从 2020 年到 2021 年，越来越多的"正剧"受到大量年轻用户的关注。《觉醒年代》与《理想照耀中国》等一系列主旋律热播剧更是成为"顶流"，上榜次数均达到两位数。微博热搜榜能够快速、准确地反映微博用户（尤其是年轻用户）对热点内容的关注动态，优质的内容也能够通过热搜获得大量曝光和互动。

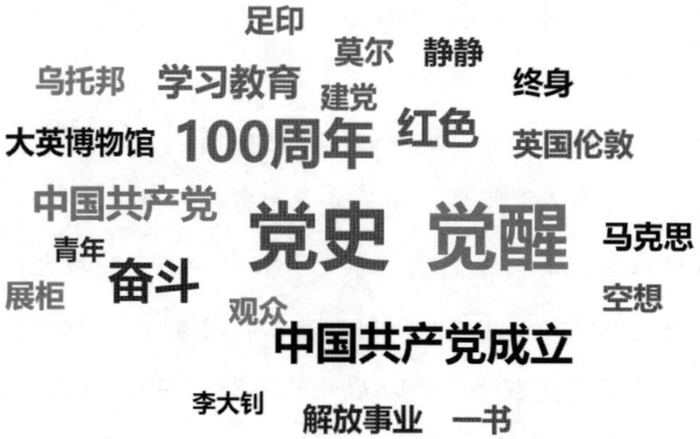

足印 莫尔 静静
乌托邦 学习教育 终身
建党
大英博物馆 100周年 红色 英国伦敦
中国共产党
青年 党史 觉醒 马克思
奋斗
展柜 观众 空想
中国共产党成立
李大钊 解放事业 一书

图1-3 《觉醒年代》互联网信息热词图

从宏观层面来说，形塑国家层面的记忆是强化公民国家认同的重要手段之一[①]，党史正是国家层面的记忆。为此，要"推动党史学习教育深入群众、深入基层、深入人心。要鼓励创作党史题材的文艺作品特别是影视作品"[②]。对于电视剧创作者和研究者来说，要敢于打破电视"娱乐至死"的刻板印象，在静水深流中坚守初心、勇担使命，增强文化自觉意识，以探索性、创新性的勇气投入思想史、党史艺术化的创作与研究中，用精品启迪人民思想，用文艺振奋民族精神。

观看《觉醒年代》，了解新文化运动、五四运动及中国共产党成立的历史，不只是为了学习和纪念，更重要的是思考中国的现在及未来的文化发展路径。"五四新文化运动的核心课题——现代化与传统文化的改造，固然是五四时期的时代课题，其实也是一个永恒的课题；固然是近代中国的问题，也是一个世界性的问题。"[③] "传统文化与现代化的关系""民族文化与

---

① 张爱凤.2019：原创文化综艺节目的"新"与"变"[J].电视研究，2020（3）：68-70.
② 习近平.在党史学习教育动员大会上的讲话[J].党建，2021（4）：4-11.
③ 陈万雄.五四新文化的源流[M].北京：生活·读书·新知三联书店，2018：195.

外来文化的关系""如何在全球化背景下建设一个社会主义文化强国",不只是 100 多年前的知识界、思想界思考的问题,也是当代我们需要直面和思考的问题。结合历史的纵向考察和现实的横向观察,未来中国发展的关键说到底仍然是文化问题,这与当下中国正在深入推进的社会主义文化强国建设目标是一致的。

第二章　文化求索：中华民族文化心理的百年嬗变

> 今天的中国是历史的中国的一个发展，不应当割断历史。

第一节　文化的代际延续与记忆传承

电视剧是一种视听艺术样式，在创作过程中允许改编和加工，不能完全等同于历史，观众在观剧的过程中仍应保持独立、理性的思考。

从电视剧《觉醒年代》的热播回到现实中，我们应该清醒地认识到五四新文化运动所具有的历史局限性。"五四精英作为一个群体，一方面从各个层面猛烈抨击中国传统文化，另一方面又从各个领域热情讴歌西方文化。他们都把中国的希望寄托在新文化上。"[①] 为了挽救民族危机，近代知识分子纷纷提出"全盘西化论""中西调和论""守旧论"等不同论点，掀起了"古今中西之争"，并在此过程中有矫枉过正的激进观点。陈独秀曾说："要拥护那德先生，便不得不反对孔教，礼法，贞节，旧伦理，旧政治；要拥护那赛先生，便不得不反对旧艺术，旧宗教；要拥护德先生又要拥护赛先生，便不得

[①] 闾小波.文化救国论：中国人一个世纪的梦[J].江汉论坛，1989(9)：26-30.

不反对国粹和旧文学。"① 对此，毛泽东也曾评价："那时的许多领导人物，还没有马克思主义的批判精神，他们使用的方法，一般地还是资产阶级的方法，即形式主义的方法。他们反对旧八股、旧教条，主张科学和民主，是很对的。但是他们对于现状，对于历史，对于外国事物，没有历史唯物主义的批判精神，所谓坏就是绝对的坏，一切皆坏；所谓好就是绝对的好，一切皆好。这种形式主义地看问题的方法，就影响了后来这个运动的发展。"②

"历史是起承转合的连续整体，建设中华民族现代文明同样有其起源、生长和发展的规律"，"只有回溯历史方能钩沉建设中华民族现代文明的实践起点"。③ 文化的发展是一个长期历史积淀的过程，与过去完全割裂，将会使一个国家、民族失去自己的历史和记忆。

文化与记忆之间有着密切的关联。在古希腊神话中，缪斯是主司艺术与科学的九位古老文艺女神的总称，她们是众神之王宙斯和提坦女神的记忆女神谟涅摩叙涅所生育的女儿。这个神话也寓意着"记忆乃文艺之母"。"文化具备两项任务：一是协调，创造共时性使得交际/交往成为可能；二是持续，将共时性维度转移到历时性维度，保持文化的代际延续和再生产。"④ 包括文学、艺术、文物等在内的文化是社会的记忆，不是通过自然遗传的方式传承，而是通过教育以及外在的象征符号来传承的。记忆是实现上述文化历时性和时间延续的主体，而文化记忆对于传承历史文化、延续核心价值观、建构身份认同、凝聚群体认同具有重要的意义。

在现代化、全球化进程中，人类原有的文化记忆形式受到挑战，许多民族和国家的文化记忆面临消失的危险。如被视为文化遗产的传统文化表

---

① 陈独秀.陈独秀文集：第1卷[M].北京：人民出版社，2013：362.
② 毛泽东.毛泽东选集：第3卷[M].北京：人民出版社，1991：831-832.
③ 宋建.建设中华民族现代文明的历史逻辑与根本遵循[J].江苏社会科学，2024（4）：30-40.
④ 埃尔，冯亚琳.文化记忆理论读本[M].余传玲，等译.北京：北京大学出版社，2012：21.

现形式的非物质文化遗产，口头文学、传统技艺、传统礼仪、传统戏曲等，都是中华民族的集体"文化记忆"，都面临传承困境。

"文化作为一种意识形态要受制于政治与经济"，"文化的振兴要以经济制度的合理化，生产力的高速发展和政治生活的民主化为基础"。[①] 2010年，中国GDP首次超越日本，成为世界第二大经济体。党的十八大以来，党中央将中华优秀传统文化的传承发展上升到国家战略高度。2017年初，中共中央办公厅、国务院办公厅印发了《关于实施中华优秀传统文化传承发展工程的意见》，把传承发展中华优秀传统文化推上了新的历史高度。以《中国诗词大会》《经典咏流传》《典籍里的中国》《最美中轴线》等为代表的原创文化节目，正是中国经济发展、政治体制改革进入新时代的产物，也是文化记忆的当代激活与媒介重构。

回溯这一段历史，对于我们更好地理解文化自觉、文化自信，投身社会主义文化强国建设有着重要的意义。

第二节 记忆的跨学科研究

20世纪下半叶以来，中西方以"记忆"[②]为主题的研究风气方兴未艾，根源在于我们正在经历的时代大变革。在现代化、城市化、全球化进程中，人类原有的文化记忆形式受到挑战，许多民族和国家活生生的记忆面临消失的危险。

[①] 埃尔，冯亚琳.文化记忆理论读本[M].余传玲，等译.北京：北京大学出版社，2012：21.

[②] 关于记忆问题，典型的边界值是40年和80年。40年，以成年人身份见证某一重大事件的亲历者们逐渐退休，退休之后，他们进入了一个回忆不断增加且欲将回忆固定和传承下去的年龄段。80年是活生生的回忆所能达到的极限值（口述历史的研究表明了这一点，口头追述最多到80年）。相关论述可参考阿斯曼.文化记忆：早期高级文化中的文字、回忆和政治身份[M].金寿福，黄晓晨，译.北京：北京大学出版社，2015：44-45.

上篇　理论探索：原创文化节目发展与社会主义文化强国建设

在我国，北邻西藏自治区、西与缅甸联邦共和国毗邻的云南贡山独龙族怒族自治县，作为独特民族记忆的女子文面文化濒临绝迹。1959年中国尚有368个剧种，目前只剩下286个，相当于平均每两年就有3个剧种消失；全国有74个剧种只剩一个职业剧团或戏班，处于几近消失的边缘。随着岁月的流逝，每一位南京大屠杀幸存者的去世，都是一段民族历史记忆的消失……

记忆问题不仅涉及现代认知心理学，也涉及神经科学、历史学、社会学、文化学、政治学、哲学、传播学等多学科，体现出"新文科"跨学科融合发展的特点。在"实现中华民族伟大复兴的战略全局"和"世界百年未有之大变局"的大背景下，拓展记忆的跨学科研究边界，能够开启原创文化节目理论研究的新视角。

一、认知心理学中的"记忆"

记忆和遗忘是两个相对的过程。记忆代表行为建立的部分，遗忘代表行为消失的部分。记忆是医学、心理学研究领域的重要内容，也是文化研究中的重要问题。

如图2-1所示，记忆的第一阶段是通过编码进行识记，赋予信息意义，建立联想；记忆的第二阶段是储存，将信息储存于记忆库中；记忆的第三阶段是检索，即从记忆库里提取信息，又称再认。

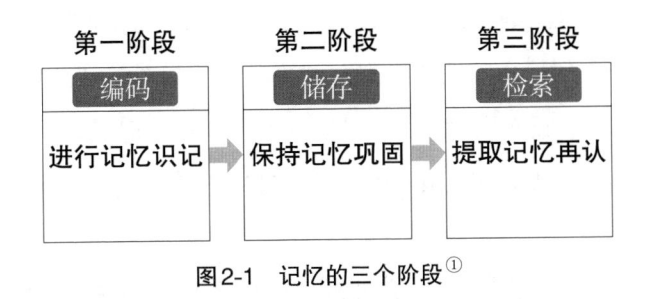

第一阶段	第二阶段	第三阶段
编码	储存	检索
进行记忆识记	保持记忆巩固	提取记忆再认

图2-1　记忆的三个阶段[1]

---

[1]　杨锦荣.心理学基础[M].北京：中国人民大学出版社，2010：100.

根据记忆过程中从信息输入到提取所经过的时间间隔及编码方式的不同，人类的记忆大致可分为感觉记忆（Sensory Memory，也叫瞬时记忆，直接通过感官，如视觉、听觉所获得的保持在 1 秒之内的信息）、短时记忆（Short-Term Memory，短时记忆一般只能持续 10-20 秒左右）和长时记忆（Long-Term Memory，存储时间在 1 分钟以上的记忆，一般能保持多年甚至终生）。临床神经学把记忆分成即时记忆（如即时复述数字序列）、近时记忆（如回忆数小时之前的事件）、远时记忆（如回忆数年前或童年的往事），即时记忆相当于短时记忆，近时记忆和远时记忆则属于长时记忆。[①]

在从感觉记忆到短时记忆再到长时记忆的过程中，伴随着信息的大量遗失和小部分留存。犹如大浪淘沙，在人接触到的全部感觉信息中，能够进入短时记忆中的信息只有一小部分。

人的短时记忆有一个固定的容量，被称为记忆广度（Span of Memory），一般人的短时记忆广度为 8 个不相关的数字或 7 个不相关的字母或 6 个不相关的单词。"人们用各种方法把新信息和已知信息结合起来"，以便使信息进入长时记忆。[②]孩子在最初学习汉字的过程中，一次性学习的汉字不能太多，掌握了汉字构字的基本字后，再去学习、记忆其他字就比较容易了。这是在学习中把握记忆广度规律的结果。

1879 年，德国实验心理学家艾宾浩斯首创情节记忆（Episodic Memory），也叫情境记忆或情景记忆，属于长时记忆。这种记忆与个人的亲身经历密切相关，被称为每个人的"自传性记录"，指的是与一定的时间、地点及具体情境相联系的事件信息的选择、保存和再现。比如对参加高考过程的回忆就是情节记忆，退役军人对军营生活的回忆也是情节记忆。

中央广播电视总台于 2018 年 8 月 4 日播出的《朗读者》第二季第 12

[①] 杨锦荣.心理学基础[M].北京：中国人民大学出版社，2010：100.
[②] 吴世雄.认知心理学的记忆原理对汉字教学的启迪[J].语言教学与研究，1998（4）：85-94.

期，主题为"故乡"，嘉宾是导演贾樟柯。贾樟柯在节目中回忆了自己在故乡生活的诸多情景，"在长途汽车站卖茶水的奶妈"，"在炕头听西北风呼啸而过"，"第一次听到火车的声音，感觉很魔幻"，"和小伙伴骑两三个小时的自行车去看火车，向拉煤的火车行注目礼"，"在录像厅里第一次看电影《黄土地》，看了5分钟，眼泪一直往下流。一望无际的黄土地，穿着黑棉衣的人，就是我的生活"，等等。在贾樟柯说的话中，每句都有一个具体、特定的情景，这些都是他亲身经历的，因此深深地印刻在脑海中，成为长时记忆，也融入他的电影创作。《小武》《江湖儿女》《山河故人》等电影里都有贾樟柯家乡的影子。贾樟柯希望自己的电影能成为"记忆的硬盘"，"留住中国在融入21世纪之后必将失去的一些记忆，提供一份在中国很多城市的空间里将不复存在的昨天与今天的相互联系"。①

20世纪60年代，心理学家发现"意义"在长时记忆中起着极重要的作用，于是开始转向语义记忆（Semantic Memory）。语义记忆是人们对于一般知识、概念、理论或规律的记忆，与特殊的时间、地点、经历、情境无关，比如对乘法口诀、数学公式、"广州是广东省省会"等信息的记忆，就属于语义记忆。研究发现，中学生知识获得过程是从情景记忆向语义记忆转化的过程。②

在我们学习语言、文字、诗词、历史文化的过程中，会综合运用到上述所列的多种记忆方式。比如在学习汉字或诗词时，有一个从感觉记忆向短时记忆再向长时记忆的转变，随着学习工作中对常用字词、经典诗句的经常运用，这些字词、诗句便会成为长时记忆，而不常用的字词、诗句则在时间的推移中慢慢生疏直至遗忘。

---

① 徐怀静.个体记忆与新历史影像：贾樟柯电影的新阶段[J].读书，2011（3）：144-155.
② 隋洁，吴艳红，王金凤，等.中学生知识获得过程是从情景记忆向语义记忆转化的过程[J].心理科学，2003（5）：784-789.

近10年来，中央广播电视总台、省级广播电视台主创的原创文化节目，如《中国汉字听写大会》《中国成语大会》《中国诗词大会》《经典咏流传》《国家宝藏》《中国考古大会》《典籍里的中国》《诗画中国》等，都试图通过情景记忆、语义记忆等多种记忆方式激活观众对于中华优秀传统文化的热爱与重温。《经典咏流传》节目总导演田梅认为："通过中国古典诗词与现代流行音乐的结合，让以诗词为代表的中华传统文化在当下焕发新生，再次流行。"[①] 如表2-1所示，《经典咏流传》采用了情景记忆和语义记忆的方式，将古典诗词与当代流行歌曲、古代诗人与当代传唱人之间做了深度关联，让经典诗词通过演唱的方式，在观众的脑海中形成"长时记忆"，沉淀为中华民族的文化基因。正如经典传唱人谭咏麟所说，希望把《定风波》这首歌唱给年轻人听，"拿出苏轼从容、淡定的气势来面对人生挫折"，"期待每个人生命中的风波都能因为你的淡定而变成风景"。

表2-1 《经典咏流传》第四季部分节目表

经典传唱人·传唱曲目	经典出处
沙宝亮《沧浪行》	战国《楚辞·渔父》
黄龄《楚魂》	战国·屈原《九歌·国殇》
屠洪刚《大风歌》	汉·刘邦《大风歌》
吉克隽逸《使至塞上》	唐·王维《使至塞上》
李斯丹妮《侠客行》	唐·李白《侠客行》
王力宏《缘分一道桥》	唐·王昌龄《出塞二首·其一》
董宝石《从军行》	唐·王昌龄《从军行》
蔡国庆《玉壶冰心》	唐·王昌龄《芙蓉楼送辛渐》
张韶涵《但愿人长久》	宋·苏轼《水调歌头·明月几时有》

---

① 田梅.《经典咏流传》和诗以歌，让经典再次焕发新生[J].电视研究，2018（6）：61-63.

续表

经典传唱人·传唱曲目	经典出处
谭咏麟《定风波》	宋·苏轼《定风波》
钟镇涛《渔家傲·秋思》	宋·范仲淹《渔家傲·秋思》
黄品源《岁暮到家》	清·蒋士铨《岁暮到家》
康辉、撒贝宁、朱广权、尼格买提《青春》	现代·李大钊《青春》
俞灏明《为祖国而歌》	现代·陈辉《为祖国而歌》
廖昌永、廖敏冲《春日偶成》	现代·周恩来《春日偶成二首·其二》
谭维维《蝶恋花·答李淑一》	现代·毛泽东《蝶恋花·答李淑一》

二、集体记忆的概念及其引发的论争

法国社会学家埃米尔·杜尔凯姆最早在《宗教生活的基本形式》一书中提出了与集体记忆相关的概念。他的学生莫里斯·哈布瓦赫突破了心理学、医学的研究范式，明确地从社会学的角度切入记忆问题。1925年，哈布瓦赫在《记忆的社会框架》一书中明确提出了"集体记忆"（Collective Memory）这一概念。他认为集体记忆是一个社会建构的概念，控制和规范着个人记忆以及个体身份的形成，为当下的需要所服务。学界确定了哈布瓦赫在集体记忆研究领域的开拓者地位。

哈布瓦赫决定性地否弃了关于记忆的生物学理论，转而选择了一种文化的阐释框架，认为我们的记忆是社会的建构。虽然神经心理学过程无疑是我们接受和保持信息的必要条件，但光对这些过程的分析并不能令人满意地解释特定知识领域和记忆领域的构成。

哈布瓦赫的代表作《论集体记忆》成为记忆领域的经典之作。哈布瓦赫关于集体记忆、社会记忆研究的起点在于对基于生理主义和个体主义的记忆研究的反思和扬弃。哈布瓦赫认为，"记忆不是纯个体现象，更不是纯生理现象……我生活其中的群体、社会以及时代精神氛围，能否提供给我唤起、重建、叙述记忆的方法，是否鼓励我进行某种特定形式的回忆，才是至关重要的"。① 这个唤起、建构、叙述、定位和规范记忆的文化框架，就是所谓"集体记忆"或"记忆的社会框架"。在哈布瓦赫看来，记忆并不是一成不变的，而是在过去、当下不断得到修改、补充、形塑的。因此，研究记忆，要研究人们所处的社会中的记忆框架。"人们正是在社会当中才正常地获得自己的记忆，也正是在社会当中唤回、认识并安置自己的记忆的。"②

哈布瓦赫的集体记忆理论也引发了学术界的争议。有学者认为，记忆是需要生理基础的，因此记忆的主体只能是个体，而不能是集体，因为集体缺乏记忆所需要的神经器官——大脑。美国著名文学批评家苏珊·桑塔格认为："严格地说，不存在集体记忆这样的东西，它不过是集体罪这类虚假观念家族的组成部分。但是存在集体的指令。""所有记忆都是个体的，不可复制的——随个体而死亡，被称为集体记忆的东西，不是记忆而是约定。"③

如果说不存在集体记忆，那么为何同一代人、同一民族、同一国家的人，会具有共同记忆呢？陶东风认为，需要超越个人主义和集体主义的二元对立去认识集体记忆，因为尽管记忆行为的主体是个人而不是群体（群体是抽象的，缺乏一个生理学基础上的记忆的神经器官，也没有讲述、表达记忆的器官，如口或手），但个人不是处于"真空"状态的个体，势必要

---

① 哈布瓦赫.论集体记忆[M].毕然，郭金华，译.上海：上海人民出版社，2002：68-69.
② 埃尔，纽宁.文化记忆研究指南[M].李恭忠，李霞，译.南京：南京大学出版社，2021：192.
③ 陶东风.超越集体主义与个人主义的二元对立：对"集体记忆"概念的反思[J].文艺理论研究，2022，42（4）：1-10.

生活在一个具体的社会环境中，因此，个人记忆是一个必须与他人、社会、文化、环境紧密发生关联的问题，而非孤立发生的、与他人无关的纯粹个人的生理、心理现象。[①]正如一个人在回忆自己的成长时，不可避免地要回忆起自己所处的那个时代环境，重要的事件、文化思潮、审美风尚等。特别是记忆本身是抽象的，需要借助一定的媒介、符号等载体才能得以呈现。因此，生活在同一时代、同一媒介社会环境中的人，共享了某些记忆。

在董玉方作词、许飞作曲并原唱，后由李健翻唱而走红的歌曲《父亲写的散文诗》中，歌词这样写道："一九八四年 庄稼还没收割完 / 女儿躺在我怀里 睡得那么甜 / 今晚的露天电影 没时间去看 / 妻子提醒我 修修缝纫机的踏板 / 明天我要去 邻居家再借点钱 / 孩子哭了一整天哪 闹着要吃饼干 / 蓝色的涤卡上衣 痛往心里钻 / 蹲在池塘边上 给了自己两拳 / 这是我父亲 日记里的文字 / 这是他的青春 留下 / 留下来的散文诗 / 几十年后 我看着泪流不止 / 可我的父亲已经老得像一个影子。""1984年""露天电影""缝纫机的踏板""借钱""蓝色涤卡上衣"等，既是"父亲"记入日记的个体记忆，同时也是共同经历过20世纪80年代人的集体记忆。

对于中国人来说，电视文艺节目春晚塑造的集体记忆也是显而易见的。"春晚堪称改革时代能把国家进步和民族认同的宏大想象与家庭团聚的个体叙事紧密连接起来的重要媒介事件。"[②]从张明敏的《我的中国心》到费翔的《故乡的云》，从那英、王菲的《相约1998》到刘德华的《我是中国人》，从陈佩斯、朱时茂、赵丽蓉的经典小品，到李谷一的《难忘今宵》，除夕夜的春晚几乎成了全球华人的集体记忆。集体记忆并不仅仅是在共同体内共享的记忆，有些共同的记忆，比如说圆周率、乘法口诀等就不属于集体记忆。集体记忆是共同体成员心目中对于过去的再现（叙事的形式，

---

① 陶东风.超越集体主义与个人主义的二元对立：对"集体记忆"概念的反思［J］.文艺理论研究，2022，42（4）：1-10.

② 黄典林.全媒体时代春晚如何突围［N］.光明日报，2017-02-08（12）.

如文学、历史、影视作品等），有助于形成对共同体的认同感。

2023年9月开播的江西卫视原创文化节目《跨越时空的旋律》，在片头有这样一段旁白："岁月如歌，你的心底是否也流淌着一首不老的歌，伴随成长，在时光中沉淀，有了新的味道。没有人不会老，但经典让我们常回青春，拥抱曾经的你我，焕新隽永的记忆。"节目中经典旋律的领唱人廖昌永认为："每一首经典歌曲都带着一代人的一段青春记忆，在不同的历史时期留下了浓重的时代特点。一首经典歌曲的延续，需要一代一代人去演唱。希望更多的年轻人唱响我们的父辈、前辈的歌曲。"节目设置的"经典旋律焕新人"角色，则由青年歌手胡夏、王赫野等担任，他们以"焕新演唱"的方式激活时代记忆，向经典致敬。

《跨越时空的旋律》第一期节目介绍的经典歌曲是《乡恋》。《乡恋》是1979年中央电视台播出的电视风光片《三峡传说》的主题曲，由马靖华作词、张丕基谱曲、李谷一演唱，描写了王昭君离开家乡秭归，踏上漫漫和亲路的故事。改革开放初期，思想解放运动在新旧观念的交锋中艰难前行。《乡恋》歌词中有"深情""美梦""情爱""怀中"这样的词语，旋律委婉深情，迥异于"高、快、响、硬"的革命歌曲，一度被定性为灰暗、颓废、低沉、缠绵的靡靡之音而遭封禁。词作家乔羽认为："《乡恋》这首歌曲的争论，实际是文艺战线'凡是'派和改革派的争论。"

在1983年春晚上李谷一再度唱响观众点播次数最多的《乡恋》，被认为是电视文艺领域思想解放运动的一个标志。2008年，《乡恋》获得改革开放三十年流行金曲勋章。2018年，在改革开放四十周年的纪念活动中，李谷一获得了党中央、国务院为其授予的"改革先锋"称号，公示词中称赞她"始终将自己的艺术实践与改革开放进程紧紧相连，用歌声见证改革开放的豪迈壮举，用作品抒发祖国的豪情、民族的豪迈、人民的心声"，并将她演唱的歌曲《乡恋》誉为"改革开放后第一首流行歌曲"。由此，《乡恋》成为几代中国人关于改革开放、流行音乐、春晚的集体记忆。

三、文化记忆的传承与发展

20世纪中叶以来，人们逐渐认识到文化与记忆之间有着内在的、深刻的联系。德国文化学者扬·阿斯曼自20世纪70年代起，就开始了有关记忆问题的跨学科研究。扬·阿斯曼的代表作《文化记忆：早期高级文化中的文字、回忆和政治身份》比较系统地阐述了"文化""记忆"与"群体认同"之间的关系。扬·阿斯曼认为"记忆术的对象是个人，它给予个人一定的方法和技巧，来对其记忆加以训练。回忆文化则着重于履行一种社会责任。它的对象是群体，其关键问题是：'什么是我们不可遗忘的？'""回忆文化里的记忆指的是'把人群凝聚成整体的记忆'"。[①]扬·阿斯曼认为文化记忆既是一个记忆延续传承的过程，也是不同时代人们不断重构的结果。"文化记忆需要有固定的附着物、需要一套自己的符号系统或者演示方式，如文字、图片和仪式等。其中节日和仪式是文化记忆最重要的传承和演示方式。"[②]

自2022年起，河南卫视在春节、元宵、清明、端午、七夕、中秋、重阳等中国传统节日，推出"中国节日"奇妙游系列节目，对神话故事、古典文学艺术、文物、民俗等进行了全新的重构，是对文化记忆的创新传承。"以文化之美唤醒传承之心，传统文化的年轻市场自会越来越大，民族的文化自觉和文化自信也会自然而然地生发。"[③]文化记忆的分类如图2-2所示。

[①] 阿斯曼.文化记忆：早期高级文化中的文字、回忆和政治身份[M].金寿福，黄晓晨，译.北京：北京大学出版社，2015：22.

[②] 黄晓晨.文化记忆[J].国外理论动态，2006(6)：61-62.

[③] 张国涛，欧阳沛妮.在中华美学精神层面寻得共鸣：解析河南卫视"中国节日"系列节目[J].中国电视，2021(7)：23-29.

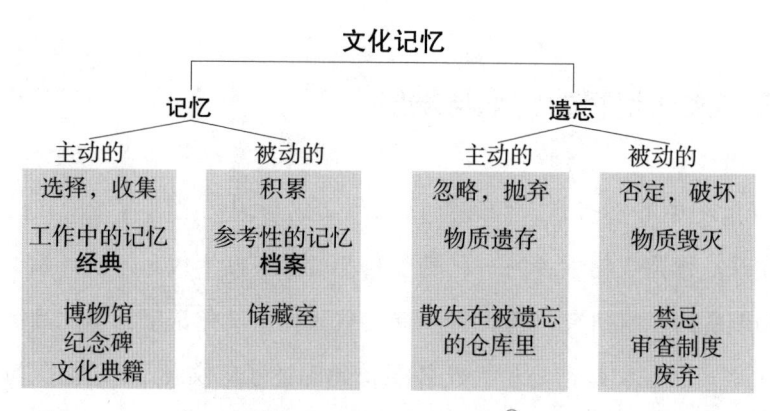

```
                          文化记忆
              ┌──────────────┴──────────────┐
             记忆                          遗忘
         ┌────┴────┐                  ┌────┴────┐
       主动的     被动的             主动的     被动的
       选择，收集  积累              忽略，抛弃  否定，破坏
       工作中的记忆 参考性的记忆       物质遗存    物质毁灭
       经典       档案
       博物馆     储藏室              散失在被遗忘  禁忌
       纪念碑                        的仓库里    审查制度
       文化典籍                                废弃
```

图2-2 文化记忆的分类[①]

在《哈佛中国史》中有这样一段话，阐述了文化记忆对于一个统一国家的重要性："虽然殷周时代可能已经有'中国'意识，但只有到秦汉建立统一帝国，先推行'一法度、衡石丈尺，车同轨、书同文'，后在思想上'独尊儒术'，在制度上'霸王道杂之'，一个初步统一的'中国'才真正形成。""秦国规范了此前相互之间无法用语言沟通的人群的书写方式。这个革新把帝国内所有的地区联结为一体，并建立起一个国家认可的文化典籍体系……共同的文化体系把所有从事帝国事务以及渴望为帝国服务的人都联结起来。在后来的若干个世纪里，通过传统戏曲、大众文学以及启蒙读本等方式，文化开始渗透到社会底层。"[②]

2007年12月17日，国务院决定将清明、端午、中秋等纳入国家法定节假日，自2008年1月1日起施行。春节、清明、端午、中秋等历史悠久的传统节日及其相关仪式成为中国文化记忆的传承载体。2024年12月4日，"春节——中国人庆祝传统新年的社会实践"正式入选联合国教科文组织人类非物质文化遗产代表作名录。

---

① 埃尔，纽宁.文化记忆研究指南[M].李恭忠，李霞，译.南京：南京大学出版社，2021：126.
② 陆威仪.早期中华帝国 秦与汉[M].王兴亮，译.北京：中信出版社，2016：导言4.

上篇　理论探索：原创文化节目发展与社会主义文化强国建设

文化是"社会的记忆，它不是通过遗传的方式传承"。文化是通过外在的象征符号来传承的。人类通过文化创造了一个关于过去、现在和未来的时间性的框架，超越了个体生命的时间限度。文化在生者、死者和尚未出生者之间缔造了一道契约。人们通过对存储在或近或远的过去中的东西的召回、重申、阅读、笺注、批评和讨论，来参与各种各样的意义生产行为。无需每代人都从头开始，因为他们站在巨人的肩膀上，可以重新使用、重新诠释后者的知识……文化记忆也创造了一个跨越时间深渊的沟通框架。[1]

记忆不是自然形成的，而是具有高度选择性的。在个体一生的经历中，能够留在记忆里的毕竟是少部分内容，大部分内容随着时间流逝被遗忘了。而在记忆的内容上，有一部分是主动记忆的，也有一部分是被动记忆的。

主动的文化记忆有三个核心领域：宗教、艺术和史学。

经典是不可或缺的教育工具。没有了经典，学术领域就没法确立，大学就没法开课。古典文学经典不仅在一代又一代人之间传授，也在剧院、音乐厅的舞台上演。绘画和工艺经典反复在博物馆和巡回展览中得到陈列，文学经典则是图书市场上的常客。

民族国家制作了关于自身过去的叙事版本，它们被当作民族国家的集体传记被教授、被接受并被借鉴。国史通过历史教科书得到传授……国史还以纪念碑、纪念日等形式在公共舞台上得到呈现。参与国家记忆，就是要了解国家历史上的关键事件，接受其象征符号，欢

---

[1] 埃尔，纽宁.文化记忆研究指南[M].李恭忠，李霞，译.南京：南京大学出版社，2021：97.

度国家的节庆日。[①]

和个人或集体相关的重要人物、重大事件、特别纪念日，以及通过教育习得的经典文化常识等，都属于主动记忆，如国庆节、春节及经典唐诗、宋词等。"在中华民族的开化史上，有发达的农业和手工业，有许多伟大的思想家、科学家、发明家、政治家、军事家、文学家和艺术家，有丰富的文化典籍。""中华民族又是一个有光荣的革命传统和优秀的历史遗产的民族。"[②] 典籍和历史文化遗产中，蕴含着中华民族的文化记忆和基本精神。"中华民族文化的基本精神，就是中华文化经典中处于主导地位的思想精粹。"[③] 这些都是一个民族和国家需要通过教育、媒介传播等主动的文化记忆方式传承铭记的内容。

在后现代理论语境中，为身份"定位"是文化记忆的主要功能。一方面，通过保存代代相传的集体知识确保文化的连续性，并以此建构后人的文化身份；另一方面，通过创造一个共享的过去即集体记忆向社会成员提供一种整体意识和历史意识。[④] 从这个层面理解，文化记忆对于传递规范和价值、建构身份认同、凝聚群体认同具有重要的意义。

优秀传统文化是中华民族的集体文化记忆，沉淀着中华民族的精神品质，蕴含着中华民族的文化基因。汉字、成语、诗文、戏曲、书法、绘画、音乐、舞蹈等都是文化记忆的载体或表现形式。中国是诗歌王国，诗歌中沉淀着一代代中国人的智慧和情感，其中蕴含着的民族文化精神，潜移默化地塑造着国人的个性及审美趣味。朱光潜在《诗论》中说："我爱中国

---

① 埃尔，纽宁.文化记忆研究指南[M].李恭忠，李霞，译.南京：南京大学出版社，2021：127-128.
② 毛泽东.毛泽东选集：第2卷[M].北京：人民出版社，1991：622-623.
③ 陈先达.文化自信中的传统与当代[M].北京：北京师范大学出版社，2017：156.
④ 赵静蓉.文化记忆与身份认同[M].北京：生活·读书·新知三联书店，2015：5.

诗，我觉得在神韵微妙格调高雅方面往往非西方诗作能及。"①

2021年2月17日，99岁的叶嘉莹被评为"感动中国2020年度人物"。叶嘉莹先生一生热爱古典诗词，认为经典诗词和中华民族特性密切相关，充满了光明和力量。她一生跌宕起伏，经历了很多磨难，但始终保持积极乐观、坚韧不拔、平静豁达的心态，这与她热爱研究、传授古典诗词密切相关。

"我为什么喜欢诗词？因为诗词里边所表现的，是古代那些真正伟大的诗人、词人……他们是用他们的生命来写作他们的诗篇，用他们的生活来实践他们的诗篇的……而诗的境界、大小、优劣、高低，与你的思想、怀抱、品格、一切，有着密切的关系。所以那些古人传下来的，不管是陶渊明，不管是杜工部，不管是苏东坡，不管是辛稼轩，他们留下来的是'诗骚李杜魂'……那些用生命写下来的诗篇，希望能够让年轻人也同样感受到它的美好。"②2015年，叶嘉莹亲自编选的《给孩子的古诗词》出版。书中共收录作品218首，包括不同风格的177首中国古代经典诗作，如《诗经·蒹葭》《古诗十九首》《敕勒歌》《凉州词》等，李煜《虞美人》、苏轼《定风波》、岳飞《满江红》、纳兰性德《长相思》等41首经典词作。在研究、讲解、传播古典诗词的过程中，叶嘉莹也把中华民族的文化记忆代代相传下去。

"《周易》是中国传统美学的源头。其所奠定的天人合一、阴阳和谐、隐喻象征、直觉体悟等思维方式开启了中国美学的东方传统，成为中国传统美学思维的源头活水。"③在中央广播电视总台制作的原创文化节目《经典咏流传》第四季中，歌手李健演唱了自己原创的歌曲《君子行》。《君子

---

① 朱光潜.诗论[M].北京：北京大学出版社，2005：92.
② 叶嘉莹.从几首诗词谈我回国教学的动机与愿望[J].文学与文化，2012(1)：4-18.
③ 刁生虎.《周易》：中国传统美学思维的源头[J].周易研究，2006(3)：59-67.

行》将《周易》中的名句"天行健,君子以自强不息;地势坤,君子以厚德载物"融入歌词,"这些密语如同祖先星光般存在,未来的人回归它才会有未来……最是无语人世间,幸而有人言"。其中的"密语"就是代代相传的文化记忆,是融入中国人血脉的文化基因;"幸而有人言"更是强调了文化传承发展中"人"的自觉意识与责任担当。

在《经典咏流传》第五季中,由王维、李白、康震跨越时空联合作词,张杰演唱的《大美中华》中,也融入了诸多文化记忆。"走在古城朱雀的小街,听见太白唱醉的明月,这是杜甫赞过的春雨,王维的空山就在心里。特别想念那东坡的月光,梦想跟随在放翁的身旁,就算我没有稼轩同一般的才华挑灯看剑,咱有的是担当。吟一首诗,看千年经典惹人恋;歌一阕词,让唇齿留香满心田,让荡气回肠咏流传。"歌中提及的李白、杜甫、王维、苏轼、陆游、辛弃疾等留下的《关山月》《春夜喜雨》《山居秋暝》《水调歌头》《诉衷情》《破阵子》等经典诗词,都是中华民族的文化记忆,对于中国人的身份定位、文化认同和精神品格塑造,有着至关重要的作用。正如林语堂在《苏东坡传》的序中所写:"一提到苏东坡,在中国总会引起人亲切敬佩的微笑,也许这句话最能概括苏东坡的一切了。"[1] 这种微笑,正是源于中国人对于中华文化和民族精神品格的高度认同。

第三节 文化自卑心理与"文化记忆"的断裂

在历史长河中,中国曾经历过多个文化强国阶段,也具有高度的文化自信。毛泽东在《中国革命和中国共产党》中指出,"在中华民族的开化史上,有素称发达的农业和手工业,有许多伟大的思想家、科学家、发明家、

---

[1] 林语堂.林语堂文集:苏东坡传[M].北京:群言出版社,2010.

政治家、军事家、文学家和艺术家，有丰富的文化典籍"①。在近代之前，中国的人口、经济、文化、科技等，在世界上都处于领先位置。

随着西方国家进入资本主义发展阶段，中国经过了两千多年发展的封建社会逐渐衰落。近代中国面临的危机，不只是国力的落后、科技的落后，还是中西方文化发展以及民族心理的落差。在帝国主义文化及殖民文化的双重侵蚀下，国民心理发生的最突出的变化就是丧失了民族自信心。"中国只是在近代面临民族存亡危机时才出现所谓真正的文化危机。文化危机的重要表现是丧失民族自信心，是文化自卑和对传统文化的自暴自弃。这是文化的悲哀，更是民族的悲哀。"②

自 1840 年鸦片战争爆发至今，国人的文化心理经历了从"文化自卑""文化自省""文化自觉"到重塑"文化自信"的历程，这个过程也是"文化记忆"的断裂与修复过程。

"文化自卑"是指人们对待自己所处的文化持有的一种怀疑、轻视甚至否定的态度和心理。1840 年鸦片战争爆发之后，面对列强侵略、国土被割让、民族尊严被侵犯、国家面临被殖民化的局面，国人曾经的民族优越感和自信心遭受重创。在 19 世纪末至 20 世纪 20 年代初，文化自卑成为当时中国人普遍的文化心理。③

在救亡图存的大背景下，当时不少文化精英认为只有摧毁、疏离中国传统文化，积极引进西方文化，中国才能获得新生。

1938 年，毛泽东在《中国共产党在民族战争中的地位》一文中指出："今天的中国是历史的中国的一个发展；我们是马克思主义的历史主义者，我们不应当割断历史。从孔夫子到孙中山，我们应当给以总结，承继这一

---

① 毛泽东.毛泽东选集：第 2 卷［M］.北京：人民出版社，1991：622.
② 陈先达.文化自信中的传统与当代［M］.北京：北京师范大学出版社，2017：112.
③ 张爱凤.原创文化类节目对中国"文化记忆"的媒介重构与价值传播［J］.现代传播（中国传媒大学学报），2017（5）：85-90.

份珍贵的遗产。"①

社会学家费孝通先生回忆自己的求学生涯，是从清末民初的"新学"开始的，缺少了国学教育这一段，对于国学的记忆并不深。他说："长期以来在西方文化浪潮的冲击下……'传统'被冲刷得太厉害了。由此所造成的危害及其严重性还没有被人们所真正认识，同时能够把深厚中国文化根底的老一代学者的学术遗产继承下来的队伍还没有形成，因此我深深感到知识界的责任重大。"②费孝通先生的这段话，值得我们认真思考。

第四节 文化自觉：从学术反思到强国战略

伴随着传统文化被贬抑、被改造的过程，百年以来，中国曾经有过三次重要的文化宣言，展现了国人从"文化自卑"到"文化自省"直至"文化自觉"的心理嬗变。

五四新文化运动后，自20世纪20年代开始，中国人的文化心理开始由自卑逐渐转向自觉。"欧洲残破，真正'戳破了西洋镜'，中国人对于西洋列强的真相渐渐有点明白了，怕惧的心理渐渐降低，自觉的心理渐渐发展。"③这种变化体现在二十世纪二三十年代所发生的"东方文化派"与西化派、"中国本位文化"与"全盘西化"的论争中，其结果便是民族文化自觉心理的逐渐形成。④

针对文化建设中"盲目复古"和"盲目西化"这两种倾向，1935年1月10日，王新命等10位教授联名发表《中国本位的文化建设宣言》，又被

---

① 毛泽东.毛泽东选集：第2卷[M].北京：人民出版社，1991：534.
② 费孝通.中国文化的重建[M].上海：华东师范大学出版社，2014：206.
③ 姜义华.胡适学术文集[M].北京：中华书局，1998：247.
④ 封海清.从文化自卑到文化自觉：20世纪20~30年代中国文化走向的转变[J].云南社会科学，2006(5)：34-38.

称为《一十宣言》。《一十宣言》认为，要使中国人成为中国人，必须进行"中国本位的文化建设"，"中国本位的文化建设，是创造，是迎头赶上去的创造；其目的是使在文化领域中因失去特征而没落的中国和中国人，不仅能与别国人并驾齐驱于文化的领域，而且对于世界的文化能有最珍贵的贡献"，"用文化的手段产生有光有热的中国，使中国在文化的领域中能恢复过去的光荣，重新占着重要的位置，成为促进世界大同的一支最强劲的生力军"。

1958年元旦，牟宗三、徐复观、张君劢、唐君毅等四位现代新儒家教授在台湾发表《为中国文化敬告世界人士宣言——我们对中国学术研究及中国文化与世界文化前途之共同认识》。该宣言提出："如果中国文化不被了解，中国文化没有将来，则这四分之一的人类之生命与精神，将得不到正当的寄托和安顿；此不仅将招来全人类在现实上的共同祸害，而且全人类之共同良心的负担将永远无法解除。"[①] 该宣言最主要的理论贡献，就是肯定"中国历史文化之精神生命"，充分论证了中国文化作为"活的精神生命之存在"的必要性，坚定地维护了在全球化背景下中华民族文化的独特价值。

21世纪以来，面对经济全球化带来的多元挑战，2004年9月，许嘉璐、季羡林、任继愈、杨振宁、王蒙等五位发起人提议并发布《甲申文化宣言》。该宣言主张"每个国家、民族都有权利和义务保存和发展自己的传统文化；都有权利自主选择接受、不完全接受或在某些具体领域完全不接受外来文化因素……应当与时俱进，反思自己的传统文化，学习和吸收世界各国文化的优长，以发展中国的文化"。[②]

---

① 黄克剑，钟小霖.当代新儒学八大家集：唐君毅集［M］.北京：群言出版社，1993：477.

② 许嘉璐，季羡林，任继愈，等.甲申文化宣言［J］.文化月刊，2004（10）：114-115.

这三次文化宣言带有强烈的文化自省意识，认为文化和政治、领土一样具有主权意义，对于一个民族或国家而言非常重要。

1997年，在北京大学举办的第二届社会学人类学高级研讨班上，社会学家费孝通提出"文化自觉"这个概念，后又以"各美其美，美人之美，美美与共，天下大同"十六字作为文化自觉历程的概括。他认为国人要对自己的文化有自知之明，明白其来源与发展历程，并不断与时俱进，传承创新。

费孝通在《关于"文化自觉"的一些自白》中写道，"20世纪前半叶中国思想的主流一直是围绕着民族认同和文化认同而发展的，以各种方式出现的有关中西文化的长期争论，归根结底只是一个问题，就是在西方文化的强烈冲击下，现代中国人究竟能不能继续保持原有的文化认同？还是必须向西方文化认同？""我们要搞清楚中国文化的特点是不可能割断历史的"，"文化不仅仅是'除旧开新'，而且也是'推陈出新'或'温故知新'。'现代化一方面突破了'传统'，另一方面也同时继续并更新了'传统'"。[①]

文化自信的前提是文化自觉。文化自觉反映出一个民族、国家或政党在文化上或文化价值上的觉悟。正确处理好中国传统文化与当代文化、民族文化与世界文化的关系，处理好批判、传承、创新的关系，是近代以来中国人特别是中国知识分子一直在艰难求索的重要问题，也是中国共产党成立后一直在自觉创新探索的命题。"只有在中国共产党领导下获得民族的独立和解放，才能信心满满地自主选择自己的发展道路和制度，才能清除帝国主义和殖民地文化的影响，复兴被列强践踏和蔑视的中国传统文化。"[②] 从文化自卑到文化自省，再到文化自觉，最终达到文化认同、文化自信和文化超越，这是百年来中华民族渐进式、螺旋式前行的心理嬗变历程。

[①] 费孝通.中国文化的重建[M].上海：华东师范大学出版社，2014：201-203.
[②] 陈先达.文化自信中的传统与当代[M].北京：北京师范大学出版社，2017：115.

第五节　文化强国：中华民族伟大复兴的当代命题

"强国"在中国古代也写作"彊国"，可以用作偏正结构的名词，即国力强盛的国家。《管子·幼官》曰："强国为国，弱国为属。"贾谊在《过秦论》中写道："强国请服，弱国入朝。"强国，也可以作为动宾结构的词组，指使国家强大。《荀子·议兵》曰："礼者，治辨之极也，强固之本也。"在当代语境中，文化强国既是一种手段，即通过优秀文化强盛国家；同时也是一种目的，即建设成为社会主义文化强国。

自1840年鸦片战争失败以来，"强国情结"成为中华民族特有的一种情结，无数仁人志士为了民族解放和国家独立进行了不屈不挠的抗争和求索。从100多年前的文化救国到100多年后的文化强国建设，中国走过了艰难探索的百年征程。习近平总书记在党的十九大报告中提出："文化是一个国家、一个民族的灵魂。文化兴国运兴，文化强民族强。没有高度的文化自信，没有文化的繁荣兴盛，就没有中华民族伟大复兴。"[①]

以《中国诗词大会》《国家宝藏》《经典咏流传》《典籍里的中国》《诗画中国》为代表的原创文化节目，是中国特色社会主义文化的重要组成部分，是社会主义核心价值观的传播载体，也是人民可亲近、易获得的文化产品，其创新、发展直接关系到社会主义文化强国建设的进程与效果。

一、"社会主义文化强国"战略命题的提出

2002年，党的十六大首次将文化体制改革列入党的大会报告中，提出

[①] 习近平.习近平谈治国理政：第3卷［M］.北京：外文出版社，2022：32.

"当今世界，文化与经济和政治相互交融，在综合国力竞争中的地位和作用越来越突出。文化的力量，深深熔铸在民族的生命力、创造力和凝聚力之中"[①]，并作出"积极发展文化事业和文化产业"的重要战略决策。2006年，在党和国家的文件报告中开始出现"软实力"的概念，"如何找准我国文化发展的方位，创造民族文化的新辉煌，增强我国文化的国际竞争力，提升国家软实力，是摆在我们面前的一个重大现实课题"[②]。2007年10月，"激发全民族文化创造活力，提高国家文化软实力"[③]被作为重要的文化战略正式写入党的十七大报告中。

2011年，党的十七届六中全会审议通过了关于深化文化体制改革推动社会主义文化大发展大繁荣若干重大问题的决定，提出要"培养高度的文化自觉和文化自信，弘扬中华文化，努力建设社会主义文化强国"。这是"建设社会主义文化强国"作为一个重要的战略命题第一次出现在党的重大文件中。由此，"社会主义文化强国"成为一个重要的政治概念和学术概念。

2012年1月，《求是》杂志发表《坚定不移走中国特色社会主义文化发展道路 努力建设社会主义文化强国》一文。建设社会主义文化强国，"培养高度的文化自觉和文化自信"，是《中共中央关于深化文化体制改革 推动社会主义文化大发展大繁荣若干重大问题的决定》中极其重要的指导思想。

建设社会主义文化强国战略的提出，充分体现了中国共产党在文化建设方面具有高度的自觉意识和远见卓识，对于中华民族的现在和未来都具

---

① 江泽民.全面建设小康社会 开创中国特色社会主义事业新局面：在中国共产党第十六次全国代表大会上的报告[M].北京：人民出版社，2002：38.
② 胡锦涛.在中国文联第八次全国代表大会、中国作协第七次全国代表大会上的讲话[EB/OL].（2006-11-10）[2022-12-12].http://www.cflac.org.cn/zt/2006-11/10/content_8488632.htm.
③ 胡锦涛.高举中国特色社会主义伟大旗帜 为夺取全面建设小康社会新胜利而奋斗：在中国共产党第十七次全国代表大会上的报告[M].北京：人民出版社，2007：33.

有重大而深远的意义。

二、党的十八大以来文化强国建设的进程

党的十八大把扎实推进社会主义文化强国建设作为"五位一体"总体布局的重要组成部分，这一决策，标志着文化强国建设在社会主义现代化进程中的重要作用。

优秀传统文化是中华文化的历史根基。"不忘历史才能开辟未来，善于继承才能善于创新。优秀传统文化是一个国家、一个民族传承和发展的根本，如果丢掉了，就割断了精神命脉。我们要善于把弘扬优秀传统文化和发展现实文化有机统一起来，紧密结合起来，在继承中发展，在发展中继承。""要坚持古为今用、以古鉴今，坚持有鉴别的对待、有扬弃的继承，而不能搞厚古薄今、以古非今，努力实现传统文化的创造性转化、创新性发展，使之与现实文化相融相通，共同服务以文化人的时代任务。"[①]

2017年1月，中共中央办公厅、国务院办公厅发布了《关于实施中华优秀传统文化传承发展工程的意见》（下文简称《意见》），首次以中央文件形式专题阐述并部署中华优秀传统文化传承发展工作。《意见》将深入挖掘中华优秀文化价值内涵、激活文化记忆、传承文化基因上升到维护国家文化安全、建设社会主义文化强国的战略高度。

党的十九大明确提出"没有高度的文化自信，没有文化的繁荣兴盛，就没有中华民族伟大复兴"，"中国特色社会主义文化，源自于中华民族五千多年文明历史所孕育的中华优秀传统文化，熔铸于党领导人民在革命、建设、改革中创造的革命文化和社会主义先进文化，根植于中国特色社会主义伟大实践"[②]。这段话深刻地阐明了中国特色社会主义文化的三个层面：

[①] 习近平.习近平谈治国理政：第2卷[M].北京：外文出版社，2022：313.
[②] 习近平.习近平谈治国理政：第3卷[M].北京：外文出版社，2022：32.

"源流形态"（中华优秀传统文化）、"现实形态"（党领导人民创立的革命文化和社会主义先进文化）以及"发展形态"（植根于中国特色社会主义伟大实践的民族的科学的大众的文化）。

2020年10月，国民经济和社会发展第十四个五年规划和2035年远景目标纲要提出，到2035年，我国将建成社会主义文化强国。

2021年，中共中央宣传部正式印发《中华优秀传统文化传承发展工程"十四五"重点项目规划》（下文简称《规划》），对做好未来五年中华优秀传统文化传承发展工作提出具体要求。《规划》明确了23个重点项目，包括15个原有项目，如表2-2所示。

表2-2 中华优秀传统文化传承发展工程"十四五"重点项目

原有项目（15个）	新项目（8个）
中华文化资源普查工程、国家古籍保护及数字化工程、中华经典诵读工程、中国传统村落保护工程、非物质文化遗产传承发展工程、中华民族音乐传承出版工程、中国民间文学大系出版工程、戏曲传承振兴工程、中国经典民间故事动漫创作工程、中华文化广播电视传播工程、中华老字号保护发展工程、中国传统节日振兴工程、中华文化新媒体传播工程、系列文化经典、革命文物保护利用工程	国家文化公园建设工程 黄河文化保护传承弘扬工程 大运河文化保护传承利用工程 中华古文字传承创新工程 农耕文化传承保护工程 中医药文化弘扬工程 城市文化生态修复工程 历史文化名城名镇名村街区和历史建筑保护利用工程

《规划》注重在记忆、传承、创新、传播四个方面着力，包括建立完善文化资源数据库，深入研究阐释中华文化的历史渊源、发展脉络、基本走向，对中华优秀传统文化做出纵向"历史"的梳理；运用现代科技力量，做好文化遗产的"守正传承"工作；从中华文化资源宝库中提炼题材、创新推出一批优秀文艺作品，融入百姓日常生活，"创新弘扬"中华优秀传统文化；通过融媒体和科技赋能优秀文化的生产与传播，提升中华优秀传

文化的"传播"效能。①

近年来，国家广播电视总局落实《中华优秀传统文化传承发展工程"十四五"重点项目规划》要求，围绕"中华文化广播电视传播工程""中国经典民间故事动漫创作工程""中华文化新媒体传播工程""系列文化经典""革命文物保护利用工程"等重点项目，通过机制保障、评奖评优引领、资金支持等多维度，积极引导各级广播电视机构紧密结合中国优秀文化和中华文明特点，聚焦文学艺术、典籍著作、传统节日、人文风俗等展开创作。

在国家广播电视总局组织的"中华文化广播电视传播工程"近三年的评选中，中央广播电视总台、浙江广播电视集团、北京广播电视台、山东广播电视台、河南广播电视台等表现出强劲的原创文化节目生产能力，位列第一方阵；宁夏广播电视台、内蒙古广播电视台、陕西广播电视台、江西广播电视台等中西部广播电视台也名列其中，体现出省级广播电视机构参与中华优秀传统文化传承发展的积极性和主动性。

除了中华优秀传统文化，革命文化和社会主义先进文化也是我国社会主义文化的主流和主体。这三者之间的密切联系体现在近百年来中国文化的两种走向上。

一是从中国文化的"源头"出发，即从中华优秀传统文化出发，积极融入革命文化和社会主义先进文化，并为其提供丰富而厚重的思想文化资源，这是中国文化由古向今的走向。中央广播电视总台的《中国书法大会》、北京广播电视台的《最美中轴线》、河南广播电视台的"中国节日"系列节目、中国教育电视台的《二十四节气的秘密》、山东广播电视台的《中国礼 中国乐》等，都是根植于中华优秀传统文化土壤中的优秀原创文

---

① 新华社.让中华文化展现永久魅力和新时代风采：中华优秀传统文化传承发展工作取得重要进展［EB/OL］.（2021-04-12）［2022-12-12］.http://www.gov.cn/xinwen/2021-04/12/content_5599130.htm.

化节目。

北京广播电视台于 2021 年 7 月推出的原创文化音乐竞演节目《最美中轴线》，通过"中轴拾音团"原创音乐的力量唤醒沉睡的文化记忆，从九大主题深度解读北京中轴文化的丰富内涵和历史意义，助力北京中轴线[①]申遗，至今已推出三季。节目相继获得国家广电总局电视创新创优节目、2022 年"中华文化广播电视传播工程"重点项目、第 28 届上海电视节白玉兰奖（最佳综艺节目）等荣誉。2024 年 7 月 27 日，在印度新德里召开的联合国教科文组织第 46 届世界遗产大会上，"北京中轴线——中国理想都城秩序的杰作"被正式列入"世界遗产名录"。这是原创文化节目与中华优秀传统文化传承发展工程双向奔赴、积极互动的有效成果。

二是从革命文化和社会主义先进文化出发，运用历史唯物主义和辩证法的理论与思维，批判性传承、创新性发展中华优秀传统文化，为其注入新鲜血液和时代活力，这是中国文化由今承古的走向。我国的社会主义文化强国建设，就是让中华优秀传统文化、革命文化、社会主义先进文化得到充分的交融、发展与创新，更好地为人民服务，满足并引导人民的文化需求，坚定文化自信。江西广播电视台的《闪亮的坐标》，浙江广播电视集团的《还有诗和远方·诗画浙江篇》，江苏省广播电视总台的《从长江的尽头回家》，广东广播电视台的《国乐大典》《跟着国乐去旅行》等节目，体现出革命文化、社会主义先进文化与中华优秀传统文化的交相辉映。

社会主义文化强国的政治、文化、思想、实践等，为原创文化节目的发展提供了开阔的视野和全新的思路，无论是原创文化节目的创作实践还是文艺评论，或是理论研究等，都从中得到诸多启示，为中华优秀文化的传承创新注入了新时代力量。

[①] 北京中轴线是一条南至永定门，途经正阳门、毛主席纪念堂、人民英雄纪念碑、天安门、故宫、景山、万宁桥，北至钟鼓楼，直线距离长约 7.8 公里的轴线。它始于元朝，完善丰富于明清，并一直不断发展至今。

第三章 文化自信：原创文化节目建构的多维认同*

> 理解文化自信，要有整体思维观。

第一节 原创文化节目发展与文化自信的确立

世纪之交，文化的去精英化进程加快，普通民众对文艺、娱乐活动的参与意识和热情高涨，电视真人秀正是在此背景下兴起并得到快速发展的。"正是社会的消费化、文化的娱乐化、电视的平民化、节目的市场化、电视观看的体验化等综合因素共同推动了真人秀节目在世界范围内的兴起和发展。"[①]

2005年，是国内电视真人秀节目快速发展的一年，其中以草根海选、全民娱乐、平民造星为主要特征的表演选秀类真人秀成为最大赢家。从20世纪90年代末起，韩国将发展文化产业上升为国家战略，并实施"文化输出"政策。20多年来，韩国制作的影视产品依靠文化上的同根和地缘的

---

* 张爱凤.2013—2014国内原创电视文化节目建构的多元认同[J].现代传播（中国传媒大学学报），2014(8)：73-78.

① 尹鸿，冉儒学，陈虹.娱乐旋风：认识电视真人秀[M].北京：中国广播电视出版社，2006：29.

接近性优势，得以成功进入中国市场，在取得巨额利润的同时，也培养了众多韩国文化的追随者，"一定程度上影响中国的意识形态安全"。[①]

从海外引进版权（模式）的综艺节目拥有比较成熟的创作理念、工业化的制作流程和灵活的市场营销模式，能在一定程度上降低商业风险，获得较好的市场反馈。2012年前后，内地一线省级卫视如湖南卫视、浙江卫视、江苏卫视、东方卫视等都是以现象级的引进综艺真人秀节目作为主打竞争内容的。在整个电视行业缺乏原创精神、制作能力有限的情况下，购买成熟的进口版权节目，成为诸多卫视的选择，而韩国模式综艺节目成为主流。彼时，中国内地电视荧屏上热播的真人秀节目，如《妈妈咪呀》《我是歌手》《爸爸去哪儿》《奔跑吧兄弟》等，均是引进韩国模式的综艺节目。此外，韩国电影《我的野蛮女友》，韩剧《来自星星的你》《太阳的后裔》等都曾在国内掀起观影收视狂潮，韩国、日本、欧美等国的音乐、游戏、动漫在国内年轻人中也具有较强的影响力。

客观分析，从积极意义方面说，影视节目的繁荣为传媒产业发展带来了活力和巨大的商机，引自海外模式的现象级真人秀节目丰富了荧屏，也给一线卫视带来巨额收入；从消极意义方面说，娱乐产业的发展使得明星们的薪酬高涨，消费主义价值观盛行，对青少年正在形成中的价值观产生复杂的影响。"我们的问题不在于电视为我们展示具有娱乐性的内容，而在于所有的内容都以娱乐的方式表现出来，这就完全是另一回事了。"[②]

海外真人秀节目的大量引进，降低了内地卫视节目投入的风险，缩短了新节目上档的周期，也在一定程度上加剧了电视行业的急功近利之风，不利于媒体从业者原创能力的培养和行业原创意识的建立。"如果丧失自己的创造能力，盲目崇拜，照搬西方资本主义的价值观念，结果只能是亦步

[①] 庄谦之，揭晓.中国意识形态安全治理：基于"韩流"扩散的分析[J].韩国研究论丛，2022（2）：160-173，209-210.

[②] 波兹曼.娱乐至死[M].章艳，译.桂林：广西师范大学出版社，2004：114.

亦趋，变成人家的附庸。历史和现实都告诉我们，国家要独立，不仅政治上、经济上要独立，思想文化上也要独立。"①

在引进影视剧及真人秀节目的同时，架空历史、偏离史实的抗日神剧、宫斗剧也一度盛行。互联网多元文化中还出现了历史虚无主义的论调，在智能手机普及的当下，网民通过微博、微信及朋友圈等新媒体平台，轻易地接触到各种恶搞历史及英雄人物的视频、扭曲历史观的帖文、真伪不分的网络段子等，有意无意地受到了历史虚无主义的侵害。

网络游戏、网络剧、网络短视频、网络直播等新媒体形态文化方兴未艾，冲击着人们的日常审美经验、生活方式和价值观念。当代中国的大众文化领域呈现出多元形态并存、多种价值观念纷争的局面。在节目收视率、网络流量的背后，不仅是利益之争，也是价值观的博弈和不同主体对意识形态领导权的争夺。

"国内外各种敌对势力，总是企图让我们党改旗易帜、改名换姓，其要害就是企图让我们丢掉对马克思主义的信仰，丢掉对社会主义、共产主义的信念。""如果我们用西方资本主义价值体系来剪裁我们的实践，用西方资本主义评价体系来衡量我国发展，符合西方标准就行，不符合西方标准就是落后的陈旧的，就要批判、攻击，那后果不堪设想！最后要么就是跟在人家后面亦步亦趋，要么就是只有挨骂的份。"②

文化自信是指一个人、一个民族、一个政党、一个国家对自身文化发展道路、文化理想、文化价值以及文化创新能力的坚定信心，是文化主体性的重要体现。"文化自信"第一次明确写进党的代表大会的报告是从十八大开始的。

具体到电视文化领域，党的十八大以来，国家广电总局多次发文，要

---

① 江泽民.江泽民在第六次文代会、第五次作代会上的讲话［EB/OL］.（2007-09-05）［2018-05-26］.http://www.cflac.org.cn/wdh/cflac_wdh-6th_Article-01.html.

② 习近平.习近平谈治国理政：第2卷［M］.北京：外文出版社，2022：327.

求各级媒体明确使命、担当责任，积极开办人民群众喜闻乐见的原创文化节目，弘扬中华美学精神，凝聚中华文化认同，积极引领社会主义文化发展方向。电视综艺节目的泛娱乐化、海外引进潮、原创力弱等问题得到了有效解决，以《中国诗词大会》《经典咏流传》《故事里的中国》《典籍里的中国》《跨越时空的回信》为代表的弘扬优秀传统文化、赓续中华文脉的原创文化节目成为电视创新创优节目的标杆，进一步增强了国民的文化自信。

第二节 坚定原创文化节目参与国家治理的文化自信

一、原创文化节目推动中华优秀传统文化创新发展

"马克思主义与中国传统文化相结合，是当前继续推进马克思主义中国化中一个重要的理论和实践问题。"[①]2013年是影视文化领域贯彻落实党的十八大精神的第一年，电视文艺节目管理政策转向新的阶段。2014年5月，中宣部、国家新闻出版广电总局要求把社会主义核心价值观作为广播电视宣传的灵魂，贯穿广播电视创作生产播出全过程。2015年后，文艺政策管理再度聚焦原创文化节目的创新创优，要求"各级广电部门要积极鼓励具有鲜明中国特色、中国风格、中国气派的原创节目模式"，"要树立文化自信，摆脱对境外节目模式的依赖心理"。同年，国家新闻出版广电总局开展了广播电视创新创优节目的评选表彰活动，引导广播电视加大原创力度、弘扬社会主义核心价值观、传承中华优秀传统文化。

党的十八大以来，坚持以人民为中心的原创节目创作导向得以牢固确立。在以传承弘扬中华优秀传统文化为主旨的原创文化节目研发及制作

---

① 陈先达.文化自信中的传统与当代[M].北京：北京师范大学出版社，2017：198.

方面，各级广播电视机构是主体，中央广播电视总台与省级卫视之间形成"山"字形生产传播格局。中央广播电视总台在创新创优节目的研发生产方面，始终肩负国家主流媒体的责任、担当，成为"山"的主峰，《国家宝藏》《朗读者》《故事里的中国》《典籍里的中国》等一批数量多、质量优的原创文化节目，发挥了价值引领和行业标杆的作用，有力把握了文化领导权。省级广播电视台主动进取，推陈出新，成为"山"的群峰，《传承者》《国乐大典》《一本好书》《跨越时空的对话》、河南卫视"中国节日"系列节目等竞相出彩，形成了"主峰高耸、群峰起伏"的创新创优局面。原创文化节目重构了文化记忆，在推动中华优秀传统文化创造性转化、创新性发展方面，起到了积极的作用。

二、大历史观、大时代观指导下的文化精品创作

"大历史观、大时代观"是党的十八大以来习近平总书记对文艺界提出的要求。从大历史观的角度来看，电影和电视都是塑造、传承、传播国家历史和记忆的重要媒介。"现代国家必须通过诸如优秀历史文学影视作品创作、历史教科书的科学编纂、叙事方式的恰当运用等历史记忆手段，不断增强人们的国家认同感。"[①] 近年来，电影《我和我的祖国》《攀登者》《长津湖》《狙击手》，电视剧《觉醒年代》《理想照耀中国》《功勋》等，原创文化节目《典籍里的中国》《故事里的中国》《跨越时空的回信》《闪亮的坐标》《流淌的歌声》等，以视听文本的形式成为书写国家历史、记录时代记忆的重要载体。

从大时代观的角度来看，2014年10月15日，习近平总书记在文艺工作座谈会上发表重要讲话，要求"艺术家应该成为时代风气的先觉者、先

---

① 吴玉军，顾豪迈.国家认同建构中的历史记忆问题［J］.中国特色社会主义研究，2018（3）：69-76，2.

行者、先倡者"，描绘时代的精神图谱，为时代画像、立传、明德。以《中国诗词大会》《朗读者》《国家宝藏》《经典咏流传》《典籍里的中国》《跨越时空的回信》《还有诗和远方》等为代表的原创文化节目，致力于传承中华优秀传统文化、革命文化和社会主义先进文化，传播社会主义核心价值观，实现公共文化服务。"意识形态决定文化前进方向和发展道路。必须推进马克思主义中国化时代化大众化，建设具有强大凝聚力和引领力的社会主义意识形态，使全体人民在理想信念、价值理念、道德观念上紧紧团结在一起。"[1]

三、新形态短视频成为文化创新发展的新载体

国内外最新的治理理论都倡导在政府与市场之间加入"社会"这一单元，特别关注公众的需求和公民参与，崇尚有责任和有效率的治理，强调基于共同目标，多元主体应平等、互动、协作地参与治理。

近年来，短视频成为中华优秀传统文化创新发展的新载体。在今日头条、抖音、B 站上，原创文化节目生产传播的主体不只局限于媒体，而是拓展到了多元主体。《中国考古大会》《典籍里的中国》《舞千年》《中国诗词大会》《经典咏流传》《国乐大典》、"中国节日"系列等节目的精彩片段，经过多元主体的 N 次创作与联动传播，提升了传播力和影响力。据河南卫视官方微博数据显示，截至 2024 年 3 月，"中国节日"系列节目已播出 4 季共 23 期节目，全网阅读量超 820 亿，海外平台总观看量超 5000 万。

2024 年底，中央广播电视总台联合抖音推出台网融合文艺创演类节目《开播吧！国潮》。节目组邀请 10 组来自抖音直播的主播，以及男高音歌唱家、舞蹈表演艺术家、二胡演奏家等艺术名家，共同作为国潮推荐官。节目通过"抖音直播＋短视频切片"的方式进行融合传播，既弘扬了中华优秀传统文化，又优化了直播行业生态。

---

[1] 习近平. 习近平谈治国理政：第 3 卷［M］. 北京：外文出版社，2022：32-33.

此外，移动互联网及短视频下沉至农村市场后，给新时期的"三农"传播及国家治理体系建设带来新的机遇。在乡村振兴背景下，以农民为创作主体的"三农"短视频自媒体参与媒介治理，通过日常生活实践与纪实性影像微观叙事，实现了独立的乡村叙事文化价值，推进了宏观政治与微观政治的耦合。"三农"短视频创作者，在新农村的经济、社会、文化建设中发挥引领作用，具有参与新乡贤文化建设的文化逻辑，推动媒体融合向基层拓展的媒介逻辑。探索"三农"短视频参与文化治理的多元实践路径，对于更广泛地引导农民自觉成为文化治理的主体，具有积极意义。

坚持文艺创作中的历史唯物主义观，正确处理好马克思主义与中华优秀传统文化、经典文化与当代文化、民族文化与外来文化的关系，坚守以人民为中心的创作立场，兼容并包，不断创新，增强文化自觉，中国的影视文化能为国家治理以及中华民族复兴伟业提供强大的精神动力。

第三节　原创文化节目建构的身份认同

《中国汉字听写大会》《汉字英雄》《成语英雄》《中华好诗词》《国色天香》《最爱是中华》《国家宝藏》《朗读者》《经典咏流传》等原创文化节目，其核心都在于弘扬中华优秀传统文化，以激活、重温、传承民族文化记忆，凝聚中国人的自我认同、文化认同和国家认同为根本宗旨。

"认同"作为当代审美文化研究中的一个关键词，有着深刻的内涵。"在哲学、心理学领域，认同主要是指自我意识的萌生与成熟，从而形成稳定的身份感，而在社会学与政治学领域，认同主要是指对所属地域、文化、集体的某种体验，由此产生一种强烈的归属感。"[1] 前者是自我认同，

---

[1] 姚文放.审美文化学导论[M].北京：社会科学文献出版社，2011：226-227.

后者是集体认同，集体认同包括文化认同、国家认同等。在集体认同的建构中，文化、教育、媒体起着重要的作用。传统是能够给予我们"根本方向感"的东西，汉字、成语、诗词、古典戏曲等是中国传统文化的载体或表现形态，自古以来就在传播推广中建构着中国人的身份认同和文化认同。

2009年，在北京召开的"新中国古汉字学及汉字科技文化成就学术研讨会"上，专家们认为，目前社会上出现的诸如"计算机是汉字的掘墓人""汉字是行将就木的老人""必须废除汉字，汉字要走拼音化道路"等观点应引起重视，并提出："汉字是中华民族文化的生命线。就汉字的'书同文'而论，同一文字的共同的历史记录、共同的文化传承、共同的语言交流、共同的礼仪规制，构成了中华民族文化上的同一性和统一性。汉字是中华民族统一的最深层的文化基石，我们有责任将汉字和汉字文化传承下去并发扬光大，绝不能对汉字日复一日地被销蚀听之任之。"[1]

在春节之时，中国人喜欢在门上贴"福"字，预示来年的幸福安康；中国书法的产生和发展更是与文字密不可分。在除旧迎新之时，人们会吟咏"爆竹声中一岁除，春风送暖入屠苏。千门万户曈曈日，总把新桃换旧符"。而到了中秋佳节之际，张九龄的"海上生明月，天涯共此时"，苏轼的"但愿人长久，千里共婵娟"更是被无数生活在世界各地的华人反复吟诵。"每逢佳节倍思亲"，文字、诗词凝结成海外游子心底深深的乡愁，并在代代相传的过程中沉淀为对于母体文化最深情的记忆和怀念。

近年来，每逢中国传统节日如清明、端午、中秋等，政府、媒体、学校、社区都会举办形式多样的以节日为主题的文化活动。人们通过集体参与独具特色的传统节庆活动，吟诵与传统节日相关的诗词歌赋，重温关于节日的风俗、神话、传说、仪式等，深化对于节日的物质行为、生活情感

---

[1] 李瑞英.增强对汉字与汉字文化的认同和热爱[N].光明日报，2009-08-06（2）.

和历史文化等方面的记忆，加深对民族与国家历史文化的认同。由此可见，以汉字、诗词、成语、戏曲等为表现形式的中国传统文化对于建构中国人的身份认同具有重要意义。像歌曲《中国娃》的歌词："最爱说的话呀永远是中国话，字正腔圆落地有声说话最算话；最爱写的字是先生教的方块字，横平竖直堂堂正正做人也像它。"

在中央广播电视总台制作播出的《中国诗词大会》《经典咏流传》《典籍里的中国》，河南卫视"中国节日"系列节目中，都有着鲜明的文化主体意识，创作者、参与者和观众也有着强烈的身份认同。

"惟殷先人，有册有典。几千年来，祖先一直在记录我们的历史，讲述我们的故事。这里的每一部典籍，都凝聚着前人的心血和智慧。人们世代守护，薪火相传，让精神的血脉延绵至今。打开典籍，对话先贤，知道我们的生命缘起何处，知道我们的脚步迈向何方。以新的方式读懂典籍，让书写在古籍里的文字活起来。一起品读《典籍里的中国》！"[①]

"诗是无形画，画是有形诗。中华文明如同万古江河，奔流不息。诗笔与画笔，共同记录着发展历程，传承着精神血脉，共同描绘了历史之美、山河之美、文化之美。踏上这条浪漫的诗画艺术之旅，我们将领略万里江山的壮美，自然雅趣的秀美，品格高洁的至美，率真洒脱的俊美，匠心独运的精美，色彩缤纷的华美，还有幸福生活的丰美。在对美的发现与求索中，追寻生命的大美。畅游诗中画，品味画中诗，我们在收获美的同时，也将从中踏寻中华文明的根，铸牢中华民族的魂。"[②]

从上述节目的开场白可以看出，节目制作方具有强烈的弘扬中华优秀传统文化的自觉意识和传承文化基因、赓续文化血脉、强化文化记忆的责任感和使命感。

---

① 《典籍里的中国》第一季第一集开场白。
② 《诗画中国》节目第一季第一期开场白。

第四节　原创文化节目建构的文化认同

到了当代,随着广播电视及互联网等传播载体的普及,媒介与传统文化呈现出复杂交织的关系。一方面,媒介的发展为传统文化的创新、发展和传播提供了更多元的平台,另一方面,随着市场竞争的加剧,收视率成为决定电视节目生存的标准。在新闻立台、娱乐赢台的大背景下,娱乐节目强势发展,由此挤占了具有人文精神和思想品质的文化节目的传播空间。波兹曼说:"我们现代人对于智力的理解大多来自印刷文字……随着印刷术退至我们文化的边缘以及电视占据了文化的中心,公众话语的严肃性、明确性和价值都出现了危险的退步。""电视只有一种不变的声音——娱乐的声音。电视正把我们的文化转变成娱乐业的广阔舞台。"[①] 在波兹曼看来,电视更适合大众娱乐,电视"娱乐业"的时代已经到来,而严肃的文化应远离电视。

2011年10月召开的党的十七届六中全会审议通过了《中共中央关于深化文化体制改革 推动社会主义文化大发展大繁荣若干重大问题的决定》(下文简称《决定》),提出"文化是民族的血脉,是人民的精神家园。""世界多极化、经济全球化深入发展……文化在综合国力竞争中的地位和作用更加凸显,维护国家文化安全任务更加艰巨,增强国家文化软实力、提升中华文化国际影响力的要求更加紧迫。"党的十七届六中全会是在当今世界经济全球化、世界各国综合国力竞争日趋激烈的语境下召开的。在和平年代,国与国之间的竞争说到底是文化之争。"传统上,胜负取决于哪个国家的军事力量更强。然而,在一个全球信息时代,除了军事硬实力,

---

[①] 波兹曼.娱乐至死[M].章艳,译.桂林:广西师范大学出版社,2004:36, 106.

上篇　理论探索：原创文化节目发展与社会主义文化强国建设

我们还需要运用旨在赢取人心的软实力———一种以价值观和文化来吸引他人的能力。"① 为此，《决定》进一步提出要"培养高度的文化自觉和文化自信，提高全民族文明素质，增强国家文化软实力，弘扬中华文化，努力建设社会主义文化强国"。

"文化软实力""文化自觉""文化自信""中华文化国际影响力""社会主义文化强国"等概念，都体现了文化对于国家发展的战略作用，其政治意义不言而喻。

早在20世纪60年代，美国就把新闻、广播、图书、电影、电视、戏剧、文学等文化产品，作为向全球推广美国生活方式和价值观的工具，也成为其全球政治扩张策略的重要内容。

在文化学者陶东风看来，文化强国的核心是文化领导权；而建立文化领导权的核心，则是建构具有包容性、开放性和影响力、传播力的核心价值体系。"文化领导权的实质，是通过一种非暴力的手段来塑造社会各界的普遍共识，赢得大众对于主导意识形态的积极赞同。"② 这与"以人民为中心"的文艺创作立场是一致的。

一直以来，新闻、电视剧、综艺节目一般被认为是电视节目的重要组成部分，在凝聚社会共识方面具有非同寻常的作用。在新闻生产传播实力方面，中国电视媒体与西方国家电视媒体的差距明显。学者对当代一些国家的传媒做了深入调查研究后得出结论，美国传媒的国际传播实力远远高于其他国家，中国传媒的国际传播实力仅是美国的14%。西方通讯社成为各国媒体的重要信源，美联社、合众国际社、路透社、法新社四大西方主流通讯社，占据世界新闻发稿量的80%。在一些重要国际新闻事件中也暴露出中国媒体在重大突发新闻事件中整体报道能力的欠缺，新闻事件的核心信源基本被路透社、BBC、CNN、《纽约时报》等西方国家媒体垄断。

---

① 史安斌.国际传播研究前沿［M］.北京：清华大学出版社，2012：55.
② 陶东风.文化凝聚力与文化领导权［J］.民主与科学，2011（6）：32-33.

在信息流通如此频繁密切的时代，建立一个拥有话语权和国际影响力的媒体对于维护国家的政治地位和信息安全是非常必要的。在电视剧生产方面，尽管每年中国制作的电视剧时长已超过一万小时，但其出口数量和国际影响力仍然较弱。我国电视剧的主要销售范围局限在亚太地区，且主要以东南亚地区为主，真正打入国际市场的电视剧精品凤毛麟角。我国在电视剧出口方面多年呈现贸易逆差，近几年来，中国电视剧海外销售量下降趋势明显，海外销售总额仅占全部销售总额的5%，且售价与美剧、日韩剧相比相对低廉。

文化认同是指对人们之间或个人同群体之间的共同文化的确认。使用相同的文化符号、遵循共同的文化理念、秉承共有的思维模式和行为规范，是文化认同的依据。近代以来的"言必称西方"，导致了中国人对本土文化的怀疑和自信的缺失。史学家余英时总结20世纪上半叶，以各种方式出现的中西文化的长期争论归结到最后只是这一个问题，即"在西方文化的强烈冲击之下，现代中国人究竟能不能继续保持原有的文化认同呢？还是必须向西方文化认同呢？"。[1]

改革开放四十五年以来，中国的经济得到飞速发展。2010年，中国的GDP正式超过日本，成为仅次于美国的世界第二大经济体。与此同时，中国的国际地位也在不断提升。但面临的问题也是显而易见的，如经济的飞速发展导致生态环境被严重破坏，社会阶层分化、各类矛盾突出，传统文化传承面临困境等。

21世纪以来，中国电视综艺节目极度依赖海外引进模式，大量模仿日韩、欧美节目，在世界文化舞台上，缺乏应有的文化自主性。为此，国家广电总局新闻发言人要求各电视台应在提升节目的思想内容、价值导向、审美品位和自主创新上下功夫，努力为广大电视观众奉献形态多样、丰富

---

[1] 余英时.现代危机与思想任务[J].北京：生活·读书·新知三联书店，2005：575.

多彩的电视节目。国家广电总局将加大对贴近实际、贴近生活、贴近群众的原创电视节目的鼓励扶持。

《中国汉字听写大会》的宣传语是"书写的文明传递,民族的未雨绸缪"。"文明传递""未雨绸缪"显示了电视人对中华传统文化传承和传播的责任感和忧患意识,以及文化之于民族未来的密切关联,其中也体现出强烈的"文化自觉"意识。河南卫视在2013年相继推出的《汉字英雄》和《成语英雄》这一对原创文化姊妹栏目,旨在激发人们对中国汉字和传统文化的兴趣,在收看节目的过程中重温汉字的音韵雅义以及成语的辞章、意蕴之美。这两个栏目的开播,不仅夺得高收视率,产生了良好的经济效益,还受到了国家新闻出版广电总局的表扬,要求广电系统学习借鉴《汉字英雄》,积极开办弘扬和传承优秀传统文化的原创文化节目。河北卫视推出的《中华好诗词》节目,也是在此大趋势中诞生的。该节目以大力弘扬中国传统诗词文化为宗旨,集知识性和娱乐性于一体。节目制作方希望借由节目的播出,掀起全民诵读传统诗词经典的热潮,让广大观众在收看节目时浸润在中华民族深厚的人文积淀中,自觉地承担起传承中华文明的责任。此后,《中国诗词大会》《中国成语大会》《中国谜语大会》《中国地名大会》《中国考古大会》等节目,以视听形式活化历史文化遗产,创新讲好中国历史故事,凝聚国人的中华文化认同。

费孝通曾说过:"文化自觉是一个艰巨的过程,只有在认识自己的文化、理解所接触到的多种文化的基础上,才有条件在这个正在形成中的多元文化的世界里确立自己的位置,然后经过自主的适应,和其他文化一起,取长补短,共同建立一个有共同认可的基本秩序和一套各种文化都能和平共处、各抒所长、联手发展的共处守则。"①此外,费先生还以他在80岁生日时所言的"各美其美,美人之美,美美与共,天下大同",高度凝练地概

---

① 费孝通.费孝通论文化与文化自觉[M].北京:群言出版社,2007:190.

括了"文化自觉"的发展历程。

《中国汉字听写大会》《汉字英雄》《中华好诗词》《最爱是中华》《中国诗词大会》《国家宝藏》等原创电视文化节目，对于唤醒中国人的文化自觉，凝聚华人对于中国传统文化的认同、塑造文化自信，有着重要的意义。

2022年4月22日，中华人民共和国国务院新闻办公室发布的白皮书《新时代的中国青年》中指出，有关调查显示，超八成受访青年认为"青少年国学热"的原因是"国人开始重视传统文化的内在价值"。中国青年对中华民族灿烂的文明发自内心地崇拜、从精神深处认同，传承中华文化基因更加自觉，民族自豪感显著增强，推动全社会形成浓厚的文化自信氛围。[①]

网民在腾讯视频观看《典籍里的中国》发表评论[②]：

> 自播出以来的每一期，我都会做笔记，给我带来的不仅仅是书籍是咱中华文化的国粹，也让我去体会古代先贤是如何悟出真理的，也让我学会越王勾践的隐忍，屈原的爱国情怀，感谢《典籍里的中国》。
>
> 文化典籍类的综艺的确该受到推广，毕竟宣扬我国传统文化是每个公民应该做的。
>
> 知行合一，意识对行动有决定性作用。当我们带着典籍里先人传承给我们的仁心、良知，去行事，我们才能少走弯路，以史为镜可明得失。
>
> 自从看了这个高端的节目，我又开始做笔记了。这个节目真的是太棒了，一定要多学习我们中华的文化，传承给下一代。
>
> 让我看得痛哭不已，太不容易了。我们需要好好珍惜、爱护我们的祖先以生命为代价保护下来的精神财富。

---

① 中华人民共和国国务院新闻办公室.新时代的中国青年[N].人民日报，2022-04-22(10).
② 来源于腾讯视频《典籍里的中国》第一季网民评论。

这才是我们该追的综艺节目，知识、意义、演绎、舞美、音乐都是完美的。

电视文化深深地刻上了不同国家、民族的烙印，也在传播过程中影响着人们的审美趣味、社会心理、思维方式等。以弘扬中国传统文化、凝聚中国人认同的原创文化节目，融入了"创新发展中华优秀文化，建设社会主义文化强国"的精神要求，也体现出全球化背景下不断引导和建构中国人对于中华优秀传统文化的认同。

第五节　原创文化节目不断提升市场价值

市场是检验原创文化节目能否获得人民大众支持和认可的一个重要指标。在2013年10月19日公布的重点节目全国平均收视率中，央视一套和十套并机播出的《中国汉字听写大会》第一季总决赛收视率达2.6%，排名第一，总决赛当晚收看节目的观众人数达1.2亿，其总决赛收视率超过了当年《中国好声音》的总决赛收视率，这体现出观众对原创文化节目的认同。《中国汉字听写大会》第二季获得诺亚舟8618万元的商业冠名，但央视科教频道总监金越仍认为"广告商大大低估了这个节目的价值"。[①]

在原创文化节目发展初期，《中国汉字听写大会》《汉字英雄》《中华好诗词》《见字如面》等都属于纯文化节目，娱乐性并不强，且参与者多为素人，缺少明星效应，广告商尚未建立起对节目的市场信心，商业前景不乐观。2015年，内地娱乐综艺节目如《爸爸去哪儿》《非诚勿扰》的冠名费

---

① 江西日报."汉字听写大会"冠名费八千万 总监：低估节目价值［EB/OL］.（2013-11-20）［2024-08-07］. http://culture.people.com.cn/n/2013/1120/c172318-23601482.html.

已步入"5亿元时代",而同期的不少原创文化节目还处于商业零冠名的尴尬境地。

"思考无法在电视上得到很好的表现。思考不是表演艺术,而电视需要的是表演艺术。""不论是历史还是电视的现实情况,都证明反省或精神超脱是不适合电视屏幕的。电视屏幕希望你记住的是,它的图像是你娱乐的源泉。""电视最大的长处是它让具体的形象进入我们的心里,而不是让抽象的概念留在我们脑中。"[①] 为了更好地提升节目收视率和社会影响力,河南卫视《汉字英雄》《成语英雄》节目均开发了在手机、平板电脑等移动终端上使用的同名游戏程序,用户可以实时与节目现场选手一起答题,并有机会进入节目现场参赛,这一互动环节在一定程度上拉动了节目的收视率和观众的参与度。

发达国家在开发、销售成功的商业电视模式时通常要遵循的原则是:独特的创意,成熟流畅的节目流程,不过度依赖主持人的节目环节,跨越国族语言障碍的人性人情共通之处等。把握这一原则,节目模式便更容易在全世界得以推广。欧美日韩电视综艺模式的强势输出,一方面显示了原创电视模式的公司在世界范围内所具有的创新影响力、媒体知名度和品牌号召力;另一方面,在电视综艺模式的形成和输出过程中,视听文本建构、传播着特有的意识形态和价值观。节目模式的开发商利用版权法对模式节目进行垄断,为其赢得高利润,同时也确立其在全球电视节目领域的文化领导权。

"一部好的作品,应该是经得起人民评价、专家评价、市场检验的作品","在发展社会主义市场经济的条件下,许多文化产品要通过市场实现价值,当然不能完全不考虑经济效益","优秀的文艺作品,最好是既能在

---

① 波兹曼.娱乐至死[M].章艳,译.桂林:广西师范大学出版社,2004:118-119,156,159.

思想上、艺术上取得成功,又能在市场上受到欢迎"。①

近年来,兼具文化创作作品与商业产品双重属性的原创文化节目积极探索社会效益与市场效益的平衡之道。2017年12月,由中央电视台和央视纪录国际传媒有限公司承制的文博类节目《国家宝藏》(第一季)在爱奇艺、腾讯视频、B站等多平台联动播出,节目邀请张国立、李晨、王凯、梁家辉、王刚、周冬雨等娱乐明星参与,担任讲解员和国宝守护人,成功激活了市场潜力,获得水井坊上千万的品牌冠名费。此后,《国家宝藏》第二季、第三季、第四季相继获得梦之蓝酒业、vivo、周大生珠宝的冠名,成为成功提升市场价值的典型案例。

从表3-1可以看出,近年来,原创文化节目的商业冠名情况发生了一定的转变。冠名原创文化节目的商业品牌中,酒业品牌占据一大半。酒,既是中国文化的载体和符号,也是文化的组成部分,"在中国历史上,酒已经不仅仅是单纯的饮料,而成为一种复合性的文化载体"②。在中国文学史上,陶渊明、李白、白居易、苏轼等名家的诗词书法都与"酒"有着深度的关联。据统计,陶渊明现存142篇诗文中,有56篇写到了酒,约占40%;而李白诗中的"酒"字共出现206次,其《将进酒》更是脍炙人口的名篇,"人生得意须尽欢,莫使金樽空对月","古来圣贤皆寂寞,惟有饮者留其名"更是流传千古的名句。"李白的饮酒及其诗歌,之所以千百年来一直令人无限神往,其奥秘就在于其中洋溢着他对精神自由、个性解放的热切呼唤。"③

---

① 习近平.在文艺工作座谈会上的讲话[N].人民日报,2015-10-15(2).
② 蔡毅.酒中趣:略谈酒与中国文化精神[J].文化遗产,2008(2):99-108,158.
③ 蔡毅.酒中趣:略谈酒与中国文化精神[J].文化遗产,2008(2):99-108,158.

表3-1 近年来部分原创文化节目冠名情况表

节目名称	冠名品牌	节目出品方
《国家宝藏》	水井坊、梦之蓝 vivo、周大生	中央广播电视总台
《故事里的中国》	泸州老窖·国窖1573	中央广播电视总台
《经典咏流传》	洋河梦之蓝、青花郎	中央广播电视总台
《中国地名大会》	华侨城	中央广播电视总台
《中国诗词大会》	古井贡酒	中央广播电视总台
《朗读者》	北汽集团、青花郎	中央广播电视总台
《典籍里的中国》	光明乳业	中央广播电视总台
《中国国宝大会》	中国工商银行	中央广播电视总台
《中国考古大会》	中国农业银行	中央广播电视总台
《中国中医药大会》	鲁南制药	中央广播电视总台
《诗画中国》	梦之蓝手工班	中央广播电视总台
《中国书法大会》	青花郎	中央广播电视总台
《简牍探中华》	贵州茅台	中央广播电视总台
《美美与共》	五粮液	中央广播电视总台
《宗师列传·唐宋八大家》	中国农业银行	中央广播电视总台
《非遗里的中国》	泸州老窖	中央广播电视总台
《齐鲁文化大会》	泰山酒业	山东广播电视台
《黄河文化大会》	泰山酒业	山东广播电视台
《国乐大典》	国乐酱酒	广东广播电视台
《万里走单骑》	酒鬼酒	浙江广播电视集团
《一本好书》	金六福一坛好酒	江苏省广播电视总台
《最美中轴线》	燕京U8	北京广播电视台
《书画里的中国》	中茶	北京广播电视台

续表

节目名称	冠名品牌	节目出品方
"中国节日"系列节目	仰韶彩陶坊、金典	河南广播电视台
《中华好诗词》	十八酒坊	河北广播电视台
《斯文江南》	百岁山	上海广播电视台

酒类品牌的形象与文化是其市场竞争力的重要组成部分。一个成功的酒业品牌不仅要有高品质的产品，还需要有独特的品牌形象和深厚的文化底蕴。历史悠久的酒业品牌强调传承与文化底蕴，这与原创文化节目的品质与风格非常契合。冠名《国家宝藏》的水井坊酒广告语"开创一段历史，源远流长；开拓一方文明，闪耀世界；开启一种生活，成就高尚"，"600年，每一杯都是活着的传承"；冠名《美美与共》的五粮液酒广告语"江河奔涌，长风浩荡，匠心酿好每一滴酒"，"恰到好处的大国浓香"，"大国浓香，和美五粮"；冠名《中国书法大会》的青花郎酒广告语"传承，超越，沉淀光阴，绽放尊贵，青花国粹"；冠名《非遗里的中国》的泸州老窖广告语"阅历即魅力，百年泸州老窖"，"胸有惊雷，面如平湖，见证前行的每一步"。悠久的历史，深厚的积淀，匠心的传承，品质的引领，为酒业品牌与原创文化节目架起了文化沟通与合作的桥梁，形成了一种"文化价值"的双向传播。

原创文化节目积极开拓市场新局面，逐渐获得商业品牌的认可和冠名，扭转了之前一度无冠名的尴尬局面，但与一些纯综艺娱乐节目相比，如《奔跑吧》《乘风破浪的姐姐》《披荆斩棘的哥哥》等，市场影响力、品牌知名度、观众收视人数、市场收益等都存在巨大差异。

2024年5月10日晚，《歌手2024》在湖南卫视、芒果TV播出，首期共有君乐宝简醇、vivo X100系列、百雀羚、汤臣倍健、五粮液、百岁山共六个赞助商。上线第二日，《歌手2024》微博主榜热搜142个，全网传播

文化强国背景下原创文化节目发展与传播研究

量73亿+，首播收视四网断层第一。^①与之相比，即使是中央广播电视总台制作播出的原创文化节目，也难以获得如此大的市场反响。因此，持续重视和优化营销场景，对于原创文化节目的可持续发展来说，是一场重要的革命。一方面，重视营销有助于培育原创文化节目传播的内生动力，深刻洞察消费者需求；另一方面，有助于理解原创文化节目的消费机理，把握消费者差异，让节目、冠名商与消费者的需求精准匹配，打造适应原创文化节目传播的媒介环境氛围。^②此外，节目也要关注年轻用户较多的小红书、大众点评、知乎、搜索引擎、抖音短视频平台等公域传播，以及中老年用户使用较多的微信朋友圈的私域传播。

原创文化节目在发展初期，很难向海外不同文化的国家输出节目模式，更难在语言不通的国家进行模式推广，由此，也失去了赢得国际认同的机会。如何塑造原创电视文化节目的品牌，并开发能在海外进行推广的模式，也是当前面临的重要问题。

近年来，中国原创文化节目积极主动地参与国际各大电视节展，谋求在世界市场中的认同。2018年4月，《国家宝藏》《朗读者》《经典咏流传》《天籁之战》《声临其境》等九大中国原创节目集体亮相法国戛纳电视节，引起了国际买家的关注。《朗读者》在戛纳电视节期间收到来自法国赫夫·休伯特电视制作公司的邮件。该公司在邮件中大赞《朗读者》，认为《朗读者》是他们公司近年来看到的最让人眼前一亮、最令人兴奋的文化类节目，想购买《朗读者》节目模式，在法国以及比利时、瑞士等法语区播出。

当前中国文化出海的主流类型仍然是电视剧。基于人类相通情感的人生故事、戏剧冲突等，更易被不同语言文化的观众所理解和接受。综艺节

---

① 赵方园.一天涨超49亿元！《歌手》重出江湖吸金，又火了芒果超媒［EB/OL］.（2024-05-14）［2024-08-01］.http://m.bjnews.com.cn/detail/1715643563129282.html.

② 王艳，孙华瑾.新能量 新链接 新价值：优秀传统文化类电视综艺节目营销模式研究［J］.传媒，2024（14）：33-35.

目中，益智类、选秀类、歌舞类等综艺更易成为文化出海的主要类型。近年来，包括《声入人心》《国家宝藏》《上新了·故宫》《声临其境》在内的节目先后走向海外，显示出积极的信号。

2022年5月28日，山东卫视《国学小名士》第四季老挝语译制版，在老挝国家电视台（LNTV）和其官方Facebook平台同步播出，收获了2.21%的收视率，创下老挝国家电视台引进海外文化类综艺节目首播收视率新高。

原创文化节目可以持续借助具有国际影响力的影视节展、交流合作平台、社交媒体平台、线下体验活动等进行推介展播，以提高节目在海外市场的认知度和影响力。虽然原创文化节目的国际化传播之路仍然道阻且长，但路虽远，行则将至。

第四章 文化创新：2013—2024年原创文化节目的发展

> 文化不是凝固不变的遗产，而是随时代发展不断创新和思想再创造的过程。

文化在任何阶级社会中，都起着维护社会稳定、保持社会延续的精神支柱作用。从100多年前的新文化运动到100年后的社会主义文化强国建设，中国走过了近代以来文化转型发展艰难探索的百年历程。党的十九大报告指出，要推动中华优秀传统文化创造性转化、创新性发展。"一个时代有一个时代的文艺，一个时代有一个时代的精神。""任何一个时代的文艺，只有同国家和民族紧紧维系、休戚与共，才能发出振聋发聩的声音。"[1]

文化自觉是增强中华文化主体性的思想基础，文化自信是文化自觉发展的高级形态，而文化创新则是文化自觉与文化自信的结果，三者相互联系、相互作用，辩证统一于社会主义文化的创新实践中。

自2013年以来，原创文化节目从早期集中以中华优秀传统文化为题材，逐渐拓展到将优秀传统文化、红色文化、社会主义先进文化融为一体，深化了节目内涵。以中央广播电视总台《典籍里的中国》、河南卫视"中

---

[1] 习近平.习近平著作选读：第1卷[M].北京：人民出版社，2023：537.

国节日"系列节目、广东卫视《国乐大典》为代表的原创文化节目,通过不同身份的人物参与、角色扮演、戏剧演绎、沉浸体验等方式,引导观众对文化记忆的认知和传承从"非具身"向"具身"转变。Z世代青年是推动节目创新、发展的新生力量。未来,要充分激发社交媒体上文艺创新人才尤其是Z世代青年的创作潜能,重视科技赋能文化节目创新生产,构建"一体多翼、三源合流、多轮驱动"的原创文化节目生产传播体系,实现可持续创新发展。

中华优秀传统文化的创造性转化和创新性发展是有其明确的内容与取向的,这就是"古为今用、以古鉴今、推陈出新,使传统文化与现实文化相融相通,共同服务以文化人的时代任务"。[①]自2013年最早播出的两档原创文化节目《汉字英雄》《中国汉字听写大会》始,十几年来,以《中国诗词大会》、《国家宝藏》、《经典咏流传》、《典籍里的中国》、"中国节日"系列、《国乐大典》等为代表的原创文化节目,成为中国电视创新创优节目的标杆。"文化治理是国家治理的重要组成部分,也是推进国家治理体系和治理能力现代化的重要引擎。"[②]原创文化节目的可持续发展与创新有效解决了电视泛娱乐化、海外节目引进潮、原创力弱、传播力不强等问题。

第一节 政策引领下的原创文化节目创新

"文艺政策是文艺理论、文艺思想与文艺创作和文化治理之间相互联系的主要方式,也是重要的中间环节。"[③]文艺政策主要体现在中国共产党取

[①] 李维武.传统文化的创造性转化与创新性发展:对习近平文化观的思考[J].武汉大学学报(哲学社会科学版),2018,71(3):5-12.

[②] 张爱凤.中国影视文化治理的"破"与"立"[J].广州大学学报(社会科学版),2022(5):24-28.

[③] 王杰,石然.当代中国文艺政策发展史[M].北京:中国社会科学出版社,2019:1.

得政权后在文艺领域实施的相关政策、方针和法规等。"文艺政策是文艺的国家意志。文艺政策，是国家事务的重要组成部分，要体现国家的基本性质，与一定时期的国家活动的形式、内容相适应，就要顺应总体的社会发展规律。"[①] 在我国电视文艺节目的发展过程中，政策具有很强的规范和引导作用。

党的十八大以来，文艺政策从主体责任归属、创新创优机制建立、中央地方奖励扶持制度对接等多方面，有力引领了全国电视节目的创新创优发展。中央广播电视总台与省级广播电视台之间形成"主峰高耸、次峰争奇、群峰起伏"的"山"字形媒体格局；电视创新创优节目成为书写国家历史、记录时代记忆的重要载体，并在植根区域文化、发掘独特的文化资源中破解了节目同质化问题，实现了差异内容的错位竞争。

原创文化节目的创新创优发展始终离不开文艺政策的引领、扶持。2014年1月，国家新闻出版广电总局发布《关于积极开办原创文化节目 弘扬和传承优秀传统文化的通知》简称《通知》，明确使用了"原创文化节目"这个概念。这是一份对于原创文化节目来说推动力最大、最重要的文件，给予"原创文化节目"最直接的政策鼓励和制度支持。《通知》要求"各广播电视机构特别是电视上星综合频道要深入挖掘传统文化资源，积极开办以弘扬和传承优秀传统文化为主旨的原创文化节目"，明确了原创文化节目在创新发展优秀传统文化方面的重要作用。

2016年，国家新闻出版广电总局发布的《关于大力推动广播电视节目自主创新工作的通知》，进一步建立并完善了由创作指导、季度推荐、宣传推广、奖惩机制多环节组成，政府部门、行业组织、研究机构、新闻媒体广泛参与的广播电视节目创新创优工作机制。此外，国家新闻出版广电总局还要求地方广电行政部门建立配套的奖励扶持制度，共同促进各级广电

---

① 王杰，石然.当代中国文艺政策发展史［M］.北京：中国社会科学出版社，2019：19.

机构积极开展节目自主创新工作。

2017年，国家新闻出版广电总局继续发布《关于把电视上星综合频道办成讲导向、有文化的传播平台的通知》，进一步强化全国电视上星综合频道的公益、文化和原创属性，倡导鼓励各级广播电视机构制作播出具有中华文化特色的自主原创节目，让基层群众成为节目的嘉宾、主持、主角等。2018年，《国家广播电视总局关于进一步加强广播电视和网络视听文艺节目管理的通知》要求节目强化价值引领，坚持以人民为中心的创作导向。

2019年，《国家广播电视总局 国务院扶贫办关于进一步做好广播电视和网络视听精准扶贫工作的通知》指出，通过创新创优节目评选引导、扶持优秀扶贫节目的生产传播。2020年，《国家广播电视总局关于推动新时代广播电视播出机构做强做优的意见》提出，要建立健全各级"广播电视节目创新创优"等扶持引导机制，进一步提高扶持引导效果，营造创新创优的良好氛围，提高原创水平，不断推出精品力作。

2020—2022年初，广电办发〔2020〕3号、广电办发〔2021〕60号、广电办发〔2022〕63号、广电办发〔2023〕42号、广电办发〔2024〕101号文，发布了做好2020年/2021年/2022年/2023年/2024年广播电视创新创优节目评选扶持工作的通知。

2021年中宣部印发的《中华优秀传统文化传承发展工程"十四五"重点项目规划》（下文简称《规划》），对未来五年中华优秀传统文化传承发展工作提出具体要求，其中，"中华文化广播电视传播工程"是重点项目。《规划》发布以来，在国家广电主管部门的政策引领下，国省级广播电视机构制播了一批优秀的原创文化节目，如表4-1所示。

表4-1 2021—2024年国家广电总局"中华文化广播电视传播工程"
重点项目名单（部分电视节目）

制作单位	节目名称	年度	数量
中央广播电视总台	《美术里的中国》	2022	13
	《中国书法大会》	2022	
	《拿手好戏》	2022	
	《历史"馔"起来》	2022	
	《遇鉴文明》	2022	
	《非遗里的中国》	2023	
	《简牍探中华》	2023	
	《诗画中国·千古丹青》	2023	
	《国风超有戏》	2023	
	《金牌新字号》	2023	
	《大唐诗人传》	2024	
	《美美与共》	2024	
	《中华文明地标》	2024	
浙江广播电视集团	《还有诗和远方·诗画浙江篇》（第二季）	2021	9
	《万里走单骑——遗产里的中国》（第二季）	2021	
	《还有诗和远方·诗画浙江篇》（第三季）	2022	
	《万里走单骑——遗产里的中国》（第三季）	2022	
	《中国好声音·越剧特别季》（第二季）	2023	
	《还有诗和远方·非遗篇》	2023	
	《丹青中国心》	2023	
	《万里走单骑——遗产里的中国》（第四季）	2023	
	《金石中国心》	2024	

续表

制作单位	节目名称	年度	数量
北京广播电视台	《中国有好戏》	2021	8
	《博物馆之城》	2022	
	《最美中轴线》（第二季）	2022	
	《中国故事——中华文明5000年》	2022	
	《博物馆之城——中华文明探源季》	2023	
	《故宫，有礼了》	2023	
	《了不起的长城》（第二季）	2024	
	《最美中轴线》（第四季）	2024	
山东广播电视台	《黄河文化大会》	2022	7
	《中国礼 中国乐》	2022	
	《戏宇宙》（第二季）	2023	
	《超级语文课》（第二季）	2023	
	《黄河文化大会》（第二季）	2023	
	《中国礼 中国乐》（第二季）	2023	
	《黄河文化大会》（第三季）	2024	
河南广播电视台	"中国节日"系列节目	2021	7
	"中国节日"系列节目2022季	2022	
	"中国发明"系列节目	2022	
	2023"中国节日"系列节目	2023	
	《中国节气奇妙游》	2023	
	《中国家宴》	2024	
	2024中国节日系列特别节目	2024	

121

续表

制作单位	节目名称	年度	数量
湖北广播电视台	《奇妙的汉字》	2021	4
	《大学之道》	2022	
	《高山流水觅知音》（第二季）	2023	
	《文物背后的财税故事》	2024	
中国教育电视台	《二十四节气的秘密》	2021	3
	《一堂好戏》（第二季）	2021	
	《课本里的"非遗"》	2024	
江苏省广播电视总台	《从长江的尽头回家》（第二季）	2021	3
	《我爱古诗词》（第三季）	2021	
	《启航！大运河》	2024	
广东广播电视台	《国乐大典》（第四季）	2021	3
	《技惊四座》（第二季）	2021	
	《岭南中药炮制神奇之旅》	2024	
上海广播电视台	《诗书画》	2021	2
	《斯文江南》	2022	
安徽广播电视台	《传承进行时》（第二季）	2021	2
	《徽韵中国联》	2022	
江西广播电视台	《闪亮的坐标》（青春季）	2022	2
	《2024中国礼·陶瓷季》	2024	
深圳广播电影电视集团	《课间十分钟》（第三季）	2021	1
内蒙古广播电视台	《长城长》（第二季）	2022	1
陕西广播电视台	《长安处处有故事》	2021	1
长春广播电视台	《中华少年诗说》（第二季）	2021	1
广西广播电视台	《民族文化·广西民间乐器》	2022	1

续表

制作单位	节目名称	年度	数量
宁夏广播电视台	《黄河谣》（第三季）	2023	1
西藏广播电视台	《珠峰讲堂大型考古系列——西藏考古·从历史走向未来》	2024	1
新疆广播电视台	《新疆家宴》	2024	1
四川广播电视台	《熊猫家园》	2024	1

上述这些政策、文件的出台，已经从主体责任归属、国家政策激励、创新创优机制建立、中央地方奖励及扶持资金对接等多方面，全面实施了对原创文化节目的支持，有力引领了全国各级广播电视台在原创文化节目方面的创新发展方向。从表4-1可以看出，中央广播电视总台、浙江广播电视集团、北京广播电视台、山东广播电视台、河南广播电视台制作播出的原创文化节目，不管是数量还是质量，在全国都位于前列。

第二节 原创文化节目对"三源一体"文化的影像建构

原创文化节目是中国文化在当代融合创新发展的结果。除了中华优秀传统文化，革命文化和社会主义先进文化也是我国社会主义文化的主流和主体。这三者之间的密切联系既体现在近百年来中国文化的三种走向上，也融入原创文化节目的创新发展。

一、主峰高耸、次峰争奇、群峰起伏的"山"字形创新创优格局

在原创文化节目的研发及制作方面，各级广播电视机构是主体。经过

数年的竞争与发展，中央广播电视总台与省级卫视之间形成"山"字形生产传播格局。中央广播电视总台持续引领原创文化节目的创新发展，成为"山"的主峰；北京广播电视台、湖南广播电视台、江苏广播电视总台、浙江广播电视集团等一线省级广播电视台主动进取，推陈出新，成为"山"的次峰；其他省级广播电视台，如广东广播电视台、河南广播电视台、江西广播电视台等，不甘落后，积极创新，共同组成"山"的群峰，形成了"主峰高耸、次峰争奇、群峰起伏"的创新创优局面。

2018—2023年间，国家广电总局评选的电视创新创优节目排行榜前十名媒体的节目上榜总次数为359次，占比71.7%，显示出强劲有力的研发制作能力。中央广播电视总台一枝独秀，节目上榜数92次，占比18.4%，主峰高耸，优势突出；第2—8名表现稳定，节目上榜次数在22—42次之间，形成"横看成岭侧成峰"的竞相争奇景象；第9名和第10名，紧紧相随，如表4-2所示。

表4-2　2018—2023年国家广电总局表彰电视创新创优节目上榜次数[①]统计表

序号	媒体名称	2018年	2019年	2020年	2021年	2022年	2023年	总计
1	中央广播电视总台	13	14	14	17	17	17	92
2	北京广播电视台	4	2	4	12	12	8	42
3	湖南广播电视台	6	5	4	9	8	8	40
4	江苏省广播电视总台	5	3	5	6	7	8	34
5	浙江广播电视集团	4	3	4	5	9	8	33
6	山东广播电视台	3	5	2	6	7	10	33

---

① 数据来自国家广播电视总局网站。上榜次数包括每年的四个季度和年度创新创优节目。

续表

序号	媒体名称	2018年	2019年	2020年	2021年	2022年	2023年	总计
7	上海广播电视台	3	3	4	3	8	8	29
8	黑龙江广播电视台	3	2	6	3	4	4	22
9	广东广播电视台	2	0	3	4	5	3	17
10	河南广播电视台	1	2	0	4	4	6	17
11	新疆广播电视台	0	0	5	4	1	3	13
12	湖北广播电视台	2	4	0	1	3	2	12
13	海南广播电视总台	1	1	1	4	2	3	12
14	江西广播电视台	0	3	0	3	4	2	12
15	河北广播电视台	0	2	1	3	4	2	12
16	广西广播电视台	1	1	3	1	3	2	11
17	深圳广播电影电视集团	2	0	0	2	2	2	8
18	中国教育电视台	0	2	1	3	0	1	7
19	贵州广播电视台	1	0	2	2	0	1	6
20	内蒙古广播电视台	0	0	0	1	2	3	6
21	云南广播电视台	1	0	0	0	2	2	5
22	安徽广播电视台	0	3	1	0	0	1	5
23	四川广播电视台	0	0	0	2	0	3	5
24	重庆广播电视台	0	0	1	1	2	0	4
25	甘肃广播电视台	3	0	1	0	0	0	4
26	陕西广播电视台	0	0	0	2	0	2	4
27	天津广播电视台	1	1	0	0	1	0	3
28	宁夏广播电视台	0	0	0	0	2	1	3

续表

序号	媒体名称	2018年	2019年	2020年	2021年	2022年	2023年	总计
29	福建广播影视集团	0	0	0	0	2	1	3
30	吉林广播电视台	1	0	0	1	0	0	2
31	山西广播电视台	1	0	0	0	0	1	2
32	辽宁广播电视台	0	0	0	0	0	2	2
33	青海广播电视台	0	0	0	0	0	1	1
34	西藏广播电视台	0	0	0	0	0	0	0

中央广播电视总台在电视创新创优节目的研发生产方面，始终肩负国家主流媒体的责任与担当，发挥了价值引领和行业标杆的作用，有力把握了文化领导权。《经典咏流传》《国家宝藏》《中国诗词大会》《朗读者》等"综N代"节目，守正创新，体现出可持续发展性；《故事里的中国》《典籍里的中国》《美术经典中的党史》等新现象级的节目体现出创新活力；还有《谢谢了，我的家》《赢在博物馆》《一堂好课》《中国地名大会》《海报里的英雄》《上线吧！华彩少年》等新研发节目竞相出彩。

在省级广播电视台中，湖南、江苏、浙江等一线省级广播电视台表现稳定，每年度平均有5—8个（次）节目受到表彰。作为新一线广播电视台的北京广播电视台进步尤为明显。2018年，北京广播电视台联合故宫博物院研发国潮文化创新类节目《上新了，故宫》，该节目同时上榜2018年第四季度和年度创新创优节目。此后，北京广播电视台相继推出《遇见天坛》《了不起的长城》《我在颐和园等你》《书画里的中国》《最美中轴线》《博物馆之城》等原创文化节目，由此获得"TV地标"2020年度最具品牌影响力省级卫视，"2020综艺报年度影响力"年度卫视，国家广电总局季度、年度创新创优节目等荣誉。从原创文化节目的制作能力来看，北京广播电视台已经跻身一线省级广播电视台行列之中。

黑龙江广播电视台的创新创优电视节目上榜次数进入全国前十名，打破了观众对原有广播电视媒体格局的刻板印象。黑龙江广播电视台的《见字如面》《新青年新思想》《好好学习民法典》《一路有你》《与冰共舞》等节目可圈可点，说明在电视节目的创新创优方面，非一线广播电视台也能大有作为。

需要引起注意的是，2018年至今，吉林、山西、辽宁、青海、西藏五省（自治区）的省级广播电视台上榜节目次数较少。这体现出西部、偏远地区的广播电视机构在节目的创新研发、制播能力方面与中东部地区广播电视机构存在明显的差距。这需要引起行业主管部门、业界和学界的共同关注。

原创文化节目是中国文化在当代融合创新发展的结果。除了节目数量，从节目的内容来看，创新创优节目积极围绕中华优秀传统文化、革命文化和社会主义先进文化开展创研。三者之间的密切联系既体现在近百年来中国文化的三种走向上，也融入了原创文化节目的创新发展。

二、大历史观指导下的优秀传统文化节目推陈出新

所谓大历史观，就是指"从历史的阶段性与连续性、民族性与世界性、前进性与曲折性辩证统一的视角出发，全程、全方位、全局地看待历史与现实，总结历史规律，从而把握今天，开创未来的历史观"。[①] 党的二十大报告提出，坚持和发展马克思主义，必须同中国具体实际相结合，必须同中华优秀传统文化相结合。

中华优秀传统文化是中华民族的根与魂。在大历史观的引领下，原创

---

① 金梦.论习近平大历史观的生成逻辑[J].马克思主义理论学科研究，2020，6（3）：90-97.

文化节目从中国文化的"源头"出发,即从中华优秀传统文化出发,从丰富而厚重的思想文化资源中汲取创作灵感。中央广播电视总台的《中国汉字听写大会》《中国成语大会》《中国书法大会》《中国诗词大会》《中国考古大会》《典籍里的中国》《诗画中国》等节目,北京广播电视台的《遇见天坛》《了不起的长城》《我在颐和园等你》《书画里的中国》《最美中轴线》等节目,中国教育电视台的《二十四节气的秘密》《一堂好戏》,山东广播电视台的《国学小名士》《齐鲁文化大会》《中国礼 中国乐》,广东广播电视台的《国乐大典》《劳动号子》《技惊四座》,以及山西广播电视台的《伶人王中王》等节目,都深深根植于中华优秀传统文化的沃土中,聚焦于汉字、成语、诗词、书画、典籍、礼仪、国乐、杂技、戏曲等题材,进行了创造性转化和创新表达,成为2013年以来我国电视原创文化节目的主流趋势。

此外,中央广播电视总台的"大会"系列节目、北京广播电视台的"国潮"系列节目、河南广播电视台的"中国节日"系列节目、山东广播电视台的"中国礼乐"系列节目、浙江广播电视集团的"中国心"文化美育系列节目等,均展现了当代传媒对中华优秀传统文化的创造性转化与创新性发展的积极探索。"'传统'是历史在今天的延续,也是当代人在面对全球性难题时被唤醒的一种精神记忆。"[①]以弘扬中华优秀传统文化为主旨的原创文化节目,深入挖掘中华优秀传统文化中蕴含的思想观念、人文精神、道德规范,并结合时代要求进行了传承创新。

三、大时代观映照下红色文化节目的守正创新

"新时代的文艺精品,必须是凝聚时代精神、反映时代气象的铸魂之

---

① 刘刚.中华优秀传统文化创造性转化和创新性发展[M].北京:社会科学文献出版社,2022:1.

作。"① 在大时代观的引领下，以"改革开放40周年""新中国成立70周年""建党100周年"等历史节点为契机，原创文化节目把握时代发展的脉搏，充分发掘红色资源，弘扬了以伟大建党精神为源头的中国共产党人的精神谱系，深化了爱国主义教育。

"红色文化是在马克思主义中国化进程中，中国共产党在民族文化基础上创造的崭新文化形态。"② 中央广播电视总台的《故事里的中国》，系统梳理与总结了新中国成立70年来的现实主义题材文艺作品，采用"戏剧+影视+综艺+访谈"的方式，对《永不消失的电波》《林海雪原》《烈火中永生》《焦裕禄》《英雄儿女》《国歌》等红色经典作品进行了全新演绎。江西广播电视台的《跨越时空的回信》，由实力演员、先烈后人、历史亲历者共同参与，通过重启一封封烽火岁月里革命先烈的家书与至亲后人的亲笔回信，完成穿越时空的特殊对话。在这个过程中，个体、家庭、国家的记忆被一一激活，其中蕴含的爱国主义情感深深感染着观众。③ 此后，江西卫视的《闪亮的坐标（青春季）》，以"讲述+表演"的形式，邀请知名演员和公众人物讲述中国共产党历史上的重要事件和英雄事迹，同时选取党的十八大以来各行业涌现出的英模感人事迹，感召和引领当代青年成长为有理想、敢担当、能吃苦、肯奋斗的新时代好青年，唱响"新时代的青春之歌"，为打造红色文化创作和传播高地奠定了坚实的基础。

在庆祝建党百年之际，广东卫视《流淌的歌声》第三季引入多期红色主题，选择《唱支山歌给党听》《歌唱祖国》《灯火里的中国》等体现时代记忆的经典红色歌曲，采用创新演绎的方式，吸引了不同年龄段的观众。

---

① 聂辰席.紧跟时代步伐，以大历史观、大时代观开拓主题精品剧创作新境界[J].中国广播电视学刊，2022（4）：5-7.

② 魏本权.从革命文化到红色文化：一项概念史的研究与分析[J].井冈山大学学报（社会科学版），2012，33（1）：16-21，31.

③ 张爱凤.2019：原创文化综艺节目的"新"与"变"[J].电视研究，2020（3）：68-70.

江苏省广播电视总台的《致敬百年风华》、陕西广播电视台的《歌声里的延安》、黑龙江广播电视台的《致敬英雄》等节目，也从红色文化中汲取创作灵感和精神力量，积极反映中国共产党带领中国人民进行革命、建设、改革、发展的时代进程。红色文化赋能综艺节目，成为一个新的理论与实践创新课题，值得业界和学界不断探索创新。

四、中国式现代化进程中原创文化节目的形态焕新

中国式现代化是中国共产党领导的社会主义现代化，既有各国现代化的共同特征，更有基于自己国情的中国特色。

近年来，各级广播电视机构在深耕中涌现了一批反映中国改革开放、脱贫攻坚、乡村振兴、科创+文创发展的原创文化节目，如中央广播电视总台的《绿水青山看中国》，浙江广播影视集团的《同一堂课》《还有诗和远方·诗画浙江篇》《智造将来》《预见2050》《宝藏般的乡村》，江苏省广播电视总台的《小镇故事》《从长江的尽头回家》《从地球出发》，广东广播电视台的《流淌的歌声》，湖南广播电视台的《时光的旋律》《声生不息》《我的家乡好美》，安徽广播电视台的《中国农民歌会》等，展现了人与自然和谐共生、人民共同富裕、科技创新发展等新时代特征。

在电视领域，"原创"强调"独立性"和"创新性"，既是一个与"模仿""抄袭"相对立的概念，又是一个和"传承""借鉴"相辅相成、互相转化的概念。

2018年以来，不少省级广播电视台制作的电视创新创优节目呈现出植根区域、错位竞争的特点。长三角是除北京之外另一个盛产优秀原创文化节目的地区。江苏省广播电视总台、浙江广播电视集团充分发掘江南丰富深厚的历史文化底蕴，重点研发文化科技创新类节目。江苏省广播电视总台的人文故事讲述类节目《美好时代》、场景式读书节目《一本好书》、全

国首档课本剧节目《第一粒扣子》、文化深度访谈节目《似是故人来》，浙江广播电视集团的文化教育公开课《同一堂课》、文化旅游体验节目《还有诗和远方·诗画浙江篇》、中国首档沉浸式世界遗产探索互动综艺节目《万里走单骑——遗产里的中国》等，虽形式不一，但"文脉相传"，都致力于优秀传统文化的当代化、创新化、大众化发展。江苏省广播电视总台的国内首档天文科幻科普节目《从地球出发》，首创"科幻剧+科学说"的综艺表现形式，引入电影团队、科幻大咖、科普达人等元素，精心呈现引人入胜的科幻大剧。浙江广播电视集团的科技创新综艺节目《智造将来》，则通过丰富的视听语言和炫酷的舞美技术展示中国科技发展的最新成果；而科技人物专题节目《预见2050》，则用通俗易懂、形象生动的语言普及抽象的科技知识，成为探索"科技+艺术+文化"三位一体的创新创优节目的代表。

此外，广西广播电视台的《民族文化——小康路上 歌声嘹亮》以原创山歌对唱的形式呈现各族群众为幸福奋斗的生动场景，展示少数民族独特的民俗风情。黑龙江广播电视台利用独特的地缘文化优势，为纪念中俄建交70周年推出了大型文化交流节目《歌声与微笑》，用"情感故事+综艺表演"的形式表现中俄两国人民70年间的深厚情感；而原创冰上舞蹈竞演真人秀节目《与冰共舞》，将花样滑冰、舞蹈、音乐、综艺相融合，独具北国冰城特色，令人耳目一新。

上述创新创优节目深深扎根区域文化，发掘独特的文化资源，在激烈的竞争中守正创新，研发具有个性化、差异化的节目，破解了题材扎堆、风格单一、同质化竞争的问题，体现出费孝通先生倡导的"各美其美，美美与共"的文化自觉。

在社会主义文化强国建设的背景下，原创文化节目从早期集中以中华优秀传统文化为题材，逐渐发展到优秀传统文化、红色文化、社会主义先进文化这三源融为一体，充分交融、拓展了节目题材领域，深化了文化内涵，实现了可持续创新与发展，更好地满足并引导了人民的多元文化需求。

第三节　原创文化节目"具身传播"的创造性发展

马克思在《〈黑格尔法哲学批判〉导言》中说："批判的武器当然不能代替武器的批判，物质力量只能用物质力量来摧毁；理论一经掌握群众，也会变成物质力量。理论只要说服人，就能掌握群众；而理论只要彻底，就能说服人。所谓彻底，就是抓住事物的根本。而人的根本就是人本身。"[①]在人工智能、虚拟现实、数字人技术快速发展的当下，从"以人民为中心的创作导向"的视角深入理解"人是一切事物的根本"这个观点，具有重要的意义。

一、传统诗教的非具身传承

中国古典诗词是中国艺术精神的体现，具有两千多年历史的"诗教"传统对于中国人的思想观念、审美情趣、个性特征、生活态度都产生了深远的影响。

经典认知科学主张"非具身"，认为认知是一种信息的表征与加工，从本质上讲与承载它的身体无关。西方的主流传播学将传播视作以符号文本为中心的精神交往和意识对接[②]，而信息符号作为文化记忆的载体、现实世界的表征，只有摆脱身体的束缚才能进行跨时空的留存与传播。"弱具身"强调

[①] 中共中央马克思恩格斯列宁斯大林著作编译局.马克思恩格斯选集：第1卷[M].北京：人民出版社，1995：9.

[②] 张文娟.具身性之思想溯源、概念廓清与学科价值：一种对具身传播研究的元认知[J].新闻与传播研究，2022，29（9）：112-125，128.

了认知对身体的依赖性,"强具身"则极力主张认知是被身体作用于世界的活动塑造出来的。① 身体参与认知、身体的活动影响人关于客观世界表象的形成、意义源于身体、不同身体造就不同思维方式,是具身的性质与特征。②

中国有着源远流长的"诗教"传统,诗教的产生以及诗教传统的建立与孔子密切相关。从孔子开始,两千多年来绵延不绝的"诗教"传统历久弥新。"'诗教',培养了令人仰慕的知书达理又才华横溢的博雅君子;'诗教',熏陶出日常生活的风雅情意;'诗教',使我们时时驻足于华夏民族的优秀文化之中,通过诵读、体认、创造,绵延对华夏悠久文明的光大与传承。"③ 诗教传统绵延至今,在没有影像资料记载的情况下,后人主要通过阅读、学习典籍的方式进行传承。

诗教对于当代国民素质的提升仍然具有重要的现实意义。中华诗教委员会主任、中国科学院院士杨叔子在担任华中科技大学校长期间,发表了《经典需诵读 诗教应先行———项弘扬与培育民族精神的战略措施》一文,认为要让经典诵读走进大学校园,打通科学和艺术的壁垒,并提出诗教具有不可代替的作用:"一是陶冶感情,提升精神境界,特别是树立对国家、对民族、对社会、对人生、对自然界的高度责任感;二是开拓思维潜力,特别是开拓原创性思维的主要源泉。"④ 上述关于诗教的研究都展示了非具身认知的意义和文化价值。

二、原创文化节目中的具身认知转向

具身性强调灵魂与躯体、主体与客体以及主体与外在环境等的联系,

---

① 叶浩生."具身"涵义的理论辨析[J].心理学报,2014,46(7):1032-1042.
② 叶浩生."具身"涵义的理论辨析[J].心理学报,2014,46(7):1032-1042.
③ 蓝冰.试论"诗教"传统的继承与演变:兼论"诗教"传统的当下意义[J].辽宁师范大学学报(社会科学版),2009,32(4):68-72.
④ 杨叔子.经典需诵读 诗教应先行:一项弘扬与培育民族精神的战略措施[J].华中科技大学学报(社会科学版),2004(1):1-7.

强调主体的意识、情绪、态度、价值观等皆源自人类身体，主张将身体与环境嵌入个体的认知与体验中。①

1942年，著名教育家、文学家朱自清先生在《经典常谈》序文中指出："在中等以上的教育里，经典训练应该是一个必要的项目。经典训练的作用不在实用，而在文化。"②1980年，叶圣陶先生在为重印《经典常谈》所作的序中进一步指出："经典训练不限于学校教育的范围而推广到整个社会，是很有必要的。历史不能割断，文化遗产跟当今各条战线上的工作有直接或间接的牵连，所以谁都一样，能够跟经典有所接触总比完全不接触好。"③但在当代的实际生活中，经典常因为其历史性、专业性、权威性而与当代人产生距离。

"社会主义文艺，从本质上讲，就是人民的文艺。""以人民为中心……把人民作为文艺表现的主体，把人民作为文艺审美的鉴赏家和评判者。"④原创文化节目在向大众推广、普及经典方面做出了积极的贡献。国家广播电视总局主办的每两年一届的政府奖项电视文艺"星光奖"评选体现出对经典类原创文化节目的褒扬。在2018年第25届电视文艺"星光奖"评选活动中，中央广播电视总台的《朗读者》（第一季）、《中国诗词大会》（第二季）等原创文化节目均获得大奖。在2020年第26届电视文艺"星光奖"的评选中，中央广播电视总台的《经典咏流传》获得优秀电视文艺栏目奖。在2022年第27届电视文艺"星光奖"的评选中，中央广播电视总台的《典籍里的中国》获得优秀电视综艺节目奖。

上述获奖节目都是近年来主流媒体研发制作的优秀原创文化节目的代表，通过不同身份的人物参与、角色扮演、舞台戏剧演绎、嘉宾经典解读、

---

① 王福州.非遗"本体特征"述要［J］.中国非物质文化遗产，2022（3）：6-14.
② 朱自清.经典常谈［M］.昆明：云南人民出版社，2015：1.
③ 朱自清.经典常谈［M］.北京：生活·读书·新知三联书店，1980：序.
④ 中共中央宣传部.习近平总书记在文艺工作座谈会上的重要讲话学习读本［M］.北京：学习出版社，2015：14-15.

观众沉浸体验等方式,让一篇篇诗文、一部部典籍在当代"活"了起来,引导观众对文化记忆的认知和传承从"非具身"向"具身"转变,从符号认知转向具身认知,是对历史悠久的诗教传统的传承与当代发展。

三、具身传承——原创文化节目对文化记忆的活化重构

近年来,在中央广播电视总台和省级广播电视台创研的多个原创文化节目中,都设计了具体形象的"文化传承人"角色。"构建以传承人为主体和载体的活态空间……肯定传承人基于'身体'而形成的具身化的知识、经验、技艺、信俗,在情境化的言传身教中完善传承机制,并在身体实践的过程中不断沉淀为可共享的知识形态。"[①]

《经典咏流传》播出六季以来,共有343组"经典传唱人"传唱了303首诗词;《国家宝藏》中的"讲解员""国宝守护人"共同演绎国宝的前世今生;《典籍里的中国》中的"当代读书人"与古代著书人(或护书人)隔空对话,完成文化传承;《诗画中国》中的"舞者、武者、行者、朗诵者"对静态诗画进行动态沉浸式演绎;《跨越时空的回信》中"时空信使"引导写信人与回信人进行对话;《流淌的歌声》《跨越时空的旋律》中的"时代传唱团""经典焕新人"以老歌新唱的方式致敬经典、激活时代记忆;《妙墨中国心》邀请书法名家、文化名家和书法爱好者担任"守墨人""解墨人""寻墨人",讲解并传播书法文化;《技惊四座》中的杂技演员通过身体技巧和空中舞蹈让敦煌壁画等世界文化遗产"活"了起来。上述节目都是通过嘉宾、演员具身演绎体验的方式对抽象、静止的历史文化进行创新性的表达与传播。

"具身性指的是一种以身体知觉和运动图式为基础的身、心、物、环境

[①] 孙发成.非遗"活态保护"理念的产生与发展[J].文化遗产,2020(3):35-41.

在特定关系情境中的交互实践状态……是身、心、物、环境融为一体，协同互构。"[①] 以《典籍里的中国》为例，对于大多数观众来说，关于《史记》的最直接的认知，可能是来自鲁迅先生的评价"史家之绝唱，无韵之《离骚》"，但是对于司马迁著述的前因后果、文中记载的人物事件，可能印象并不深刻。不管是《五帝本纪》还是《夏本纪》，或是《越王勾践世家》《孔子世家》还是《屈原贾生列传》，以往都是以文字符号的形式呈现与传承的。但是在《典籍里的中国》中，千秋雄文、万古辞章、垓下之战、历史人物，都以独特的形象呈现在观众面前。节目现场大屏上的壮丽山河、飞沙走石，营造了穿越时空的历史情境，而身穿汉服、列队行走的大汉礼仪，庄重典雅，观众的代入感非常强。爱奇艺平台观众弹幕评论："古代礼仪太有魅力。""此生无悔入华夏！"

在节目的高潮阶段，父亲司马谈临终前嘱托司马迁："要敬畏写下的每一个字"，"史官终将离去，青史千年永存"。爱奇艺平台视频观众发弹幕："父亲演绎得真棒，这眼神！""一声声迁儿，泪目！""这一部反复观看，热泪盈眶！"当舞台上演员表现司马迁遭遇人生重创、忍辱负重完成《史记》的场景时，当代读书人撒贝宁、汉武帝、中年及老年司马迁以及现场的观众、嘉宾以及屏幕前的观众同时在场，情绪到达新的高潮。"演员眼里的泪花，嘴唇颤抖的细节，太传神了！""期待每一部史书都演一遍！""这种古今对话好感慨。最好的综艺，和孩子一起看，学历史。""爱上了古代的故事。""振奋人心，令人醍醐灌顶！"

"身体"不仅是物理学上的身体，也包括社会文化中的身体，是我们与世界接触、交流的媒介。认知，源于我们自身身体与世界的相互作用。"身体在认知中之所以是核心的，是因为身体活动本身体现了推动认知发展的

[①] 张文娟.具身性之思想溯源、概念廓清与学科价值：一种对具身传播研究的元认知[J].新闻与传播研究，2022，29（9）：112-125，128.

生存意向性。"①观众的评价能直接反映身体参与的认知效果,"从此以后,这些历史人物都有了样貌"。

原创文化节目探索对于文化的形象化情境塑造与具身化表达,在引导观众对历史文化的深度认知方面做出了积极的探索,这比单纯的大脑理性思维认知更具有感染力和影响力。

第四节　Z世代表达:原创文化节目与青年的双向奔赴

一、Z世代青年的崛起

对于一个国家、一个民族来说,"千百年来,青春的力量,青春的涌动,青春的创造,始终是推动中华民族勇毅前行、屹立于世界民族之林的磅礴力量"。②具体到文化建设、电视文艺节目等领域,青年始终是推动节目创新、发展的新生力量。

Z世代一般指出生于1995年至2010年的一代人,是伴随数字化和互联网时代成长起来的原住民,"天生就是互联网的公民",具有独特的文化特征和社会影响力。优酷发布的《2022传统文化节目数据报告》显示,2022年传统文化节目累计观看时长达8446万小时,相比2021年增长近6倍,消费时长显著提升;9.5亿人次通过观看视听节目拥抱传统文化,"90后"和"00后"是观看的主力群体,占比70%;超六成的Z世代认为,传统文化节目深度创新,场景、剧情设计等极具感染力,传达了中华传统文

---

① 李恒威,盛晓明.认知的具身化[J].科学学研究,2006(2):184-190.
② 习近平总书记2022年5月10日在庆祝中国共产主义青年团成立100周年大会上的讲话。

化的思想内涵，AR技术、CG特效以视觉上的"新奇特"丰富了艺术创作空间，让传统文化"活"起来。

《故事里的中国》《典籍里的中国》《诗画中国》《万里走单骑》"中国节日"系列、《技惊四座》等节目，借助独特的视听优势、多样化的创新形式和充满青春活力的潮流元素，开启了原创文化节目3.0时代，让中华优秀传统文化以让人喜闻乐见、易于接受的方式走进观众尤其是年轻群体心中，跨界融合，真正体现了人民性和青春性。

二、原创文化节目中的青年参与

在电视业界和学界有一种思维定式，那就是"青年"不再是电视节目的目标受众。但是，近几年原创文化节目的传播实践显示，青年正逐渐成为原创文化节目的生产者、传播者、接受者、创新者。时代各有不同，青春一脉相承。当下，原创文化节目的生产者都属于"90后"编导团队，如《国家宝藏》主创团队平均年龄不超过30岁，主要受众年龄段为15岁到31岁；《本草中华》导演组成员清一色为"80后""90后"；江西卫视《跨越时空的回信》的"90后"编导团队；广东卫视《技惊四座》的主创团队也都是年轻人。

中央广播电视总台大型音乐文化节目《经典咏流传·正青春》于2023年"五一"期间在央视综合频道开播，全网热搜热榜累计超过100个，节目相关话题阅读量累计突破1500万，全平台视频播放量累计超过2500万。节目中，以青年和少年儿童为主体的经典传唱人，和诗以歌，唱响经典，跨越时空引发了几代人的青春共鸣。

《经典咏流传·正青春》在传统文化、当代审美、核心价值之间找到了契合点，通过流行音乐的创作和经典诗词的传唱，体现了强烈的时代性和青春性。《经典咏流传·正青春》第一集中演唱的曲目包括《青春万岁》《沁园春·长沙》等经典诗词，著名作家王蒙19岁时写下的《青春万岁》序诗已有70年的历史，激励了一代代年轻人。节目组邀请了传唱人张英席、王凯、洪之光、马佳等四位分别来自国家大剧院、中国歌剧舞剧院、中国东方演艺集团、中国广播艺术团的90后"美声国家队"成员，以美声＋通俗的唱法，把有着70年历史的《青春万岁》创新演唱出来。中央歌剧院原副院长黄小曼点评"青春不属于一个专属年龄段，而是一种心态"，"每个人心里的那份追求，永远不放弃，永远往前走，就是青春"，再次深化了"青春"的内涵。此外，节目还联动全国多所大中小学，邀请青少年代表参与经典传唱，体现出Z世代青年对原创文化节目的积极参与。

广东卫视的《流淌的歌声》深化"老歌新唱"的文化传承，邀请当下在青少年群体中有影响力的年轻歌手进行经典传唱，并通过线上与线下、主流媒体与社交媒体等多平台互动方式提升融合传播力[①]，成功入围第27届电视文艺"星光奖"。

三、科技赋能原创文化节目的青春表达与海外传播

当前，媒体融合发展已经进入攻坚克难的阶段。不断强化广播电视台的媒体融合能力、科技创新能力、国际传播能力和产业发展能力，坚持"思想＋艺术＋技术"融合传播，推进原创文化节目创新，是近年来各级广播电视台的工作重点。受众是原创文化节目传播的目标。不管是从意识形态领导权掌握的宏观视角，还是从节目传播的微观视角来看，原创文化节目的丰富内涵、核心价值观必须通过受众（用户）的有效接受和积极认同才能产生效果。

2022年5月29日，中国日报网与大连外国语大学中华文化海外传

[①] 康莹，张爱凤.声入"人"心：原创文化节目《流淌的歌声》传播力的提升路径[J].粤海风，2023（5）：77-83.

研究中心、新闻与传播学院联合发布《2021—2022年度中华文化国际传播十大案例》,"元宇宙拓展博物馆文物文化传播新空间""《典籍里的中国》引发海内外观众强烈共鸣""网络新媒体助力中国各地文化走出去"等案例均入选其中。在《2022—2023年度中华文化国际传播十大案例》中,"优质IP助力国潮文化输出""虚拟数字人助力中华文化国际传播"入选;"微短剧异军突起 开辟出海'新航线'""中国影视剧从'借船出海'到'造船出海'""中国'国风科幻'游戏创全球月销售纪录"则入选了《2023—2024年度中华文化国际传播十大案例》。这些国际传播的优秀案例对于原创文化节目的创新发展与海外传播具有启发意义。

《中华好诗词》《戏码头》《中国诗词大会》《诗意中国》《一堂好课》《经典咏流传·正青春》等节目积极走进大中小学,与大学生、少年儿童亲密接触,通过双向交流,吸收更多青少年的意见,感召更多的Z世代青年参与到节目的创作与传播中。2024年2月26日,由中央广播电视总台综合运用最新人工智能技术制作的中国首部文生视频AI动画片《千秋诗颂》的播出,又为原创文化节目的创新发展拓展了更广阔的空间。

2023年末,在国家广播电视总局主管的《中国广播影视》杂志主办的"TV地标"电视媒体和网络视听暨"时代之声"广播业综合实力大型调研成果发布会上,广东卫视蝉联"年度最具创新影响力省级卫视"。广东卫视《国乐大典》前四季节目的导演林维桦认为,当下文化节目要大胆运用先进的科技,打破传统艺术的边界,让科技与艺术对话,产生新的传播力和影响力。在广东卫视2024年推出的《跟着国乐去旅行》节目中,启用AR技术,从各式曲目中提取视觉元素进行增强现实创作,以"文化+科技"的方式打破传统的物理舞台空间概念,促成虚拟与现实的深度连通。

在2024年全国两会上,"人工智能+"成为国家行动,"新质生产力"将进一步推动文娱产业的变革。在此背景下,原创文化节目可在以下几个方面着力发展。

第一，充分激发互联网社交媒体上文艺创新人才，尤其是Z世代青年的创作潜能。社交媒体激发了普通大众作为创作主体"我"的立场、态度与才情，使得当代的文艺生产更贴近普通人的脉搏。抖音、西瓜视频、B站等平台上自媒体的创意视频不仅在国内出圈，甚至能引发海外传播新风尚。2024年底，中央广播电视总台联合抖音推出台网融合文艺创演类节目《开播吧！国潮》，就展示了抖音平台国潮主播们的才艺风采。

第二，"高质量"内容生产与"思想+艺术+技术"融合传播同向同行，更重视科技赋能社交媒体传播和海外传播。在内容生产方面，原创文化节目要更聚焦人民群众的期待，既要坚持垂直领域的深耕，也要注重破圈融合，积极学习并使用人工智能等新型科技，为节目形式、内容、传播赋能。

第三，构建"一体多翼、三源合流、多轮驱动"的原创文化节目生产传播体系。一体，是指广播电视媒体；多翼，指政府部门、大中小学、文博场馆、科技公司等科教文化机构；三源合流，就是将中华优秀传统文化、红色文化、社会主义先进文化融会贯通，交相辉映；多轮驱动，是指依托移动互联网打造传播矩阵，注重人民群众线下亲身参与、沉浸体验、学习文化的具身传播。原创文化节目持续精品化，传播融媒化，多平台联动化发展，为观众提供个性化、即时性、多选择、强互动的大小屏观看体验。

第五章 文化自强：着力提升原创文化节目传播力

> 文化自强本质上是对文化强国的向往和追求。

第一节 文化自强的理论内涵

"自强不息"是中华民族生生不息的重要文化品格，"文化自强"这一概念强调的是一个国家或民族在文化领域的自我发展与强化能力。文化自强的基础是文化自信，即对本民族文化价值的认同。但一段时间以来，我国的文艺（文化）理论基本上是借用西方的一整套话语，长期处于文论表达、沟通和解读的"失语"状态。

电视领域也存在同样的问题，进入 21 世纪以来，我国广播电视机构一度大量借鉴和模仿欧美、日韩的节目模式，海外引进的影视剧、网剧、网络游戏等充斥荧屏和网站，使得我国电视艺术的创作活力不足，批评的主体性、自信心不够突出。面对日益密切的全球文化交流和西方国家的文化霸权，中国如何保护文化遗产、防止文化同质化，确立文化自强是一个十分关键的问题。"文化自强本质上是对文化强国的向往追求，实现文化自强需要我们有对文化道路、文化方向、文化灵魂的正确把握，对文化创造、文化传播、文化事业文化产业发展、文化人才队伍培养的协同推进。"①

在全球化背景下，建设社会主义文化强国的核心是文化自强。具体到电视艺术领域，文化自强表现为我国广播电视机构培养了一批批热爱中华文化、具有创新能力的工作者，具有强大的节目自主创新能力，形成中国特色的节目体系与话语体系，能对本国和他国人民产生积极的影响。

以弘扬传承中华优秀传统文化、革命文化和社会主义先进文化为主旨的原创文化节目，是社会主义文化建设的重要内容。建设社会主义文化强国是满足人民精神文化需求的必由之路，也是文化自强的必然结果。文艺只有真正做到了以人民为中心，才能发挥最大正能量。"以人民为中心，就是要把满足人民精神文化需求作为文艺和文艺工作的出发点和落脚点，把人民作为文艺表现的主体，把人民作为文艺审美的鉴赏家和评判者。"②

在媒体融合深度推进的当下，在纷繁复杂的多元文化形态竞争中，原创文化节目能否彰显中国特色、弘扬社会主义核心价值观，并且有效地到达受众/用户（人民），赢得他们的接受与认同，这需要通过强有力的"传播力"得以实现，这也是文化自强的表现。因此，在原创文化节目数量繁荣的基础上，如何提升节目传播力，破解"多而不强"的难题，成为业界和学界的关注焦点。

第二节 传播力：从学术概念到政治概念

"原创文化节目传播力"是一个由"传播力"延伸形成的概念。目前学术界对"传播力"的概念、内涵的界定比较多元。基于此，追溯"传播力"

---

① 启瑄.提升文化自觉 增强文化自信 实现文化自强：学习党的十七届六中全会《决定》几点体会［J］.红旗文稿，2012（5）：4-8，1.
② 习近平.习近平谈治国理政：第2卷［M］.北京：外文出版社，2022：314.

的概念缘起及由其所派生出的相关研究、争论，深入解析原创文化节目传播力的概念、内涵及构成要素，对于业界与学界具有很强的现实意义与理论价值。

一、学界对"传播力"的研究

2003年以来，国内新闻传播学界逐渐使用"传播力"这个概念。自2012年始，学界对于"传播力"的关注度在不断攀升，每年发表的"传播力"研究文章在300篇左右。但大部分研究成果对"传播力"的概念和使用语境都没有做出界定。

如图5-1所示，"传播力""国际传播力""媒体传播力""新闻传播力""文化传播力""提升策略""提升路径"是近年来学界研究者集中关注的主题。

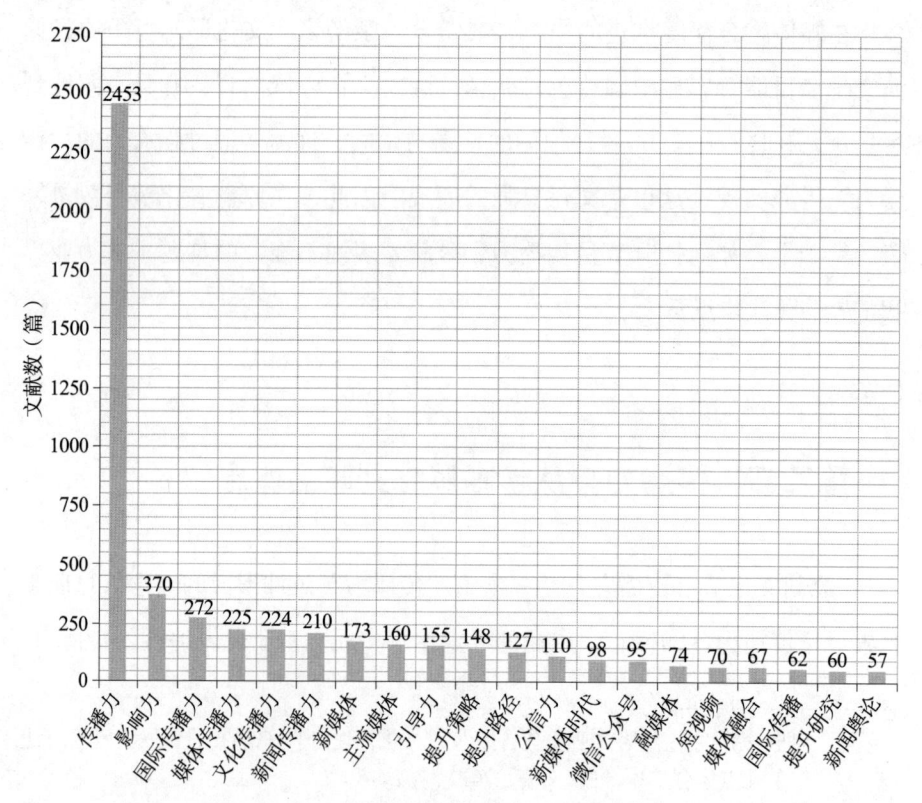

图5-1 中国知网"传播力"研究主题图

上篇 理论探索：原创文化节目发展与社会主义文化强国建设

在新闻传播学领域，国内最早提出"传播力"这个概念的是清华大学的刘建明教授。他认为传播力是媒介传播力的简称，是指媒介的实力及其搜集信息、报道新闻、对社会产生影响的能力。他还进一步阐释："从外在层次上看，传播力包括媒体规模、人员素质，传播的信息量、速度、覆盖率及社会效果，其中传播效果是媒介传播力的主要表征。传播内容的权威性、媒介人员的素养、媒体管理水平、技术手段和资本是传播力的五个决定性因素。"[①]这个概念将"传播力"直接等同于"媒介（媒体）传播力"。

随着移动互联网、社交媒体的发展，原有的媒介生态格局已经被打破，传统意义上的专业媒体不再是当下传播的唯一主体，政府机构、企事业单位、社会组织，甚至普通网民也开通微博、微信公众号、头条号、视频号等，成为传播主体，并在互联网空间拥有传播力。因此，"传播力等同于媒介传播力"在当下具有一定的局限性。

在内涵方面，李希光等人认为传播力包括媒体公信力、主流渠道、主流受众、主流信源、议程设置与框架能力。[②]当前，传统意义上的广播电视台已经进入媒体融合转型时代，手机应用产品、社交媒体、视频网站等新应用推陈出新，年轻观众正不断地从电视端向移动端迁移。因此，传播力的实现并不是单纯地取决于媒体自身的实力或媒体产品的质量，还与传媒环境、文化生态、受众兴趣及审美需求等相关，是多种因素共同作用的复杂结果。强月新等人进一步把传播力与信息传播触达受众的这一步骤结合起来，认为在新媒体环境下，媒介信息如果不能触达受众，传播力便无从谈起[③]，而目前学界关于传播力的研究，恰恰忽略了传播过程中关于受众的研究。

综合当前的研究成果，国内学术界更倾向于从"传播能力"和"传播

[①] 刘建明.当代新闻学原理[M].北京：清华大学出版社，2003：37.

[②] 李希光，郭晓科.主流媒体的国际传播力及提升路径[J].重庆社会科学，2012（8）：5-12.

[③] 强月新，陈星.当前我国媒体传播力的影响因素研究：以受众为视角[J].新闻大学，2017（4）：73-80，149.

效果"相统一的角度来界定和使用传播力这一概念。"传播力一般是指新闻媒体立足于自身的新闻业务水平,凭借自身在实践中逐渐探索出来的独特的传播方法与途径,对一定覆盖范围内的目标受众形成潜在影响的一种能力……包括传播的信息量、传播速度、信息的覆盖面及影响效果等","传播效果是检验这种能力的重要参数和衡量指标"。[①]"传播力是一种到达受众、影响社会、充分发挥大众传媒社会功能的能力"[②],是对社会主流意识形态和主流价值观的传播能力。[③]

综上所述,新闻传播学领域学者对"传播力"的概念做了多元化的界定,倾向于研究媒体尤其是主流媒体的传播力,且特别关注新闻、舆论的传播力,这体现了国家意志和意识形态要求。在现有的传播力研究成果中,影视艺术领域的学者也提出了影视传播力"由影视的传播主体、传播内容、传播渠道和传播对象四部分组成……是影视在传播主体、渠道、内容、对象等方面到达、覆盖范围和程度的能力"。[④]

纵观学界成果,原创文化节目传播力研究是一个薄弱点。有学者提出原创传统文化节目的传播力既包含了传播媒体应具备的核心竞争力,也体现了其传承与发展传统文化所具备的能力与影响力,同时,还反映出中国媒体在中华文化的国际传播实施过程中所具备的实力。[⑤]整体来看,这个概念的内涵和外延都比较宽泛,且将"原创文化节目传播力"直接等同于"媒体传播力",在媒体融合的时代,具有一定的局限性。

[①] 沈正赋.新媒体时代新闻舆论传播力、引导力、影响力和公信力的重构[J].现代传播(中国传媒大学学报),2016,38(5):1-7.

[②] 张春华,温卢.重构关系:媒介融合背景下传播力提升的核心路径[J].新闻战线,2018(13):41-46.

[③] 吴月红,陈明珠.中国语境下主流媒体传播力评估模型及指标体系的构建[J].安徽农业大学学报(社会科学版),2016,25(2):127-130.

[④] 胡智锋,杨宾.传播力:中国影视文化软实力提升的重要保障[J].清华大学学报(哲学社会科学版),2018,33(3):140-147,193.

[⑤] 李薇.原创传统文化节目传播力提升路径[J].中国广播电视学刊,2018(7):40-43.

二、作为政治话语的"传播力"

从国际角度看，美国已形成了成熟庞大的文化产业链、文化市场和文化消费群体，主导全球影视产品的生产和传播，美国大片、美剧、真人秀、脱口秀等不仅是风靡全球的文化消费产品，也是向世界观众传播美国价值观念、生活方式的重要载体。21世纪以来，随着优酷、腾讯、爱奇艺、B站等视频网站进行资本化运作，大量引进的美国影视产品吸引了众多的年轻观众，影响了他们的观赏趣味和审美价值。

20世纪末，日本、韩国相继实施"文化立国"的国家战略，从文化立法、政策保障、财政扶持、创新人才培养等方面支持本国的文化创新发展。20多年来，没有传统海外文化市场的韩国，依靠将自主原创的影视文化产品大规模向国外输出韩国文化，带动了相关产业链的发展，创造了相当可观的政治效益、经济效益和社会效益，一举成为世界第五大文化产业强国。欧美、日韩都试图通过本国原创的文化节目，加之强效的传播力输出话语和价值观，以获得世界范围内的意识形态领导权。

在媒体变革全球化的背景下，在国内外多元文化形态的竞争中，2013年以来，经过十多年的发展，我国的广播电视机构已经拥有了自主创新能力，研发了一大批原创文化节目（见附录1）。原创文化节目是否已经形成了中国的节目体系与话语体系，是否能对本国和他国人民产生积极的影响，并在激烈的世界市场竞争中，发挥重要的文化价值、商业价值和政治价值，是一个值得持续关注和深入研究的问题。

第三节 原创文化节目传播力的内涵及指标体系

第一节对"传播力"的概念及内涵做了一个梳理，笔者认为，原创文化节目传播力并非指某一个媒体的传播力,也不是指某一档原创文化节目的传播力,而是指原创文化节目作为一个类型节目,能够通过融合传播渠道有效触达受众并对之产生积极影响,对内发挥公共文化服务功能、实现"以文化人"的目的,对外提升中华文化影响力的综合能力。

一、原创文化节目传播力的指标体系

综合学界已有研究成果以及对原创文化节目的现实考察,具体来说,原创文化节目传播力应包含节目生产能力(生产数量、创新质量)、融合传播能力(电视传播、网络传播、线下传播)以及受众满意度(接触率与观看率、多主体评价及认同、主动传播)等三维度要素,如表5-1所示。

表5-1 原创文化节目传播力评价指标及权重

一级指标(权重)	二级指标(权重及说明)
原创文化节目的生产能力(30%)	原创节目生产数量(50%)(省级以上广播电视机构生产原创文化节目的数量)
	原创文化节目创新质量(50%)(节目形式、内容创新、学界评价、受到政府或行业表彰等)
原创文化节目的融合传播能力(40%)	电视传播(30%)(电视收视率、市场占有率等)
	网络传播(50%)(全网传播的节目数据、节目在视频网站的点击量、社交媒体的传播数据等)
	线下传播(20%)(节目延伸到线下传播的情况)
原创文化节目的受众接受度与满意度(30%)	对原创文化节目的接触率与观看率(30%)(节目在观众心中的知名度、熟悉度等)
	多主体(学界、观众)评价及认同(40%)(学者对节目的研究成果数量、质量评价、观众评分及主观评价等)
	主动传播(30%)(用户在社交媒体上主动发布与节目相关的信息,对节目视频的多次创作传播等)

二、原创文化节目传播力指标体系的内涵解读

（一）节目生产能力是原创文化节目传播力的核心

节目生产能力包括原创文化节目的数量、质量、品牌知名度等。从现有的"现象级"原创文化节目来看，中央广播电视总台制作的《中国诗词大会》《朗读者》《经典咏流传》《国家宝藏》《故事里的中国》《典籍里的中国》等原创文化节目，不仅数量多，而且质量优，由此形成了"央视出品，必属精品"的品牌效应，成为其强传播力的核心，如表 5-2 所示。

表 5-2　2013—2023 年中央广播电视总台制作播出的系列原创文化节目[①]

形态	节目名称	题材	制作方	主要播出平台	首播时间
"中国大会"系列	《中国汉字听写大会》共 3 季	汉字文化	中央广播电视总台、国家语言文字工作委员会、北京实力电传文化发展股份有限公司	央视综合频道、科教频道，腾讯视频	2013.8.2
	《中国谜语大会》已播出 3 季	谜语文化	中央广播电视总台	央视综合频道、科教频道，央视网，央视影音，爱奇艺	2014.2.11
	《中国成语大会》已播出 2 季	成语文化	中央广播电视总台、国家语言文字工作委员会	央视综合频道、科教频道，央视网，乐视，爱奇艺	2014.4.18
	《中国诗词大会》已播出 9 季	诗词文化	中央广播电视总台、国家语言文字工作委员会	央视综合频道、科教频道，央视网，爱奇艺，B 站	2016.2.12

---

① 数据统计至 2024 年 8 月 8 日。

续表

形态	节目名称	题材	制作方	主要播出平台	首播时间
"中国大会"系列	《中国民歌大会》共2季	中国民歌竞技	中央广播电视总台	央视综合频道、综艺频道，央视网，腾讯视频，爱奇艺，B站	2016.10.2
	《中国地名大会》已播出3季	地名文化	中央广播电视总台、中华人民共和国民政部	央视中文国际频道、综合频道，央视网，B站	2019.11.16
	《中国考古大会》	考古探秘	中央广播电视总台、国家文物局、中国社会科学院	央视综合频道、央视网、咪咕视频	2021.11.20
	《中国国宝大会》已播出2季	国宝文化	中央广播电视总台、国家文物局	央视财经频道、央视网	2022.10.1
	《中国书法大会》	书法文化	中央广播电视总台、中国书法家协会	央视综合频道、央视网、央视频	2023.6.2
	《中国米食大会》	米食文化	中央广播电视总台	央视财经频道、央视网、央视频	2023.6.17
	《中国中医药大会》	中医药文化	中央广播电视总台、国家中医药管理局、中国中医科学院	央视综合频道、中文国际频道，央视网，央视频	2023.12.23
"中国"系列	《绿水青山看中国》已播出3季	地理文化生态文化	中央广播电视总台	央视综合频道、科教频道，央视网，B站	2017.10.5
	《信·中国》	历史书信	中央广播电视总台、北京世熙传媒文化	央视网、腾讯视频、优酷、哔哩哔哩、爱奇艺	2018.3.9
	《国家宝藏》已播出4季	文博探索	中央广播电视总台、央视纪录国际传媒	央视综合频道、央视网、B站、爱奇艺、腾讯视频	2017.12.3

续表

形态	节目名称	题材	制作方	主要播出平台	首播时间
"中国"系列	《故事里的中国》已播出3季	演绎中国经典故事	中央广播电视总台	央视综合频道、央视网、央视频、爱奇艺、B站	2019.10.13
	《衣尚中国》	中华传统服饰文化	中央广播电视总台	央视综艺频道、央视网、腾讯视频、B站	2020.11.7
	《典籍里的中国》已播出2季	中华文化典籍	中央广播电视总台、央视创造传媒	央视综合频道、央视网、爱奇艺、咪咕视频、腾讯视频	2021.2.12
	《诗画中国》已播出2季	中国书画艺术	中央广播电视总台、中华人民共和国文化和旅游部、故宫博物院、北京师范大学、中央美术学院、中国美术馆	央视综合频道、央视网、央视频	2022.8.28
	《非遗里的中国》已播出2季	非遗文化	中央广播电视总台、文化和旅游部	央视综合频道、央视网、央视频	2022.12.30

经过十多年的持续深耕和品牌塑造，中央广播电视总台已形成了"中国大会"系列、"中国"系列原创文化节目，题材从汉字、诗词拓展到民歌、地名、考古、国宝、传统服饰、书画、中医药文化等领域。

在深度推进媒体融合的过程中，业界和学界也在经历"内容为王""平台为王""产品为王""用户为王"的激烈纷争后重新回归"内容为王"。回归后的节目内容，不再是传统的以媒体生产者为核心，局限于电视平台的单一电视内容，而是基于市场调研、满足不同受众需求、符合新媒体传播规律的多元化融合内容，以及实现平台差异化、内容推送"精准化"的融合内容。

以中央广播电视总台制作播出的原创文化节目《朗读者》《经典咏流传》《典籍里的中国》为例，电视节目的创意及品质是其强大传播力的核心。除了在电视端及央视网播出的每一季、每一期完整的电视节目，节目组还针对不同媒介用户的需求，设计制作了一套包含视频网站、图书、社交媒体图文及视频、喜马拉雅音频、线下朗读亭、读书会、文创、文旅等多种形式的组合产品，真正集合了图文和音视频，联动线上线下，贯通了大中小屏，让节目生产者—传播者—接受者互相融通。

（二）融合传播能力是原创文化节目传播力的基础

当前，网络用户不断增长，电视节目收视率持续低迷。一旦缺乏有力、有效的融合传播渠道及创意推广能力，原创文化节目也将陷入"酒香也怕巷子深"的困境。这体现为国内不少二、三线卫视以及地市级媒体生产的原创文化节目，虽然具有较高的专业品质，但因为过于依赖传统的电视传播，融合传播能力明显不足，导致节目无法有效触达受众。

2013年以来，在政策与市场的双轮驱动下，原创文化节目经历了兴起、发展、沉寂和再度崛起的过程。将原创文化节目置于更广阔的媒体市场竞争环境中，其面临的问题便浮出水面。根据CSM52城收视率调查数据，2017年、2018年平均收视率超过1%的原创文化节目仅有《中国诗词大会2》（1.608%）和《经典咏流传》（1.098%）两档。2018年1—9月电视综艺节目收视贡献为11.6%，同比减少0.8个百分点；收视率稳定在1%以上的电视综艺节目屈指可数。一线省级卫视的原创文化节目收视率普遍不足0.5%，如浙江卫视的《同一堂课》（0.288%）、江苏卫视的《阅读·阅美2》（0.280%）和《匠心传奇》（0.220%）、北京卫视的《中国故事大会2》

（0.275%）等，而同期的《奔跑吧》（2.643%）、《中国新歌声2》（2.004%）、《欢乐喜剧人3》（1.652%）等综艺真人秀节目的收视率始终处于高位。

2019年，根据CSM52城收视率调查数据，中央广播电视总台及各省级卫视制作播出的原创文化节目中，平均收视率超过1%的仅有《中国诗词大会4》，如图5-2所示。

	节目名称	平均收视率（%）	播出平台	播出时间	统计期数	收视率最高/最低（%）
央视	中国诗词大会4	1.445	央视综合频道	每晚20:00	10	1.675/1.273
	经典咏流传2	0.725	央视综合频道	周六20:00	12	0.911/0.538
	国家宝藏2	0.457	央视综艺频道	周日19:30	10	0.603/0.368

	节目名称	平均收视率（%）	播出平台	播出时间	统计期数	收视率最高/最低（%）
地方卫视	上新了，故宫	0.736	北京卫视	周五21:08	10	0.955/0.502
	美好时代	0.365	江苏卫视	周三21:20	12	0.511/0.245
	神奇的汉字	0.360	湖南卫视	周一至周四19:30	21	0.562/0.226
	大城晓聚	0.361	江苏卫视	周四21:30	4	0.408/0.274
	这就是中国	0.233	东方卫视	周一21:30	11	0.280/0.169
	少年国学派2	0.214	浙江卫视	周一21:40	11	0.369/0.108

图5-2　2019原创文化节目收视率

从网络传播的角度看，在豆瓣评分超过8分的18档电视综艺节目中，文化类综艺节目有11档，占比61%，但在2018年网播量前十的电视综艺节目中，文化类综艺节目却无一上榜。为数不少的省级卫视制作播出的原创文化节目，因为资源、平台的限制以及前期宣传、后期传播力度不够，从开播到收官，都悄无声息，并没有对观众产生积极有效的影响。如一些中西部地区省级卫视的原创文化节目，不仅数量少，而且影响力也不高。原创文化节目发展不平衡、收视率低迷、新媒体传播乏力、商业价值难以实现等共性问题比较突出，如表5-3所示。

表5-3　部分省级卫视原创文化节目收视及融合传播数据[①]

节目名称	题材	制作机构	首播时间	首播时间	收视率或网络传播数据
《中国农民歌会》	农民赛歌	安徽广播电视台	安徽卫视、优酷、爱奇艺	2015.5.28	第一季0.44% 第二季0.27%
《木偶总动员》	木偶艺术交流竞演	广东广播电视台	广东卫视	2019.1.4	0.183%
《歌声与微笑》	中俄音乐文化交流	黑龙江广播电视台	黑龙江卫视、腾讯视频、优酷	2019.10.27	无传播数据
《昆仑风物》	历史文化	青海广播电视台、青海省文物局、青海省文化和旅游厅	青海卫视、西瓜视频、抖音	2021.1.20	无传播数据
《馆长·请亮宝》	文博综艺	内蒙古广播电视台	内蒙古卫视、爱奇艺、优酷、奔腾融媒	2022.8.13	收视率0.465%

今日头条数据中心2018年发布的《中国文化综艺节目白皮书》指出，精神内涵和节目创新性是原创文化节目最吸引观众的要素，而传播推广是原创文化节目亟须改进的方面。在弘扬与传承中华优秀传统文化、建设文化强国的背景下，在原创文化节目数量繁荣的基础上，如何提升原创文化节目传播力成为一个迫切需要解决的问题。

以《朗读者》节目为例，除了电视端播出，还根据不同终端特性，以微信公众号文章和H5、社交媒体的节目短视频、喜马拉雅音频、微博等多种新媒体手段进行融合传播，增强了节目传播力，从而实现传播效果和价值的最大化。清博数据平台推出的《央视现象级节目〈朗读者〉全网大数

---

① 表格整理自媒体公布或网络公开数据。

据研究分析白皮书》[①]，分析了《朗读者》强大的融合传播能力。

除了电视端的出色表现，《朗读者》前两季节目在喜马拉雅 APP 上的播放总量高达 11.5 亿。中央广播电视总台作为节目制作方，其官微 @央视新闻、@CCTV 朗读者矩阵有多条微博转发量、点赞量过万。"CCTV 朗读者"和"卿听朗读者"的话题也在话题周知度和粉丝认同度上达到双高，如图 5-3 所示。

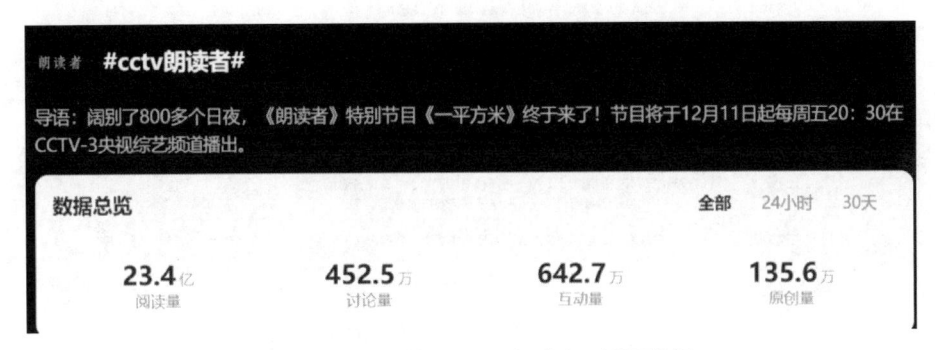

图 5-3 新浪微博 #CCTV 朗读者 # 话题数据

此外，@人民日报、@爱奇艺、@中国播音主持网等微博号以传播矩阵的方式全面跟进，使得《朗读者》节目形成了"现象级"的传播态势，如图 5-4 所示。

在全网传播数据中，微博内容主要与主持人董卿和每一期访谈、朗读嘉宾有关。如图 5-5 所示，以 @思想聚焦为代表的众多个人微博大号持续关注《朗读者》，节目开场白、富含哲理与诗意的金句、嘉宾的真情朗读及人生故事等成为观众深入学习、细细体味的内容。

---

① 数据采集时间：2017 年 2 月 16 日 0 时至 5 月 21 日 24 时。数据采集平台：爱奇艺视频、腾讯视频、央视视频、喜马拉雅 FM、微信、微博、新闻网站、论坛。各平台数据为去除重复项后的数据。

媒体官微热门微博TOP10

	昵称	内容摘要	转发数	评论数	点赞数
1	央视新闻	董卿将这段朗读献给所有热爱《红楼梦》的朋友，以及第一个让她翻开《红楼梦》这本书的妈妈。	43690	12357	89031
2	央视新闻	江疏影的一段朗读 转给不想索然无味过一生的你。演员江疏影朗读玛格丽特·米切尔的《飘》	32875	14151	74975
3	CCTV朗读者	#CCTV朗读者# 录制进行时。以少年之名，朗读青春之华彩；以少年之名，书写年轻的奇迹。敬请期待#朗读者王源#！	27439	3943	9214
4	爱奇艺	董卿的《朗读者》扎心了！只读一遍，受益终生，速转。	15054	515	17663
5	人民日报	《朗读者》里董卿的每段开场白堪称写作范本！转需！	13134	768	9343
6	央视新闻	【徐静蕾为奶奶朗读史铁生的《奶奶的星星》】几度哽咽。	12728	4852	24756
7	人民日报	【这段朗读看到泪流满面！趁母亲健在，好好陪陪她！】斯琴高娃朗读《写给母亲》	12440	3318	22711
8	央视新闻	#CCTV朗读者# 【分享这段视频！读得太美了！王珮瑜朗读《念奴娇·赤壁怀古》	11853	4647	24408
9	央视新闻	【这段超过1200岁的朗读！】这一段《告全国民众书》有朗读者的抱负，也是老者们对年轻一辈学子，最殷切的希望！	9382	1090	22511
10	央视新闻	【一段视频，看到泪流满面】斯琴高娃朗读《写给母亲》。	9350	1635	6566

图5-4 媒体官微发布《朗读者》热门微博TOP10

个人账号热门微博TOP10

	昵称	内容摘要	转发数	评论数	点赞数
1	思想聚焦	斯琴高娃老师在#CCTV朗读者#朗读贾平凹的《写给母亲》。	76403	13867	65821
2	思想聚焦	《朗读者》里董卿的每段开场白堪称写作范本！转需！	23404	948	23143
3	江小爬LOVE	「《朗读者》里有哪些堪称作文范本的开场语？」	10011	1694	91354
4	思想聚焦	许渊冲如今已是96岁的高龄，但在谈论自己热爱的翻译事业时依旧酒酒不绝，说到动情时刻依旧是热泪盈眶，每一个眼神中都流淌出智慧的光辉。	6647	1513	9563
5	经典搞笑短片	董卿《朗读者》优美的句子摘抄：''腹有诗书气自华''"你走过的路、你读过的书、你爱过的人，都藏在你的气质里。"	5965	103	5315
6	看书有道	董卿的《朗读者》精华55句，读一读就能获益终生！	5826	84	1844
7	思想聚焦	《朗读者》里有哪些堪称作文范本的开场语？	5124	409	7948
8	张梓琳	昨晚与先生和女儿一起看《朗读者》。不到十个月的女儿坐在我怀里，仔细地听，不同平常的安静。	4997	1862	35102
9	每日推荐好书	董卿的《朗读者》精华55句，读一读！#每日一书#	4968	75	3311
10	田梅	朗读者-王源，看着他长大了，今天的访谈特别棒，充满着青春期的力量！	4511	1201	4904

图5-5 个人账号发布《朗读者》热门微博TOP10

如图 5-6 所示，在微信传播中，"人民日报""有书""洞见""一读""十点读书"等微信公众号发布推文，深入挖掘主持人董卿、节目嘉宾在朗读文本背后的人生故事和生命感悟，将"朗读篇目"与人生发展密切关联起来，激发读者深切的情感、价值共鸣，超 300 篇文章的阅读数达到 10 万。

微信热门文章TOP10

	微信名	标题	阅读数	点赞数
1	十点读书	董卿带着《朗读者》又来了，告诉你每一场遇见，都是命中注定的缘分	100001	17983
2	十点读书	董卿首谈儿子：你希望孩子成为什么样的人，你就做什么样的人	100001	17798
3	有书	董卿的遗憾：别断了让孩子通往高贵的路	100001	13982
4	人民日报	【荐读】朗读者江一燕：皮相光鲜最多数年，优雅和安宁才是一生的事	100001	12967
5	人民日报	开播即火！"清淡"成这样的综艺为何圈粉无数？	100001	11008
6	洞见	董卿首谈儿子：这样的女人，才不会弄丢孩子的未来。	100001	10438
7	人民日报	【荐读】董卿的《朗读者》精华53句，只读一遍，获益终生！	100001	7942
8	宁波发布	斯琴高娃的这段朗读刷屏了！句句扎心，让董卿捂脸哭！	100001	7371
9	一读	又是董卿！她的《朗读者》开播即火，但这里面有些人的故事你可能不知道	100001	6653
10	灼见	标题：董卿转型制作人首秀，21年主持生涯仿佛回到起点，精心打磨的《朗读者》带来了什么？	100001	6453

图5-6 微信发布《朗读者》热门文章TOP10

由此可见，融合传播是提升原创文化节目传播力的重要发力点。

（三）受众是原创文化节目传播抵达的目标所在

不管是从意识形态领导权掌握的宏观视角，还是从节目传播的微观视角来看，原创文化节目的丰富内涵、核心价值观必须通过受众的有效接受和积极认同才能产生效果。

通过大数据挖掘可以发现，《朗读者》节目受众主要集中在教育界、文艺界、媒体界，也有来自公务员、医生、工程师、研究员等职业，还有大量的中小学生、大学生等，如图5-7所示。与第一季相比，《朗读者》第二季的核心受众稳步升级，大学及以上学历人群占比63.64%，高中学历人群达到25.93%；25岁以下人群占比51.59%，25—34岁人群占比38.02%。[①]

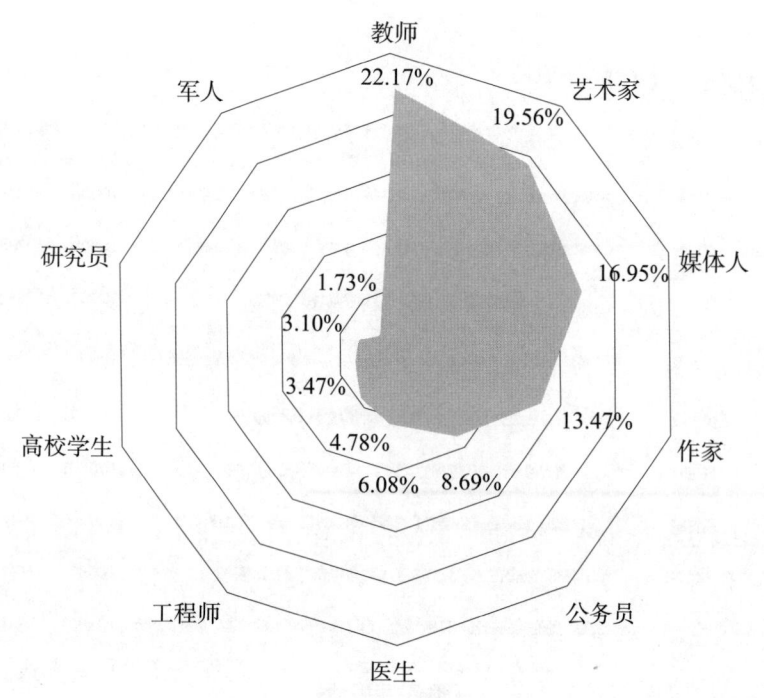

图5-7 《朗读者》节目的受众构成

全网对《朗读者》节目的评价口碑以正面赞扬为主，正面赞扬＋中性情绪占比高达98.09%，负面情绪占比仅1.91%，如图5-8所示。

[①] 李柯勇.《朗读者》让文学经典在新媒体传播环境下散发出时代的光辉［EB/OL］.（2018-06-07）［2022-12-12］.http://1118.cctv.com/2018/06/07/ARTIAZMXqA3fCWsbHNyXboqv180607.shtml.

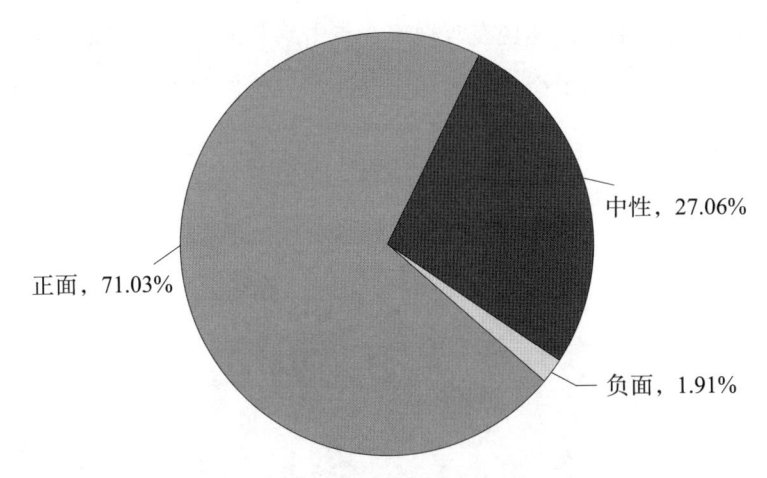

正面，71.03%
中性，27.06%
负面，1.91%

图5-8 《朗读者》节目受众情绪评价

此外，一平方米的"朗读亭"是《朗读者》节目线下活动以及节目与观众互动的重要媒介。"朗读亭"走进全国各地的大中小学、文博场馆、市民公共活动中心，浸润到普通人民的日常生活中。特别是2019年以来，教育部、国家语言文字工作委员会（简称"国家语委"）联合举办中华经典诵写讲大赛，其中"诵读中国"经典诵读大赛覆盖全国各省、自治区和直辖市，既有教师组、学生组，也有社会人员组，极大地提升了全民朗读的热情。

2023年3月，教育部等八部门印发《全国青少年学生读书行动实施方案》，提出实施"典耀中华"主题读书行动。同年11月，《国家语委关于深入实施"典耀中华"主题读书行动的指导意见》出台，旨在探索并建立全社会经典阅读长效机制。该指导意见着重强调了培养广大青少年"一种能力两种意识"，即语言文字应用能力和自觉规范使用国家通用语言文字的意识、自觉传承弘扬中华优秀语言文化的意识。同时，它还为构建经典教育传承推广长效体系指明了方向，并明确了工作重点。

总体而言，《朗读者》节目的影响力不只局限在电视屏幕上或是网络客户端，而是浸润到百姓的日常生活中，正如《朗读者》制片人兼主持人董卿所言："希望通过《朗读者》，能让普通人找到一种表达的途径。"《朗读者》的强传播力不只是体现在收视率、点击率和流量上，更是唤醒了普通大众对文学、情感和生命之美的怀念和向往，营造积极向上的书香中国的社会氛围，如图5-9、图5-10所示。

图5-9 《朗读者》受众评论词频图

重要舆论观点占比

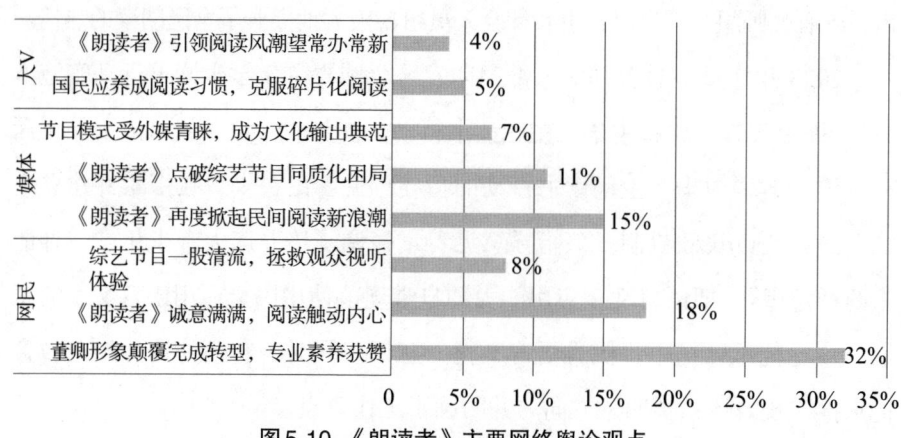

	观点	占比
大V	《朗读者》引领阅读风潮望常办常新	4%
	国民应养成阅读习惯，克服碎片化阅读	5%
媒体	节目模式受外媒青睐，成为文化输出典范	7%
	《朗读者》点破综艺节目同质化困局	11%
	《朗读者》再度掀起民间阅读新浪潮	15%
网民	综艺节目一股清流，拯救观众视听体验	8%
	《朗读者》诚意满满，阅读触动内心	18%
	董卿形象颠覆完成转型，专业素养获赞	32%

图5-10 《朗读者》主要网络舆论观点

综上所述，对于原创文化节目传播力，可以从所在媒体的节目生产能力（生产数量、创新质量）、融合传播能力（电视传播、网络传播、线下传播）以及受众满意度（接触率与观看率、多主体评价及认同、主动传播）等三维度做出综合评价，体现"传播能力"和"传播效果"相统一的原则。

第四节　提升原创文化节目传播力的经验

"人民群众是创造历史、创造文化的主体，人民有高度的文化创造力是人民文化自强的重要彰显，也是实现民族文化自强的有效途径。"[①] 自2013年以来，国内广播电视机构在政策的引领下，充分激发了媒体自身及人民的文化创造力，在提升原创文化节目传播力方面积累了宝贵的经验。

一、多元主体联动促进原创文化节目的生产与传播

长期以来，人们已形成一种思想定式，认为电视节目的生产传播只是媒体或宣传部门的工作，主要由媒体来部署实施，如《中华好诗词》《中国诗词大会》分别由河北卫视和中央电视台科教频道自主研发，《诗书中华》由东方卫视创作并播出。尽管媒体正在推进制播分离，整体而言，部分广播电视台原创文化节目的创作主体还是比较单一的。

2017年3月1日起正式实施的《中华人民共和国公共文化服务保障法》第四十二条提出，"国家鼓励和支持公民、法人和其他组织通过兴办实体、资助项目、赞助活动、提供设施、捐赠产品等方式，参与提供公共文化服务"。制作、播出原创文化节目是我国电视机构履行公共文化服务职责的重要方式，可以通过政策引导与激励（如中宣部、国家广电总局制定文件）、制度保障（如国家广电总局每季度、年度实行的创新创优节目评比与

[①] 陈翔宇，李怡.推进文化自强的思想基础与实现途径[J].湖南大学学报（社会科学版），2023，37(3)：27-33.

表彰制度），充分调动政府部门（宣传、文化、教育）、各类媒体（主流媒体、商业媒体、社交媒体、自媒体等）、企事业单位（文化产业、事业单位）、文化场馆（图书馆、文化馆、博物馆等）、公民等多元主体的力量，促进节目的研发、生产和传播过程，如表5-4所示。

表5-4 多元主体联动制作播出的原创文化节目（部分）

节目名称	题材	生产传播主体	主要播出平台	首播时间
《国家宝藏》	文博探索	中央广播电视总台、央视纪录国际传媒，故宫博物院、上海博物馆、南京博物院、湖南省博物馆、河南博物院、陕西历史博物馆、湖北省博物馆、浙江省博物馆、辽宁省博物馆等国家级重点博物馆	央视综合频道、央视网、B站	2017.12.3
《国乐大典》	中国民乐传承	广东广播电视台、山西广播电视台	广东卫视、山西卫视	2018.3.2
《流淌的歌声》	时代记忆、音乐文化	广东广播电视台、广东音乐之声、太平洋影音	广东卫视、腾讯视频、爱奇艺	2018.12.29
《我爱古诗词》	青少年传统文化	江苏省文明办、共青团江苏省委、江苏广播电视总台	江苏城市频道	2019.6.15
《丝路云裳 穿在身上的艺术》	少数民族服饰文化	中共云南省委宣传部、云南省民族宗教事务委员会、云南省商务厅、云南省文化和旅游厅、云南广播电视台	云南卫视、爱奇艺、腾讯视频	2019.9.27
《中国地名大会》	地名文化	中央广播电视总台、中华人民共和国民政部	央视中文国际频道、综合频道，央视网，B站	2019.11.16
《美术经典中的党史》	美术	中央广播电视总台、中国国家博物馆、中央美术学院	央视网、央视频、央视影音	2021.1.25

续表

节目名称	题材	生产传播主体	主要播出平台	首播时间
《典籍里的中国》	历史文化	中央广播电视总台、央视综合频道、央视创造传媒	央视综合频道、央视网、爱奇艺、咪咕视频、腾讯视频	2021.2.12
《闪亮的坐标》	红色文化讲演	中国文学艺术界联合会、中共江西省委宣传部、中国电视艺术家协会联合出品，江西广播电视台、江西铜业集团有限公司、中国视协演员工作委员会、中国视协主持人专业委员会制作	今日头条、人民网、央视频、今视频、西瓜视频、抖音	2021.5.15
《时间的答卷》	档案文物	中央党史和文献研究院、中央档案馆（国家档案局）、国家文物局、中国社会科学院、上海市委宣传部支持指导，上海市广播电视局、上海广播电视台东方卫视制作	东方卫视、B站、优酷	2021.6.4
《最美中国戏》	戏曲文化	人民日报《国家人文历史》杂志社、北京广播电视台、北京市公园管理中心、北京市颐和园管理处	腾讯视频、爱奇艺、优酷、咪咕视频、B站、人民日报客户端	2021.10.23
《中国考古大会》	文化考古	中央广播电视总台、国家文物局、中国社会科学院	央视综合频道、央视网、咪咕视频	2021.11.20
《妙墨中国心》	书法美育	浙江广播电视集团、浙江省文学艺术界联合会	浙江卫视、腾讯视频、爱奇艺、优酷网、中国蓝TV、B站	2021.11.21

续表

节目名称	题材	生产传播主体	主要播出平台	首播时间
《诗画中国》	中国书画艺术	中央广播电视总台、中华人民共和国文化和旅游部、故宫博物院、北京师范大学、中央美术学院、中国美术馆	央视综艺频道、综合频道,央视网,央视频	2022.8.28

2017年12月,大型文博探索类节目《国家宝藏》仅开播两周,豆瓣就打出9.3的高分。这个节目由中央广播电视总台牵头,整合了故宫博物院、上海博物馆、南京博物院等全国9家顶级博物馆的资源,联手27位明星"护宝人"、9大馆长组成"点评天团"。此外还有在不同领域与文物发生故事的人,形成了节目多元主体的联动。如表5-4所示,在《国家宝藏》节目之后,很多媒体机构开始与政府部门、企事业单位、社会组织、学校、文博机构、视频网站等合作,共同生产传播原创文化节目。

《诗画中国》是由中央广播电视总台、中华人民共和国文化和旅游部、故宫博物院、北京师范大学、中央美术学院、中国美术馆等单位联合推出的原创文化节目,于2022年8月28日起每周日20:00在中央电视台综合频道播出。《诗画中国》以"诗画合璧"的全新样态和新颖视角,通过诗、画、音、舞、剧、曲等艺术形式的融合和扩展现实、CG、裸眼3D、全息影像等先进技术手段的运用,挖掘中华千年历史文脉和艺术长河中的美学价值。

扬州广播电视总台已经连续多年举办"扬州市小学生经典诵读大赛",每年春季开幕,秋季闭幕,历时六个多月,至今已有上万名小学生参加。该活动联动了扬州市语言文字工作委员会、扬州市教育局、扬州广播电视传媒集团、扬州市图书馆、扬州市青少年文明礼仪传习所、扬州市上百所小学、企业赞助商等多元主体的力量,取得了社会效益和经济效益的双赢,也引领了扬州地区全民诵读经典的文化风尚。

上篇　理论探索：原创文化节目发展与社会主义文化强国建设

"文艺创作方法有一百条、一千条，但最根本的方法是扎根人民。只有永远同人民在一起，艺术之树才能常青。"[①] 原创文化节目要获得更强大的生命力，必须打破单一媒体作为生产传播主体的格局，更广泛地动员及整合各方主体资源，尤其是要动员广大人民群众积极参与其中。对于这一点，《中国诗词大会》《朗读者》等节目都做出了积极的探索。《中国诗词大会》与教育部语言文字应用管理司、各级语委合作，在大中小学开展诗词选手推荐选拔活动，每期都有现场百人团和"云中"千人团齐声诵读。《朗读者》（第三季）在中国国家图书馆、武汉江滩三阳广场、厦门环岛路音乐广场三地搭建朗读亭，同步启动连续72小时的全媒体直播活动"朗读亭：一平方米"。普通市民走进身边的"朗读亭"，直播分享自己的朗读和人生故事，向亲朋好友表达自己的情感。《朗读者》72小时直播内容在央视频、央视新闻客户端、腾讯视频、B站等多个平台累计直播在线观看人数达1573.6万，切条短视频播放量达6109.5万，节目微博话题阅读量也达到8.2亿。[②]

多元主体联动生产、传播原创文化节目，可以较好地整合不同部门的优势资源，盘活节目和平台资源，提升节目的传播力。

二、垂直深耕推动原创文化节目的可持续创新

中国的传媒领域经过了"渠道为王""平台为王""用户为王""营销为王"的多元纷争之后，"内容为王"又重新回到人们的视野中，得到越来越多的重视。在一个平台多元、信息泛滥、注意力短浅的时代，优质内容已然成为媒体的核心竞争力。

2013年以来，原创文化节目脱颖而出，被誉为电视综艺节目的"一股

---

① 习近平.在中国文联十大、中国作协九大开幕式上的讲话[M].北京：人民出版社，2016：11.

② 数据整理自网络多个平台。

清流"，根本原因在于内容上冲出了娱乐真人秀节目泛滥、泛娱乐化的漩涡。综合2013—2024年关于原创文化节目的研究，热播原创文化节目的创新经验主要可以概括为扎根本土优秀传统文化资源，坚守文化品质和价值引领，在节目创意、内容表达等方面有创新突破，较精准地满足不同群体受众的文化需求。

早期多数节目的题材集中在文字、诗词、历史故事、非物质文化遗产等领域，形式基本停留在背诵、记忆、竞技、点评等层面，对中华优秀传统文化内涵的挖掘不够深入，对其时代性价值的拓展也不充分。经过十多年的垂直深耕，原创文化节目在内容创新方面经历了螺旋式上升。除了中央广播电视总台形成了"中国大会"系列、"中国"系列节目，也形成了"国潮"系列（北京卫视）、"中华"系列（河北卫视、东方卫视）、"英雄"系列（河南卫视）、"国乐"系列（广东卫视）、"红色"系列（江西卫视）、"中国心"文化美育系列（浙江卫视）等品牌节目，个性化更突出，如表5-5所示。

表5-5　2013—2024年部分卫视播出的系列原创文化节目[①]

形态	节目名称	题材	制作方	主要播出平台	首播时间
"国潮"系列	《上新了·故宫》已播出3季	故宫	故宫博物院、北京广播电视台	北京卫视、爱奇艺	2018.11.9
	《遇见天坛》	天坛	北京广播电视台、北京市天坛公园管理处	北京卫视、芒果TV、优酷	2019.8.23
	《了不起的长城》	长城	北京广播电视台、灿星制作、五洲传播	北京卫视、芒果TV、优酷	2020.1.4
	《我在颐和园等你》	颐和园	北京市颐和园管理处、北京广播电视台、华传文化传播	北京卫视、爱奇艺	2020.7.3

---

① 数据统计至2024年8月8日。

续表

形态	节目名称	题材	制作方	主要播出平台	首播时间
"国潮"系列	《最美中轴线》已播出3季	北京中轴线	北京广播电视台	北京卫视、腾讯视频、爱奇艺、北京时间	2021.7.3
	《最美中国戏》已播出2季	戏曲艺术	人民日报《国家人文历史》杂志社、北京广播电视台、北京市公园管理中心、北京市颐和园管理处	北京卫视、爱奇艺、咪咕视频	2021.10.23
	《博物馆之城》已播出2季	北京博物馆	北京广播电视台、北京市文物局	北京卫视、优酷、腾讯视频	2022.7.15
"中华"系列	《中华好诗词》已播出8季	诗词文化	河北广播电视台	河北卫视、爱奇艺、优酷、搜狐视频、乐视、PPTV、风行	2013.10.19
	《中华好家风》	家风文化		河北卫视、腾讯视频、搜狐视频、华数TV、乐视	2015.1
	《中华好民歌·全民大舞台》	民歌竞演		河北卫视、腾讯视频、搜狐视频、华数TV、乐视	2016.1.1
	《中华好妈妈》	母爱		河北卫视、腾讯视频、搜狐视频、华数TV、乐视	2017.5.13

续表

形态	节目名称	题材	制作方	主要播出平台	首播时间
"中华"系列	《中华好故事》已播出5季	人文综艺	浙江广播电视集团	浙江卫视、中国蓝TV、蓝莓视频、爱奇艺、乐视	2014.8.1
	《中国好声音·越剧特别季》	越剧文化传承		浙江卫视、腾讯视频、爱奇艺、优酷网、B站、Z视介	2022.10.30
	《诗书中华》	古诗文	上海广播电视台	东方卫视、爱奇艺	2017.4.14
	《喝彩中华》	戏曲文化			2017.7
	《本草中华》（纪录片）	中医药			2017.9.3
	《唱响中华》	外国人唱中国歌			2019.10.1
"英雄"系列	《汉字英雄》共3季	汉字文化	河南广播电视台、爱奇艺	河南卫视、爱奇艺	2013.7.11
	《成语英雄》共2季	成语文化	河南广播电视台	河南卫视、爱奇艺、腾讯视频	2013.11.21
	《文学英雄》	中国文学	河南广播电视台、果麦文化传媒	河南卫视	2015.5.15
	《少林英雄》	中华武术	河南广播电视台、少林寺	河南卫视、乐秀网	2015.10.9
"国乐"系列	《国乐大典》已播出4季	中国经典音乐竞演	广东广播电视台、山西广播电视台	广东卫视、山西卫视	2018.3.2

续表

形态	节目名称	题材	制作方	主要播出平台	首播时间
"国乐"系列	《流淌的歌声》已播出3季	时代记忆音乐文化	广东广播电视台、广东音乐之声、太平洋影音	广东卫视、腾讯视频、爱奇艺	2018.12.29
	《劳动号子》	原创音乐文化	广东广播电视台	广东卫视、优酷、爱奇艺	2019.10.18
	《跟着国乐去旅行》	国乐文旅	广东广播电视台	广东卫视、融媒矩阵	2024.7.20
"红色"系列	《跨越时空的回信》已播出4季	烈士家书	江西广播电视台	江西卫视、腾讯视频、爱奇艺、PP视频	2019.5.8
	《闪耀东方》	高端思政对话	江西广播电视台	江西卫视、腾讯视频、西瓜视频	2021.4.26
	《闪亮的坐标》	红色文化讲演	中国文学艺术界联合会、中国电视艺术家协会、江西省委宣传部、江西广播电视台	江西卫视、人民网、央视频、今视频、今日头条、西瓜视频、抖音	2021.5.15
	《跨越时空的旋律》	经典音乐致敬时代	江西广播电视台	江西卫视、腾讯视频、爱奇艺、优酷、搜狐视频	2023.9.15
"中国心"系列	《妙墨中国心》	书法美育	浙江广播电视集团、浙江省文学艺术界联合会	浙江卫视、腾讯视频、爱奇艺、优酷网、中国蓝TV、B站	2021.11.21

续表

形态	节目名称	题材	制作方	主要播出平台	首播时间
"中国心"系列	《丹青中国心》	宋代山水画鉴赏	浙江广播电视集团、浙江省文学艺术界联合会中国美术学院、浙江大学、西泠印社	浙江卫视、腾讯视频、爱奇艺、Z视介、中国蓝TV、B站	2023.4.23
	《戏剧中国心》	戏剧文化体验	浙江广播电视集团、浙江小百花越剧院	浙江卫视、腾讯视频、爱奇艺、Z视介、中国蓝TV、B站	2023.5.14
	《金石中国心》	金石篆刻鉴赏	浙江广播电视集团、西泠印社	浙江卫视、腾讯视频、爱奇艺、Z视介、中国蓝TV、B站	2024.4.18
	《诗酒中国心》	诗酒文化与精神	浙江广播电视集团、绍兴市政府	待播出	2025

与2013—2015年以来，多数原创文化节目采用的"竞技"模式不同，2017年中央电视总台推出的《朗读者》在内容创新方面做了有价值的探索，如避开"竞技""名次""奖项"，注重"价值"与"情怀"，每期设定主题，将重点放在"朗读者"的人生经历和情感故事上，并将朗读的内容与人物故事、价值观的传播有机地融合在一起。更为重要的是，《朗读者》的节目内容并不局限于电视或网络上每周一期更新的节目，还通过线下"朗读亭"和手机端的音频类APP，引导更多普通人关注日常生活中的朗读和情感表达。此外，该节目推出的融合VR技术的"朗读者"系列图书，还被译为外文并传播到海外，更广泛地盘活了节目资源。

东方卫视推出的"中华系列"文化综艺类节目以及湖南卫视在2018年

初推出的文化综艺类新节目《声临其境》，都在内容的创新拓展方面做出了有益的探索。如表 5-5 所示，2018 年以来，原创文化节目的题材范围，从汉字、诗词、国学知识等，拓展到文博、民乐、戏曲、少数民族服饰、地名文化、档案文化、红色文化、文化考古、书画艺术、杂技艺术等多个领域，在内容方面实现了可持续创新。

三、找准融合传播的着力点

传播效果的研究一直是传播学研究的重要内容。美国学者拉斯韦尔经典的 5W 模式由传播者、传播内容、传播媒介、传播受众、传播效果五个方面构成，而传播效果是其他四个方面相互作用的结果。在我国长期实施的以宣传代传播的模式中，更强调节目生产和传播过程的把关，对于节目传播的效果缺乏深度关注和科学有效的研究。

在一个人人皆是传播者的"大众麦克风"时代，微博数百万的转发、评论和点赞数，以及微信公众号 10 万+的点击量，都在说明传播效果与传播内容之间的深度关联。

没有效果，就没有好的传播。在提升传播效果方面，需要节目生产方与新媒体、研究机构等进行深度合作，充分运用人工智能、大数据挖掘等新技术，推动电视与新媒体、线上节目与线下活动、节目生产与文艺评论、社交媒体传播与家庭学校教育等多个层面的协同融合。《朗读者》第一季阅读量突破 10 万的公众号文章 300 多篇，喜马拉雅客户端的收听量达到 20 亿，相关视频的全网播放量超过 15 亿，并且同名图书《朗读者》也一度登上畅销榜；东方卫视《喝彩中华》与天天 P 图、摩拜单车合作，《诗书中华》则在东方明珠、复旦大学等多地举行了多场线下诵读经典活动，吸引市民和游客参与活动，同时还利用了阿基米德 APP 等新媒体平台进行了广泛的传播；《经典咏流传》与腾讯视频、爱奇艺、优酷等视频平台，QQ 音乐、酷狗音乐、酷我音乐等音乐平台合作传播经典传唱歌曲；《上新了·故宫》《最美中轴线》《万里走单骑》《国家宝藏》、"中国节日"系列节目则带动了线下文博场馆游览热。

2022年播出的原创文化节目《诗画中国》于8月28日在央视综合频道、综艺频道及央视频、央视网等平台播出。截至2022年底，网络话题阅读量超20亿，全网视频播放量超2亿，200多个话题登上各平台热搜榜，如图5-11所示。

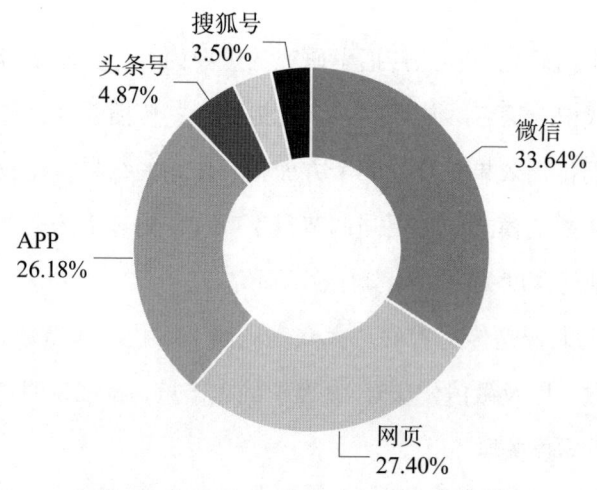

图5-11 《诗画中国》媒体信息来源图[①]

（一）开展多主体协同化传播

原创文化节目现代传播体系建设的落脚点在于"体系"二字，展现了整体性、战略性的特征。当前，原创文化节目的生产和传播仍然停留在各自为阵的分散状态，尚未从建设社会主义文化强国的国家战略高度出发进行整体性规划和部署。

---

① 本图来自清博舆情。

现代传播作为国家顶层设计之下的一种专业性传播，要打破多元主体各自为阵的壁垒，突出协同性和融合性。如政府的政策和项目支持、企事业的赞助、媒体的创意生产、不同媒体的整合传播、业界实践与学界研究的团队合作等，只有多元主体协同联动，各种资源有效整合，才能形成传播合力。

如图 5-12 所示，在《诗画中国》的网络传播中，人民网、中国新闻网、央广网、中国日报网、光明网、微信等平台形成了协同化传播，多元主体的传播路径呈现出放射状分布。

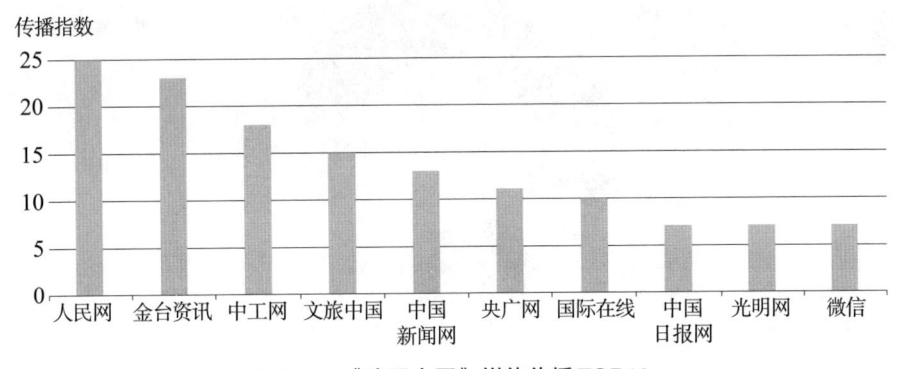

图5-12 《诗画中国》媒体传播TOP10

（二）面向受众加强精准化传播

当下的电视节目要适应分众化、差异化传播趋势，加强精准化传播。原创文化节目在策划之初就要细分市场，针对目标受众精心设计节目主题和内容。为此，需要生产方进行详细的受众调查，研究目标受众的习惯和易于接受的传播方式，做到"对症下药"、精准传播，从而实现传播效果的最大化。在这方面，分工明确、定位鲜明的今日头条和抖音的精准化传播经验值得借鉴。

此外，要重视网络平台观众的情绪、态度和意见反馈，可以通过大数据、云计算等技术分析原创文化节目的观众群体构成、收视需求以及评价意见，更精准地把握观众的收视兴趣。可以恰当引入社会学的相关研究方法，如实证研究、深度访谈等，找准原创文化节目在资源整合、节目创意表达、营销推广等方面可持续发展的着力点。

通过清博舆情平台挖掘互联网关于中央广播电视总台 2022 年原创文化节目《诗画中国》的传播数据，可以精准了解观众的情绪、所处区域等，便于节目制作方在后续加强对观众需求的研究，如图 5-13 所示。

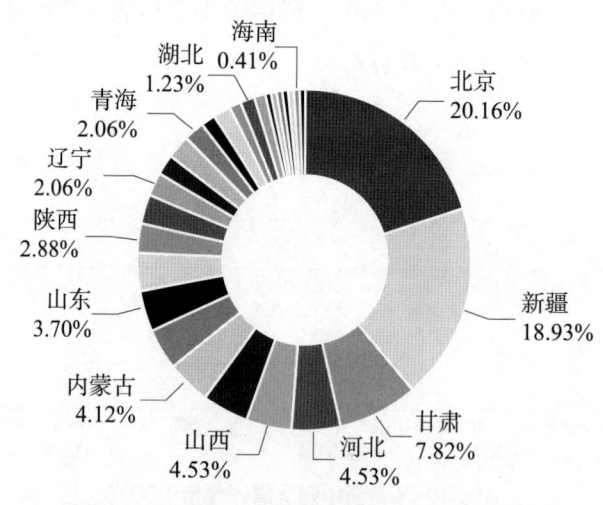

海南 0.41%
湖北 1.23%
青海 2.06%
辽宁 2.06%
陕西 2.88%
山东 3.70%
内蒙古 4.12%
山西 4.53%
河北 4.53%
甘肃 7.82%
新疆 18.93%
北京 20.16%

图 5-13 《诗画中国》传播信息 IP 来源占比图

（三）推进城乡、中西部均衡化传播

《公共文化服务保障法》第三十五条提出，国家要重点增加农村地区图书、电影、广播电视节目等公共文化产品供给，促进城乡公共文化服务均等化。目前来看，在激烈的市场竞争和创收压力下，现象级原创文化节目主要集中在国家级和一、二线广播电视机构，电视节目的主要目标受众还是城市观众，如图 5-14 所示。

通过图 5-14 可以看出，在我国，区域发展极度不平衡，省级广播电视台与中央广播电视总台，中西部与东部的省级广播电视台，在原创文化节目的生产能力方面存在比较大的差距。作为公共文化服务的责任主体，政府、媒体在开展原创文化节目生产传播时要考虑到这种差异性，在节目的参与主体、内容设置、传播渠道等方面考虑到受众的差异性，特别关注中西部地区、边远地区、贫困地区、老弱妇幼、残障人士等群体，有效推进节目的均衡化传播。在这方面，地方电视台具有接近性优势，应该深耕区域文化，多举办线上＋线下活动，将原创文化节目的影响力扩展到百姓的日常生活中。

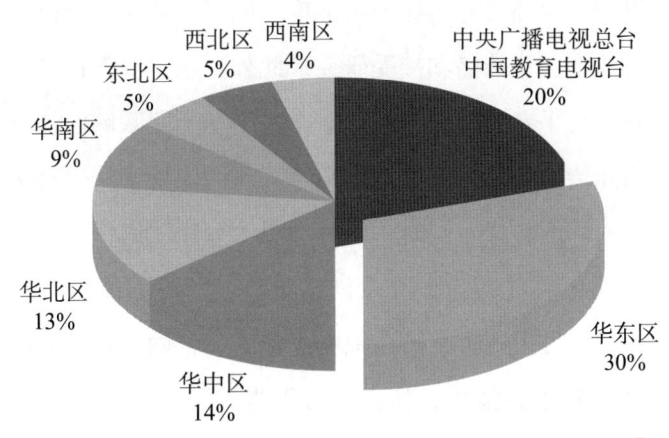

图 5-14　2018—2023 年创新创优节目上榜次数区域占比图[①]

（四）大力提升国际化传播

我国拥有世界上最多的电视台和电视观众，但节目在国际领域的传播力和影响力十分有限，存在话语脱节、节目模式简单、传播力量分散、传播渠道单一、传播实效不强、受众接受困难等问题。

2023 年 5 月，中央广播电视总台与中国人民大学合作共建的"新时代国际传播研究院"正式揭牌成立。该研究院致力于加强多元国际传播主体之间的协作，促进实战实践与理论研究、技术研发的紧密结合，助力加

---

① 数据来自国家广播电视总局网站，上榜次数包括每年四个季度和年度。

快构建中国话语和中国叙事体系，为全面提升我国国际传播效能探索新路径。[①]中央广播电视总台发起"可爱的中国"国际传播协作机制，其中一项重要内容是向省市级广播电视机构征集优秀作品，这些优秀作品在获得授权后，将在总台的多语种平台以及海外社交媒体账号上进行对外传播，让"可信、可爱、可敬"的中国形象和生动活泼的中国文化在海内外实现"圈粉"与"破圈"。

要提升原创文化节目的国际影响力，必须摆脱"自我中心论"的传统对外传播思维，提高对外传播的精准度；同时，建立公众视角，加强对不同目标对象的个性化传播和接受研究。此外，还需要强化平台战略，积极联动国内外社交平台，加强共情传播。鉴于基于互联网的视听传播已成为提升节目国际传播效能的重要话语力量，我们应善于从受众接受的角度调整视听节目的话语方式。同时，发挥学界"智库"的作用，并利用优秀的各语种翻译队伍，共同为提升原创文化节目的国际传播力和影响力助力。在这方面，东方卫视推出的《唱响中华》节目做了积极的探索。该节目除了在东方卫视平台播出，还在东方卫视海外版播出，并通过五岸传播专项销售到海外播出平台，重点向海外发行，以提升中华文化的国际影响力。

《国学小名士》作为山东广播电视台重磅打造的一档以弘扬中华优秀传统文化为宗旨，以优秀传统文化的创造性转化、创新性发展为目的的文化综艺节目，充分展示了中国青少年在国学浸润下"腹有诗书气自华"的人格魅力。该节目自2017年起连续播出四季，由节目衍生的多个短视频以亿级播放量在国内外社交媒体网站引发轰动效应，被广泛认为是"文化类节目的旗舰品牌"，连续四年被国家广电总局评为电视创新创优节目，并在全

---

① 文盈盈，王睿歆，付同闯，等.2024国际传播协作机制研讨会在中国人民大学召开［EB/OL］.（2023-12-10）［2024-02-23］.https://www.ruc.edu.cn/news/tui/detail/88853.html.

社会营造了传承中华优秀传统文化的浓厚氛围。

2022年5月28日，山东卫视《国学小名士》第四季老挝语译制版，在老挝国家电视台（LNTV）和其Facebook官方平台同步播出，创老挝国家电视台引进海外文化类综艺节目首播收视率新高，如图5-15所示。

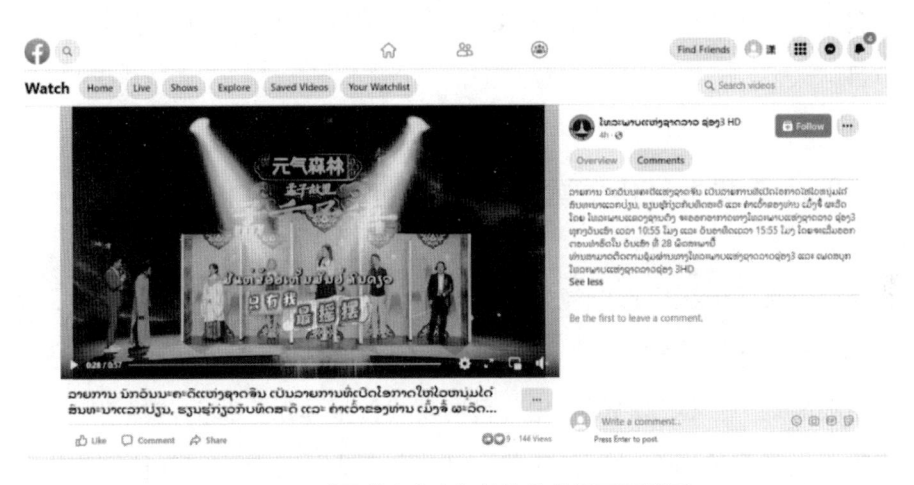

图5-15 《国学小名士》的海外传播网页截图

《国学小名士》第四季着力加强国际传播能力建设，创新话语表达，更好地向世界展示了真实、立体、全面的新时代中国。节目围绕国际区域合作、共赢式传播理念，深入挖掘中华优秀传统文化所蕴含的时代价值，让更多的国际观众感受中华优秀传统文化鲜活的生命力，引导更多青少年向上向善发展。山东卫视《国学小名士》第四季英文版还在2022年6月上线了YouTube和Facebook平台，并在罗马尼亚主流电视台播出罗马尼亚版本。

中央广播电视总台于2021年春节期间推出的大型原创文化节目《典籍里的中国》入选文化对外传播十大案例。该节目以"戏剧+影视+文化访谈"的模式，陆续介绍了《尚书》《史记》《道德经》《论语》《周易》《孙子兵法》《本草纲目》《楚辞》等11部流传千古、享誉中外的经典名著。节目播出前后，相关话题全网阅读量超33亿，视频播放量超20亿，在海外

177

视频网站获得了数亿次的点击量。《典籍里的中国》先后获得第27届上海电视节"白玉兰奖"最佳电视综艺节目奖、第58届"亚广联奖"电视类娱乐节目奖、"2021年度广播电视创新创优节目",入选第十六届精神文明建设"五个一工程",获第27届电视文艺"星光奖"优秀电视综艺节目奖,成为近年来中华优秀传统文化创造性转化、创新性发展的标杆节目。

四、贯穿生产传播营销全流程的创新人才队伍建设

近年来,传统广播电视媒体日益陷入生存困境,人才大量流失,不少媒体节目团队"空心化"现象严重。人才是传媒转型、文化传承创新的重要驱动力。构建原创文化节目的现代传播体系,提升传播力,需要培养一批贯穿传播全过程各环节,具有创新思维且具有多元协同能力的人才。

2016年,广东广播电视台开始试行"工作室"制度,第一批设立5个工作室,同时出台了《工作室管理暂行办法》,除了在政策方面予以保障,在人事、财务、法务等方面也最大限度支持工作室发展。2020年底,广东广播电视台"工作室"制度改革再进一步,新设立11个工作室,希望通过制度改革,打造节目生产和融媒发展的领头羊团队,推出全息化、沉浸式、交互式内容产品,丰富传播形态、传播样式,有效提升融合生产力、传播力、影响力。[①] 截至2022年,广东广播电视台已经拥有23个工作室,成为内容创新的中坚力量,推出了《国乐大典》《流淌的歌声》《技惊四座》《跟着国乐去旅行》等原创文化节目。

2018年初,湖南卫视也开始试行一线团队工作室制度,先后设立了

---

① 资料来自广东广播电视台。

12个工作室。此外，湖南卫视还推动工作室创立自主独立品牌；下放工作室人员招录和用工权利，以"投入产出"为依据，制定一系列激励措施鼓励工作室创作；支持工作室承接芒果TV的制作项目；鼓励工作室积累网络视频节目研发和制作经验等。[1]工作室制度试运行以来，节目创作生产已初显头部效应。湖南卫视总监丁诚认为，成立工作室的核心目的就是建立湖南卫视面向未来的制作生态，给最好的团队铺垫好未来之路。[2]广东卫视、湖南卫视推行团队工作室，就是着力建设贯穿节目生产与传播的创新队伍。

当前的原创文化节目尽管在节目品质和价值引领上得到了各界赞誉，但是在市场化的环境中，其商业价值依然未能凸显。《见字如面》两轮寻找广告赞助商的行动均以失败告终，《朗读者》筹备了一年多，才找到了北汽集团这个广告赞助商。如何在保证节目品质的前提下不断提升原创文化节目的市场价值，获得社会效益和经济效益的双赢，这是业界和学界都需要直面并思考的问题。原创文化节目要有意识地和一些公关宣传公司、新闻传媒学院、商学院、计算机科学等领域专家进行合作，大力培养既懂传播又懂营销、既掌握技术又具有文化创意能力的人才。只有创新人才贯穿生产传播的全过程，不留下短板和空白，才能整体提升原创文化节目的传播力和影响力。

在"2017澳门国际广告盛典"上，参与《朗读者》宣发工作的央视创造传媒品牌推广研发部获得了"2016—2017年度中国内地最佳品牌管理团队"，北京佰鼎聚众文化有限公司荣获"2016—2017年度中国内地电视类最佳整合营销奖"。作为《朗读者》的宣传总统筹，央视创造品牌推广研发部总监张庆龙和佰鼎传媒CEO李英晟，双双获得"2016—2017年度中国内地最佳营销策划人"。这些都说明了原创文化节目影响力和传播力的提升

---

[1] 资料来自湖南广播电视台办公室。

[2] 资料来自湖南卫视百家号。

离不开优秀的营销人才队伍。

2022年，在某东部省级卫视的人才招聘通告中，对于营销人才的要求是具有较强的人际沟通能力、市场开拓能力、策划创意能力、互联网市场拓展能力及营销能力。这应该引起国内传媒类、经管类院校的重视，加强对营销人才的培养。

第五节　全国七大区域省级卫视原创文化节目传播力排名

中国国土面积辽阔，按照地理位置通常被划分为七大区域，分别是华北、东北、华东、华中、华南、西南、西北。分区的基本依据包括：一是中国自然地理区划方面众多专家多年的科研成果，二是全国高校地理专业师生普遍使用的《中国自然地理》教材，三是中学地理教材《中国地理》编写中的共识。

本节对七大区域内省级广播电视机构（除港澳台地区）自主生产并在卫星频道播出的原创文化节目进行统计、分析，并在全国及每个区域内部进行传播力排名。其中，内容生产能力采用定量（原创文化节目数量）与定性（原创文化节目创新质量）相结合的方式；节目的融合传播能力采用定量分析，电视收视率来自索福瑞收视数据，网播收视来自猫眼专业版、清博舆情等；采用节目在腾讯视频、爱奇艺、B站三大视频网站的评价数据和评论内容收集受众接受度与满意度评价。

就七大区域而言，综合原创文化节目的数量、质量、融合传播及受众满意度，华东地区排在首位，华北、华中地区分列二、三位，华南地区排在第四位，东北、西南、西北地区位居第5—7位。

表5-6　分区域省级广播电视机构原创文化节目传播力排名

区域	机构名	代表性节目（首播年度）	区域内排名
华东区	浙江广播电视集团	《中华好故事》(2014)《汉字风云会》(2017)《向上吧，诗词》(2017)《同一堂课》(2018)《智造将来》(2019)《预见2050》(2019)《24节气生活》(2020)《还有诗和远方·诗画浙江篇》(2020)《美好的时光》(2020)《万里走单骑——遗产里的中国》(2021)《妙墨中国心》(2021)《中国好声音·越剧特别季》(2022)《丹青中国心》(2023)《戏剧中国心》(2023)《金石中国心》(2024)	1
	江苏省广播电视总台	《阅读·阅美》(2017)《美好时代》(2018)《小镇故事》(2018)《一本好书》(2018)《我爱古诗词》(2019)《从地球出发》(2019)《穿越时间的味道》(2019)《第一粒扣子》(2020)《似是故人来》(2020)《从长江的尽头回家》(2020)《致敬百年风华》(2021)《我在岛屿读书》(2022)	2
	山东广播电视台	《中国面孔》(2014)《天下第一刀》(2014)《精彩中国说》(2014)《我是先生》(2015)《为你而歌》(2015)《国学小名士》(2017)《现在的我们》(2019)《传家宝里的新中国》(2019)《田园中国》(2020)《齐鲁文化大会》(2021)《中国礼 中国乐》(2022)《戏宇宙》(2022)《超级语文课》(2022)《黄河文化大会》(2022)	3
	上海广播电视台	《诗书中华》(2017)《喝彩中华》(2017)《唱响中华》(2017)《相声有新人》(2018)《闪亮的名字》(2019)《时间的答卷》(2021)《斯文江南》(2022)	4
	江西广播电视台	《跨越时空的回信》(2019)《闪耀东方》(2021)《闪亮的坐标》(2021)《跨越时空的旋律》(2023)	5
	安徽广播电视台	《中华百家姓》(2015)《多彩中国话》(2016)《耳畔中国》(2017)《少年国学派》(2017)《家风中华》(2017)《中国农民歌会》(2017)《诗中国》(2019)《传承进行时》(2020)《学习达人大会》(2020)《朗朗少年》(2021)《活起来的技艺——年份故事》(2022)	6

续表

区域	机构名	代表性节目（首播年度）	区域内排名
华东区	福建广播电视集团	《中国正在说》（2016）《悦读·家》（2019）	7

区域	机构名	代表性节目（首播年度）	区域内排名
华北区	北京广播电视台	《传承者》（2015）《非凡匠心》（2017）《跨界冰雪王》（2017）《念念不忘》（2017）《中国故事大会》（2017）《北京评书大会》（2017）《传承中国》（2018）《阅读正当时》（2018）《上新了！故宫》（2018）《我们的传承》（2018）《本色》（2019）《遇见天坛》（2019）《了不起的长城》（2020）《我在颐和园等你》（2020）《我的桃花源》（2020）《冬梦之约》（2021）《书画里的中国》（2021）《最美中轴线》（2021）《最美中国戏》（2021）《博物馆之城》（2022）	1
	河北广播电视台	《中华好诗词》（2013）《中华好家风》（2015）《跨界冰雪王》（2017）《邻家诗话》（2019）《成语天下》（2019）《唱支歌儿给党听》（2021）	2
	山西广播电视台	《歌从黄河来》（2014）《伶人王中王》（2016）《人说山西好风光》（2016）《世界面食大会》（2017）《国乐大典》（与广东卫视合作，2018）	3
	天津广播电视台	《国色天香》（2014）《群英会》（2015）《笑礼相迎》（2019）《青春守艺人》（2021）	4
	内蒙古广播电视台	《嘿！马上出发》（2017）《长城长》（2022）《馆长，请亮宝》（2022）	5

区域	机构名	代表性节目（首播年度）	区域内排名
华中区	河南广播电视台	《汉字英雄》（2013）《成语英雄》（2013）《金色好声音》（2014）《文学英雄》（2015）《少林英雄》"中国节日"系列（2021—2024）《舞千年》（2021）《天地诗心》（2022）	1

续表

区域	机构名	代表性节目（首播年度）	区域内排名
华中区	湖南广播电视台	《好好学吧》(2015)《旋风孝子》(2016)《多彩中国话》(2016)《七十二层奇楼》(2017)《我是未来》(2017)《儿行千里》(2017)《让世界听见》(2017)《声临其境》(2018)《声入人心》(2018)《时光的旋律》(2018)《神奇的汉字》(2019)《舞蹈风暴》(2019)《青春在大地》(2020)《叮咚上线，老师好》(2020)《我的家乡，好美》(2021)《月光书房》(2021)《美好年华研习社》(2022)	2
	湖北广播电视台	《多彩中国话》(2016)《童声朗朗》(2018)《戏码头》(2018)《奇妙的汉字》(2019)《奇妙的诗词》(2020)	3

区域	机构名	代表性节目（首播年度）	区域内排名
华南区	广东广播电视台	《Hello 中国》(2014)《国乐大典》(2018)《流淌的歌声》(2018)《木偶总动员》(2019)《劳动号子》(2019)《技惊四座》(2020)《跟着国乐去旅行》(2024)	1
	深圳广播电影电视集团	《一路书香》(2017)《诗意中国》(2018)《图鉴中国》(2018)《起舞吧！齐舞》(2019)《课间十分钟》(2019)	2
	海南广播电视总台	《光荣的追寻》(2018)《对世界说》(2019)	3
	广西广播电视台	《民族文化》(2019)	4

区域	机构名	代表性节目（首播年度）	区域内排名
东北区	黑龙江广播电视台	《江山如此多娇》(2014)《最爱中国字》(2014)《见字如面》(2016)《一起传承吧》(2018)《致敬英雄》(2018)《歌声与微笑》(2019)《与冰共舞》(2020)《抗联英雄传》(2021)《青春之歌》(2021)	1

183

续表

区域	机构名	代表性节目（首播年度）	区域内排名
东北区	辽宁广播电视台	《中国好家庭》(2016)《又见大唐》(2019)	2
	吉林广播电视台	没有查询到相关节目	3

区域	机构名	代表性节目（首播年度）	区域内排名
西南区	贵州广播电视台	《最爱是中华》(2014)《故事中国》(2015)《我在贵州等你》(2016)	1
	云南广播电视台	《中国灯谜大会》(2013)《丝路云裳·穿在身上的艺术》(2019)	2
	四川广播电视台	《诗歌之王》(2015)《红花郎·好味知时节》(2022)	3
	重庆广播电视台	《乡秀 重庆时光》(2021)	4
	西藏广播电视台	《扎西秀》(2015)	5

区域	机构名	代表性节目（首播年度）	区域内排名
西北区	陕西广播电视台	《华夏酒道》(2013)《丝绸之路万里行》(2014)《唐诗风云会》(2015)《国风秦韵》(2015)	1
	新疆广播电视台	《青春激扬中国梦》(2017)	2
	青海广播电视台	《昆仑风物》《昆仑之子》(2022)	3
	甘肃广播电视台	《大国文化》(2014)	4
	宁夏广播电视台	没有查询到相关节目	5

下篇

实践创新：原创文化节目生产传播的多元创新路径

第六章 深耕中华文化 焕新"中国节日"

——河南卫视"新国风"文化节目的创新发展与融合传播

> 从分步突围到全面深改,实现从"平地"向"高地"迈进。

以《中国诗词大会》《经典咏流传》《典籍里的中国》为代表的文化类节目,作为弘扬中华优秀传统文化的重要载体,在传承文化经典、激发文化创新活力、增强民族文化自信等方面发挥着重要作用,成为"新国风"节目的代表。

所谓"新国风",也称"国潮",指的是近年来在大众文化与日常生活中"大量运用中华传统文化元素、崇尚历史文化的流行风尚和日常生活审美化现象"。[①] 相对于传统的"国风"而言,"新国风"是融合了民族性、当代性和世界性的一种文化风潮,不是简单的传统文化再现或复古,而是对中华优秀传统文化的创造性转化和创新性发展。

人民网研究院联合百度发布的《国潮骄傲搜索大数据》显示,2021

---

① 王茵."新国风"文化的荧屏呈现及其审美性集体记忆重构[J].中国电视,2019(9):56-59.

年，我国已发展到国潮 3.0 阶段①，科技内核与文化内涵成为国潮的重要特点，文创 IP、国漫、文化综艺节目、国产电影等，都是国潮 3.0 阶段的重要代表。《国家宝藏》《中国诗词大会》《见字如面》《上新了·故宫》等原创文化节目入选当年十大热门国潮内容 IP，"95 后"成为国潮文化短视频关注主力。

与中央广播电视总台相比，省级广播电视台在政策、资金、人才、资源等方面，都有待进一步提升。如何面对新媒体的挑战？如何在激烈的市场竞争中脱颖而出？如何在履行文化传承责任与发展文化产业之间找到平衡？如何不断提升原创文化节目的传播力？这些都是当下媒体人需要面对和思考的问题。

2019 年至今，短短五六年时间，一个曾经被外界唱衰、连员工工资发放都有困难的河南广播电视台，经过一系列改革发展，成功打造了"中国节日"系列节目、"中国节气"系列节目、《舞千年》等一批具有影响力的"新国风"原创文化节目品牌，赢得了"河大卫"的美誉。

第一节　文化立台：河南卫视的发展与变革

中原地区是中国古代文明的重要发源地，历史上包括河南全境、河北和山西南部、陕西东部、安徽北部、山东西部等在内的黄河中游地区，是以炎帝、黄帝为代表的原始部落活动的区域，有着超过五千年的历史。从夏、商、周到唐、宋等多个朝代，中原地区都是政治、经济和文化的中心。

---

① 近十年，国潮走过三个阶段：国潮 1.0 阶段，服装、食品、日用品等老字号商品回春；国潮 2.0 阶段，国货通过品质升级、品牌推广，在手机、汽车等高消费领域打造更高品质的商品；国潮 3.0 阶段，中国品牌、中国文化及大国科技引领了国潮发展潮流。

中国史前文化是一种"分层次的向心的结构",中原文化区位于核心,周围分别是甘青文化区(甘肃青海地区)、燕辽文化区、山东文化区、长江中游区、江浙文化区。"这五个文化区都紧邻和围绕着中原文化区,很像一个巨大的花朵,五个文化区是花瓣,而中原文化区是花心。各文化区都有自己的特色,同时又有不同程度的联系,中原文化区更起着联系各文化区的核心作用。"①

河南省位于中原文化区的核心地带,有着丰富的历史文化积淀,拥有洛阳龙门石窟、安阳殷墟、登封"天地之中"历史建筑群、丝绸之路河南段、大运河河南段等多处世界文化遗产。

河南卫视的前身为河南广播电视台第一套节目,全称为河南广播电视台卫星频道,于1969年9月15日开播,1996年6月1日上星。在上星之后近30年的发展历程中,河南卫视深耕中原文化、中华文化,探索了一条"文化立台""文化兴台"的创新路径。

一、初探期:《梨园春》引领戏曲文化节目发展

河南省拥有丰富的戏曲资源,是中国戏曲的重要发源地和发展地,被誉为"戏曲之乡"。历史上,曾经有超过60个戏曲剧种在河南流传。豫剧、曲剧、越调等戏曲剧种都是中华农耕文明的产物,长期活跃于民间百姓的日常生活中,是中原传统文化的典型代表,承载着丰富的文化内涵和悠久的历史记忆。②

1994年10月,河南广播电视台第一套节目推出戏曲综艺类节目《梨园春》。这是一档以豫剧、曲剧、越调等河南地方戏为主,融汇全国各地不

---

① 严文明.中国史前文化的统一性与多样性[J].文物,1987(3):38-50.
② 王萌.央媒看河南丨河南非遗剧种如何"老树发新芽"[EB/OL].(2024-04-01)[2024-07-30]. https://www.henan.gov.cn/2024/04-01/2968034.html.

同剧种，以戏迷擂台赛形式呈现的戏曲文化节目。

《梨园春》节目开办初期，播出时间为每周六 21：40，隔周一次，收视率为 3.2%。到了 1997 年，《梨园春》的播出时间改为每周五黄金时间 20：10，最高收视率达 20.3%。1999 年 5 月再次改版后，节目加大了播出密度，迄今最高收视率为 24.9%。[①]

中国传统戏曲蕴含着丰富的历史文化信息，通过唱、念、做、打等综合戏曲表演形式，将中国古代的故事、传说、历史事件以及道德观念等传递给后人，起到了文化传承和社会教化的作用，其中蕴含的中华美学精神、审美情趣、价值内涵等潜移默化地塑造着国人的精神品格。

《梨园春》节目植根于河南本土戏曲资源，初期主要面向河南及周边省份的受众（早期频道还未上星，节目受众以无线信号覆盖的本地观众为主），将传统戏曲文本与现代化电视制作技术有效衔接。"擂台赛"的形式增强了节目的可看性，"同期声的节目演唱与记录性的现场直播使观众获得了'原汁原味'的审美愉悦"。[②]《梨园春》为普通戏迷搭建了一个欣赏戏曲艺术、参与电视文化、展示自我才艺的舞台，满足了观众的艺术审美需求，客观上也起到传承并弘扬中华传统戏曲文化的作用。2006 年以来，河南的豫剧、曲剧、越调、宛梆、目连戏等 18 个剧种入选国家级非物质文化遗产名录，30 余个剧种被列入省级非物质文化遗产名录，《梨园春》节目功不可没。

《梨园春》从 1994 年开播至今已有 30 年历史，是名副其实的戏曲节目常青树，也是改革开放以来中国电视戏曲文化节目的引领者。2018 年 6 月 13 日，《梨园春》栏目迎来了 1000 期节目的录制，经英国世界纪录认证机

---

① 谭静波.《梨园春》对文化事业的影响和启示［J］.河南社会科学，2001（3）：66-69.

② 谭静波.《梨园春》对文化事业的影响和启示［J］.河南社会科学，2001（3）：66-69.

构认定为"世界上持续播出时间最长的中国电视戏曲节目"。[①]

随着时代的变迁、移动互联网的崛起以及各种新媒介技术的更新迭代，人们的娱乐方式发生了巨大的变化和分化，戏曲艺术的创作者、表演者以及戏曲节目的受众（尤其是年轻受众）不断流失，投入少、收入低、戏曲剧目创新不足，戏曲传承面临较多的困难。2015年，全国现存戏曲剧种348种，如果以仅有一个国营剧团或无国营剧团作为濒临失传剧种的标准进行衡量，共有227个剧种在理论上属于濒临失传剧种。[②]

《梨园春》栏目在戏曲艺术及戏曲节目逐渐衰落之际努力延续了戏曲的生命，传承了戏曲与电视结合[③]的创新精神，为戏曲艺术的当代传播做出了有益的探索，同时作为河南广播电视台文化品牌探索中的一面旗帜，奠定了其后一系列节目的品质基础。《梨园春》为传统戏曲艺术的传承、电视戏曲栏目的守正创新、电视频道的文化责任、电视机构的转型发展，提供了一个值得研究的样本。

二、拓展期：《武林风》《华豫之门》打造中原文化品牌

河南省是中国历史文化名省，拥有众多珍贵的文物古迹，同时也是中华武术文化的重要发源地之一，对中国的武术发展产生了深远的影响，在国际上也享有很高的声誉。

在《梨园春》收获良好口碑之后，河南卫视启动改版计划。2004年，河南卫视完成第一阶段改版，依托河南本土文化资源，相继推出文化综艺

[①] 刘林军.坚持"两创"方针 筑牢融合发展根基：基于河南卫视传统文化品牌栏目的思考与实践［J］.新闻战线，2021（2）：93-95.

[②] 苏梓晴.留住青年戏曲演员，已迫在眉睫！［EB/OL］.（2023-11-22）［2024-01-22］.https://baijiahao.baidu.com/s?id=1783224227466498141&wfr=spider&for=pc.

[③] 在中国电视的发展初期，因为电视台自办节目数量有限，不能满足日常播出，于是采用了转播剧场戏曲演出的方式来解决电视节目数量不足的问题。

节目《华豫之门》、武术搏击类节目《武林风》。

《华豫之门》是一档鉴宝类大型文化综艺节目，以鉴宝和揭示藏品背后的故事为内容。节目以"发现和保护民间珍宝，传承和弘扬中华优秀传统文化"为宗旨，通过丰富的知识性、游戏娱乐的趣味性普及文物知识，被广大藏友称为"收藏界的高等法院"，由此也成为中国内地收藏节目的领头羊。

从2004年到2024年，《华豫之门》节目开播整整20年。"要系统梳理传统文化资源，让收藏在禁宫里的文物、陈列在广阔大地上的遗产、书写在古籍里的文字都活起来。"[①]"文物承载灿烂文明，传承历史文化，维系民族精神，是老祖宗留给我们的宝贵遗产，是加强社会主义精神文明建设的深厚滋养。保护文物功在当代、利在千秋。"[②]《华豫之门》通过全国"海选鉴宝"、走出国门举办收藏文化交流活动等方式，整合海内外收藏界的优质资源，在电视端和新媒体端同步发力，通过社交媒体传播与《华豫之门》相关的纪录片和短视频，让珍宝"活"起来。

以"展现中国力量、弘扬民族精神、传播中华文化"为宗旨的《武林风》节目，以武术擂台赛为核心看点，充分发挥河南作为少林、太极之乡的武术文化资源优势，宣传弘扬中华武术文化。节目以打擂比武为主要模式，通过"武林争霸赛""武侠梦工厂""百姓擂台"等几大板块，呈现精彩纷呈、扣人心弦的搏击场面。节目融武术、竞技、娱乐、文化于一体，在满足观众视觉观感体验的同时，也因独具中原特色而实现了节目的长足发展。节目自开播以来，吸引了各路武术界好手和搏击界精英，是目前国内武术节目中唯一拥有独立的搏击组织、赛制模式、播出平台和选手资源的节目。[③]节目组不定期走出国门，在美国、澳大利亚、日本等地进行比赛

---

① 2013年12月30日习近平总书记在十八届中央政治局第十二次集体学习时的讲话。
② 2016年3月23日习近平总书记关于做好文物工作的批示。
③ 张彦哲，乔素景.从《武林风》看武术类节目的定位与模式[J].当代电视，2019(2): 41-43.

或交流，在国际职业武术搏击类节目中也占有一席之地。

《梨园春》《华豫之门》《武林风》作为21世纪前十年河南卫视文化类节目的三驾马车，深耕中华文化的土壤，且一直播出至今，具有极强的生命力，不仅持续拉动了河南卫视的收视率，也凸显、巩固了河南卫视"文化立台"的品牌定位，在全国成功打响中原文化品牌。河南卫视"文化卫视"的品牌标识也日渐深入人心。

三、深化期：《汉字英雄》《成语英雄》引领原创文化节目发展

纵观各大省级卫视的发展史，河南卫视是较早明确将立台宗旨定为"文化"的省级卫视。2000年以来，随着视频网站的快速崛起，出于市场竞争的需要，各大卫视纷纷调整发展策略，明确自身形象定位，推进卫视品牌化进程。湖南卫视将频道定位为"娱乐"，以"快乐中国"作为频道口号；浙江卫视以"中国蓝""梦想"定位，突出"梦想中国"的主题；江苏卫视品牌定位从"情感"升级到"幸福"，以"情感世界，幸福中国"作为频道口号[1]；东方卫视以海派文化为根基，打造出"立足上海，面向中国，放眼世界"的东方名片；广东卫视立足粤港澳大湾区，确立"活力湾区，文化中国"的定位。

2011年初，河南卫视进行了全面的改版升级，以文化为核心理念，提出"文化卫视、寓道于乐"的定位，即"根植于中国文化，与时俱进地采用现代、时尚、娱乐化的表达手法"[2]。在众多卫视执着于选秀、相亲、歌唱

---

[1] 李超.省级卫视的品牌定位研究：以江苏卫视与浙江卫视为例[J].今传媒，2019，27(9)：94-96.

[2] 符军，曹新明.河南卫视：文化创新助推大象起舞[J].市场观察，2011(7)：96-97.

等娱乐类型节目时，河南卫视坚持精耕细作文化类节目，并形成了具有标识性的系列品牌文化节目，强化了观众的认同。

2011 年，河南卫视在正式提出"文化立台"口号之后，连续推出了四档创新节目《拍客行动》《创意时代》《魔亦有道》《何乐不为》，形成了文化节目带，从而培养起观众的品牌忠诚度和收视习惯。2012 年是河南卫视为加强文化定位进行改版和节目调整的一年，启动了众多具有独创性和引领性的文化节目的策划和制作。

2013 年，国内电视节目市场充斥着歌唱选秀类节目，智能手机、微博、微信作为新兴社交媒体，也在抢夺着观众的时间和注意力。国家广电总局多次发布文件，对省级卫视的娱乐节目进行宏观调控。这一年，河南卫视在全国基本实现地级以上城市全覆盖。为了在激烈的市场竞争中突出重围，进一步凸显文化卫视的品牌效益，河南卫视采取差异化竞争策略，与爱奇艺合作，于 2013 年 7 月 11 日推出了以汉字为主题的台网联动原创文化节目《汉字英雄》。这档节目被认为是党的十八大以来，省级卫视推出的第一档原创文化节目。

《汉字英雄》节目以"用好汉字，才是汉字英雄"作为宣传口号，将综艺与汉字文化结合，借助综艺节目的外壳，巧妙融合真人秀节目中的竞赛元素。节目原创"汉字十三宫"的闯关形式，摆脱了以专家学者为主体的说教式文化科普模式。登上这个节目舞台的选手，是来自全国二十多个省市地区超过十万名适龄选手中的精英，且以青少年为主。节目从汉字听写的角度出发，切中"键盘时代"年轻人提笔忘字的尴尬处境，在汉字失落的语境下，重新引发人们对汉字文化的思考与反思。在节目获得成功之后，河南卫视又于 2013 年 11 月 21 日顺势推出《成语英雄》，通过"你画我猜"的游戏模式猜成语、解读成语，进一步呈现汉语言文字的魅力，解码博大精深的中国文化，加深观众对于汉字文化的理解。这两档节目都引起了极大的社会反响，掀起了汉字学习的热潮。2015 年，人民日报出版社出版了同名图书《成语英雄》，从节目中精选了 360 幅图片、232 个成语，并对每一个成语进行了精讲妙解。同时，还在文章内增加了二维码，读者扫码后可以欣赏节目视频和体验原创成语游戏。

2014 年 1 月，国家新闻出版广电总局发布的《关于积极开办原创文化节目 弘扬和传承优秀传统文化的通知》（下文简称《通知》）中，第一次明确使用了"原创文化节目"的概念，并点名表扬了河南卫视。《通知》指出："2013 年，中央电视台《中国汉字听写大会》、河南卫视《汉字英雄》等节目热播，掀起一股原创文化节目热潮。此后河南卫视《成语英雄》、河北卫视《中华好诗词》、云南卫视《中国灯谜大会》等节目相继而起……生动展示传统文化魅力，形成独特的电视文化现象。这些节目把中华文化元素与现代电视节目形态有机结合，在传承展示优秀传统文化、丰富电视节目表现内容、创新节目形态方面进行了有益探索，值得提倡推广。"《通知》要求各广播电视机构，特别是电视上星综合频道要学习受表扬的机构，深入挖掘传统文化资源，积极开办以弘扬和传承优秀传统文化为主旨的原创文化节目。

《汉字英雄》《成语英雄》在政治、文化、社会、市场层面都获得了积极的反响，表明河南卫视文化类节目的探索开始从中原区域层面升级到全国甚至全球层面，进入"文化兴台"的新发展阶段。在最近十年的发展中，河南卫视相继推出《文学英雄》《少林英雄》等节目，打造了"英雄"系列文化节目品牌，在全国省级卫视中具有鲜明的特色。

四、突破期："中国节日"系列节目破圈传播

在"文化立台"的战略背景下，河南卫视在《成语英雄》之后又推出了一些文化类节目，如读书类节目《一起读书吧》（2014）、文学类节目《文学英雄》（2015）、公益美食类节目《老家的味道》（2017）、武术文化节

目《开练吧，功夫》（2018），但这些节目或多或少存在内容同质化、品牌化发展意识不足的问题，因而未能在全国形成广泛的影响。

2020年6月6日，河南卫视再度改版，在文化节目、形象版面、频道口号等方面进行了升级。2020年11月，河南卫视成立了全媒体营销策划中心，重点针对网络平台发力。

2021年是河南卫视"出圈"大红之年。从"河南春晚""元宵奇妙夜""清明奇妙游"到"端午奇妙游""七夕奇妙游""中秋奇妙游""重阳奇妙游"，河南卫视"中国节日"系列节目在网络上持续引发热议，赢得行业和观众的一致好评。河南卫视2021年"中国节日"系列的7个节目，全网点击量总计超200亿，相关微博话题阅读量超50亿。

2021年河南春晚的舞蹈节目《唐宫夜宴》，脱胎于河南博物馆唐三彩少女俑，由郑州歌舞剧院创排，依靠场景搭建，借助抠像、3D、5G和VR、AR等技术，把贾湖古笛、妇好鸮尊、莲鹤方壶、《千里江山图》、《捣练图》、《簪花仕女图》等传统文化元素融入其中，在全网获得了超过20亿的播放量，相关话题连续4天热搜上榜，网民热评"这才是我们梦想中的中国风"。"端午奇妙游"的开场节目《洛神水赋》中，舞者化身洛神，在水下翩翩起舞，再现了"翩若惊鸿，婉若游龙"的场景，在互联网上快速出圈，得到了时任外交部发言人华春莹的关注，并在推特上予以推荐和点赞。至今，《洛神水赋》已有近70亿的全网单视频传播量。

"河南卫视文化霸总""河南卫视YYDS""河南卫视传统文化DNA又动了"等话题频上新浪微博热搜，没有流量明星加盟，没有大牌赞助商，没有声势浩大的营销宣传，河南卫视依靠传统文化的创新表达与融合传播，在激烈的市场竞争中突出重围，探索了一条"文化兴台"的创新路径。

2022年1月1日起，河南卫视将频道口号从"融万象 更出彩"更改为"河南卫视 文化中国"，并正式启用"新国风国潮"风格的全新频道包装和编排体系。从刺绣、景泰蓝等独具特色的中国传统文化符号中汲取灵感，使得河南卫视的台标焕发出中国传统文化的意境之美。[①] 自 2023 年 6 月 8 日起，河南卫视再次发布了全新的口号——"河南卫视中国新文化"，展现出新型主流媒体在文化传承创新方面的志向和使命。此外，河南卫视还打造了全新的"河大卫家族"——除已有 IP"河大卫"外，还结合频道品牌栏目设计了"河小梨""河小武""河小宝"三个崭新的形象，使得河南卫视更加生动，独具人格魅力和亲和力，拉近了与年轻观众的距离。

2021 年至 2024 年，河南卫视制作的多个节目入选"中华文化广播电视传播工程"重点项目名单，数量位列省级广播电视机构第三，如表 6-1 所示。[②]

表6-1　2021—2024 年河南卫视入选国家广电总局
"中华文化广播电视传播工程"重点项目名单（电视节目）[③]

制作单位	节目名称	年度	数量
河南广播电视台	"中国节日"系列节目	2021	7
	"中国节日"系列节目 2022 季	2022	
	"中国发明"系列节目	2022	
	2023"中国节日"系列节目	2023	
	《中国节气奇妙游》	2023	
	《中国家宴》	2024	
	2024"中国节日"系列特别节目	2024	

由河南广播电视台、优酷联合出品，河南广播电视台全媒体营销策划

---

① 河南卫视专门成立形象工作室，为全频道形象进行设计、包装。
② 浙江广播电视集团、北京广播电视台各有8个重点项目，并列省级广播电视机构第一位；山东广播电视台、河南广播电视台各有7个重点项目，并列省级广播电视机构第三位。
③ 信息来自国家广播电视总局官网。

中心和河南卫视合作制作的《2022中秋奇妙游》，以"月宫漫游"为主题，成功打造了一场古今相融、虚实相生的科技国潮盛宴，引爆全网并获得近31亿的点击量，再获时任外交部发言人华春莹的推介。

这一系列"新国风"节目，体现出河南卫视坚守中华文化本位，坚持守正创新，自觉担负起传承与弘扬中华优秀传统文化的责任与使命。在创作中，河南卫视将中华优秀传统文化的创造性转化、创新性发展作为"核"，坚持中华美学精神引领、时代创意驱动、科技赋能艺术，以"网剧+网综"的串联方式，重现春节、清明、端午、中秋等传统节日的新景象，把优秀传统文化转化成看得见、摸得着、可体验、互动强、风格潮的融媒体产品，实现了对中华优秀传统文化的创造性转化与当代化表达。

"中国节日"系列节目为文化类节目拓展了选题范围，为传统文化的新表达找到了创新思路，先后获得第27届中国电视文艺"星光奖"优秀电视综艺节目奖，中宣部第十六届精神文明建设"五个一工程"等奖项，获选国家广播电视总局"新时代·新品牌·新影响"广电媒体融合新品牌。"中国节日"系列节目已播出14期，全网阅读量、浏览量超605亿。2024年3月，"中国节日"系列节目入选中央组织部负责编写的第六批全国干部学习培训教材。

作为近年来省级卫视制播的现象级原创文化节目和创新创优标杆，"中国节日"系列节目的成功确立了河南卫视在全国省级卫视中的领先地位，也通过网络传播吸引了诸多年轻观众的注意。河南卫视向打造全国一流新型主流媒体目标迈进的历程，给其他卫视的发展创新提供了可借鉴的思路。

五、精进期：《舞千年》进阶文化兴台之路

在"中国节日"系列节目收官后，河南卫视持续深耕传统文化，与B站联合推出了一档"新国风"舞蹈文化综艺节目《舞千年》，采用中华文明

上下"五千年"的谐音，于2021年11月6日起在全网首播。节目一经推出，便受到用户的广泛关注与好评。

2022年，继"中国节日"系列节目后，河南卫视又推出了"中国节气"系列节目、《闪耀吧！中华文明》、《豫见·非遗》等文化创新节目。从河南卫视纵向发展的历史来看，从《梨园春》《华豫之门》《武林风》到《汉字英雄》《成语英雄》，从"中国节日"系列节目到《舞千年》、"中国节气"系列节目、《闪耀吧！中华文明》，河南卫视在创新发展原创文化节目的过程中，始终以深耕中原大地、弘扬中华优秀传统文化为己任，以优质"节目品质"为核心，牢牢把握传播力提升"内容为王"的基础，如表6-2所示。

表6-2 2021—2024年河南卫视获国家广电总局表彰的电视创新创优栏目

年度	季度	节目名	节目简介
2021	第一季度	"中国节日"系列节目	弘扬中国传统节日文化节目
	第四季度	《舞千年》	文化剧情舞蹈节目
2022	第一季度	"中国节气"系列节目	创新弘扬"中国节气"系列节目
	第二季度	2022"中国节日"系列节目	创新弘扬"中国节日"系列节目
	第三季度	《闪耀吧！中华文明》	文化探索纪实节目
2023	第一季度	《国风浩荡2023元宵奇妙游》	创新弘扬"中国节日"节目
	第二季度	《豫见·非遗》	非遗传承跨界节目
	第三季度	《闪耀吧！中华文明》	文化探索纪实节目
	第四季度	《总书记的回信》（第二季）	系列微纪录片
2024	第一季度	《2024河南春节晚会》	综艺晚会
	第二季度	《中国节气——夏至》	节气文化节目

为了夯实节目品质，河南卫视立足于本土文化，借助资源优势，不断拓宽选题视野，将表现内容从戏曲、武术、鉴宝、汉字等拓展至民俗、舞蹈、民乐，全方位、多视角挖掘中华文化宝库。为了使身处现代文化语境的年轻受众感受到传统文化的内涵与魅力，河南卫视极力创新节目表现形式，以故事化呈现方式实现传统文化的现代化演绎，弥合了传统与现代之间的鸿沟，降低了年轻观众理解传统文化的门槛，并利用AR、VR、XR、三维建模、电脑着色等技术带给观众沉浸式的视听奇观。正是多年坚持文化为"根"，内容创新为"本"，节目品质为"体"，融合传播平台为"用"，河南卫视才得以在激烈的市场竞争中"逆袭出圈"。

第二节　精准突破：提升融合传播能力

在媒介融合的时代背景下，以广播电视台为代表的广播电视机构，以爱奇艺、B站为代表的视频网站，以抖音、快手为代表的短视频平台，还有以微博、微信、知乎、小红书等为代表的社交媒体进一步快速发展，已经形成了多元传播主体并存并相互竞争的态势。

本节介绍的融合传播能力，是指原创文化节目在电视传播、网络传播、线下传播等多方面的综合传播能力。在内容创新创优的基础上，如何提升融合传播能力，让节目更快捷、精准、有效地触达受众，并产生积极的反响，是移动互联网时代广播电视机构和节目生产者需要持续思考的问题。

一、改革体制机制，推动节目市场化运营

2014年被称为"媒体融合元年"。2014年8月18日，习近平总书记主持召开中央全面深化改革领导小组第四次会议，审议通过了《关于推动传

统媒体和新兴媒体融合发展的指导意见》。自此，媒体融合由行业层面上升到国家战略层面，进入发展快车道。

在媒体融合的持续推进中，河南广播电视台探索了一条"通过内容生产来打造品牌，通过移动互联传播扩大品牌影响力，通过品牌影响力带动经营创收"的创新路径。[①]2014年，河南广播电视台开启了融媒尝试，将旗下的4家传统电视媒体与8家新媒体公司整合成大象融媒体集团，拥有广播、报纸、杂志、电视、网站、手机电视、手机客户端、户外大屏等多个传播平台，整合多种媒介资源融通共享。

2015年，集团技术研发中心优化升级，成立大象融媒体技术有限公司，作为广电改革的试点单位实行市场化运作。2019年，河南广播电视台开始了蜕变之路，机制改革"破"中有"立"：打破平均主义的旧机制，建立项目制管理和绩效改革的新机制，重视内容创新及融媒体发展队伍建设。2020年，河南广播电视台将文艺部、纪录片工作室、精品广播剧创作部三大节目制作部门并入大象融媒体技术中心，成立全媒体营销策划中心，最终孵化出"中国节日"系列节目IP。

为了调动员工的积极性，释放创新活力，全媒体营销策划中心推行工作室制度，采取竞争淘汰机制，并且与部门、员工的绩效挂钩。施行初期，全媒体营销策划中心共成立18个工作室，到2021年4月，只剩下8个工作室。同时，河南卫视旗下的活动与节目都采取公开招标的形式，每个工作室提交自己的创意方案，审议推举优胜者。这种市场化的运作方式能够激发员工的想象力与创造力，从而生产出更加优质的内容，同时也提升了员工绩效。《河南广播电视台媒体人大V孵化打造计划》入选2024年全国广播电视媒体融合体制机制改革典型案例，证明了机制改革的有效性。

---

① 张亚普.高端访谈｜河南台王仁海：从分步突围到全面深改，实现"平地"向"高地"迈进［EB/OL］.（2023-05-08）［2024-05-28］. https://www.hntv.tv/50rd/article/1/1655589794847580162.

随着人工智能技术的快速发展，河南广播电视台也积极探索人工智能赋能节目生产与传播的新路径，"加快建设元宇宙平台，赋能文化内容生产、传播方式的创新，打开传统文化传承创新的新天地"。[①]2024年，河南广播电视台"大象元"AI数字资产创作和应用平台入选全国广播电视媒体融合新媒体平台建设典型案例。

二、搭建全媒体传播矩阵，实现传播范围最大化

河南卫视体制机制改革的道路并非独有，在媒体融合的大环境下，其他卫视的改革措施也大同小异。而河南卫视之所以能持续创新，关键还在于其拥有的全媒体传播矩阵能够最大限度地拓宽传播渠道，实现传播范围最大化。

以《2021端午奇妙游》为例，节目组在制定营销策略时并未按照以往的宣传方式，即节目制作完成后放到电视平台播出，再将内容完整搬运到视频网站中，而是在制作初期，就在全网发起演员招募与征名活动，为节目宣传预热。节目播出时，采取先网后台的策略，先在优酷视频播出，一小时后在卫视端与大象新闻视频客户端播出，紧接着宣发人员将剪辑过的短视频片段分发至抖音、快手、B站、微博、今日头条、西瓜视频等平台，借助各平台已孵化完成的新媒体账号，例如大象新闻、河南卫视、猛犸视频、小莉帮忙、今报洛阳等，与网友保持实时互动。

与此同时，大量短视频用户根据自己的喜好对视频进行二次创作，将经过处理的视频放在自己的账号中发布，带动了视频热度的进一步发酵。当视频在互联网中引发大量讨论之后，又得到了央视新闻、人民日报等主流媒体的转发与点赞，从而再次打破圈层壁垒，实现全覆盖式传播。在各

---

① 澎湃新闻.担负起新的文化使命创造属于这个时代的新文化：专访河南省委宣传部副部长、省广播电视台台长王仁海［EB/OL］.（2023-09-08）［2024-08-06］.https://www.thepaper.cn/newsDetail_forward_24538358.

下篇　实践创新：原创文化节目生产传播的多元创新路径

平台的相互配合中，《2021 端午奇妙游》的热度持续发酵，最终完成破圈传播。

经过 2021 年"中国节日"系列节目的运营，河南卫视已经积累了全媒体联动传播的丰富经验。《2022 中秋奇妙游》融合传播指数位列省级卫视中秋晚会第一位，如图 6-1 所示。

9月9日—9月11日《2022中秋奇妙游》
融合传播指数位列省级卫视中秋晚会第一位

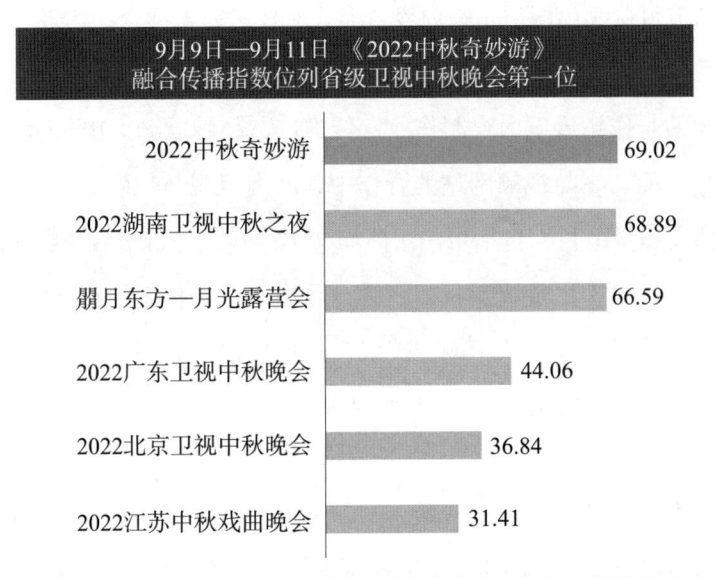

节目	指数
2022中秋奇妙游	69.02
2022湖南卫视中秋之夜	68.89
朤月东方—月光露营会	66.59
2022广东卫视中秋晚会	44.06
2022北京卫视中秋晚会	36.84
2022江苏中秋戏曲晚会	31.41

图 6-1　河南卫视《2022 中秋奇妙游》融合传播指数位列省级卫视中秋晚会第一位

河南卫视在创研新节目的过程中，十分注重对受众进行研究，将节目生产创意与受众审美趣味、接受习惯、消费需求等进行全面对接，让"旧时王谢堂前燕"真正"飞入寻常百姓家"。因此，河南卫视的每一期"新国风"节目，都能在新浪微博、B 站、抖音、小红书等社交媒体上引发网民的再度创作与传播，实现传播范围最大化。

三、深化台网融合，促进资源融通共享

以往的台网融合，多停留在单一的版权输出层面，视频网站仅作为电

视节目的网络播出渠道，承担内容转载的功能。而随着互联网技术的提高与视频网站内容生产水平的逐渐成熟，网络自制节目快速崛起，向单一电视媒体作为内容生产主体的模式发起挑战。在这一现实下，传统电视媒体在台网融合中必须更加积极主动，谋求内容、渠道、技术、宣传等各方面的发展。具有奇观的视效、反套路的叙事、独特的新国风元素的"中国节日"系列节目持续出圈，正是内容、形式、技术完美结合的体现。

近两年，河南卫视台网融合的深度和广度得到了全方位提升，与网络视听媒体的合作拓展至内容制作、宣传推广、品牌冠名、IP开发、数据共享等多个层面。在与视频网站的合作中，河南卫视与优酷、爱奇艺联合制作了多档高质量节目，包括聚焦于商周文明的知识考古节目《隐秘的细节》《汉字英雄》，以中国传统节日为主线，致力于弘扬传统民俗文化的"中国节日"系列节目，以及敢于颠覆传统、融汇中西、以国际化视野呈现中国民乐的《新民乐国风夜》。河南卫视的节目获得了国家主流媒体和河南地域媒体踊跃宣推。

2022年，河南卫视还与优酷达成了一系列深度合作，共同打造整条中国文化节目排播带："中国节日"系列节目、《闪耀吧！中华文明》、《从来就很美》、《国医养成记》、《隐秘的细节》第二季等文化节目贯穿全年。[1]

在与新兴视频网站的合作中，河南卫视联合B站共同开发了一档原创舞蹈文化综艺《舞千年》。B站在剧本创意与演艺统筹方面的先天优势，结合河南卫视深厚的品牌基础与项目执行的能力，实现了舞蹈文化与剧情综艺相结合的创新表达。河南卫视传统品牌节目也在积极进行台网融合探索，《梨园春》节目联合快手发起"梨园快手秀"系列主题活动，并通过快手平台开展"美丽乡村唱起来"直播助农活动，在"节目表演"与"直播带货"的互动中，实现"文化+旅游"的深度融合。《华豫之门》联合黄河流域其

---

[1] 杨扬.潮我看、谱新篇，2022年河南卫视招商会即将召开[J].中国广播影视，2021(21): 58-60.

他八省卫视，共同推出特别节目《沿黄九省赛宝大会》，通过遴选出最能代表黄河文化的藏品，进一步解读文物背后的历史故事，从而更好地为观众讲述黄河故事。

近年来，河南卫视原创推出的"中国节气""中国家宴""中国发明"等节目接续出圈，"新国风"文化节目矩阵持续发力；"中国节日"系列节目全网点击量超1000亿，获全国"五个一工程"奖、星光奖、白玉兰奖；以"文化+文旅"融合的方式实现了"线上+'中国节日'系列节目"与"线下+奇遇系列"的多层次产业业态布局。此外，《唐宫夜宴》系列IP获得中宣部"十大国家IP"称号；旨在传承推广国风音乐的"星耀国风盛典"，全网点击量近100亿。上述成绩都彰显了河南卫视融合传播能力建设取得的成效，在全国省级卫视中具有很强的竞争力。

第三节 受众（用户）至上，传受同频共振

新媒体技术的发展与传播渠道的拓宽，改变了由主流电视媒体主导的传受关系，传统的"媒介传播—受众接受"传播模式被打破，变为"媒介传播—受众选择媒介接收信息—受众间分享、互动"的多级传播模式，受众的中心地位得以确立。[①] 自上而下的"传者本位"转变为平等对话的"受众本位"，受众可以在互联网中主动发布消息，积极发表自己的见解，同时也不再满足于被动接受内容，而是渴望参与节目的生产传播。在受众把握主导权的背景下，以电视媒体为代表的内容生产者不应拘泥于古板的、说教式、单向的强制输出模式，而应当以平等的姿态与受众对话，主动了解受众的心理需求与审美偏好，尊重受众的各种反馈，激发受众的积极性与

---

① 黄升民，董文芳.新的受众市场环境对电视节目推广策略的启示[J].电视研究，2013（2）：21-23.

参与度。只有如此，才能提高电视节目竞争力，实现有效传播。

一、植根区域，精准定位，锁定分众

研究发现，"受众的媒体功能认知、新媒体特征认知，及媒介使用行为都显著影响着媒体的传播力"。[①] 当下，受众已逐渐适应信息爆炸的社会，面对庞杂的信息不再眼花缭乱，而是主动选择自己感兴趣的领域深入了解。基于算法推送的定制服务内容也很好地满足了受众的个性化需求，由此分众化成为当下媒体内容生产的新形势。传统的电视节目倾向于以"一刀切"的方式囊括所有受众，却往往由于受众范围太过广泛而前功尽弃。分众化服务不同于为满足普遍兴趣进行的内容生产方式，选择以特定人群为对象进行定向输送，一旦精准锁定分众，节目在面向目标受众时便能更加顺利地触达，由此达到传播效果最大化，提升传播力的目的。

河南卫视《梨园春》将目标对准喜爱戏曲的中老年群体，以戏迷擂台赛的形式搭建起百姓舞台，让戏迷群体得以从中展现自我，品味戏曲艺术的独特魅力。正是由于其明晰的受众定位与细分市场的策略，《梨园春》至今仍长盛不衰。

进入移动互联网时代，为吸引更多年轻人关注戏曲文化，河南卫视于2018年9月4日正式开通"梨园春"抖音号，简介为"讲好中国故事，传播中国文化"，设有"梨园春卅起来""成人擂台赛""少儿擂台赛""百年再香玉""课本里的戏曲""美丽乡村唱起来""开新唱起来"等多个专辑。截至2024年8月底，河南卫视"梨园春"抖音号发布作品超2.3万个，点赞量超过6670万，播放量超100亿，平均日播放量突破1000万，粉丝量突破500万。《梨园春》节目还积极与抖音开展合作，推出了"名角DOU

[①] 强月新，陈星.当前我国媒体传播力的影响因素研究：以受众为视角[J].新闻大学，2017(4)：73-80，149.

来了""梨园又一春"等直播活动,首次直播就创下近4000万人观看的成绩。网民评论"这就是国粹,太吸引人了","真的好棒,民族文化需要传承","天籁之音,出声不凡,堪称经典"。"梨园春"抖音号吸引了中青年用户,扩大了节目的受众群体。

《武林风》瞄准热爱武术与搏击的男性群体,通过举办各类武术搏击赛事,传递中华武术文化。现今《武林风》已在30多个国家举办赛事,成为一档具有国际影响力的竞技节目。

2021—2022年的"中国节日"系列节目将晚会分切成多个时长在三分钟左右的短视频,针对不同的受众细分出不同的节目内容,例如《中秋奇妙游》中,有面向青年受众群体的舞蹈表演《鹤归来兮》《墨舞中秋帖》,以及歌曲演唱《若相思便相思》;有面向中年受众群体的武术舞蹈《少林·功夫》和创意太极《和》;还有面向老年受众群体的戏曲表演《戏·韵》和器乐表演《豫见》。节目以分众化的内容满足了不同年龄及审美偏好的受众群体,从而实现了文化价值的精准传达。

二、确立以受众为中心的参与式文化立场

1992年,亨利·詹金斯在《文本盗猎者:电视粉丝与参与式文化》中指出:"电视粉丝不再是一个'单纯的迷',而是积极的创作者和意义的操控者,他们积极参与文本的阅读、重写、创作以及批评,是'积极挪用文本,并以不同目的重读文本的读者,把观看电视的经历转化为一种丰富复杂的参与式文化的观众'。"[①] 在融合文化语境下,观众的身份和心理都发生了转变,他们从内容的被动接受者成为文本创作的主动参与者,并对文本的传播产生了举足轻重的作用。由此,践行"参与式文化",积极与观众互

---

① 詹金斯.文本盗猎者:电视粉丝与参与式文化[M].郑熙青,译.北京:北京大学出版社,2016:22.

动对话，成为当下电视节目的制胜法宝。

河南卫视的编导在策划节目的过程中十分强调优化观众的参与感和体验感。在《2021端午奇妙游》的主创分享会上，导演陈佳多次提到对于"观众接受度"的考虑，执行策划徐娜也表示："做的东西是给网友看的，要听取网友的意见。"[①] 因此，在节目策划实施的过程中，节目组依据"前期设置文本留白，中期满足受众期待，后期强化互动参与"的原则，激励观众参与节目制作的各个环节，增强用户黏性。节目播出前，河南卫视在网上发起"一起给唐小妹起名""唐小妹你在哪"等演员招募与征名活动，唐小玉、唐小可、唐小竹、唐小彩的名称正是由网上投票征集而来的。节目播出时，河南卫视选择了在年轻群体中颇受欢迎的B站作为主要投放平台，其兼具国风化与动漫感的画面内容与B站的审美风格完美契合，由此迅速获得国风爱好者的关注，同时将总时长40多分钟的晚会逐个拆分成3分钟左右的短视频，吸引观众多次回看与转发。节目播出后，河南广电旗下的多媒体矩阵迅速发起微博话题，强化观众的互动参与，进一步提升节目热度。

微博官方数据显示，截至2022年1月20日，由大象新闻发起的"端午奇妙游"话题获得了6.5亿次阅读，39.8万条讨论。河南卫视发起的话题"如何评价河南卫视端午奇妙游"吸引了5574人发布原创博文，带来了11.4万条讨论。广大网友的高参与度带来了持续的话题热度，众多自媒体账号纷纷创建微博话题，话题"河南卫视杀疯了""河南卫视YYDS"分别获得10.9亿和1.4亿的阅读量。人民日报、新华社等主流媒体也设置热搜话题引导观众讨论互动，话题"河南卫视绝美舞蹈演绎水下飞天""洛神水赋绝美出圈的背后"，分别获得5370万次及7314万次的阅读量。在受众的高度参与中，节目顺利实现出圈传播。

---

① 陈翌阳，朱松林.从接受美学视角看河南卫视《端午奇妙游》出圈[J].传媒观察，2021(8):59-62.

河南卫视已经形成了"节目大家造"的创作思维。观众前期参与节目策划,中间关注节目制作、幕后花絮,最后节目播出后参与热议,并通过评论发表对后续节目的看法。有观众曾提出希望"奇妙游系列"多些实景表演,节目组就把节目的取景放在河南的古迹里,如云台山瀑布、信阳南湾湖、商丘古城等地方,充分尊重并满足了观众对于节目的参与感。在《2021元宵奇妙夜》的片尾,节目组特意打上"特别感谢全国网友、观众以及可爱的粉丝们"。节目感谢观众、粉丝的做法一直保留至今,这种双向互动的形式,助力河南卫视的节目一次次地在互联网上引发热点话题和多轮传播。

2024河南卫视"星耀国风盛典"、2024河南卫视中秋晚会、2025河南卫视春晚都特别设置了多个互动环节,邀请现场观众、电视观众、新媒体用户参与其中,增强了晚会的趣味性和亲和力。网民评论:"这样的互动太赞了,感觉自己也参与了其中!"

三、精准把握受众心理,构建情感共同体

图像化时代,视觉形象成为最直观和最基本的媒介符号,人们追逐着技术与游戏化叙事营造的视觉奇观,并试图从中获得沉浸式的体验。然而,这种视觉刺激带来的快感是短暂的,与受众建立起情感共同体才是视听产品得以长久发展的动力。

"以集体情感与集体记忆为纽带建立的情感共同体可以成为联结社会和个人的中介,个体可以更好地理解社会、融入社会,为个体的生存和生活赋义。"[①]当凝聚着集体记忆与集体情感的影视文本出现在屏幕上时,个体的生活经验被激活,社会性情境与个体性情感达到契合,情感互通与文化

---

① 王倩楠.情感共同体:明星"人设"现象背后青年重建社群的尝试[J].中国青年研究,2018(8):94-101.

共享的过程便在其中得以完成。

河南卫视"中国节日"系列节目中，节目组十分注重与观众建立情感联结。《2021元宵奇妙夜》中的豫剧表演《五世请缨》，原剧目讲的是107岁的佘太君带领杨家一众女将上殿请缨，奔赴疆场，保家卫国。而在河南卫视的呈现中，出现了四个佘太君，以致敬在中印边境冲突中牺牲的四位英烈，其中有两位烈士是河南籍。当豫剧名家唱出"年少人盼的是立功边境，年老人盼的是一门忠贞"，观众们联想到四位边防战士，不禁泪目。

《2021端午奇妙游》中的琵琶演奏《兰陵王入阵曲》，编导设置了两重时空，远在日本的父亲与在家默默等候的女儿跨时空合奏，如泣如诉的琴声述说着对亲人的思念与远渡重洋的苦楚。隔着屏幕观众产生了共鸣，纷纷在弹幕中写下"泪目""父女情能跨越山海""此曲只应天上有"等文字。《2021中秋奇妙游》中开场节目《秋月稷》，在"皓月当空，鼓舞避疫，愿天下丰谷，四海平安"的旁白中，火龙舞、打铁花、皮雕等非物质文化遗产轮番呈现，唤起了老一辈人的文化记忆，也道出了大众盼望新冠疫情早日消除的美好祈愿。在节目结尾借由四位唐小妹说出的"风调雨顺"，更是表达了对河南暴雨的惋惜，有网友看后表示这是节目最后一个彩蛋，并纷纷在公屏中打出"风调雨顺，国泰民安"，表达对未来的祝愿。在《2021中秋奇妙游》中，一条"河南卫视让沈眉庄温实初he了"的词条冲上热搜，众多网友在词条下留下了"狠狠破防了""我的CP终于圆满了"等评论，《甄嬛传》的意难平终于在《2021中秋奇妙游》得到释怀。

《2022中秋奇妙游》在互联网上继续引发网民情感共鸣，微博话题"全世界都在唱千里共婵娟"阅读量达2亿；由@清华大学 官方微博发起的话题"清华学子与孔子师生梦幻联动"阅读量达9976.6万。网友踊跃参与话题互动并分享心愿，积极点赞河南卫视"文化中秋"魅力。"情感认同作为一种最真实而又具有普遍性意义的心理认知，是中国统一的多民族国家各族人民共同心理特质的彰显，是铸牢中华民族共同体意识的核心要素。"①河南卫视的"中国节日"系列节目，将影视文本、经典文化与受众的生活经验相衔接，在情感联结中构成了情感共同体的关系，凝聚起海内外华人的家国情感认同，进一步增强了用户黏性。中央广播电视总台节目组称赞河南卫视"中国节日"系列节目"创新性借助数字技术，让文物和历史活了起来"。

结语

全民娱乐时代，对于广电媒体而言，坚守文化品位，弘扬主流价值，满足人民精神文化需求是主流媒体必须承担的责任。

面对新媒体平台上良莠不齐的媒介产品，广电媒体应当积极生产高品质、广传播的文化节目以吸引、引导受众主动感悟经典，接受优秀文化的熏陶。对于文化类节目而言，仅仅注重于文化知识的单向传输显然不足以起到传承文化、以文化人的目的，采用多种媒介手段，精准触达受众，才是文化价值有效传达的关键。河南卫视在"中国节日"系列节目的创作与传播过程中，积极探索了提升节目传播力的创新路径，在文化类节目的探索中，敏锐地捕捉到国家层面、社会层面、个体层面对中华民族优秀文化的热爱，并能很好地实践"创造性转化、创新性发展"的理念，以现代科技赋能、静物动态呈现、网综+网剧的形式，坚持夯实节目品质，不断提升融媒传播能力，与受众保持积极地互动，双向奔赴，切实提升了节目的传播力，从而实现了传统文化节目的有效传播。在娱乐化、碎片化的包装之下，如何不忽视传统文化的本质，避免落入形式大于内容的窠臼；如何

---

① 刘吉昌，曾醒.情感认同是铸牢中华民族共同体意识的核心要素[J].中南民族大学学报（人文社会科学版），2020，40（6）：11-16.

兼顾视觉效果与文化厚度，让文化节目得到长远的创新发展；如何建构适合自身的商业模式，并且积极向海外进行传播，讲好中国故事，是接下来河南卫视及其他卫视做文化类节目时需要创新思考的问题。

第七章 弘扬红色文化 强化融媒传播

——江西卫视对"英雄文化"节目的创新生产与传播

> 双"闪"双"跨",以青春视角讲好红色故事。

第一节 "大历史观 大时代观"下的红色文化节目创作

"中国特色社会主义文化,源自于中华民族五千多年文明历史所孕育的中华优秀传统文化,熔铸于党领导人民在革命、建设、改革中创造的革命文化和社会主义先进文化,植根于中国特色社会主义伟大实践。"[①]2013年以来的电视创新创优节目,秉持了大历史观、大时代观,聚焦重大主题,在引导人民群众树立正确的历史观、民族观、国家观、文化观方面发挥了重要作用。但相比较而言,以中华优秀传统文化为题材的原创文化节目数量多,形态丰富,而以革命文化为题材的原创文化节目数量较少,形态也不够丰富。

2021年是中国共产党成立100周年。党史是国家层面的记忆[②],围绕党

---

① 习近平.习近平谈治国理政:第3卷[M].北京:外文出版社,2022:32.
② 张爱凤.以形象思维触及人民灵魂:论电视剧《觉醒年代》的叙事逻辑[J].中国文艺评论,2021(9):92-103.

史学习教育，中央广播电视总台推出的《美术经典中的党史》《全国大学生党史知识竞答大会》、电影频道节目中心推出的《电影党课》、山东广播电视台《我们的新时代》、湖南广播电视台《百炼成钢——党史上的今天》、海南广播电视总台《追寻·不忘初心 牢记使命》、河北广播电视台《唱支歌儿给党听》、黑龙江广播电视台《青春之歌》《抗联英雄传》、广西广播电视台《我们的父辈先烈》、陕西广播电视台《歌声里的延安情》等，都是以探索性、创新性的勇气投入党史艺术化的作品，让观众在欣赏喜闻乐见的艺术作品时接受党史学习教育。

国家记忆以国家的历史发展为基础，记忆必须进入公共领域，成为可被公开谈论的公共性话题，并且被制度化、文本化，才能成为国家记忆。[①] 电视创新创优节目已经通过评奖评优制度化，并以视听文本或融媒体文本的形式成为书写国家历史发展、保存时代记忆的重要载体。

江西广播电视台深深植根于江西省丰富的红色文化资源中，努力打造全国一流广电赣军，近年来在红色文化节目的创研方面成果突出，如表 7-1 所示。

表7-1　江西广播电视台红色文化系列节目

序号	节目名称	题材	首播时间	节目荣誉
1	《中国红歌会》已举办七届（2006—2013年）	红歌竞演	2006.10.15	中国电视十大文化品牌
2	《跨越时空的回信》已播出4季	烈士家书	2019.5.8	第一季、第二季分别入选国家广电总局 2019 年第二、四季度暨年度电视创新创优节目；省级卫视年度品牌影响力节目

---

① 赵静蓉.国家记忆的生成机制与经典建构［J］.学习与实践，2020（10）：120-131.

续表

序号	节目名称	题材	首播时间	节目荣誉
3	《闪耀东方》	高端思政对话	2021.4.26	入选国家广电总局庆祝建党百年重点节目、2022年国家广电总局广播电视重点节目；第一季、第二季分别入选国家广电总局2021年、2022年第三季度电视创新创优节目
4	《闪亮的坐标》已播出2季	红色文化讲演	2021.5.15	入选国家广电总局2021年第二季度及年度电视创新创优节目；2022年"中华文化广播电视传播工程"重点项目；入围第27届中国电视文艺"星光奖"；第31届中国电视金鹰奖提名；《闪亮的坐标·青春季》入选国家广电总局2022年度电视创新创优节目
5	《跨越时空的旋律》	经典音乐致敬时代	2023.9.15	省级卫视年度品牌影响力节目

2019年以来，江西广播电视台聚焦"红色人文"主题，持续打造了双"闪"（《闪耀东方》《闪亮的坐标》）双"跨"（《跨越时空的回信》《跨越时空的旋律》）系列品牌节目。

《跨越时空的回信》作为一档弘扬英雄文化和爱国主义精神、献礼新中国成立70周年的节目，获得国家广电总局2019年第二季度、第四季度和年度创新创优节目表彰。《跨越时空的回信》由演员、先烈后人、历史亲历者共同参与，通过重启革命先烈的家书与至亲后人的亲笔回信，完成穿越时空的对话。节目通过人物、故事、书信、影像资料等方式激活关于先烈的家国记忆，从现场的回信人访谈、主持人评论中凝练具体可感的爱国主义精神，弘扬红色文化。2021年，江西广播电视台庆祝建党百年的高端思政对话节目《闪耀东方》和英烈英模故事讲演节目《闪亮的坐标》相继播出，进一步弘扬英雄精神，传承红色文化基因，多次获得国家广电总局电视创新创优节目表彰。2023年，江西广播电视台推出《跨越时空的旋律》，以焕然一新的方式传唱经典歌曲，致敬时代。

2023年12月19日，在国家广电总局《中国广播影视》杂志社主办的"TV地标"电视和网络视听综合实力大型调研成果发布会上，江西广播电视台蝉联"年度最具创新影响力省级卫视"称号。由此，在全国省级卫视的激烈竞争中，江西广播电视台"红色文化"节目创研的优势逐步彰显，媒体影响力不断提升。

第二节 《跨越时空的回信》对"英雄文化"的媒介建构

党的十八大以来，党中央高度重视培育以爱国主义、英雄主义为核心的红色英雄文化。但如何将红色文化与综艺节目相结合，并通过有效的载体和多元、畅通的传播渠道传达给更多观众，始终是一个难题。

江西广播电视台制作播出的原创文化节目《跨越时空的回信》，以革命先烈的家书为载体，创新性地设置了"时空信使"和"回信人"角色，让写信人（英雄烈士）与回信人（烈士后人）进行跨越时空的"对话"，体现出英雄文化的历史传承与当代价值。节目在英雄人物的选择和塑造中，强调"先锋性"和"平民性"的统一。通过主题凝练、烈士后人访谈和主持人评述，节目升华了英雄精神的思想内涵，让英雄精神在烈士战友、亲人及后继者身上得到传承和实践。

江西广播电视台献礼新中国成立70周年的原创文化节目《跨越时空的回信》，至今已播出四季，多次被国家广电总局表彰为电视创新创优节目。该节目拓展了中华优秀文化题材，以革命战争年代英雄烈士的家书为载体，激活家国记忆，创新性建构英雄文化，凝聚国家认同，被誉为

"一份永不被遗忘的国家记忆"[1]，节目视频和回信也被永久收藏于中央档案馆。

一、英雄文化的历史性与当代性

（一）英雄文化的历史传承

英雄文化"是以英雄人物为依托，以英雄价值观为核心的观念系统和价值系统，是关于英雄观念、英雄行为、英雄精神、英雄功绩、英雄评价、英雄传承的总和"[2]。英雄文化是中华优秀传统文化的重要组成部分，有着源远流长的历史。古往今来，歌颂英勇无畏、意志坚定、忠诚报国的英雄的诗句比比皆是，从"黄沙百战穿金甲，不破楼兰终不还"的王昌龄，到"天地英雄气，千秋尚凛然"的刘禹锡；从"生当作人杰，死亦为鬼雄"的李清照，到"壮志饥餐胡虏肉，笑谈渴饮匈奴血"的岳飞；从"醉里挑灯看剑，梦回吹角连营"的辛弃疾，到"人生自古谁无死，留取丹心照汗青"的文天祥；再从"为了免除下一代的苦难，我们愿——愿把这牢底坐穿"的何敬平，到"我应该在烈火与热血中得到永生"的叶挺。中国历代英雄的故事和精神通过教育、传媒、历史纪念馆等多种方式代代相传，成为中华民族的文化基因。

（二）英雄文化的法律保障

近年来，国内外多元文化思潮及价值观在互联网空间发生激烈碰撞，

---

[1] 周煜媛.《跨越时空的回信》两年推三季，这支7人团队是如何做的[J].中国广播影视，2020（14）：30-33.
[2] 张明仓.英雄文化的反思与重构[J].南京政治学院学报，2016，32（5）：32-36.

社交平台上歪曲历史、解构英雄、丑化英雄的事件与言论屡有发生，如污蔑狼牙山五壮士、诋毁董存瑞黄继光、恶搞红色经典作品等，严重冲击着社会主义核心价值观。

为了加强对英雄烈士的保护，传承和弘扬爱国主义精神，《中华人民共和国英雄烈士保护法》（下文简称《英雄烈士保护法》）于2018年5月1日正式实施。由此，英雄文化以国家法律的形式予以尊崇和保护。《英雄烈士保护法》第三条指出："英雄烈士事迹和精神是中华民族的共同历史记忆和社会主义核心价值观的重要体现。国家保护英雄烈士，对英雄烈士予以褒扬、纪念，加强对英雄烈士事迹和精神的宣传、教育，维护英雄烈士尊严和合法权益。全社会都应当崇尚、学习、捍卫英雄烈士。"[①]

英雄文化包含着国家层面的记忆，是建构国家认同的重要载体。媒介在塑造英雄形象、弘扬英雄文化、凝聚国家认同方面责任重大。《闪闪的红星》《地道战》《铁道游击队》《上甘岭》《长征》《建国大业》等影视剧中塑造的英雄形象已成为几代中国人的集体记忆。然而，在市场化的进程中，传媒的经济功能、娱乐功能日益凸显，真人秀、宫斗剧、网游等抢占了影视市场，严重挤压了英雄文化的生存空间。为此，《英雄烈士保护法》第十八条明确指出："文化、新闻出版、广播电视、电影、网信等部门应当鼓励和支持以英雄烈士事迹为题材、弘扬英雄烈士精神的优秀文学艺术作品、广播电视节目以及出版物的创作生产和宣传推广。"

（三）弘扬英雄文化的节目创意

意大利历史学家、哲学家、文艺批评家贝奈戴托·克罗齐把历史和现实紧密地结合在一起，认为历史不是写给过去的人看的，而是写给当代和

---

① 新华社.中华人民共和国英雄烈士保护法［EB/OL］.（2018-04-28）［2022-12-22］. https://www.gov.cn/xinwen/2018-04/28/content_5286529.htm.

下篇　实践创新：原创文化节目生产传播的多元创新路径

未来人们看的，并提出"当代性乃是一切历史的内在特征"。①

江西省是中国红色文化的根据地，具有丰富的英雄文化资源，如中国革命的摇篮——井冈山，中国人民解放军的诞生地——南昌，中国工人运动典范所在地——安源，中央红军长征集结出发地——于都，等等。近年来，江西省努力打造全国红色文化传承创新高地。江西广播电视台总编辑马玉玲认为，作为根植于江西这块红土地上的电视台，应该在弘扬先烈英雄文化精神方面有所作为。在此背景下，弘扬英雄文化和爱国主义精神、献礼新中国成立70周年的节目《跨越时空的回信》在江西广播电视台制作播出。

"这是我们和先烈的特殊相逢，在这里，我们沿着时间的刻度，读懂烈士的家信，再用一封后人的回信，完成跨越时空的对话。"《跨越时空的回信》以革命先烈的家书为载体，创新性地设置了"时空信使""回信人"角色，时空信使贯穿全场，驾驭节目进程，引导写信人（英雄烈士）与回信人（烈士后人或亲友）进行跨越时空的"对话"。节目第一季于2019年5月1日播出，7月17日晚结束。第一季播出结束后，24封烈士后人的回信被中央档案馆永久收藏，和烈士当年的家书放在一起，成为"另外一种形式的团聚"。节目第二季于2019年9月24日播出，第三季于2020年9月23日播出，第四季于2021年7月21日播出。三年四季的制播周期非常紧凑。

如表7-2所示，与第一季不同的是，第二、第三两季节目更加关注江西籍以及在江西战斗生活过的革命先烈的故事，如方志敏、陈树湘、李湘、何功伟等，第四季则为观众呈现了更多英雄群体的光荣事迹，如狼牙山五壮士、川藏公路筑路部队、进藏先遣连、抗美援朝志愿军松骨峰阻击战的烈士们等。

---

① 克罗齐.历史学的理论和实际［M］.安斯利，傅任敢，译.北京：商务印书馆，1982：3.

表7-2 《跨越时空的回信》第一至四季主题内容[①]

第一季					
期数	主题	英雄人物	期数	主题	英雄人物
第一期	选择	赵一曼、陈毅安	第七期	不远万里	库里申科、白求恩
第二期	黎明前夕	李白、江竹筠	第八期	父亲	王孝和、袁国平
第三期	离家	冷少农、白雪娇	第九期	守护	中央文库保管员救助红军伤员的老乡
第四期	爱情	潘涛与贾春英、曹越华与王德懿	第十期	追随	吉鸿昌、高捷成
第五期	誓言	林正亨、刘老庄连82烈士	第十一期	赤诚	冼星海、闻一多
第六期	未归	刘忠新、陈怀民	第十二期	视死如归	裘古怀、黄继光
第二季					
期数	主题	英雄人物	期数	主题	英雄人物
第一期	别离	唐义贞、李林	第七期	无畏	李兆麟、林心平
第二期	舍生	杨根思、杨靖宇	第八期	铁血柔情	黄开湘、左权
第三期	不屈	宋绮云、张露萍	第九期	舍家	周子昆、刘英
第四期	国庆特别节目——致敬可爱的中国	方志敏	第十期	赤胆忠诚	陈树湘、黄公略
第五期	纪念方志敏烈士诞辰120周年	方志敏	第十一期	义无反顾	朱枫、陈潭秋
第六期	追寻	续范亭、张太雷	第十二期	共产党员的样子	刘志丹、王若飞

---

① 该表由作者根据网络公开信息整理。其中《跨越时空的回信》第四季内容未完整上传至网络平台。

续表

第三季					
期数	主题	英雄人物	期数	主题	英雄人物
第一期	印记	华质彬、刘启耀	第六期	丹心碧血	蔡威、小叶丹
第二期	壮志	闫福华、文立正	第七期	烈火青春	少共国际师、工兵红一连
第三期	出发	肖文董、吴清昌	第八期	铁骨柔情	吴振鹏、董振堂
第四期	风华	王根英、聂耳	第九期	以身许国	李湘、郭永怀
第五期	孤胆	钱壮飞、杨子荣	第十期	九死不悔	何功伟、胡文杰

第四季					
期数	主题	英雄人物	期数	主题	英雄人物
第一期	宁死不屈	狼牙山五壮士	第五期	隐秘者	隐蔽战线战士刘光典
第二期	忠骨	邓仕均	第六期	一往无前	进藏先遣连
第三期	甘当路石	川藏公路筑路部队	第七期	为了胜利	抗美援朝特等功臣赵先有烈士
第四期	最可爱的人	抗美援朝志愿军松骨峰阻击战的烈士	第八期	誓言无声	邓稼先

相对于以往原创文化节目多集中于古典诗词、语言文字等传统文化题材，《跨越时空的回信》将革命文化、英雄文化作为节目题材，具有创新性。

二、英雄人物的先锋性与平民性

（一）英雄人物的先锋性

英雄人物是英雄文化的依托。《英雄烈士保护法》明确指出，英雄烈士是指"近代以来，为了争取民族独立和人民解放，实现国家富强和人民幸福，促进世界和平和人类进步而毕生奋斗、英勇献身的英雄烈士"。[1]

《跨越时空的回信》每一季有几期节目设定一个主题，介绍两位烈士。节目中，既有赵一曼、江竹筠、白求恩、吉鸿昌、冼星海、闻一多、黄继光这样的知名英雄人物，他们的英勇事迹在大中小学教育、影视文化产品、各种出版图书中频频出现，受到一代代人的尊崇和敬仰；也有像中央文库的保管员、刘老庄连82烈士中的无名英雄、救助红军伤员的老乡、守护苏联英雄墓61年的母子等鲜为人知的平民英雄。

烈士的家书中，既有国家的记忆，也有个体、家庭的记忆。东北抗联女英雄赵一曼，受到敌人刑讯逼供坚贞不屈，临刑前写下催人泪下的"示儿书"："我最亲爱的孩子啊！母亲不用千言万语来教育你，就用实行来教育你。在你长大成人之后，希望不要忘记你的母亲是为国而牺牲的！"面对敌人的严刑拷打，江姐大义凛然地说出："竹签子是竹做的，共产党人的意志，是钢铁铸成的。"在写给亲戚谭竹安的托孤遗书中，江姐写道："假若不幸的话，云儿就送给你了，盼教以踏着父母之足迹，以建设新中国为志，为共产主义革命事业奋斗到底。"冼星海担当起音乐家在抗战中伟大的责任，把音乐变成冲锋的号角，在给母亲的家书中写道："我要做一个生活在社会当中的救亡伙伴，而且永远地要向社会的底层学习。为了中华民族的生存，希望一切母亲们和儿子们，都勇敢地向前。"黄继光在朝鲜战场上给母亲写信："现在为了祖国人民需要，我站在光荣战斗最前面，为了全祖国家中人等幸福日子，不立功不下战场。"

一封封烈士家书，一个个英雄烈士，一段段家国记忆，一颗颗报国之心。通过烈士们的家书，观众深切感受到英雄们坚定的信仰、高尚的情操、忠诚的爱国心和大无畏的牺牲精神。从这个意义上来说，烈士英雄们对于

---

[1] 新华社.中华人民共和国英雄烈士保护法［EB/OL］.(2018-04-28)[2022-12-22]. https://www.gov.cn/xinwen/2018-04/28/content_5286529.htm.

普通民众具有先锋性和引领性。英雄是国家和民族精神的象征，英雄文化是国家和民族奋发向上、积极有为的精神源泉。正如习近平总书记所说："包括抗战英雄在内的一切民族英雄，都是中华民族的脊梁，他们的事迹和精神都是激励我们前行的强大力量。"①

（二）英雄人物的平民化叙事

在历史发展与文化变迁中，"英雄"形象一度被神化，形成"高大全"式的概念化、抽象化的刻板形象。"把榜样美化成神，使人可望而不可即……这样的榜样缺乏权威性和影响力，难以实现榜样与教育对象思想上的共鸣。"②《跨越时空的回信》对英雄人物进行了平民化叙事，通过烈士后人的口述记忆和回信，用"人"而不是"神"的方式去认识、理解、关怀和崇敬英雄，从而还原英雄身上更多"人性"的光辉。

给江姐回信的是她的孙子彭壮壮，他在给奶奶的回信中写道："我继承了你（江竹筠）的下巴和颧骨，继承了爷爷（彭咏梧）的眉毛和身材，在爸爸（彭云）的脸上，我的脸上，还能找到你们的影子。你没有被忘记，你一直活在我们的生命里。在我的成长过程中，你给予了我一种特殊的力量和信念。我的两个孩子依然继承了你的面容，并将太奶奶（江竹筠）作为演讲《改变我世界的人》中的主人公，这就是家国记忆的传承。我们没有见过你的音容笑貌，但我们的脸上都带着你的面容，我们的生命是你的生命和爱的延续。"

赵一曼的孙女在给她的回信中写道："奶奶，'希望不要忘记，你的母亲是为国而牺牲的'，这是您留给您的宁儿、我的父亲的最后嘱托，父亲

---

① 习近平.在颁发"中国人民抗日战争胜利70周年"纪念章仪式上的讲话［EB/OL］.(2015-09-02)［2024-10-14］.http://www.xinhuanet.com/politics/2015-09/02/c_1116454204.htm.
② 范迎春.当前榜样文化的审视与反思［J］.教学与研究，2016(3)：92-97.

看到这封信,是在您牺牲二十年后,在东北烈士纪念馆,父亲几乎哭晕在您的绝笔信前。您可能想不到,父亲用钢笔把'赵一曼'三个字刻在了自己的手臂上,陪伴他终生……我也在 24 岁做了母亲,每当想到您当年不得不与幼子生离,我总会去想,那时您内心有多不忍,有多撕裂,懂得就义前您留给儿子的诀别书,每个字都浸透了感天动地的伟大母爱。要是可以选择,我愿意有一个能够与我们一起粗茶淡饭、平静生活、共享天伦的奶奶。"

冼星海的女儿冼妮娜在给父亲的回信中写道:"亲爱的爸爸,今年是《黄河大合唱》在延安首演 80 周年,当年你用 6 天 6 夜创作出来的作品,早已传遍大江南北。我在八个月的时候,你就离开了我,你甚至都没有听过我叫你一声爸爸。爸爸,你为什么不能来抱一抱我?为什么不能等我叫你一声爸爸呢?"

闻一多的孙女在回信中写道:"爷爷,父亲生前多次和我提起您想重回昆明的愿望,他说您的魂一直留在那里。您为国家民族而死,我们遵照父亲的遗愿,把他的骨灰撒入了昆明的滇池,让他永远陪伴在您的身边,你们太久没见面了,好好说说话吧!让烟波浩渺的滇池,融进我们永久的思念。"

黄继光的侄子在回信中写道:"三爸,奶奶听到您牺牲的消息,就在老宅的院子里种下了一棵梨树,她说人走了,总得有个念想。看见这棵梨树,就当是看见您。您牺牲的第二年,奶奶就让爸爸参加志愿军,奶奶说,你没做完的事情,让爸爸替你完成。1958 年,最后一批志愿军回国的时候,爸爸来到您牺牲的阵地,大声地喊'哥哥,弟弟我来看你,明天我就要回国了。妈妈让我把你带回去,她说朝鲜太冷了,她让我在你牺牲的地方捧一抔土'。回国后,爸爸跪在奶奶面前,把带着弹片、子弹壳还有烈士鲜血的一抔土捧给她说,'妈妈,我把哥哥带回来了'。奶奶把土埋在梨树下,奶奶走的时候,叮嘱我们一定要摘几朵梨花放在她身边,她是希望您能陪着她。"

节目中的"回信人"是烈士的至亲,完全是以"局内人"的视角和烈士进行对话。在他们的心中,英雄不仅是英雄,还是他们的父亲、母亲、爷爷、奶奶、战友等。一封封情真意切的回信,一个个饱含深情的细节,展现出英雄们平民化的一面,同时也绽放了人性的光辉。现场观众感同身受,情感上产生强烈的共鸣,电视节目录制过程中多次出现主持人、观众泪湿眼眶的场景。

(三)英雄人物的人性化传播

新时期的德育已从单向的灌输、说教走向相互理解和双向对话,"人性化的德育,是用'人'的方式去理解人,对待人,关怀人,特别是关怀人的精神生活、精神生命的发展"。①《跨越时空的回信》以一种全新的方式构建了英雄文化。对于如何打破红色题材节目"不好看,易说教"的刻板印象,节目总导演赵京京寻找到了革命先烈的书信这个题材切入点,通过家书来展现和平常人一样有着血肉之躯和挚爱真情的英雄。了解一个有血有肉、形象丰满的英雄,对于普通观众来说是入情入心的。

《跨越时空的回信》第三季第九期的主题是"以身许国",讲述了江西籍烈士李湘的故事。70多年前,为保家卫国,李湘奉命率领志愿军第六十七军赴朝作战。在出发前的两个小时,他赶去医院看望了妻子和刚出生三天的女儿李广利,仅在医院停留了短短十五分钟就离开了家人。在节目现场,李广利含泪回忆父亲时说了这么一段话:"其实我从小没有父亲,生活里也没有父亲,我不知道生活里有父亲会是什么样子?……我好羡慕哥哥啊,他在爸爸的怀里睡过觉。我想,如果是我躺在爸爸的怀里,我会觉得那个胸膛很温暖。没有过,没有过这样的经历。"躺在父亲的怀里睡一

---

① 班华.德育理念与德育改革:新世纪德育人性化走向[J].南京师范大学学报(社会科学版),2002(4):73-80.

会儿觉,对很多人来说是稀松平常的事,却是李广利永远无法实现的奢望。李广利在给父亲的回信中写道:"出生后被您抱过的短短15分钟,就是这68年我们唯一在一起的时光。68年来,不管搬了多少次家,在家里最显眼的位置,永远摆放着您的照片。"节目从女儿的角度怀念父亲,既表现了英雄人物的崇高精神,也传递出英雄人性的温暖。

在媒体融合深度推进的过程中,电视媒体也积极向移动互联网传播转型。《跨越时空的回信》除了在江西卫视播出,还在爱奇艺、腾讯视频、B站、优酷、好看视频、微博等平台进行了传播。在腾讯视频平台上,网友留言:"传承信仰,铭记感动""缅怀过去,致敬英烈""好感动,我看一期节目哭一次,这节目太有意义了。""让我们深深向革命烈士致敬。烈士虽不在,但他们的精神力量,一直支持我们前进。""很棒很有意义的节目,不忘历史,不忘英雄,向英雄们致敬!""不忘初心,不忘先烈!""为民族振兴和人民解放的中华精英,令人敬佩和怀念。"

三、英雄精神的思想性与实践性

(一)英雄精神的思想性

英雄精神是英雄文化的核心,是中华民族精神的重要体现。《跨越时空的回信》通过节目主题凝练、烈士后人访谈和主持人评述,建构起英雄精神的思想性和实践性。

从第一季到第四季,节目的主题被凝练成"誓言""赤诚""视死如归""舍生""不屈""追寻""无畏""铁血柔情""义无反顾""丹心碧血""烈火青春""铁骨柔情""以身许国""九死不悔"等,丰富和升华了英雄精神的内涵。

主持人张羽、时空信使王宁的访谈和评述,用简练、朴实又动人的语言高度凝练英雄精神。"动荡年代的个人选择，往往需要在家国间取舍。赵一曼扛得住日本侵略者非人的折磨，却将一腔柔情化为思念孩子的绝笔，陈毅安与爱人渴望偕老共卿，却从未在生死之间犹豫半分。正是他们基于信仰的选择，才让今天的我们不需要做出同样艰难的选择。岁月静好，在于早有人替我们做出了选择，一封回信，跨越时空，传承信仰，铭记感动！""赤诚，是革命的纯粹。因为纯粹足以震动山河，激荡人心。冼星海将自己的音乐创作置于革命熔炉中，淬炼出凝聚国人心愿的旋律，令闻一多拍案而起，成为唤起国人要求进步和平等的宣言。赤诚是爱国的炙热，因为炙热足以感同身受，直指人心。无论是一首合唱，还是一篇演讲，因为正是这份赤诚，挺起中国人的不屈脊梁。""库里申科同仇敌忾承感同身受之意，他曾说，像体验我的祖国的灾难一样，体验着中国劳动人民正在遭受的灾难。习近平总书记多次在不同场合提及，中国人民不会忘记他。不远万里，是苦难面前的守望相助，是超越国家民族界限的人类之爱，正是民相亲，成就国相助。"张羽的每一段评述，都是一篇充满思想性和文学性的演讲，值得大中小学生反复诵读。

据媒体报道，江西省内多所大学组织全校党员干部在"不忘初心、牢记使命"主题教育会，集中学习观看了《跨越时空的回信》，从革命先烈的故事中深刻感受信仰的力量。这种力量能够跨越时空，永不消逝，引领今天的人们不忘初心，砥砺奋进，体现出英雄精神在思想层面对于当代人的精神引领。

（二）英雄精神的实践性

近代思想家梁启超提出只有平民英雄多了，建设、报效国家的力量才能变得强大，国家才能进步、发展。鲁迅先生也说过，自古以来，就有埋头苦干的人，有拼命硬干的人，有为民请命的人，有舍身求法的人，他们都是中国的脊梁。

对英雄精神的保护、弘扬与传承，最重要的在于其实践性。在节目中，观众可以看到英雄精神在他们的战友、亲人、后继者身上得到传承和实践。陈毅安烈士的孙子陈正烈少将，正是在爷爷精神力量的指引下，成为一名军人；白求恩国际和平医院的医生多次执行国际维和任务、国际人道主义救援，把白求恩精神付诸实践并传播到世界各地。

在《跨越时空的回信》第一季第十二期"视死如归"中，黄继光牺牲后，他的母亲邓芳芝心中非常悲痛，经常偷偷跑到后山去哭。但这位平凡而又伟大的母亲很快就把自己的小儿子黄继恕送到了朝鲜战场，要求他向哥哥黄继光学习，保家卫国。哥哥为国捐躯，弟弟又提枪走向战场，这就是英雄精神的传承与实践。邓芳芝还立下一个家规，要求黄家的孩子，不管男孩女孩，年满18岁之后都要参军。自黄继光开始，黄家已经有15个人参军。黄继光的侄子黄拥军复员回到家乡后，成为黄继光纪念馆的一名讲解员，他觉得作为烈士的后辈，有责任有义务把黄继光的英雄精神传承下去、发扬开来。黄继光牺牲后，他所在的连队改名叫黄继光连。班里还给他留着床位，每天点名的时候，第一个就要点黄继光的名字，所有战士齐声回答"到，军魂使命高于一切！"黄继光连第38任政治指导员吴健说："在我们眼中，老班长黄继光并未远去，而是一直激励着我们前行。除了集体的荣誉称号，近年来黄继光连还涌现出了一大批英雄模范。是什么样的力量让我们能够解决重重困难，坚持拼搏下去？回答就是英雄的精神。对我们来说，黄继光精神既是一种荣誉，更是一种传承。"

在制作节目的过程中，《跨越时空的回信》整个编导团队也从初期对革命先烈的故事仅仅是符号化、标签化印象到现在说到自己负责的每位革命先烈的经历、后人情况都能如数家珍，这同样是英雄精神的实践。

《跨越时空的回信》第一季播出期间，正值全国上下积极抗击新冠疫情之际。在这场全民战役中，中共中央多次召开重要会议进行布局；抗疫战士义无反顾地赶往防疫最前线；各地医护人员承受着体力和精神的双重压力、废寝忘食、无畏无惧地坚守岗位；央视及全国各地的新闻工作者在现场发回及时的报道；全国各地的普通民众也自觉地投入宣传、抗击疫情的志愿工作中。他们都是新时代"英雄文化"的传承者和实践者。

第三节 《跨越时空的回信》融合传播策略

一、节目持续重视节目品质提升和创新创优发展

按照节目的宣传资料，《跨越时空的回信》三年推出四季，只有一支7人团队，除总导演赵京京外，其他6名编导多为"90后"。[①]2018年10月起，编导团队对全国近120个纪念馆进行资料搜集。总共只有7个人的团队，算下来，每位编导要对接三四个省，而每个省有约15个烈士陵园和纪念馆，也就是说每个人要对接45—60个烈士陵园和纪念馆。仅一个季度的时间，编导团队就从全国搜集到1000多封烈士书信，并且拿到了其中70%的相关人士的联系方式。

第一次录制前2个月的时间内，节目组重点采访了200多位烈士后人和相关人士，又从这1000多封书信素材中圈定了100封书信作为录制备选。每一次开选题讨论会，因为烈士后人身体状况、回信人是否最合适、回信方向等问题，被否定或需要再完善的选题占到了五分之三。

2019年8月，《跨越时空的回信》第一季被国家广播电视总局评为2019年第二季度广播电视创新创优节目。2019年8月28日，该节目被国家广播电视总局确定为庆祝新中国成立70周年纪录片、动画片、电视节

---

① 周煜媛.《跨越时空的回信》两年推三季，这支7人团队是如何做的[J].中国广播影视，2020(14)：30-33.

目公益展播片目。2019年12月5日,《跨越时空的回信》获得"TV地标"(2019)中国电视媒体省级卫视年度品牌影响力节目。2020年2月27日,经国家广电总局组织评选,《跨越时空的回信》第二季被确定为2019年第四季度广播电视创新创优节目。《跨越时空的回信》第一季第八期"父亲",讲述了王孝和、袁国平两位先烈怀揣坚定信仰,慷慨赴死的故事,入围第26届中国电视文艺"星光奖";2020年7月10日,入选国家广播电视总局办公厅2019年度广播电视创新创优节目名单,并获得5万元的资金扶持。2022年3月,《跨越时空的回信》第五季被国家广播电视总局列入2022年广播电视重点节目名单,属于"赓续中华魂"主题。2020年3月,《跨越时空的回信》节目组获得2019年度江西省三八红旗集体荣誉称号。

从上述信息可知,节目组力量有限,但把大量的时间、精力放在内容的精心制作上,使得节目品质得到了有力的保证。

二、节目要重视建立专门的宣发、传播团队

《跨越时空的回信》节目组只有7人,且将主要精力投放在节目内容制作上,未能建立起专门的宣发团队。《跨越时空的回信》播出平台主要是江西卫视,只有爱奇艺、腾讯视频等网站上有该节目的不完整视频资源,且关注度和播放量比较少。每一期视频的评论和讨论都在个位数。网友评论:

> 很好的节目,让人感动。
> 这么好的节目,比许许多多的纯娱乐节目强多了。
> 我觉得现在的年轻人应该多看看这些节目,知道和平来之不易。
> 向英雄们致敬!
> 要不是亲身经历,怎么会在讲述的时候热泪盈眶?不能原谅,不能原谅,我们一定要教育好下一代,爱国,爱家,做个正能量的人,

这样的国仇家恨永不能忘。

《跨越时空的回信》第三季的节目热度较第一季有一定的提升，但是依然无法与节目的内涵、品质相匹配。《跨越时空的回信》第四季在互联网上没有完整的视频内容，社交媒体上的传播力度也不够。

在 B 站上，《跨越时空的回信》节目的二创作品数量也几乎为零。新浪微博"跨越时空的回信"播出四季以来的话题阅读量 1677 万，讨论量 2.4万。中国知网关于《跨越时空的回信》的研究文章也只有 14 篇，体现出节目对学界的影响力以及触达受众的能力还有待提升。江西卫视可以借鉴河南卫视提升融合传播能力的做法，将红色文化节目进一步传播给更广泛的受众。

三、节目要确立市场竞争意识和受众意识

在 2021 年和 2022 年，《长津湖》和《长津湖之水门桥》这两部电影的票房总和接近 100 亿元，创造了国产电影的多项纪录。社会主义市场经济下的文化建设要让文化走向市场，就是把创造的权利、评价的权利、选择的权利交给广大人民群众。在社会主义市场经济条件下，人民群众通过市场进行文化消费、满足文化需求。文化走向市场，就是让实践的检验、群众的检验作为文化发展的标准。占领文化市场就是占领意识形态阵地；市场份额越大，服务的群众就越多，正确导向就越能落到实处。

因此，江西卫视既要重视节目品质的提升，同时也要注意提升节目的融合传播能力，尤其要重视节目在视频网站和社交媒体上的传播，重视观众对节目的关注、参与和反馈意见，不断提升节目传播力。

第四节 《闪亮的坐标》提升传播力的创新策略

"祖国是人民最坚实的依靠，英雄是民族最闪亮的坐标。歌唱祖国、礼赞英雄从来都是文艺创作的永恒主题，也是最动人的篇章。"2021年5月，在党的二十大召开之际，国家广播电视总局迎接党的二十大重点文艺节目——江西卫视以讲述红色故事、传承红色基因为主题的红色文化讲演节目《闪亮的坐标》播出。

《闪亮的坐标》节目以"讲述+表演"的形式，邀请知名演员和公众人物讲述中国共产党历史上的重要事件和英雄事迹，同时选取党的十八大以来各行业涌现出的英模感人事迹，感召和引领当代青年成长为有理想、敢担当、能吃苦、肯奋斗的新时代好青年，唱响"新时代的青春之歌"，如表7-3所示。

表7-3 《闪亮的坐标》节目内容表

讲演人	英雄人物（事迹）	讲演题目
黄品沅、颜丹晨	杨靖宇	《浴血忠魂》
宋春丽	八路军高级将领左权的母亲	《向母亲敬礼》
王劲松、童蕾	方志敏与爱妻缪敏的狱中隔空对话	《共同的选择》
高曙光	志愿军战士冰雕连	《冰雪筑忠魂》
刘之冰	陈然	《一个共产党员的自白》
王新军	进藏英雄先遣连	《进藏英雄先遣连》
王丽云、刘端端	董存瑞	《为了新中国》
倪大红	中国人民志愿军一级战斗英雄、特等功臣获得者柴云振	《平凡英雄》

下篇　实践创新：原创文化节目生产传播的多元创新路径

续表

讲演人	英雄人物（事迹）	讲演题目
刘佩琦	中国第一代核潜艇总设计师、中国核潜艇之父黄旭华	《为国深潜这一生》
王亚楠、孟阿赛	刘老庄连82烈士	《连旗不倒》
宋佳伦	可可西里环保卫士杰桑·索南达杰	《雪域丰碑》
李乃文	献身国防科技事业的杰出科学家林俊德	《生命的倒计时》
朱亚文	"中国脊髓灰质炎疫苗"之父顾方舟	《让中国人挺起脊梁》
刘劲、温玉娟	江西瑞金华屋村17儿郎	《十七棵松》
李佳航	中国人民志愿军通讯英雄牛保才	《永不中断的电话线》
李光洁	中国"两弹一星"元勋王淦昌	《我愿以身许国》
佟丽娅	"时代楷模"张桂梅	《照进大山深处的光》
张光北、陈炜	新四军兵工事业的创建者和新中国兵器工业的开拓者吴运铎	《把一切献给党》
张晞临、徐囝楠	"人民英雄"国家荣誉称号获得者张定宇	《与时间赛跑》
敬一丹	新时代英雄战士杜富国	《征服死亡地带的"雷神"》
刘之冰	中国太空漫步第一人翟志刚	《飞天》
杨童舒、张峻宁	抗日巾帼英雄赵一曼	《抉择》
岳红	民族英雄马本斋	《宁为玉碎》
吴京安	红军师长陈树湘	《断肠明志》
刘端端	卫国戍边英雄官兵	《大好河山 寸土不让》
马苏	中共隐蔽战线女战士沈安娜	《敌营十四年》
许还山	"两弹一星"功勋奖章获得者钱学森	《我的归宿在中国》
刘威	"青藏公路之父"慕生忠将军	《筑路忠魂》
侯勇	改革先锋孔繁森	《雪域公仆颂》
范明、黄梦莹	"两弹一星"元勋郭永怀	《星辰作证》

续表

讲演人	英雄人物（事迹）	讲演题目
邵峰、刘威葳	井冈山骁将陈毅安	《无字家书》
陈数	隐蔽战线战士李白	《永不消逝的电波》
王姬	中国人民志愿军特级英雄黄继光	《不立功不下战场》
王千源	"铁人"王进喜	《我为祖国献石油》
黄志忠	"新时期英雄战士"、抗洪英雄李向群	《为了谁》
刘琳	"逐梦海天的强军先锋"张超	《逐梦海天的强军先锋》
邵兵	人民功臣张富清	《深藏功名 坚守本色》
郭晓东	人民的好公仆焦裕禄	《一切为了人民》

《闪亮的坐标·青春季》

讲演人	英雄人物（事迹）	讲演题目
张峻宁	邱少云	《烈火中的青春》
聂远	中国登山队	《巅峰使命》
杜淳	维和烈士申亮亮	《蓝盔勇士》
张凯丽、蓝盈莹	黄文秀	《扶贫路上的青春之花》
梅婷	王继才、王仕花	《守岛人》
李晨、王晓晨	"海空卫士"王伟	《我在等你返航》
印小天	玉林消防支队战士	《凡人之躯 英雄壮举》
姜宏波	中国女排	《中国女排的故事》
郭晓东	缉毒警察	《愿天下无毒》
张晓龙	人民音乐家冼星海	《人民音乐家》
陈数	中国航天人	《筑梦苍穹》
丁柳元	战"疫"人民	全民战"疫"

《闪亮的坐标》融合传播能力的提升得益于多部门、多主体联动制作、

传播。《闪亮的坐标》由中国文学艺术界联合会、中共江西省委宣传部、中国电视艺术家协会联合出品，江西广播电视台、江西铜业集团有限公司、中国视协演员工作委员会、中国视协主持人专业委员会联合承制，在江西卫视及各大网络平台连续播出，同时在中国视协微信公众号、《中国艺术报》、中国文艺网、抖音、西瓜视频、今日头条等平台上线。

《闪亮的坐标》由中国文联、江西省委宣传部、中国电视艺术家协会联合出品，提升了节目的政治站位；担任《闪亮的坐标》和《闪亮的坐标·青春季》讲演人的都是中国视协演员工作委员会的委员、在国内具有较高知名度的国家一级演员，艺术造诣深厚，舞台表现力强，提升了节目的艺术品位。江西铜业集团独家冠名节目，提供了一定的经费支持；江西卫视与抖音、西瓜视频等多个新媒体平台联动传播，扩大了节目的受众面，提升了节目的触达率。《闪亮的坐标》在全国卫视同期所有节目中收视率排名第三，相关视频及话题阅读量已经突破1亿。与《跨越时空的回信》相比，《闪亮的坐标》在节目的融合传播能力及效果方面有明显的提升。

"时代各有不同，青春一脉相承。"《闪亮的坐标》旨在展现具有代表性的英模人物，通过表演艺术家生动的叙述，让观众更容易理解和感受到英雄人物的伟大事迹和崇高精神。同时，节目也打破了传统电视舞台搭建的固有模式，融入了情景再现、舞台剧表演等多种艺术形式，采用扩展现实拍摄，用更青春的表达方式丰富讲演形态与视觉层次，为讲好英模故事全面赋能。

许多观众表示，通过观看《闪亮的坐标》，对中国共产党的历史有了更深刻的理解，对于那些为国家和人民做出牺牲的英雄们充满了敬意。节目中艺术化的表现手法也得到了不少好评，认为这样的方式使得历史更加生动有趣，有助于年轻一代更好地学习和传承红色文化。也有部分观众提出，虽然节目整体质量较高，但在某些细节处理上还有进一步提升的空间，比如故事的选择可以更加多元化，形式可以更加丰富等。

总的来说，《闪亮的坐标》通过其独特的内容和表现形式，在传承红色文化、弘扬爱国主义精神方面取得了积极的社会反响，在提升红色文化节目传播力方面积累了经验。

第五节　烈士家书线上+线下诵读提升红色文化节目传播力——基于G大学的项目实践

江西卫视的《跨越时空的回信》《闪亮的坐标》很适合引入大中小学，采用课程思政的方式融入专业课程的学习中。通过观摩原创文化节目，学生能了解革命先辈们的英勇事迹，增强爱国主义情感。通过诵读革命先辈们的家书、诗篇，学生能深刻理解"爱"的丰富内涵以及舍家为国的多重表达，感恩革命先辈们的流血牺牲，自觉承担起民族复兴伟业的责任。

家书是革命烈士用鲜血和生命留给世界和亲人的生命绝唱，彰显着革命烈士追求信仰、顽强拼搏、不懈奋斗、视死如归、忘我奉献的崇高风范，是《跨越时空的回信》的重要内容。在研究过程中，受节目的启发，笔者负责的课题组于2021年5月与《中国社会报》、一零一研究所联合发起了"品读烈士家书 传承红色基因"活动，共完成20期革命先烈事迹文章，烈士家书、绝笔诗的朗诵及解读音频录制工作，每周分别在《中国社会报》《学习强国》设专栏，音频节目在"优谷朗读"平台推送。这些烈士有的在《跨越时空的回信》《闪亮的坐标》中出现过，如赵一曼、左权、张露萍、陈然、杨靖宇等，也有些没有出现过，如向警予、恽代英、白乙化、史砚芬等。烈士家书诵读活动既是对节目内容的延展，也是节目延展到线下传播的创新实践，如表7-4所示。

表7-4 烈士家书、绝笔诗诵读篇目表

期数	朗诵篇目
1	赵一曼：就义前给儿子的遗书 赵一曼：狱中诗（又名《滨江抒怀》）
2	吉鸿昌：致妻书（166字）吉鸿昌：《就义诗》
3	向警予：给父母的信 恽代英：《狱中诗》
4	陈潭秋：给哥哥的信 何孟雄：《狱中题壁》
5	左权：给母亲的信（节选） 孙铭武、孙铭宸：《血盟救国军军歌》（部分歌词）
6	张露萍：给父母的信 陈然：《我的"自白书"》
7	白乙化烈士家书和诗歌
8	贺锦斋：给弟弟的信 贺锦斋：《绝笔诗》
9	史砚芬：给弟弟妹妹的诀别信 杨靖宇：《东北抗日联军第一路军军歌》
10	陈觉：写给妻子的遗书 杜斌丞：《牢中慰问同难王菊人同志》
11	赵云霄：给女儿启明的遗书 蓝蒂裕：《示儿》
12	钟志申：给哥哥的遗书（307字） 殷夫：别了，哥哥（514字）
13	杜永瘦：就义前给妻子的信 陈松山：《革命的"铁砧"》
14	林基路：给父亲的信（节选） 张锦辉：《就义山歌》
15	黄竞西：给妻子的信 邓铁梅：《纸扇题诗斥日寇》

续表

期数	朗诵篇目
16	何叔衡：给儿子的信 何敬平：《把牢底坐穿》
17	阮啸仙：给儿子的信 刘绍南：《壮烈歌》
18	赵伊坪：给父亲、叔父的信 夏明翰：《就义诗》
19	瞿秋白：给女儿的信 叶挺：《囚歌》
20	汪裕先：给姐姐的信（节选） 蔡梦慰：《战斗胜利了》

一、赵一曼：铁骨柔情的英雄母亲

宁儿：

母亲对于你没有能尽到教育的责任，实在是遗憾的事情。

母亲因为坚决地做了反满抗日的斗争，今天已经到了牺牲的前夕了！

母亲和你在生前是永久没有再见的机会了。希望你，宁儿啊！赶快成人，来安慰你地下的母亲！我最亲爱的孩子啊！母亲不用千言万语来教育你，就用实行来教育你！在你长大成人后，希望不要忘记你的母亲是为国而牺牲的！

一九三六年八月二日
你的母亲赵一曼于车中

赵一曼是一名传奇英雄，"白山黑水除敌寇"，被誉为东北抗日革命的"密林女王"；她也是一位慈爱的母亲，枪林弹雨中被迫与骨肉分离，临刑前，她泣血呼唤"宁儿啊！赶快成人，来安慰你地下的母亲！"她，更是一名坚贞不屈、意志顽强的共产党员，"一世忠贞兴故国"，甘将"满腔热血沃中华"。

在战争年代，一边是国破山河，一边是亲爱稚子，赵一曼不得不在"救国"和"守家"这两者之间做出选择。赵一曼牺牲时年仅31岁。她用实际行动诠释了共产党员崇高的人生境界和"英雄母亲"的铁骨柔情，用她披荆斩棘、浴血奋战的牺牲，换来了今天千千万万母亲和孩子的安宁和幸福。

2009年9月10日，赵一曼入选"100位为新中国成立做出突出贡献的英雄模范人物"。2015年9月2日，习近平总书记在颁发"中国人民抗日战争胜利70周年"纪念章仪式上的讲话中指出："包括抗战英雄在内的一切民族英雄，都是中华民族的脊梁，他们的事迹和精神都是激励我们前行的强大力量。"让我们永远铭记，赵一曼！"高尚的生活常在壮烈的牺牲中。"隔着80多年的时空，中国已经翻天覆地、沧海巨变。沐浴着和平阳光，享受着先辈披荆斩棘的幸福，今天中国的千万对母子已经无需再忍受炮火纷飞中骨肉分离的痛苦。

但，我们不能忘记，为了千千万万的孩子而舍弃自己孩子的"伟大母亲"——赵一曼。

诵读时，要深切体会一位母亲对于孩子的真情实感，其中有不能抚育孩子的歉疚，也有投身革命的坚定信念，更有热血报国的忠贞。通过诵读，期望学生们能珍惜当下的幸福生活，发愤图强。

二、陈潭秋、何孟雄：矢志救国 英雄当歌

在血雨腥风的战争年代，他们心系国家存亡，走南闯北，舍家弃子。这是湖北湖南两个省、四位革命者、两对共产党员夫妇的壮烈人生。

陈潭秋出生于黄冈的书香世家，兄弟姐妹十人，他排行第七，从小立志报国。徐全直出生于沔阳的贫农家庭，性格耿直刚烈，因逃婚离家求学。

1920 年秋，陈潭秋和董必武等在武汉成立了共产主义小组，在学校组织青年读书会，宣传共产主义思想，徐全直就是当时读书会的成员。他们先是师生，加入中国共产党后，在革命斗争中结成一对坚贞相爱、矢志救国的伴侣，婚后共生下了两子一女。

1933 年 2 月，中共中央临时政治局被迫由上海向中央苏区转移，时任中共江苏省委秘书长的陈潭秋在临行之前，给在湖北黄冈老家的三哥、六哥写了一封"托孤"家信。信中提到的"直妹"，就是徐直全，那个"快生了"、生产后准备"送人"的孩子，就是他们的儿子陈志远。陈志远一生只与母亲相处了 2 个月 18 天。母亲牺牲时年仅 31 岁，陈志远不满 1 周岁。10 年后，父亲陈潭秋在新疆牺牲，时年 47 岁。陈志远说："我没见过父亲，但我替他看到了祖国辉煌的今天。"

何孟雄是毛泽东的好友，缪伯英是杨开慧的发小。他们俩是同乡，同在北京求学，相识相知相爱，共同成为中国共产党创始人李大钊先生的得意门生。1921 年 7 月，何孟雄和缪伯英一起加入中国共产党，成为我党最早的 58 名党员中的唯一一对革命伴侣。

李大钊曾对何、缪二人说："你们名字合起来就是'英雄'二字，我希望你们成为推翻黑暗社会、缔造光明未来的一对男女英雄。"这一对英雄夫妻，没有辜负他们的姓名和李大钊先生的希望。陈独秀曾经写下《研究室与监狱》一文："我们青年要立志出了研究室就入监狱，出了监狱就入研究室，这才是人生最高尚优美的生活。"何孟雄一生 5 次被捕入狱，写下了著名的《狱中题壁》。

为了革命事业，他们长期奔波，领导工人罢工、农民暴动，组织妇女解放等，食无定时，居无定所，长期在不稳定的生活中超负荷地工作着。1929 年 10 月，缪伯英因积劳成疾住院，病危之际，对何孟雄说："既以身许党，应为党的事业牺牲。奈何因病行将逝世，未能战死沙场，真是恨事！孟雄，你要坚决斗争，直到胜利，善待两个孩子，使其健康成长，以继我志！"缪伯英在上海病逝，时年 30 岁。

1931 年 1 月 17 日，由于叛徒出卖，何孟雄和两个孩子不幸被捕入狱。2 月 7 日，何孟雄在龙华监狱被秘密杀害，时年 33 岁。而他们的一双儿女被关押了一年多之后，被送往孤儿院，在兵荒马乱中失散，至今下落不明。陈毅曾赞颂何孟雄"一生坎坷，宗旨不改"，是"真正的英雄"。

这两对夫妻，他们是生活中的亲密爱人，是精神上的贴心知己，更是事业中的革命同志。他们的一生，为国为民，颠沛流离；他们的事迹，慷慨悲壮，可歌可泣；他们的精神，历久弥新，永放光芒！

第八章　根植岭南文化　引领国潮音乐

——广东卫视原创"音乐文化"节目的创新发展路径

> 改革再出发，做"湾区传播"的引领者。

第一节　广东卫视的发展与湾区文化品牌的打造

一、新文化地理学视域下广东卫视的发展

传统文化地理学注重地理环境对文化形成和传播的影响，强调地理环境与文化之间的相互作用；而新文化地理学倾向于跨学科研究，强调文化的建构和表达对空间的塑造和影响，致力于"构建一个涵盖社会、文化、地理三大领域之间复杂互动关系的分析框架"。[①]

"湾区"原本是一个地理学概念，指由一个海湾或相连的若干个海湾、港湾以及邻近岛屿、陆地等共同组成的区域。新文化地理学强调"自然、

[①] 钱俊希、朱竑.新文化地理学的理论统一性与话题多样性[J].地理研究，2015，34(3)：422-436.

景观、地方、空间等地理要素并非'文化'被动的表达或容器，而是建构社会关系与文化意义的关键维度"。①随着社会、经济、文化的交融发展，"湾区"逐渐成为一个综合地理区域、经济发展与人文形态等多维度内涵的概念。

2019年2月，中共中央、国务院印发的《粤港澳大湾区发展规划纲要》前言中明确提出，粤港澳大湾区包括香港特别行政区、澳门特别行政区和广东省广州市、深圳市、珠海市、佛山市、惠州市、东莞市、中山市、江门市、肇庆市，总面积5.6万平方公里。至此，"粤港澳大湾区"从孕育到诞生，从一个区域性概念正式升级为国家战略。

位于粤港澳大湾区核心城市广州的广东卫视，于1996年4月1日开始试播并上星，同年7月1日正式开播。但由于一段时间以来，广东卫视在管理机制、节目制作、投入产出关系等方面存在的问题和不足，直接导致广东卫视社会影响和收视份额的下降。②

广东卫视先后于2002年、2004年、2007年、2009年、2014年进行了五次改版，不断调整频道定位，优化管理体制，凸显频道风格，彰显岭南文化特色。2016年至2018年，广东卫视在国家广电总局《中国广播影视》主办的TV地标中国电视媒体综合实力调研中获得两次年度最具成长性省级卫视、一次年度优秀省级卫视。

二、根植岭南文化，打造音乐文化品牌

粤港澳三地山水相近，人文相亲。文化和旅游是粤港澳大湾区建设的重要内容和载体之一。中共中央、国务院印发的《粤港澳大湾区发展规划

---

① 张爱凤.新文化地理学视域下纪录片与湾区传播的互融共生：基于中国（广州）国际纪录片节的个案考察［J］.教育传媒研究，2024（4）：14-20.
② 李燕.省级卫视竞争下的广东卫视突围策略［J］.传媒，2009（10）：72-74.

纲要》明确提出，要"塑造湾区人文精神""增强大湾区文化软实力"。①

在早期发展历程中，广东卫视的节目以新闻、财经、纪录片等节目形态为主，文化综艺节目数量较少，品牌特色不鲜明，在全国范围内缺乏影响力，观众认知度较低。2019年，广东卫视实施振兴战略，精准把握了改革开放后广东引领中国内地流行音乐发展、集聚了独特的音乐文化资源的优势，在全国省级卫视中独辟蹊径，努力做"国潮音乐"的引领者，改革开放奋斗历程的追忆者，以音乐表达时代心声，相继推出《国乐大典》《流淌的歌声》《劳动号子》《技惊四座》《跟着国乐去旅行》等多个具有"首档"优势的原创音乐文化节目，一举成为在粤港澳大湾区覆盖率和收视率均排名第一的省级卫视频道，并在第14届中国传媒大会上获得"金长城传媒奖·2019中国十大影响力卫星频道"，如表8-1所示。

表8-1　2018年以来广东卫视原创音乐文化系列节目

序号	节目名称	简介	首播时间	节目荣誉
1	《国乐大典》已播出4季	国内首个国乐竞演节目	2018.3.2	第一季入选国家广电总局2018年一季度创新创优节目；第二季入围第26届中国电视文艺"星光奖"；第二季获省级卫视年度品牌影响力节目；第四季被评定为2021年"中华文化广播电视传播工程"重点项目、国家广电总局2022年广播电视重点节目（"赓续中华魂"主题）
2	《流淌的歌声》已播出3季	时代记忆经典音乐	2018.12.29	国家广电总局2020年第三季度和年度电视创新创优节目

---

① 新华社.中共中央 国务院印发《粤港澳大湾区发展规划纲要》[EB/OL].（2019-02-18）[2024-02-20]. https://www.gov.cn/zhengce/202203/content_3635372.htm#1.

续表

序号	节目名称	简介	首播时间	节目荣誉
3	《劳动号子》	首档劳动金曲竞演节目	2019.10.18	金长城传媒奖·2019中国最具影响力上星电视栏目
4	《技惊四座》已播出2季	首档杂技文化交流竞演节目	2020.12.19	第一季入选国家广电总局2020年第四季度电视创新创优节目；第二季入选国家广电总局2022年第一季度、年度电视创新创优节目
5	《跟着国乐去旅行》	广东特色的音乐文旅节目	2024.6.29	"百千万工程"和"绿美广东"生态建设；入选国家广电总局2024年第三季度电视创新创优节目

2020年是广东卫视改革振兴的关键之年。广东广播电视台台长蔡伏青表示，"作为广东的主流媒体，广东广播电视台有责任和义务，推出一档用音乐来致敬这个伟大时代的节目"。广东卫视持续以"音乐文化节目"为品牌，继《国乐大典》《劳动号子》两档现象级节目后，再度推出原创时代记忆音乐文化节目《流淌的歌声》（第二季），由此形成"音乐文化节目矩阵"，实现了与其他省级卫视内容的差异化竞争。此外，《国乐大典》第三季在周五黄金档整季排名全国省级卫视前5，创广东卫视自制综艺节目收视排名新高。① 同年，广东卫视研发制作的原创杂技文化交流竞演节目《技惊四座》，以"杂技+"创新模式，助力传承千年的中华杂技艺术破圈，在竞争激烈的周六黄金档，节目收视排名全国前6，总决赛排名全国第5，收获了114个热搜和热榜。此外，《技惊四座》第二季，入选国家广播电视总局2021年"中华文化广播电视传播工程"重点项目。

2024年，广东卫视围绕广东省高质量发展的"百千万工程"和"绿美

---

① 资料来自2021年11月16日的"广电视界"。

广东"生态建设，推出新原创文化节目《跟着国乐去旅行》。节目走出演播厅，邀请吴彤、陈军等国内知名音乐人，萨顶顶、黄龄、凌云等国风实力派，以及"旅行推荐官"房琪和一众国乐团、青春乐手，与范明公等知名文化学者，走进广东的街道巷陌、田间地头实地采风，为每座城市量身打造系列原创音乐作品。如新兴站推出了《聆听烟雨》《采葛歌》《与子偕老》《行苇吟》等"诗经雅韵"系列原创曲目。该节目最大的特色是以"音乐＋文化"的交互模式，以"线上＋线下"的综艺融媒制作手段，通过国风音乐会、围炉夜唱、街头表演、沉浸式室内概念秀等多元形式，呈现"沾泥土""带露珠""冒热气"的音乐作品，彰显人文湾区、广东文旅的新时代面貌。节目重点强化了融媒传播，人民日报、光明日报、中国青年报、南方日报等权威媒体，以及广东台融媒矩阵，均在海内外各类平台上进行了广泛传播。融媒传播量超 2.5 亿，播出观看人次超 850 万，话题多次登上抖音、新浪微博、B 站等平台热搜榜。

至此，广东卫视在"音乐文化节目"方面的创新特色和优势越来越鲜明。立足湾区，以弘扬中华优秀传统文化、社会主义先进文化为主旨的原创音乐文化节目成为近年来广东卫视节目研发的新形态。基于国家广电总局的政策扶持、广东卫视的战略部署以及节目内容的创新建构，以多元主体提升节目品质；通过线上与线下、主流媒体与新媒体的多平台互动提升融合传播能力；通过弘扬中国原创音乐、经典传唱与时代记忆共享的方式，多维度提升受众满意度，体现了当下省级卫视对于提升原创文化节目传播力的创新探索。

第二节　顶层设计着力提升湾区音乐文化节目品质

节目品质融合思想创意、审美品位、多元价值等为一体，是"基于市场调研、满足不同受众需求、符合新媒体传播规律的多元化融合内容"[1]，是原创文化节目传播力的核心。广东卫视多措并举推动改革振兴，不断推动内容创新，提升节目品质。

一、国家广电总局做好顶层设计，持续加大原创文化节目扶持力度

在我国电视文艺节目的发展过程中，行业政策具有较强的规范和引领作用。为避免原创文化节目出现题材及模式同质化、传播力弱等问题，国家广电总局支持各级电视台打造个性化、创新化的节目，努力提升节目品质。在文化强国建设的背景下，国家广电总局高度重视广播电视节目的创新创优扶持工作，持续增强对原创文化节目的扶持和表彰力度。

国家广播电视总局办公厅每年年初下发《广播电视创新创优节目评选扶持工作的通知》（下文简称《通知》），提出参评节目"须坚持以习近平新时代中国特色社会主义思想为指导，坚持以人民为中心的工作导向，坚持正确政治方向、舆论导向、审美取向，坚持'小成本、大情怀、正能量'，聚焦党和国家工作大局和重大时间节点，具有较高的思想性、艺术性、创新性，实现良好的传播效果和社会效益。"《通知》强调节目在内容上要弘扬民族精神、时代精神，阐发中华文化独特的思想内涵、人文精神和道德观念；在形式上，要顺应全媒体发展趋势，擅长用大众喜闻乐见的方式去表现；在效果方面，要完成对受众的思想传播和价值引领。

在扶持利好政策的引领下，2018年以来，全国省级卫视涌现出一批讲述中国故事、传播中国文化的优秀特色节目，广东卫视《国乐大典》《流淌的歌声》《技惊四座》《行进大湾区》等一批具有"湾区特色"的节目先后

---

[1] 张爱凤.源与变：中国电视原创文化节目发展史论[M].北京：中国传媒大学出版社，2019：245.

17次受到国家广电总局创新创优节目表彰[①]，如表 8-2 所示。

表 8-2　2018—2023年广东广播电视台获国家广电总局表彰的电视创新创优栏目[②]

年度	季度	节目名	节目简介
2018	第一季度	《国乐大典》	原创国乐竞演节目
	第四季度	《2018技行天下》	大型职业技能竞技类节目
2020	第三季度	《流淌的歌声》	原创时代记忆音乐文化节目
	第四季度	《技惊四座》	首档大型原创杂技文化交流竞演节目
	年度	《流淌的歌声》	原创时代记忆音乐文化节目
2021	第三季度	《行进大湾区》	建党百年特别节目
	年度	《乡村振兴大擂台》	全国首档乡村振兴主题综艺节目
2022	第一季度	《技惊四座》（第二季）	原创杂技文化交流竞演节目
		《从农场到餐桌》	聚焦精准扶贫和乡村振兴战略的融媒体节目
	第三季度	《行进大湾区·奋楫扬帆》	大湾区发展专题节目
	年度	《技惊四座》（第二季）	原创杂技文化交流竞演节目
		《行进大湾区·奋楫扬帆》	大湾区发展专题节目
2023	第三季度	《行进大湾区·同心筑梦》	大湾区发展专题节目
	第四季度	《逐梦大湾区——众创英雄汇2023》	大型创业竞赛综艺节目
	年度		

---

① 包括四个季度以及整个年度的创新创优栏目，如栏目兼得季度和年度创新创优栏目，累计次数。

② 2019年度，广东广播电视台未获得电视创新创优节目表彰。

二、广东卫视加强创新团队建设，实施"1+1+2+N"改革战略

广东卫视扎根于领改革开放风气之先的广东省，但电视产业曾一度落后于其他省级卫视。在粤港澳大湾区国家战略的推进下，为落实国家广电总局节目创新创优政策，广东卫视面临着内容与形式双突破、收视与口碑双丰收的机遇与挑战，顺势而为、积极主动改革振兴是其突围路径。

自2016年起，广东卫视就通过机制创新加强"名人名品名团队"建设，举办"金点子"和"创意大赛"，建立内部人才脱颖而出的渠道和机制；率先推行工作室制度，努力打造在垂直内容领域具有较强创新力，在融合发展方面具有较大传播力，在市场运营能力上具有较强竞争力的专业融媒工作室。先后立项建设的23个工作室，已成为广东广播电视台内容生产、融合传播、市场营销创新的排头兵。

2019年，广东卫视出台了"1+1+2+N"改革战略。该战略主要包括：以"1"个《广东新闻联播》为核心，构建起以时政、民生、财经为主要内容的新闻传播矩阵；推出"1"个在广东卫视首播的现象级精品大剧；打造"2"个现象级的原创电视综艺节目；推出"N"个常规的优质电视综艺节目。这一战略旨在打破省级卫视竞争的固化格局，推动广东卫视更好地参与全国竞争。同年，广东卫视推出了两档原创音乐文化节目——《国乐大典》（第二季）和《劳动号子》。这两档节目将"高冷"的传统国乐和民间音乐用观众易于接受的表达方式进行演绎，旨在"点燃传承与创新的青春之火"，并逐渐在全国范围内提升其知名度和影响力。

2019年，广东卫视首次进入全国省级卫视前10，位列第9；2020年跃升至第7位，2021年进到第6名，进入准一线阵营。2020年12月16日，广东卫视在国家广电总局《中国广播影视》杂志主办的"TV地标"（2020）中国电视媒体综合实力大型调研中获得"年度最具创新影响力省级卫视"

称号，展现了改革振兴的成效。2020年12月19日推出的大型原创杂技文化交流竞演节目《技惊四座》在广东卫视播出，获得热烈反响，并在"TV地标"（2021）中国电视媒体和网络视听综合实力大型调研中获得"省级卫视年度创新影响力节目"称号。实践证明，内容创新仍是广播电视行业的"突围"之本，是业界长期坚守的不变法则。

广东卫视还将"1+1+2+N"改革战略升级为"1+4+4+N+1"，同时规划了三横三纵湾区节目带，全力将广东卫视打造成名副其实的"湾区第一卫视"。"1"为继续打造以《广东新闻联播》为龙头的融媒体新闻矩阵；"4"即每年至少推出4部首轮电视大剧；"4"指每年打造四档具有全国全网重大影响力的王牌综艺节目；"N"指N个自办品牌节目；最后一个"1"则指"一张大网"，通过建设全媒体多通道播出分发系统，推动广东卫视内容生产供给侧结构性改革。

2018年以来，不少省级广播电视台制作的电视创新创优节目呈现出植根区域、错位竞争的特点。如河南卫视深深植根中原文化和中华优秀传统文化，"中国节日"系列节目不断推陈出新；北京卫视立足首都政治、地理文化，相继推出了《上新了·故宫》《最美中轴线》《我在颐和园等你》等节目。广东卫视立足大湾区，充分发挥改革开放前沿阵地的优势，聚焦音乐文化主题，持续深耕，不断提升原创音乐文化节目品质。

第三节 《国乐大典》对国乐文化的创新演绎

在嘻哈、动漫、美国大片、真人秀、手机等浸染下成长起来的年轻人，对于国乐有着怎样的情感和理解？由广东卫视、山西卫视联合制作的原创文化节目《国乐大典》试图回应这个问题。《国乐大典》第一季于2018年3月2日起，每星期五21:10在广东卫视、山西卫视双平台同步播出，至今已播出 4 季。

一、内容创新，错位竞争

在《国乐大典》播出之前，国内省级卫视的原创文化节目多围绕汉字、诗词、成语等题材进行策划，音乐类节目较少。2015 年，山东卫视推出中国首档音乐体验真人秀《为你而歌》，邀请知名歌手以体验、采风的方式寻找、演唱淳朴的民族音乐。2016 年，中央广播电视总台推出的《中国民歌大会》和 2017 年安徽卫视制作播出的《耳畔中国》，都采用了民歌竞唱的模式。以上三档音乐节目都突出了"歌唱"的方式，而《国乐大典》另辟蹊径，选择了国乐"演奏"的方式，在内容上进行了创新。

"玉笛飞声，国乐是散入洛城的无边乡愁；踏过千年的国乐是历史，悠悠音弦流动至今。延续，刻不容缓；传承，以为使命。"《国乐大典》被认为是国乐界的"国家宝藏节目"，立足国乐的当代传承与创新演绎，采用"纪录短片＋国乐竞演＋鉴赏"模式，阐述并弘扬国乐文化精神。首季节目每场有 6 支民乐团竞演，以传统民族乐器演奏中国经典音乐曲目，现场观众微信点赞决定乐团排名，每两期淘汰排名最后的一支乐团，被淘汰的一组由新的乐团补位。通过 12 场比拼，最终获胜的 6 支乐队将登上国家大剧院国家舞台上演国乐巅峰盛典。

《国乐大典》还设置了"寻乐人"角色，通过纪录短片的方式展示寻乐人走南闯北，发掘一大批心怀梦想的国乐人的过程。10 支民乐团在 12 场竞演、13 期节目中，共呈现了《十面埋伏》《茉莉花》《二泉映月》《将军令》《苏三起解》《万马奔腾》《百鸟朝凤》《在那遥远的地方》等 74 首经典的民乐作品。节目囊括了中国多民族的传统器乐品种，融合了传统与现代的编排与演绎。由著名音乐人李海鹰、国乐演奏家方锦龙、著名二胡演奏家陈军、中山大学教授郭冰茹等组成的"国乐鉴赏团"，对每支乐团的表演进行点评，向观众传播国乐文化知识。第一季收官之作《国乐大典·巅峰之夜》中，世界马头琴大师齐·宝力高、国乐演奏家方锦龙、"陈氏二胡"三代演奏家等多位国乐大家齐聚首。

此外，为了创新视听效果，节目将经典的国乐作品进行了重新配器编曲，或用经典民乐器演绎流行乐曲，并巧妙融合了戏曲、舞蹈、吟唱等多种文化元素进行全新改编，旨在吸引更多年轻人的关注。如月琴改编的《茉莉花》、粤语说唱和京剧韵腔共同演绎的《世界始终你好》、马头琴演绎的《龙的传人》。此外，符生乐团将国乐和吉他、非洲鼓相结合，演绎了《蒙风》；赤焱乐团以京胡、月琴搭配现代电声乐队，与京剧演员胡文阁共同演绎《梨花颂》；龚锣新艺术乐团用民乐和大提琴、钢琴演绎的带有爵士乐风格的《康定情歌》等，都凸显了国乐的当代性、包容性和世界性。广东卫视还围绕"青春国乐"主题，打造线下巡回演出、少儿版国乐大典、社交媒体短视频等系列产品，全方位弘扬国乐经典，让观众在日常生活中近距离感受国乐之美。

在大量引进海外真人秀的模式竞争中，主导权被一、二线卫视掌握。根植于中华优秀传统文化的原创文化节目，为三、四线卫视的脱颖而出创造了机会。节目制作方广东广播电视台台长蔡伏青认为："《国乐大典》是推动中华优秀传统文化创造性转化、创新性发展的具体举措，是一场向经典致敬、揭开中国音乐之美的文化视听盛宴，是一曲融合中国当代音乐与传统民族音乐美学的交响，也是一部荟萃现代电视艺术和传统文化精神的精品力作。"山西广播电视台台长刘英魁说："该节目一是开创了全国首档运用传统民族乐器，演奏中国经典音乐的原创竞演节目；二是开创了利用大型综艺节目，传承和弘扬中国民乐文化的全新渠道；三是开创了两家省级卫视共同策划、共同制作、共同播出的大型文化节目范例。"

二、《国乐大典》融合传播的得与失

爱奇艺网站视频播放弹幕显示，网友普遍对国乐表达出欣赏、惊喜、赞叹的情绪，如"中国乐器太美了""难得的优秀节目""正能量的节目""舞台、灯光、音响、服饰都很完美"等，并对国乐大师方锦龙表达崇拜之情，如"为方锦龙而来"。但很多网友对节目过于花哨、炫目的舞美灯光以及电声乐队的配乐感到不满意，认为附加的内容、外在的形式喧宾夺主，偏离了国乐演奏、欣赏的根本。

从传播方面看，《国乐大典》在建构国乐共同体、普及推广民族音乐，吸引年轻人关注、传承与创新民族音乐方面，做出了较大的贡献，但节目的前期宣传、融合传播还存在较大的不足。爱奇艺弹幕数量非常少，网友感慨"很好的节目，看的人却这么少"。虽然受到国家广电总局 2018 年一季度创新创优节目表彰，但是在观众、学界中的知名度还有待提升，社交媒体的话题活跃度和网络搜索指数也不够高，节目在音乐编排细节的处理、层次推进、悬念设置等方面还可以设计得更好。

《国乐大典》第二季于 2019 年 7 月 5 日起播出，依然延续第一季传承与创新结合、用中国音乐讲述中国故事的创作理念。相比于第一季，第二季在赛制、舞美、评审规则、鉴赏嘉宾等方面都做了很大的改进，如现场大众评审用耳机聆听国乐，更真切、细致地感受声音的魅力，并采用击鼓投票的方式，加强了互动性和趣味性；加入了媒体评审，助推国乐的传播；通过纪录短片和现场讲解相结合的方式普及民乐的历史文化；鉴赏专家之间的观点交锋更是激烈。这些都提升了节目的观赏性。但是作为一档音乐文化节目，节目在现场收音、后期声效制作及网络融合传播方面仍需加大力度。《国乐大典》第二季在 B 站的播放量达到 1289.9 万，收获 10.5 万条弹幕，并得到 1044 人评出的 9.3 高分。

《国乐大典》致力于"国乐传承的青春表达"。2022 年播出的《国乐大典》第四季，以年轻化、跨圈层、高水准的音乐制作人为主的"合伙人"模式，邀请 70 名青春乐手同台，组建了"青春国乐团"。高科技 AR 虚拟技术的融入，实现了古典艺术与现代潮流的结合，给予观众 360° 沉浸式视听体验。《国乐大典》第四季第四期收视率为0.727%，位列全国第四，刷新了广东卫视综艺节目单期收视纪录。

《国乐大典》第四季的主要合作视频网站是优酷、爱奇艺等。以《国乐大典》第四季在爱奇艺平台的播放情况为例，截至2022年底，共有266人评出8.5分，但评论数为零。《国乐大典》网络播放情况不理想，可能与优酷、爱奇艺需要开通会员才能观看完整节目视频有关。这说明观众需要更加便捷的观看节目的渠道和平台。

广东卫视《国乐大典》节目官方微博@广东卫视《国乐大典》自2017年12月开通以来，粉丝数超过了42万，但微博视频的播放次数还比较低。如图8-1所示，《国乐大典》第四季纯享版视频在微博的平均播放量不到2000次，评论数、点赞数多是个位数。这说明在年轻人比较活跃的社交媒体上，《国乐大典》的传播力、影响力都不够，需要进一步加强融合传播能力。

图8-1 新浪微博@广东卫视《国乐大典》第四季纯享版视频观看数截图[①]

---

① 数据截至2024年8月28日。

2022年6月5日晚,"国风雅韵·青春弦音"——《国乐大典》2022全国巡演全球通开幕演出在广州大剧院奏响。节目制作方期望通过全国线下巡演进一步扩大节目的影响力,提升节目的传播力。遗憾的是,出于多重原因,《国乐大典》第四季后暂停播出至今。

第四节 《流淌的歌声》对岭南文化的创新发展

"岭南地域文化是一个范围比较广阔的概念。广义上的岭南地域文化指五岭以南广东、广西和海南一带的独特地域文化,又称珠江文明、南粤文化。狭义的岭南地域文化特指广府文化、潮州文化和客家文化。"[①] 本节采用的是狭义的岭南地域文化概念。《流淌的歌声》深耕岭南地域文化,提升节目品质,打造文化品牌。

《流淌的歌声》是广东卫视在改革振兴背景下推出的一档现象级节目,由广东卫视黄敏丽团队创意制作,广东卫视、广东广播电视台音乐之声、太平洋影音有限公司联合出品。黄敏丽团队是一支拥有十余年原创大综艺节目制作经验的电视节目高产强队,团队以"80后""90后"为核心力量。

《流淌的歌声》精选改革开放以来的经典音乐作品,邀请金曲原唱、实力唱将、新生代歌手以"老歌新唱"的方式发掘音乐背后的时代记忆,凸显岭南地域文化特色,打造独具个性的文化品牌。在国家广电总局发布的"2020年第三季度广播电视创新创优节目"名单中,《流淌的歌声》位列其中。该节目的第二季还入选了"TV地标"(2020)中国电视媒体综合实力大型调研"省级卫视年度品牌影响力节目"。《流淌的歌声》通过选取经典

---

① 方同义,陈正良.试论浙东学术的精神特质和民间影响:兼述浙东、湖湘、岭南地域文化的异同[J].浙江社会科学,2015(8):100-106,160.

的时代"老歌",结合"新唱"的形式重构观众的时代记忆,实现经典音乐文化的传承。该节目受到国家广电总局 2020 年第三季度广播电视创新创优节目表彰。目前,《流淌的歌声》已播出 3 季,第四季入选国家广电总局 2022 年广播电视重点节目,并获得了第 27 届电视文艺"星光奖"(电视文艺栏目),被网民称为"宝藏节目"。此外,《流淌的歌声》还与抖音、快手、全民 K 歌、B 站等互联网平台联动,实现了融合传播的创新模式,扩大了节目受众基数。

一、植根岭南地域文化,重塑经典之声

广东,是改革开放后中国内地流行音乐的发源地;广州,被誉为中国流行乐坛的"黄埔军校"。节目对时代传唱人、听赏团嘉宾的甄选凸显了岭南特色。从罗大佑、韩磊、杨钰莹、黄格选、陈明、俞灏明、王晰等歌手,到作曲大师李海鹰、广东音乐节目主持人秦海菲,音乐制作人、唱作人黄海伦等听赏团嘉宾,他们的人生或艺术生涯都与广东密切关联。传唱人和嘉宾通过分享金曲背后与广东有关的创作故事来强化受众对岭南文化的印象。节目第一期中,时代传唱团团长韩磊唱响的《走四方》,由知名音乐人李海鹰作词作曲,是广东电视台 1992 年播出的电视剧《一路黄昏》的主题曲。"一个人走在荒野上,默默地向远方""梦想刻在远方,一路走一路望",《走四方》也反映出改革开放新时期中国人积极追梦的状态。《走四方》一举成名,成为 20 世纪 90 年代的时代金曲。腾讯视频上的网民发弹幕回应"当年听着这首歌去了广东"。

粤语是粤港澳地区的主导性语言。粤语歌曲自香港引入广州并风靡全国,在大众文化发展史上占据了重要位置。节目中的粤语歌曲既凸显了"岭南地域文化"特色,也凸显了改革开放的"时代特色"。《我和春天有个约会》《晚秋》《一水隔天涯》《上海滩》《千千阙歌》《偏偏喜欢你》《一起

走过的日子》等粤语歌曲都是改革开放亲历者心中的时代经典之声。尤其是根据金庸同名小说改编的电影《笑傲江湖》中的主题曲《沧海一声笑》，其粤语版具有独特的意蕴和审美特质，被称为"超级的天才作品"。曲作者黄霑的胸怀、文人气质及侠义精神，也随着这首粤语歌曲的传唱与分享，实现了与不同年代听众的情感沟通与文化交融。

此外，于20世纪80年代初兴起于广州，随后风靡全国的"音乐茶座"，也在节目的舞台上予以重现。以音乐茶座为基础，广州逐渐形成了发展流行音乐的舞台，促进了内地原创流行音乐的高速发展。广州诞生了中国第一代原创流行歌手"94新生代"，以杨钰莹、李春波、林依轮、甘萍等为代表的岭南歌手，开启了内地流行音乐的黄金时代，这也是岭南新时代大众文化最具光荣与梦想的时代。广东卫视借助《流淌的歌声》，致敬经典和时代，期望重新回到当年广东在全国流行音乐领域的引领位置。

二、深化"老歌新唱"的文化传承

"文化传承实质上是一种文化的再生产，是民族群体的自我完善，是社会中权利和义务的传递，是民族意识的深层次积累，是纵向的'文化基因'复制。"[①]

"唱响经典，是传唱者的使命。"《流淌的歌声》的宣传语"一曲动心弦"，通过选取经典的时代"老歌"，讲解老歌背后的时代故事，并结合"新唱"的形式，激活观众的时代记忆，实现经典文化的传承，使优秀传统文化焕发新的生命力。在"老歌"的选取上，节目选择改革开放以来最能够体现时代记忆的近百首经典好歌，实现了"老歌"的再度传唱。《精忠报国》《霸王别姬》《龙的传人》《等待》《天涯》《沧海一声笑》《光阴的故事》

---

① 赵世林.论民族文化传承的本质[J].北京大学学报（哲学社会科学版），2002（3）：10-16.

《黄土高坡》《亚洲雄风》《黑头发飘起来》《时间都去哪儿了》《蓝莲花》等都是传唱度极高的作品，其中蕴含着丰厚的中华美学精神和充沛的情感传播价值，如同节目的名称《流淌的歌声》，源远流长，生生不息，"每次回首，都是新生"。

在"新唱"的形式上，节目选择当下在年轻受众群体中有影响力的年轻歌手进行传唱，建构年轻观众的时代记忆，同时也通过新人与前辈同唱的方式进行经典的重塑与传承。第一期传唱人、年轻创作型歌手简弘亦以独特的嗓音演唱《笑红尘》，将经典歌曲进行了个性化、现代化表达。第四期传唱人周深以精益求精的真诚态度对经典进行全新改编，曾获得"最佳国风新锐唱法奖"。在他的带动下，一大批"95后""00后"粉丝观看节目，很多网民发送弹幕表达对周深的喜爱，如"为深深（周深）而来""深深适合国风音乐，唱出了新境界"。听赏团嘉宾黄舒骏点评周深让"中国乐坛的仙音派有了新的传人"。此外，新人马佳用美声演绎《龙的传人》，并与屠洪刚合作演唱《精忠报国》，以"传唱"经典来"传承"经典。原唱者与传唱人、前辈与后辈在舞台上的互动和深情演绎，既回顾了经典，又创造了新的传奇。

《流淌的歌声》第二季是广东卫视坚持节目为本、内容为王，大力推动频道创新发展、节目品质不断提升后的成果。节目延续第一季"经典歌声＋时代记忆"的模式，组建了"时代传唱团"，讲述经典老歌背后的时代故事，让经典音乐绽放出时代光芒，实现了口碑与收视的双丰收，获评国家广播电视总局"2020年第三季度广播电视创新创优节目"，同时获得"TV地标"（2020）中国电视媒体综合实力大型调研"省级卫视年度品牌影响力节目"。

《流淌的歌声》第三季播出期间正值建党百年之际，在重唱经典歌曲的同时，提炼出亲情、友情、家国情的主题叙事，寻找个人记忆、集体记忆与时代记忆的切合点。节目组设计的场景中摆放着具有时代感的道具：数字寻呼机、粮票、卡式收录机、唱片等。为庆祝中国共产党成立100周年，节目组举办了《流淌的歌声》歌唱比赛，用歌声为党的百年华诞献礼。此外，节目组还全方位借力新媒体，在抖音、全民K歌等平台与观众、网民进行全媒体互动，征集优秀演唱作品，还邀请网友进入节目录制现场。每期结尾的"经典大联唱"，将观众带回到校园、社区、广场一起唱卡拉OK的时代场景中。在歌声中回忆往事，在歌声中传递深情，让往事有温度，让岁月留歌声，让每个人都能参与其中，也体现出以人民为中心的创作导向。回首过去，展望未来，每位奋斗者都将迎来新的天地。

三、多渠道联动提升融合传播能力

在全媒体时代，以电视传播、网络传播和线下传播等多元传播方式形成的融合传播能力，是提升原创文化节目传播力的基础。在媒体融合深度推进的过程中，在多元文化形态对用户注意力的竞相争夺中，原创文化节目要想有效触达受众，必须要有强大的融合传播能力。相较于第一季，《流淌的歌声》第二季除了广东卫视的电视传播，还拓展了新媒体融合跨屏传播和线下活动传播。通过多渠道联动，观众自觉加入"时代之声"的创作，提升了节目的融合传播能力。

（一）主流媒体着力提升节目传播力

早在2014年，广东卫视就从宣传、经营、品牌三个方向重点落实媒体融合规划。为响应国家广电总局"顺应全媒体发展趋势，探索广播电视与互联网、新媒体深度融合"的政策，《流淌的歌声》第二季通过大、小屏互动融合传播，拓宽节目传播路径，提升节目的受众到达率。《流淌的歌声》第二季整季平均收视率0.412%，市场份额1.76%；单期最高收视率0.508%，同时段在省级卫视中最高排名第4位；总到达率12.1%，触达全国收视人口约 1.69 亿,收视率比第一季提升了 70%。《流淌的歌声》第二季在节目品质上进行创新与改革,通过主流媒体传达给受众,实现了传播力的提升。

(二)多平台互动拓宽传播路径

与第一季相比,《流淌的歌声》第二、三季更注重节目融合传播能力的提升。节目以"经典歌曲 + 时代记忆"为线索,选取改革开放 40 多年以来涌现出的经典好歌,邀请原唱、新老歌手等进行传唱,同时邀请文化学者、音乐制作人、时代见证者,共同讲述金曲背后的文化特征,唤醒时代记忆,讲好改革开放的中国故事。

《流淌的歌声》第二季的播出平台除了电视,还融合了腾讯视频等网络传播平台,以及 B 站、抖音、全民 K 歌等社交媒体,并通过用户参与创作,突破了节目输出的单向通道。腾讯视频网络传播平台数据显示,《流淌的歌声》第二季最高播放量达 55.2 万。B 站数据显示,节目总播放量累计达 294.7 万,用户评分 9.8,弹幕总数 7.2 万条。节目联合快手短视频官方平台举行线上活动,累计超过 8.5 亿的播放量,同时引发用户点赞。相关节目调查显示,广东卫视和节目官方联合"全民 K 歌"举行《流淌的歌声》全民 K 歌大赛,通过传统媒体与新媒体的互动,用户作品累计超过 2 万首,总播放量达 1800 万,全网数据总量累计约 19 亿。广东卫视在入驻酷狗平台并参加"酷狗超人计划"后,将《流淌的歌声》第二季的花絮内容剪辑成音乐类内容短视频。据统计,《流淌的歌声》相关视频的播放量累计突破 1072 万,收获平台用户的好评。

《流淌的歌声》第二季融合新媒体多平台传播,吸引了用户和媒体的关注。人民众云舆情报告显示,有关《流淌的歌声》的热门报道信息主要来源于腾讯新闻、今日头条、百家号、知乎、网易新闻等。《流淌的歌声》第二季在融合新媒体平台传播后,更有效地触达了观众和网络用户,提升了节目的传播力和影响力。

（三）线下活动助力矩阵传播

"优秀的原创文化节目要把服务人民与教育引导人民、把满足人民需求与提高人民素养结合起来。原创文化节目提供的公共文化服务说到底是一种为全体公民提供的新时代的审美教育。"[①] 广东卫视通过融合电视、网络平台与线下活动三方传播能力，打造联合传播矩阵。《流淌的歌声》第二季通过融合线上和线下传播渠道，将主流媒体和多媒体跨屏互动相结合，建构起科技与传统文化的沟通桥梁，实现了从融媒体到融文化的品质提升。相较于第一季单一的电视传播，第二季除了线上节目，线下活动也深入观众生活，带给公众沉浸式的体验。节目通过音乐文化落地的传播方式，将电视观众、线下受众和互联网社群紧密关联，提升了主流媒体的公共文化服务能力。

在2020年儿童节时，《流淌的歌声》第二季举办了一场线上公益演唱会。节目邀请了腾格尔、吴彤、杭天琪、爱戴等明星歌手，以及快手素人小歌手陈陈、小雨点艺术合唱团等不同年龄的嘉宾，歌唱经典、畅聊童年，获得了较高的社会关注度。这种线上线下互动促进公益的模式为原创音乐文化节目的发展创新提供了借鉴。公益直播的演唱视频还在"希望乡村教师计划"项目学校的音乐课堂上播放，覆盖了大约400所乡村学校，助力提升乡村儿童音乐教育。同时，广东卫视联合碧桂园品牌和即唱科技，推出了《流淌的歌声》线下唱歌体验场所"流声厅"。"流声厅"已经进驻碧桂园旗下的各大社区、文化公共空间、特色民宿等。节目通过线下学校、社区等沉浸式的传播渠道，为公众构建了一个共享的公共文化空间。

[①] 张爱凤.源与变：中国电视原创文化节目发展史论［M］.北京：中国传媒大学出版社，2019：203.

四、多维度提升受众满意度

受众满意度是评价原创文化节目传播力的重要指标。原创文化节目从受众出发,建立起人与人、人与文化之间的互动关系。《流淌的歌声》第二季在传统文化知识普及、经典音乐传唱和时代记忆共享的过程中,满足受众的文化需求、审美需求和情感需求,提升了受众满意度。

(一)弘扬原创音乐,强化文化认同

"文化认同,就是指对人们之间或个人同群体之间的共同文化的确认。使用相同的文化符号、遵循共同的文化理念、秉承共有的思维模式和行为规范,是文化认同的依据。"[①] 原创文化节目肩负着传统文化知识普及、满足受众文化需求的责任。如何讲好中国故事、传播传统文化知识、实现观众文化认同已成为当今传播者的目标。

《流淌的歌声》第二季以歌曲为载体,立足于弘扬中华优秀传统文化。第四期和第五期的主题为"国风飞扬",选择的歌曲或取材于中国古诗词,或加入中国民族乐器的演奏,或以传统文化典故为创作背景,让观众在节目中聆听"国风之美",感受"国韵悠长"。原创音乐人吴彤是国家级非物质文化遗产"宏音斋"的第5代传承人,他既有音乐理想,又坚守音乐信念。他将博大精深的中华文化和美学精神融入原创音乐作品,表达了强烈的文化认同,曾两次获得格莱美"最佳跨界古典专辑奖"和"最佳世界音乐专辑奖"。此外,在《霸王别姬》《中国功夫》《精忠报国》《江山无限》等具有强烈"中国风"的歌曲中,蕴含着极其深厚的家国情怀和不屈不挠的中国精神。网民在观看时评论"老歌还是有味道""老一辈的歌唱家都是

[①] 崔新建.文化认同及其根源[J].北京师范大学学报(社会科学版),2004(4):102-104,107.

实力派""宝藏节目"。

在经济、文化、科技全球化的背景下,《流淌的歌声》第二季通过弘扬中国原创音乐,将观众的注意力引领到民族文化中,促使国人重新审视并认同自己的文化,从而塑造文化自信。在第八期节目中,塔林图雅向观众展示了非物质文化遗产——蒙古族传统乐器口弦,并普及民族乐器知识。节目播出后,抖音上一条标题为"口弦表演:一人吹出万马奔腾音效"的短视频迅速走红,网友为民族演奏家的精湛演绎所震撼,也为中国非物质文化遗产的魅力所折服。网友积极、正面的评价,彰显了《流淌的歌声》第二季真正做到了声入"人"心。观众通过节目不仅感受到了音乐的感染力,更深刻体会到了中华优秀传统文化的魅力。正如听赏团嘉宾郦波教授所言:"只有把自己的命运和家国的命运紧紧地融在一起,我们才能迎来真正的民族复兴,才能让国风飞扬。"

(二)经典音乐传唱,满足观众陌生化的审美需求

"陌生化"是 20 世纪初俄国形式主义文论流派提出来的理论,其根本是创作者审美体验的独特性和生动性问题。"程式化的艺术程序不仅失去了昔日的光彩,而且正在吞噬艺术的生命,危及艺术的发展。"[①] 原创文化节目自 2013 年发展至今,在传承优秀传统文化的同时,也面临着程式化、同质化的风险,因此需要努力创新审美经验,引导观众从审美疲倦中释放出来,获得新的审美感受。

《流淌的歌声》第二季通过每期节目设立不同主题,精选中国改革开放以来的经典歌曲、经典现象进行回顾和重构,为观众建立一个经典音乐库。"古辞赋、古旋律、古文化""新编曲、新概念、新唱法",如吴彤对李白的经典诗作《将进酒》、苏轼的《定风波》、辛弃疾的《京口北固亭怀古》等

[①] 冯毓云.艺术即陌生化:论俄国形式主义陌生化的审美价值[J].北方论丛,2004(1):21-26.

进行全新演绎，融入摇滚、琵琶、笙、民族舞蹈、书法等多种元素，把诗人的豪迈、浪漫、旷达、豪放等不同情感演绎得淋漓尽致。节目对经典作品的全新演绎，满足了观众渴望新鲜感的审美需求。

节目中的时代记忆传唱人并不是在"复制"原唱，而是以极具个性的表达重构经典，"每次演唱都像是重新回味人生"。第二期王铮亮传唱《时间都去哪儿了》后，节目将广东优秀扶贫干部彭彬请到台上。彭彬自2011年以来参加三轮扶贫，2016年至今在雷州市那毛村做驻村第一书记，把一个资源匮乏、组织涣散的贫困村变成脱贫致富的小康村。彭彬把宝贵的时间奉献给了扶贫事业和需要他的人，获得了"广东扶贫使者"、广东脱贫攻坚工作突出贡献个人等称号。经典传唱让观众对生命岁月、对民族原创音乐作品的内涵有了全新的认识和体验。"传承""发扬"正是节目的宗旨所在，"感动！""薪火相传""百听不厌""打动人心的是情感""惊喜，觉得老歌好听！"腾讯视频、B站的弹幕表达了观众对节目创新的欣赏和认可。

（三）时代记忆共享，激发大众文化乡愁

1925年，哈布瓦赫在《记忆的社会框架》中提出"集体记忆"这一概念。他认为集体记忆是一个社会建构的概念，控制和规范着个人记忆以及个体身份的形成，为当下的需要所服务。原创文化节目通过时代的文化记忆建构受众的集体记忆，使受众获得情感需求的归属，激发大众的文化乡愁。"所谓'文化乡愁'……是'现代性'文明和文化的副产品，对于现代社会和现代人类来说，具有着'家的意识形态'的性质。"[①]

"每一个音符都有属于我们的共有记忆。"《流淌的歌声》第二季的现场，出现了老式双卡收录机、磁带、唱片、传呼机、音乐茶座、点歌机、老照片等道具，承载着时代记忆。"时代记忆传唱人"的角色设定，还有每

---

① 万俊人.经济全球化与文化多元论[J].中国社会科学，2001（2）：38-48，205.

一期结尾传唱人与观众共同合作的"经典大联唱",《向天再借500年》《我只在乎你》《月亮代表我的心》《沧海一声笑》《好汉歌》《敢问路在何方》《万山千水总是情》《祝你平安》《大哥你好吗》《真心英雄》《同桌的你》《睡在我上铺的兄弟》等,都在用音乐记忆唤起观众的文化乡愁。网友纷纷表示,"节目全是我喜欢的歌""那个年代很美好""纯情年代""激情澎湃的时代"。

《流淌的歌声》在传播中国原创音乐文化的同时,也关注时代记忆中的百姓生活与真情实感,以现实生活中普通人的情感来折射时代的集体情感,从而进行情感共同体的建构。在抖音"'提词机'罗大佑指挥全场合唱《童年》"这条短视频的评论中,关键词包括"经典""记忆""校园民谣"等,足以看出节目内容带给观众的情感共鸣。韩磊写给母亲的歌《草原的小路》,引发了嘉宾团及现场观众对家、亲人和亲情的怀念。"我从这里离开,又从这里回来""背起行囊再出发,走向新天地",既是传唱人的情感表达,也是每一位普通人的追梦心声,更体现了《流淌的歌声》的文化立意。现场的时代欢唱团来自各行各业的音乐发烧友,在讲述经典歌曲记忆以及各自的人生故事中,表达了文化乡愁的情感。

五、融合传播能力亟待提升

节目品质、融合传播能力和受众满意度是提升节目传播力的核心要素。《流淌的歌声》第二季为省级卫视提升原创文化节目传播力提供了很好的路径借鉴。但放眼全国横向比较,广东卫视及《流淌的歌声》仍然存在不足。虽然被网民誉为"宝藏节目",但是节目在全国的知名度仍然不高,究其原因,是广东卫视对其优质节目的宣传力度还不够强。在传播渠道方面,《流淌的歌声》第二季仅在B站、腾讯视频同步播出,播出平台较少,且未对节目进行集中、联动式的推广,对年轻观众的吸引力、感染力还不够。在第三季的播出前，广东卫视加强了市场调研，进行了不同时期的节目宣传及品牌营销，强化了多平台的融合、联动传播能力。《流淌的歌声》第三季在CSM63城市网首播后收视率进入全国前十名。

笔者认为，该节目可以加入观众分享对时代金曲的记忆等环节，可以根据节庆等元素设计线下活动，并借鉴《朗读者》"朗读亭"的模式，将线下活动的范围延伸到城市广场、市民社区、大学校园甚至乡镇，吸引更多人"传唱"经典。

第五节 《技惊四座》出海提升国际传播力

广东卫视《技惊四座》第二季、《国乐大典》第四季被中宣部、财政部、文旅部、国家广电总局评定为2021年"中华文化广播电视传播工程"重点项目。这两档节目也被国家广电总局列入2022年广播电视重点节目，列入"赓续中华魂"主题。

一、打造节目系列IP

《技惊四座》作为一个系列IP，不仅是国内省级卫视中首次聚焦中国杂技艺术的原创文化节目，还通过新媒体短视频和艺术短片等多种形式，全面展现了中国杂技的魅力和深厚底蕴。这一系列的成功，离不开邢狄曦团队的精心策划与制作。制作方之一的新媒股份，即广东南方新媒体股份有限公司，是广东广播电视台旗下的新型媒体企业，致力于将新媒体与现代视听技术相融合。作为全国首家实现独立IPO上市的播控平台运营公司，公司围绕"互联网新视听头部平台"的战略目标，全力塑造"喜粤TV"新视听媒体品牌，在内容的大赛道上选择了国潮综艺这个垂类赛道。

新媒股份投资的《技惊四座》第二季、《国乐大典》第四季、《美好生活欢乐送》第五季等国潮类节目，不仅收获了全网16.5亿声量，更在产业链布局上向国潮文化产业方向迈进了扎实一步。

《技惊四座》的创意来源不仅是历史悠久、技艺高超的中国杂技艺术，也是因为"肢体语言是一门无需翻译的国际语言"[①]，所有人能够一看就懂，便于向海外观众讲好中国故事，传播中国文化。《技惊四座》节目专门组建了宣传推广和融媒宣发团队，在深挖中国传统文化内核的基础上，结合年轻用户对国潮文化的追求，重点让中国传统文化、中国元素成为节目热点，同时也向观众科普杂技文化"冷知识"，提高观众对专业杂技表演的欣赏水平，并将节目推广至国际传播平台，让中国传统文化借助"无需翻译的国际语言"输出到全球各地。

二、精准锚定节目的海外传播目标

《技惊四座》第二季以"青春"为核心，旨在让传统文化在青年传承的年轻化表达中焕发新的活力。节目延续"杂技+"模式，将杂技与多元新潮元素相结合，融合表演、特效、舞美，打造惊艳的杂技舞台，致力于向观众呈现集知识性、艺术性、观赏性、故事性于一体的杂技舞台大秀，填补了国内综艺市场中杂技艺术题材的空白。

《技惊四座》第二季作为2022年国家广电总局重点展映项目，被商务部、中宣部、财政部、文旅部、国家广电总局共同评为"中华文化广播电视传播工程"重点项目（全国仅有16档电视节目入选），并作为全网十个综艺节目之一入选国家广电总局国际司"全球发展视听共享"播映活动，获选"中非中阿视听共享项目"优秀作品。2022年国庆节前夕，《技

---

① 武倩文. 创作计划大家谈｜《技惊四座》：中国杂技，不单是炫技［EB/OL］.（2023-02-24）［2024-03-24］. https://www.bilibili.com/read/cv22026541/.

惊四座》第二季选段《荷塘月色》，作为中国驻美国大使馆"庆祝中华人民共和国成立 73 周年线上招待会"的展演节目，向海内外观众进行展示播放。

考虑到节目内容与海外文化观众的契合度，节目发行重点放在了东南亚市场。究其原因，一方面是东南亚流媒体市场广阔，用户对流媒体的认知日益加深，用户收视习惯基本成形；另一方面是我国与东南亚地区文化差异相对较小，当地观众对中文和中国文化的接受度较高。为了让节目内容迅速落地，并触达更多用户，新媒股份将海外发行方向对准在东南亚地区极具影响力、用户触达面广阔的平台，包括新加坡收费电视台星和视界、马来西亚 Astro 旗下的华语综艺资讯节目频道全佳 HD。

三、多主体联动提升国际传播力

《技惊四座》与中国网积极合作，向海外观众推广节目内容，是非常有益、有效的中国电视节目"走出去"的实践。

中国网专题账号"探索中国"在 Facebook 和 Instagram 平台发布《技惊四座》第二季的精选视频，联合制作《中国 3 分钟》定制节目，触达人数超 8600 万，观看量超 1400 万，互动量超 186 万。这些精选视频还得到了外媒的自发传播，包括美联社、雅虎、道琼斯旗下新闻网站 MarketWatch、新加坡 AsiaOne、福克斯广播公司旗下 FOX-8、美国广播公司旗下 ABC-8 等。国外网民在社交平台发表评论："中国的传统娱乐表演非常优秀。"[1]

《技惊四座》在原创文化节目提升国际传播力方面做出了积极的探索。面向未来，我国的广播电视机构还需要不断建立和完善专业的海外发行和

---

① 宋若冰.中国文化全球传播《技惊四座》第二季有效"出海"[EB/OL].（2022-05-18）[2023-10-22]. http://v.china.com.cn/2022/05/18/content_78224654.htm.

营销机制，深入研究海外市场，积极主动地和国内外知名媒体、社交平台合作，为不同文化、不同国别、不同需求的观众提供精细化、精准化服务。同时，也要注意节目的版权保护和交易的收益转化，不断提升节目在国际市场上的议价能力。

第九章 政策扶持·名家IP·戏曲网红

——戏曲类原创文化节目发展与传播的创新路径

> 让古老的戏曲艺术走进更多年轻人的心田。

第一节 戏曲与电视的结缘、发展与困境

一、中国传统戏曲与电视的结缘

传统戏曲是中华优秀传统文化的重要组成部分。1984年的普查结果显示，全国共有360个剧种，除了京剧分布于全国，多数剧种有特定的地域分布。"南柔北刚"是我国戏曲艺术的主要地域差异。[①]

中国传统戏曲界主要有两大传承网络：第一张是"血缘网"，第二张是"师徒网"。这两张网络通过"技同相习，道同相得，相习则相亲焉，相得则相恤焉"的原则紧密相连。正是由于伶人的"技同""道同"等业缘关

---

① 胡兆量.中国戏曲地理特征[J].经济地理，2000（1）：84-87.

系，强化了伶人的血缘关系和地缘关系。① 随着广播、电影、电视等大众媒介的发展，戏曲也拓展了新的传承渠道和传播网络。

1958年6月26日，刚开播不久的北京电视台进行了第一次剧场转播。在中国电视的起步阶段，电视台自办节目非常匮乏，北京电视台转播了很多剧场文艺演出以满足观众的娱乐需求，如京剧艺术家梅兰芳主演的《穆桂英挂帅》、尚小云主演的《双阳公主》、周信芳主演的《四进士》、荀慧生主演的《红娘》、马连良和张君秋主演的《三娘教子》等。此后，电视实况转播剧场戏曲演出成为当时电视文艺节目的主要形态之一。

在中国电视事业诞生之初的八年间（1958—1966年），文艺节目在各地方电视台播出的节目总量中占比最高。广州电视台（广东电视台前身）自1959年9月30日开播以来，文艺节目占所有播出节目总量的70%左右。② 电影、戏剧和纪录片也是当时电视文艺节目的重要内容，如电影《林则徐》、纪录片《英雄战胜北大荒》、豫剧《朝阳沟》、京剧《红灯记》、评剧《祥林嫂》、昆曲《李慧娘》、川剧《燕燕》等。北京电视台开办之初，播放电影的时间占全部节目时间的75%，戏曲转播占了15%。到1959年底，播放故事影片占时50%，戏曲转播占时30%，余下的20%播放的都是纪录影片和科教影片等。③

在中国电视文艺的起步期，传统艺术门类如音乐、舞蹈、戏曲、诗歌等提供了丰富的节目创作素材。但整体而言，当时的节目形态相对单一，播出时间也不固定，设备、录制技术及画面质量也很一般。在中国电视事业的起步阶段，拥有电视机的普通百姓家庭极少，多数电视观众需要买票到集体场所看电视。

---

① 厉震林.伶人家族之业缘关系论纲［J］.戏曲研究，2009（1）：321-336.
② 《当代中国的广播电视》编辑部.中国的电视台［M］.北京：北京广播学院出版社，1987：288.
③ 郭镇之.中外广播电视史［M］.上海：复旦大学出版社，2013：176.

1964年12月底，北京电视台录制了常香玉主演的豫剧《朝阳沟》和京剧《红灯记》的选段，并在1965年元旦文艺晚会中播出。这标志着我国的电视文艺从直播舞台演出转向了录播，为我国保存电视文艺节目资料创造了有利条件。

1973年5月1日，北京电视台面向首都观众正式试播彩色电视节目。在"文革"后期，北京电视台调动最新的彩色录像设备抢录了一批著名艺术家表演的传统节目，如著名相声演员侯宝林、郭启儒表演的传统相声，著名京剧演员赵燕侠、谭元寿和著名粤剧演员红线女等人表演的拿手戏等。天津电视台从1976年初开始，用5个月的时间抢录了50多个传统戏曲节目，如京剧《蜈蚣岭》《恶虎村》《打酒馆》，河北梆子《拾柴》《柜中缘》《挂画》等，为保存我国优秀戏曲文化遗产做出了重要贡献。[1]

1994年，河南广播电视台最先开播戏曲竞演节目《梨园春》。其后的十余年，省级卫视播出的戏曲类原创文化节目，如北京卫视的《传承者》、山西卫视的《伶人王中王》、湖北卫视的《戏码头》等，都体现了电视人对优秀戏曲文化、非物质文化遗产抢救性传承的自觉意识和积极作为。

20世纪70年代末期，中国电视业从沉寂中复苏，电视文艺处于百废待兴的状态。一向和睦共处、相互支持的电视与电影及其他艺术部门发生了矛盾。1979年6—7月间，中国电影发行放映公司停止向电视台供应新故事影片，艺术剧团也提高了对电视台录制新戏的收费标准，电视台面临着节目"断粮"的危险。自1979年至1981年，国家举办了多次重要的电视行业会议，提出"丰富和改善电视节目内容，大力发展自办节目""优先加速发展电视节目""开展电视节目评奖"等举措，为电视文艺的发展营造了良好的氛围，并推动了电视文艺节目创新创优。在此背景下，《牡丹亭》《五女拜寿》《西厢记》《桃花扇》等电视戏曲艺术片、戏曲电视剧，中央电

---

[1] 张凤铸，关玲.中国当代广播电视文艺学［M］.2版.北京：中国传媒大学出版社，2016：48.

视台戏曲电视频道与《空中大舞台》《九州戏苑》等戏曲电视栏目也应运而生。

二、传统戏曲艺术在当代的发展困境

进入 21 世纪以来，随着电视、电影、互联网、短视频等传媒业的快速发展，戏曲艺术自身发展陷入低潮。根据最新戏曲普查结果，全国的戏曲剧种数量已从 1984 年的 360 个下降为 2023 年的 348 个。究其原因，在市场化、城市化、现代化的进程中，受多重因素叠加影响，一些地方戏曲剧种面临着演员老化、节目固化、传承后继乏人等问题。传统戏曲电视节目也面临着节目形态陈旧、观众流失、收视率不高、市场价值难以实现等问题。

2001 年，昆曲被联合国教科文组织列入"人类口头和非物质文化遗产"名录，戏曲开始从边缘角落走向文化前台。2015 年，国务院办公厅印发了《关于支持戏曲传承发展若干政策》，着力振兴中国戏曲艺术，开展地方戏曲剧种普查、实施地方戏曲振兴工程、完善戏曲艺术表演青年人才的培养等措施，其中特别提到了加大戏曲的普及和宣传："大力推动戏曲进校园，支持戏曲艺术表演团体到各级各类学校演出，鼓励大中小学生走进剧场。""实施优秀经典戏曲剧目影视创作计划，鼓励开设、制作宣传推广戏曲作品、传播普及戏曲知识的栏目节目。鼓励电影发行放映机构为戏曲电影的发行放映提供便利。发挥互联网在戏曲传承发展中的重要作用，鼓励通过新媒体普及和宣传戏曲。"[1]

---

[1] 国务院办公厅.国务院办公厅印发关于支持戏曲传承发展若干政策的通知[R].中华人民共和国国务院公报，2015(22)：12-15.

三、戏曲类原创文化节目的发展

2013年以来，在国家广电总局的政策引领下，以弘扬中华优秀传统文化为主旨的原创文化节目蔚然成风，戏曲类原创文化节目也取得了一定的发展，但与其他类型原创文化节目相比，不管是节目数量还是社会影响力或是学界关注度都有比较明显的差异。

表9-1　2014—2024年省级卫视戏曲类原创文化节目表[①]

节目名称	题材	制作方	主要播出平台	首播时间
《国色天香》已播出2季	戏曲曲艺	天津广播电视台、北京视听盛宴文化传媒有限公司	天津卫视、腾讯视频、乐视	2014.1.25
《叮咯咙咚呛》已播出2季	传承非遗文化	中央广播电视总台、北京爱享文化传播有限公司	中央电视台、央视网、爱奇艺、腾讯视频	2015.3.1
《国风秦韵》	秦腔传承	陕西广播电视台、陕西省文化厅、陕西省振兴秦腔办公室	陕西卫视、爱奇艺、乐视	2015.10
《伶人王中王》共4季	传统戏曲竞技	山西广播电视台	山西卫视、爱奇艺	2016.5.8
《喝彩中华》	戏曲文化	上海广播电视台、东方娱乐集团	东方卫视	2017.7.15
《传承中国》	京剧文化传承	北京广播电视台、北京小家家文化	北京卫视、爱奇艺、腾讯视频	2018.3.4
《戏码头》	戏曲文化	湖北广播电视台	湖北卫视、爱奇艺	2018.10.7

---

① 数据统计截至2024年8月10日。

续表

节目名称	题材	制作方	主要播出平台	首播时间
《戏码头暑期特别节目——全国大学生电视戏曲挑战赛》	戏曲文化	湖北广播电视台	湖北卫视、爱奇艺	2019.7.14
《一堂好戏》	青少年戏曲文化传承	中国教育电视台	中国教育电视台	2021.2.11
《最美中国戏》已播出2季	园林实景戏曲艺术	《国家人文历史》杂志社、北京广播电视台、北京市公园管理中心、北京市颐和园管理处	北京卫视、爱奇艺、咪咕视频	2021.10.23
《戏宇宙》已播出2季	中国戏曲文化	山东广播电视台	山东卫视、B站	2022.7.9
《拿手好戏》	戏曲研学创演	中央广播电视总台	央视综艺频道、央视网、央视频	2022.8.27
《中国好声音·越剧特别季》	越剧文化传承	浙江广播电视集团	浙江卫视、腾讯视频、爱奇艺、优酷网、哔哩哔哩、Z视介	2022.10.30
《国风超有戏》	戏曲加流行音乐	中央广播电视总台	央视综合频道、央视频、酷狗	2024.6.5

在以弘扬中华优秀传统文化为主旨的原创文化节目中，戏曲类文化节目仍属于小众。在媒体宣传及受众认知中，上述戏曲类原创文化节目的知名度还不够高，社交媒体的传播指数偏低。如何推动戏曲类电视文化节目的创作与传播，是一个值得关注与研究的问题，但在以往的研究中未受到重视。

第二节　白燕升团队助推戏曲类文化节目的创新发展

一、个人IP："中国戏曲电视主持第一人"白燕升

IP，是"对具有一定受众基础及可持续改造空间的内容品牌的概括"。[①] 个人IP，是指一个人或者一个团队的代表，能在社会上引起广泛关注，并与之产生连接、对其产生认同，从而塑造出自己独特的形象。在中国戏曲界和播音与主持艺术界，白燕升被称为"中国戏曲电视主持第一人"，其个人IP形象的塑造及品牌效应的形成与戏曲艺术密切关联。

1969年，白燕升出生于河北沧州黄骅市的一个普通农家，父亲在村里戏班担任主力。在父亲的言传身教、耳濡目染之下，白燕升爱上了河北梆子，并在学唱河北梆子的过程中积淀了深厚的戏曲及传统文化修养。1988年，白燕升考入河北大学中文系，在热爱戏曲的同时兼修播音与主持艺术，并在中央电视台全国公开招聘节目主持人活动中脱颖而出，于1994年考入中央电视台。在中央电视台工作期间，白燕升先后主持《文艺广角》《半边天》等节目，1996年开始主持戏曲节目《九州戏苑》，逐渐形成作为"中国戏曲电视主持人"的品牌形象。

2001年7月9日，中央电视台戏曲频道开播，白燕升在此后约两年时间内，独自主持该频道11个栏目，获得中国广播电视主持人最高奖——金话筒奖。此后，白燕升连续多年担任中央电视台春节戏曲晚会主持人，是国内为数不多的戏曲行家型主持人，曾获得全国电视戏曲"兰花奖"最佳

[①] 何天平，张榆泽.原创文化类节目IP系列化开发的经验与启示［J］.电视研究，2021（10）：12-15.

下篇　实践创新：原创文化节目生产传播的多元创新路径

主持人、新中国成立60周年电视主持人"60年60人"、电视节目主持人30年年度风云人物等荣誉，个人IP形象逐渐形成。

2015年，白燕升团队与山西卫视合作，创研推出戏曲类原创文化节目《伶人王中王》，连续播出了四季，获得了国家广播电视总局的表彰，极大地推动了戏曲类文化节目的创新发展。2020年，山西全省人才工作围绕落实省委"四为四高两同步"总体思路和要求，深入实施人才强省"四优工程"，引才、育才、用才的新政策、新举措不断出台。2020年5月，《山西省"一事一议"支持人才发展实施办法》印发，明确在平台建设、经费支持等方面为引进和自主培养的高层次人才提供精准支持。在多种利好政策的支持和保障下，"中国戏曲电视主持第一人"白燕升及其团队，被山西传媒学院聘请并创建了白燕升戏曲研究传播中心。白燕升希望通过团队的努力，把戏曲研究传播中心打造成为山西省乃至国家级戏剧戏曲研究的"新旗舰"、戏曲影视创作的"新高地"、戏曲传媒融合的"新重镇"。

同时，白燕升还兼任山西师范大学博士生导师、文学艺术学部部长，以中国电视戏曲代言人的身份，走进清华大学、武汉大学、中山大学、复旦大学、澳门大学、墨尔本大学等400多所海内外高校讲学，向年轻人传播戏曲艺术与戏曲文化，因此被誉为"传播中华瑰宝的杰出使者"。

白燕升从一个地方戏曲的爱好者，成长为国家级电视台戏曲节目主持人、戏曲频道栏目负责人，最终成为中国戏曲艺术的代言人和推广者、中国戏曲文化的研究者，个人IP形象越发个性与鲜明。白燕升认为在当下，"戏曲传播与戏曲传承同样重要，甚至在某种程度上传播比传承显得更为迫切……关注观众，赢得观众，才能实现真正的繁荣"。[1]

---

[1] 郭海瑾.人人都可以是戏曲"代言人"：访山西省政协委员、戏曲节目制作人白燕升[N].人民政协报，2023-07-17(12).

二、白燕升团队打造系列戏曲类原创文化节目

"伶人"是古代中国社会对戏曲从业人员的称谓。《辞海》曰:"伶人,古乐官名,相传黄帝时乐官名伶伦,故以为称。"在传统社会观念中,伶人属于"下九流"的群体。因此,在中国历代史籍中,记述伶人的文献非常少。究其原因,应是"伶人"低下的社会地位为社会和研究者所不屑。

山西作为中国戏曲大省,共有 52 个剧种,约占全国剧种的六分之一,居全国首位。除此之外,山西获梅花奖演员人次及戏曲文物资源位列全国第一。由此,戏曲成为山西文化的一张名片。

山西卫视《走进大戏台》栏目开播于 2001 年,连续 23 年以弘扬中华戏曲文化为己任。2015 年,《走进大戏台》栏目在开播十五周年之际,进行了升级改版,力邀白燕升团队加盟。新节目以"戏曲新榜样 传统正青春"为宗旨,相继推出了全国青年戏曲演员电视擂台赛、戏曲新年公开课、戏曲进校园、燕升访谈等一系列精品节目,还开展了"送戏下乡""送戏进社区"等一系列线下活动。

2016 年,山西卫视《走进大戏台》栏目再一次改版创新,推出了国内首档戏曲类原创文化节目《伶人王中王》。这是山西卫视继"全国青年戏曲演员擂台赛"之后的又一戏曲精品力作,着力塑造当代"伶人"形象,被称为"戏曲界的《我是歌手》",戏曲品牌得到了强有力地提升,戏曲文化再次通过电视、互联网等得到传播与推广。

白燕升担任《伶人王中王》的总策划、总导演和主持人,认为必须扩大戏曲的观众面,特别是年轻观众面,让有机会接触到它的人停留下来,看到、听到、感知到戏曲与生俱来的以及正在焕发出的青春之美。[1]

---

[1] 张明芳,燕筠.《伶人王中王》:电视戏曲节目的时代样本[N].文艺报,2018-12-07(3).

《伶人王中王》第一季于2016年5月8日21:15在山西卫视首播。2019年2月,《伶人王中王》第四季收官。

《伶人王中王》主打内容是传统戏曲竞演,关注的却是"人"。栏目策划人、导演白燕升认为,"节目关注的视角一定是人性化的故事、情怀、经历,通过每位'角儿'台上的表演和台下的交流,以个人魅力引领戏曲行业的气度与风范"。之所以栏目口号是"勇敢者的游戏,成功者的挑战",是因为参演者均为国内各大剧种的戏曲名家,且大多为"梅花奖"或上海"白玉兰奖"得主,甚至有"二度梅""三度梅",是名副其实的各个剧种的戏曲之王。这些名家有京剧梅派大青衣史依弘、河北梆子名家王英会、黄梅戏表演艺术家吴琼、晋剧名家栗桂莲、豫剧小皇后王红丽、评剧名家冯玉萍、川剧名家陈巧茹、上党梆子名家陈素琴等。通过一轮轮戏曲竞演,参赛者最终争夺"伶人王中王"的冠军称号。因此,参赛者要卸下功成名就的光环,以推广、传播戏曲的情怀和不计成败得失的胸怀参加比赛。正如《伶人王中王》第四季冠军、"梅花奖"及上海"白玉兰奖"得主、著名淮剧演员陈澄所说的:"作为淮剧传人,我有推广淮剧的责任,作为戏曲演员,我有提升自己的愿望。躲在小圈子里坐井观天,不是我的个性。"

《伶人王中王》自2016年5月8日首播,四季共涵盖了京剧、越剧、黄梅戏、川剧、河北梆子、豫剧、评剧、锡剧、淮剧、晋剧、蒲剧、北路梆子、上党梆子、秦腔、山东柳子戏、二人台等16个剧种;邀请全国顶级戏曲名家、领军人物共29位,戏曲新秀7位;传播了戏曲经典唱段240余个。《伶人王中王》因此成为小剧种展现独特艺术魅力,宣传与推广、保护与传承的优质平台。

《伶人王中王》具有很高的文化站位,且有整体的戏曲观,不仅观照大剧种,也特别顾及小剧种,堪称一部新时代的戏曲演艺史。每场比赛前还有纪录片小分队对名家的台前幕后进行采访和全程记录,对五位进入总决赛的名家进行访谈。

和其他原创文化节目类似,《伶人王中王》每一季都设置由专家学者、跨行业嘉宾组成的评委席,如文艺评论家仲呈祥、知名导演郭宝昌、著名相声演员郭德纲、花腔女高音歌唱家吴碧霞等,对各个剧种的历史发展、文化内涵进行介绍、阐述,引领观众对戏曲的接受和欣赏。

在《伶人王中王》中,白燕升的现场主持和即兴评述具有极强的专业性和思想性。在第一季中,豫剧名家王红丽是中国第一个斩获戏曲"梅花奖"的民营剧团创立者。一年时间,她带领团队上山下乡演出近600场,为推广、传播豫剧事业呕心沥血。白燕升在节目中深情讲述王红丽的奋斗故事,深深感染了观众的情感。评委仲呈祥点评:"王红丽演好了中国戏曲,白燕升讲好了中国故事。"在第三季中,越剧傅派传人陈飞在痛失恩师之后,强忍悲痛,如约参加节目录制,白燕升在陈飞表演后饱含深情点评"恩师离去,精神不朽,传承是最好的纪念"。

在移动互联网时代,《伶人王中王》精耕细作,专注优质内容,多次受到国家广电总局表彰。如图9-1所示,节目传播渠道还略显单一,主要依赖电视传播、线下传播,没有固定合作的视频网站,也未能有效应用社交媒体扩大传播,在一定程度上影响了节目的知名度和影响力。

媒体类型	数据量	媒体类型	数据量
数字报刊	11	网络媒体	10
政府机构	4	网络视频	2
资讯	42	论坛	6
博客	0	微博	2
微信	104	客户端	92
外媒	0	企业	0

图9-1 《伶人王中王》互联网传播信息(2020.8—2021.8)

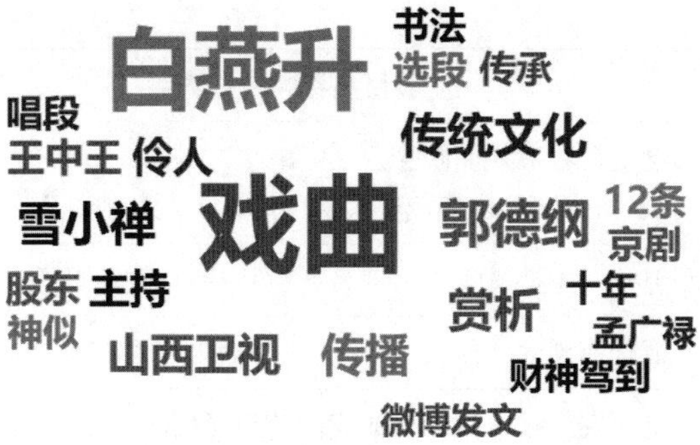

下篇 实践创新：原创文化节目生产传播的多元创新路径

图 9-2 《伶人王中王》互联网传播信息关键词云图

如图 9-2 所示，互联网传播关键词云图显示，白燕升、戏曲、传统文化、山西卫视成为关键词，说明了在戏曲类原创节目《伶人王中王》的发展中，白燕升的个人 IP 有力推动了节目的生产与传播。此后，白燕升团队又和多家广播电视机构合作推出了系列戏曲类原创文化节目，如表 9-2 所示。

表 9-2 白燕升团队参与策划、主持的戏曲类原创文化节目表

年份	节目名称和合作内容
1996	主持央视一套《九州戏苑》节目
2001	央视戏曲频道开播，主持 11 个戏曲栏目 主持首届全国京剧戏迷票友电视大赛
2003	主持第二届全国京剧戏迷票友电视大赛 主持中央电视台全国少儿戏曲大赛总决赛
2005	主持"春华秋实"主题戏曲晚会 担任《梨园百花春》戏曲晚会的嘉宾主持
2006	主持春节戏曲晚会《合家欢》《海峡情·06 梨园百花春》
2007	担任 2007 年央视戏曲春晚总导演
2008	主持央视戏曲春晚、《东西南北中 盛世闹花灯》元宵戏曲晚会
2009	主持"追梦 60 年——京剧艺术家沈福存先生舞台生涯 60 周年庆祝晚会"
2010	主持"程派艺术·名家名段新春演唱会"

续表

年份	节目名称和合作内容
2011	主持中央电视台春节戏曲晚会 主持"第25届中国戏剧梅花奖大赛（南区）颁奖典礼"
2015	加盟山西卫视，主持《走进大戏台》，负责节目改造升级
2016	与山西卫视合作创演《伶人王中王》，共播出4季
2018	策划并主持西安广播电视台戏曲竞演节目《擂响中华》 《醉梨园·最中国——全国戏曲名家展演直播周》
2018	与山西卫视合作策划并主持《全国青年戏曲演员电视擂台赛》
2018	与河北卫视合作策划并主持《谁与争锋——京津冀河北梆子十大名旦诞生记》
2018	与湖北卫视合作策划并主持《戏码头》
2019	与湖北卫视合作策划并主持《戏码头暑期特别节目——全国大学生电视戏曲挑战赛》
2020	策划并主持《戏码头》全国爱心义演
2020	白燕升团队入编山西传媒学院，成立白燕升戏曲研究传播中心 与河北卫视合作策划并主持的《谁与争锋——京津冀河北梆子十大名旦诞生记》获第26届电视文艺"星光奖""优秀电视戏曲节目"奖
2021	正式启动《梨园记忆——山西戏曲名家口述历史》项目
2021	策划打造《戏聚廊坊·擂响中华——全国青年戏曲邀请赛》 《戏聚保定·擂响中华——京津冀戏曲青年领军挑战赛》 和湖北卫视合作推出《庆祝中国共产党成立100周年——2021特别策划》 《第二届全国青年戏曲挑战赛》 《中国大学生戏曲节》《2022元旦戏曲晚会》《2022春节戏曲嘉年华》
2022	与抖音合作策划《戏腔戏调——戏说新语美妙夜》
2023	策划打造《戏聚高平·擂响中华——中国梆子大会》 《黑龙江省首届中俄地方文化艺术季》 "武戏·绝活群英会"和"红色经典·传统名段演唱会" 《戏聚燕赵·擂响中华——京津冀河北梆子青年群英会》 《戏聚长治·唱响盛世——非常梨园直播周》

续表

年份	节目名称和合作内容
2024	主持《2024山东新年戏曲晚会》 《2024年河北春节戏曲晚会》 《2024河南春节戏剧晚会》 《2024沈阳春节戏曲晚会》 《纪念梅兰芳诞辰130周年——"国粹流芳"全国京剧名家演唱会》 《太行韵 泉城情——中华优秀传统戏曲进校园全国戏曲名家名段大型演唱会》

从表9-2中可以看出，白燕升持续深耕戏曲电视节目多年。目前中国省级卫视的戏曲类电视文化节目都与白燕升团队密切相关。这些项目的成功实施，能够激发更多青年演员和大学生传承和传播戏曲文化的热情。

白燕升认为，无论是国内传播还是对外文化交流，一是要针对目标受众，寻找和设计合适的传播内容，最重要的是演出本身质量要过硬，水平要高，还包括必要的戏曲导赏、文化背景及演员资料介绍等。只有围绕内容展开深入推介，才能吸引并引导观众更好地理解和欣赏戏曲。二是要采用更具当代性、更有吸引力的方式，增强戏曲艺术传播的参与性和互动性，激发观众特别是年轻观众的兴趣。白燕升团队打造的《伶人王中王》《谁与争锋》等节目，是用名家竞技的方式吸引观众关注；《全国大学生电视戏曲挑战赛》则是用比赛的方式来激发大学生学习和传播戏曲艺术的热情；《擂响中华》第二季则采用了融媒体大直播的方式，在电视及十几家网络平台上同步直播比赛进程，新媒体受众过千万。[①]

三、白燕升团队积极推进戏曲类节目的融媒传播

白燕升非常重视戏曲的传播，认为"戏曲传承必须要和传播结合起

---

① 张洁.艺术与流量兼具 何愁戏不火［N］.山西日报，2021-03-02（8）.

来，在和谐生动的观演关系下，实现传承与传播的互动互促……希望所有剧种的所有演员都能提高传播意识，每个人都做好戏曲的代言人。希望更多观众尤其是年轻人多多支持，不仅做戏曲的爱好者，更要做戏曲的传播者。"[1] 近两年来，白燕升团队积极利用网络直播平台开展戏曲节目的融合传播。

2022年7月9日，抖音独家出品的戏曲节目《戏腔戏调》正式上线，白燕升携手7位抖音青年戏曲主播，通过将传统戏曲唱腔与现代流行音乐相融合的方式，在每期节目中完成一首戏曲音乐的创作并进行舞台表演。这种创新戏曲表现形式，增强了节目对青年观众的吸引力。《戏腔戏调》首季，并向全球同步直播，累计吸引6000多万人观看，许多"90后""00后"甚至"10后"因为这个直播活动首次接触戏曲，表示"被戏曲艺术折服"。

2023年5月18日至24日，由白燕升策划打造的《戏聚高平·擂响中华——中国梆子大会》，七天直播在线观看人数达1.635亿，并带动了戏曲相关话题频上热搜，创下了戏曲传播前所未有的纪录。2023年7月，白燕升团队打造的《戏聚燕赵·擂响中华——京津冀河北梆子青年群英会》在石家庄大剧院拉开序幕。节目通过43家平台全网直播，五天直播全网在线观众人数累计达1.15亿。白燕升团队探索出的"名家线下表演＋抖音在线直播"的融合方式，让戏曲这门传统艺术在当代新媒介平台上绽放出新的生命力，真正地"活"起来了。

除了市场和观众，白燕升团队打造的戏曲节目还获得了来自政府主管部门的关注和嘉奖。2020年9月28日，第26届中国电视文艺"星光奖"颁奖典礼上，北京卫视《传承中国》、西安广播电视台《擂响中华》（第一季）、河北卫视《谁与争锋——京津冀河北梆子十大名旦诞生记》、湖北卫

---

[1] 白洁.白燕升：传承传播戏曲，努力到无能为力［EB/OL］.（2023-12-15）［2024-06-28］.http://news.sxrb.com/GB/315324/10092616.html.

视《〈戏码头〉全国大学生电视戏曲挑战赛》等四个节目入围"优秀电视戏曲节目"奖，除了北京卫视的《传承中国》，另外三个节目都是由白燕升团队策划打造的。最终河北卫视的《谁与争锋——京津冀河北梆子十大名旦诞生记》荣获星光大奖，显示出白燕升团队在戏曲电视文化节目领域的创新力和影响力。

四、其他省级卫视的戏曲类原创文化节目

近年来，除了白燕升团队持续深耕中国戏曲电视节目，其他省级卫视也积极参与戏曲类文化节目的创研。2017年，东方卫视打造了全国首档戏曲文化类节目《喝彩中华》。作为《诗书中华》《喝彩中华》这两档文化节目的总导演，东方娱乐独立制作人王昕轶表示，很希望能够通过《喝彩中华》改变当下年轻人对于戏曲的一些曲解，甚至是偏见，"戏曲既不土，也不高冷。通过这档节目，我想让大家能够触摸到戏曲，其实它离开我们并不遥远"。

2021年8月24日，国家广电总局公布2021年"中华文化广播电视传播工程"重点项目名单，中国教育电视台《一堂好戏》（第二季）节目上榜。《一堂好戏》（第二季）于2022年春节期间推出，延续了第一季的形式，让孩子唱主角、唱大戏，同时通过更丰富的节目形态展现传统戏曲艺术传承。

《一堂好戏》（第二季）的内容重点以原创戏曲课本剧为主，把校园文化与戏曲文化深度融合。这种融合不仅是节目的看点，更映射出了"戏曲进校园"后所发挥的重要作用和"培根铸魂"的本质意义。节目组面向全国各级各类学校开展"《一堂好戏》全国校园戏曲课本剧征集活动"，鼓励学生们自编、自演，并在创排课本剧的过程中加深对所学知识的理解和认识。节目组还通过纪实的方式记录孩子们在创排课本剧过程中发生的感人

故事，重点展示孩子们在学习传统文化和在戏曲寻美过程中收获的快乐和成长。

与《伶人王中王》节目以名家表演为主不同，《一堂好戏》（第二季）让孩子唱主角，在节目形式上通过学生表演、现场互动、专家点评、外采拍摄、名家示范演唱等多种电视表现手法来丰富和创新节目样态，不是评判输赢，而是促进学习与交流。同时，节目充分发挥新媒体的传播优势，增加网络海选、网络展示、竞技角逐等环节。以学校为单位将学生们的表演视频上传到中国教育网络电视台《一堂好戏》专区进行展示。在节目录制之前，工作组先在网络上掀起关注热潮；引入一定的竞技和比拼机制，将节目关注度、浏览量、播放量、点赞量和专家团队的评判作为最终入选节目录制的参考依据。

文化学者崔伟、京剧名家李海燕和李宏图、昆曲名家顾卫英等点评嘉宾希望有更多的青少年学生通过参与、收看《一堂好戏》节目走进戏曲艺术的殿堂，爱上传统戏曲艺术，成为优秀传统文化的追随者和守望者，继承并弘扬传统艺术所蕴含的民族精神，树立文化自信，成为一个会欣赏、有审美、有底蕴的文化传承者。

第三节　名家参与和青春化传播：传统戏曲焕发年轻态

党的十八大以来，传承、弘扬中华优秀传统文化，提升文化软实力，增强民族文化自信已成为社会共识。2017年1月，中共中央办公厅、国务院办公厅印发《关于实施中华优秀传统文化传承发展工程的意见》，要求文艺创作要"从中华文化资源宝库中提炼题材、获取灵感、汲取养分，把中华优秀传统文化的有益思想、艺术价值与时代特点和要求相结合，运用丰富多样的艺术形式进行当代表达，推出一大批底蕴深厚、涵育人心的优秀文艺作品"。① 在这段话中,"中华文化资源""时代特点""当代表达"是关键词。传承戏曲艺术、弘扬戏曲文化,青年参与是关键。

一、白先勇与昆曲的青春化传播

昆曲是中国最古老的剧种之一,已有600多年历史,被称为"百戏之祖,百戏之师"。昆曲在2001年被联合国教科文组织列为"人类口头和非物质遗产代表作",2006年列入第一批国家级非物质文化遗产名录,2008年被纳入《人类非物质文化遗产代表作名录》。

已年过花甲的台湾著名作家白先勇,自少年时就对昆曲"一见倾心"。风风雨雨几十年,依然拥有"情不知所起,一往而深"的痴心和"生命的深泉在涌流"的热忱情怀。白先勇认为,一种表演艺术如果没有年轻人的参与,就不会有辉煌的前途。"芳林新叶催陈叶,流水前波让后波。"如何让昆曲这门古老的艺术吸引年轻观众,是白先勇一直思考的问题。

2004年,由白先勇担任总制作人兼艺术总监,众多两岸文化及戏曲界精英联手创作的昆曲大戏青春版《牡丹亭》在中国台湾首演。白先勇主持创作的青春版《牡丹亭》,被誉为"古老剧种青春传承"的典范。"青春传承"一方面体现在起用昆曲界的后起之秀担当主演,演员团队平均年龄20岁,正是风华正茂、意气风发的年龄;另一方面,该剧的目标受众就是年轻观众,因此无论是编剧、舞美还是人物造型、音乐唱腔,都做了非常大胆创新的当代化设计,如将原本的五十五折戏,以"情"为线索,择其精华删减成精华版八出戏,又将西方歌剧和东方戏曲相融合,搭配带有浓郁"中国风"的服装。这些当代化的创新表达都非常贴合年轻人的审美心理,

---

① 新华社.中共中央办公厅 国务院办公厅印发《关于实施中华优秀传统文化传承发展工程的意见》[EB/OL].(2017-01-25)[2023-03-23]. https://www.gov.cn/zhengce/2017-01/25/content_5163472.htm.

观众看完之后评价青春版《牡丹亭》"充满朝气，非常赏心悦目"。

青春版《牡丹亭》自 2004 年首演至今已经二十余年，在两岸及香港 30 多所高校巡演，并在世界各地累计演出 500 多场，受到万千学子的追捧，直接进场观众超过 80 万人，其中单场观众最多时更是突破了 7000 人。尽管这些数字和网剧动辄几十亿次的点击量相比很渺小，但是对于剧场演出而言，已经是非常可观了。2024 年，《牡丹亭》原班人马在中国台湾多地展开二十周年庆演，引发热烈反响。

昆曲青春版《牡丹亭》成为 21 世纪以来中国戏剧界重要的文化创新产品，不仅培养了一批优秀的青年演员和一大批年轻观众的审美趣味和审美风尚，也让昆曲作为中华优秀传统文化的代表，走进大学校园，焕发青春光彩。学者朱栋霖评价："青春版《牡丹亭》的成功，引领了一条中国昆曲遗产保护传承、薪火传续、代有传人的路子。青春版《牡丹亭》的演出展示了中国昆曲正宗的艺术与美学风貌，赋予古典艺术遗产以青春的生命，也为青年学子提供了与传统、古典对话的空间。"[1] 如今，观赏、学唱、研究、传播昆曲，已成为很多年轻人生活的一部分。

在昆曲的青春化传承发展中，白先勇秉持"尊重传统，但不因循传统；要利用现代，但不滥用现代"的理念，让昆曲在 21 世纪"还魂"。[2] 2009—2010 年，北京大学、苏州大学先后启动"白先勇昆曲传承计划"，面向青年大学生开展昆曲推广传承教育；同时还在台湾大学、香港中文大学开设昆曲课程。如今，青春版《牡丹亭》成为两岸及香港文化精英、戏曲精英合作而成的文化工程，成为中华文化全球传播的一张文化名片，其创新发展的理念和路径值得其他戏曲剧种学习。

---

[1] 朱栋霖.论青春版《牡丹亭》现象［J］.文学评论，2006(6)：96-101.

[2] 朱迎元.让昆曲在21世纪"还魂"白先勇访谈录［J］.上海戏剧，2010(6)：28-29.

二、对广东汉剧发展困境的思考

2018年,在由广东省文联主办,广东省电影家协会、广东省文艺研究所承办的"影像传播与中国故事"——首届华语电影文化广东圆桌论坛上,与会代表集体观摩了汉剧电影《白门柳》。对于很多观众来说,与昆曲、京剧、越剧等相比,汉剧是一种相对陌生的戏曲类型。

广东汉剧旧称"乱弹""外江戏""兴梅汉戏",舞台语言以"中州音"为主,是广东省汉族客家戏曲剧种之一,流行于广东的梅州、惠阳、韶关等地区。广东汉剧为广东三大剧种之一,被周恩来总理誉为"南国牡丹"。2008年6月7日,广东汉剧经国务院批准,列入第二批国家级非物质文化遗产名录。

包括汉剧在内的中国戏曲与古希腊悲喜剧、印度梵剧并称为世界三大古老戏剧文化,并且深深植根于中国农耕文化的土壤中,带着强烈的地域性、民间性、民族性特色。在大众媒体还不发达的时代,传统戏曲口耳相传,承担了娱乐、教化、传承文化记忆、凝聚文化认同的责任。学者康保成认为,"外江戏"自进入粤东以来,就一直与客家族群、客家文化发生着深刻的联系。在广东汉剧200多年发展与变迁的过程中,形成了粤港澳地区及东南亚华侨中客家人强烈的身份认同和文化认同。随着时代的变迁,传统戏曲创作、传播的环境以及观众的审美趣味等都发生了翻天覆地的变化,广东汉剧一度成为岭南濒危剧种。

汉剧电影《白门柳》取材自著名作家刘斯奋获第四届茅盾文学奖的同名长篇小说,由中央新影集团和广东省戏剧家协会、广东汉剧传承研究院三家单位联合出品。2015年,剧组亲赴江苏木渎镇实景拍摄,艺术地再现了明末清初女诗人、秦淮八艳之首柳如是与江南名儒钱谦益之间荡气回肠的爱情故事,以及背后那段波谲云诡的历史。

该片的演出阵容也是非常强大：广东省首位中国戏剧梅花奖"二度梅"获得者李仙花在影片中饰演柳如是，广东汉剧传承研究院院长张广武饰演钱谦益，广东汉剧传承研究院导演黄小贝饰演阮大铖。该片也获得了一系列的艺术荣誉：广东省第五届精神文明建设"五个一工程"奖、第九届中国戏剧节优秀展演剧目奖、广东省第七届鲁迅文学艺术奖等。但就是这样一部兼具故事性、历史性和审美性的戏曲电影，却是"养在深闺人未识"。据媒体报道，该片原本预计于2016年登陆全国各大院线，并在北京举行全国首映式。但通过网络搜索，这部电影至今未有公映信息，网络上的相关信息也很少。搜索人民网众云大数据平台，关于"白门柳""汉剧"的搜索信息几乎为零。

当下我们正处在全球化、娱乐化、自媒体化的传播时代。如何传承创新，将传统戏曲进行现代化转化，这是文艺工作者文化自觉的表现，也是其责任与使命所在。在真人秀、网络综艺、抖音、秒拍等娱乐项目的包围中，在"先有传播力，再有影响力"的时代，传统戏曲面临多重挑战，是生存还是灭亡，确实成为一个值得思考的问题。

传承、弘扬中华优秀传统文化，青年是生力军。青春版《牡丹亭》启动了昆曲复兴运动，一出戏点燃了一个火种。名家策划制作、青少年传承的《牡丹亭》，根植中华文化沃土，以创新化、当代化的表达方式，彰显中华优秀戏曲文化的独特魅力，为戏曲的传承与发展提供了一个极好的学习样本，加强了对青少年传承人的关注和培养。

三、"最古老+最青春"戏曲艺术传承发展的人才培养

汉剧电影《白门柳》出品方之一的广东汉剧传承研究院，前身是成立于1959年的广东汉剧院，是国家级非物质文化遗产广东汉剧保护基地，肩负剧目创作、人才培养、演出示范、艺术理论研究等重任。打开广东汉剧

传承研究院的网页,既可以看到"星光大道"上年轻汉剧演员的身影,也可以看到"广东汉剧进校园"、文化惠民的公益演出信息,还有各种汉剧演出的音视频资料。这说明广东汉剧也在努力推进当代化、年轻化发展。

汉剧、昆曲等传统戏曲与电影这两种艺术形式之间,还是存在很大的差异性。戏曲舞台演出的特点是演员的"肉身化"表演,演员在舞台上的一招一式、神态举止、身段唱腔等都会对现场观众的情绪产生影响,营造一种"在场"的氛围和效果。而当下进入商业化生产模式中的电影,更强调强烈的冲突、震撼的视听感受、蒙太奇剪辑以及后期特效处理等,这与汉剧的舞台艺术特点有一定的差距。在当日观影过程中,多名观众坦言《白门柳》"节奏太慢,没有兴趣看下去"。在传统戏曲焕发年轻态以吸引青年观众的过程中,寻找一种恰当的表现形式是重要的。如果青春版《牡丹亭》拍成了电影,而不是走进校园、走进剧场去演出,是否还会产生如此的轰动效应?

汉剧电影《白门柳》从故事、人物形象上来说,也具有"青春"的气质。女主角柳如是和《牡丹亭》中的杜丽娘一样,都是富有现代精神的美丽女性,她勇敢地追求自己的爱情,不为世俗偏见,不以身份卑贱,追求爱情婚姻中的人格平等,发出"天下唯虞山钱学士始可言才,我非如学士者不嫁"的真情表白。在民族危亡之际,柳如是也有着义无反顾、刚毅凛然的气魄和宁死不屈的气节。尽管她身上带着历史局限性,但柳如是依然不失为一位可亲可爱的女性。这部电影是对传统戏曲当代化创新的一种尝试,担当主演的都是资深的表演艺术家,屡获艺术大奖,但从年龄上看,均已步入中年,这与年轻观众之间产生了一定的距离。

有一位青年观众在观看一出由中老年演员表演的《牡丹亭》后说:"他们的唱腔确实炉火纯青,表演已臻化境,但看着他们臃肿的身形,满脸的沧桑却要作出小儿女的种种娇态。我却浑身起了鸡皮疙瘩。"传统戏曲目前面临的共同问题就是演员老化、观众老化,传承创新后继乏人。

大力培养戏曲艺术的传承、传播和创新人才，已成为当下行业与社会的共识。中国戏曲学院院长尹晓东认为，要"培养戏曲拔尖创新人才，推动戏曲美学形态的新创造"[①]。

2024年8月6日，由东南大学负责的国家艺术基金2024年度资助项目"青春版昆剧《牡丹亭》青年表演人才培训"在江苏省苏州昆剧院正式开班。培训班通过"最古老+最青春"的艺术实践方式，遴选了来自中国戏曲学院、同济大学、上海戏剧学院、东南大学、南京艺术学院、澳门理工大学等29所高校的优秀学子，在两个多月的时间里学习、传承青春版昆剧《牡丹亭》经典剧目，努力培养出一个高水准的青年昆剧演出团体，从而构建起"昆曲艺术+高校学生"的艺术传承模式，为昆曲的传承发展与创新传播培养青年后备人才。[②]昆曲艺术借助名家进行青春化传承与传播的思路和举措，值得其他戏曲剧种借鉴。

第四节　借力社交媒体当"网红"：让传统戏曲重焕光彩

CNNIC第55次《中国互联网发展状况统计报告》显示，截至2024年12月，我国网民规模为11.08亿，网络视频用户规模近11亿。[③]依托社交媒体的短视频微传播成为新型传播方式。

社交媒体的传播让"网红"成为重要的媒介文化现象。但在当下鱼龙

---

① 曹宁.尹晓东：培养戏曲拔尖创新人才，推动戏曲美学形态的新创造［J］.艺术教育，2024（4）：17-18.

② 苏雁."青春版昆剧《牡丹亭》青年表演人才培训"开班［EB/OL］.（2024-08-08）［2024-08-12］. https://news.gmw.cn/2024-08/08/content_37487185.htm.

③ 苏德悦.我国网民规模突破11亿［EB/OL］.（2025-01-21）［2025-01-22］. https://www.cnii.com.cn/rmydb/202501/t20250121_633044.html.

混杂、良莠不齐的互联网文化中,"网红"却成为与低俗、娱乐、消费等字眼勾连在一起的贬义词。但实际上,从传播学的角度来看,"网红"是个中性词,指向的是在互联网时代受到网民关注、拥有众多粉丝并且具有一定影响力的人物。道格拉斯·凯尔纳认为媒介文化是一个你争我夺控制权的场域。在这个场域中,谁拥有了话语权,谁就获得了影响力。为此,中国文明网曾经发表评论:应当结合新形势的舆论工作,塑造一批批共产党员的新"网红",让他们引领时代的价值观,成为网民的新偶像。

置身于移动互联网时代的传统戏曲,是否可以当"网红"?答案是肯定的。王珮瑜通过参加传统媒体节目、在新媒体平台上直播等方式,对京剧艺术进行当代化、年轻化、时尚化的创新和传播,成了一名戏曲跨界"网红"。

打扮中性、长衫短发、帅气儒雅、名角风范,这是王珮瑜的媒介公众形象。王珮瑜是京剧余(叔岩)派第四代传人,被誉为"中国当代女老生第一人",少年时就在京剧界声名大噪,是中国戏剧最高奖"梅花奖"得主。2017年以来,王珮瑜频频亮相热播综艺节目,如《奇葩说》《跨界歌王》《经典咏流传》《吐槽大会》等,既懂京剧唱腔,也善于唱流行歌曲,开创综艺京剧艺人的先河,成为新时代的戏曲"网红"。

王珮瑜有着一大批的粉丝拥趸,被称为"瑜门",其中不乏年轻人因为喜欢王珮瑜而开始关注京剧。粉丝评价王珮瑜是"京剧界最酷的角儿",称赞"王珮瑜真的是个好有魅力的人,会发光,让我们这些'90后''00后'又多了一个爱上中国传统戏曲的理由!"媒体评价王珮瑜"把京剧的门道掰开了、揉碎了,吸引了大群年轻观众"。

王珮瑜爱好书法,学过苏州评弹,还会弹琵琶和柳琴,时尚气质与深厚的传统艺术底蕴交融在一起,成为"网红"中的一股清流,深深地吸引网络中的年轻人,并引领他们对传统戏曲艺术产生兴趣。

王珮瑜在京剧艺术方面有很深的造诣,同时也善于运用新的传播手段传播京剧。传统意义上，观众必须到剧场才能看京剧，但王珮瑜不仅在剧场演出，也上电视综艺节目，同时还运用自媒体账号录音频、拍视频，做网络直播。2017年，王珮瑜参加了40余场剧场演出，观看人次超过3万。她在喜马拉雅APP开设的音频节目《京剧其实很好玩》已更新100期，订阅用户超过2.3万，收听人次超过440万。王珮瑜本人还参加了商学院课程，学习如何推动京剧实现当代化创新传播。在2017年京剧清音会成都站，剧场开放专用Wi-Fi供观众向现场大屏发送弹幕。"弹幕"这一网红应用首次被运用到京剧表演现场，让古老的京剧变得青春靓丽且时尚活泼。

王珮瑜在塑造个人品牌"瑜音社"的同时，很好地利用了各种跨界资源为京剧的传播服务，也致力于面向中小学生开展京剧艺术教育和京剧教材出版。在参加《吐槽大会》节目时，王珮瑜说："在这个年代，酒香也怕巷子深，很多人说我上节目是为了自己火，可是如果我再不站出来努力推广京剧，可能我也没饭吃了。很多人说京剧听不懂，其实你根本没去听，你都没有给自己一个机会爱上京剧，我相信你一旦爱上了京剧，就会一直爱下去。"做一个有实力、有作品的京剧好演员，致力于京剧艺术的当代化传播，当一名传承弘扬京剧的"网红"，王珮瑜敏锐地站到了时代潮流前头，如表9-3所示。

表9-3　2017—2024年王珮瑜参与的原创文化节目

年份	节目名称	制播机构	角色
2017	《朗读者》第一季	中央广播电视总台	朗读苏轼《念奴娇·赤壁怀古》
2017	《喝彩中华》	上海广播电视台	观察员
2017	《天天向上》	湖南广播电视台	教天天兄弟学京剧
2018	《经典咏流传》第一季	中央广播电视总台	与数字人洛天依合唱《但愿人长久》

续表

年份	节目名称	制播机构	角色
2018	《角儿来了》	中央广播电视总台	表演京剧选段 讲京剧课、普及京剧文化
2018	《传承中国》	北京广播电视台	表演京剧
2018	《同一堂课》	浙江广播电视集团	教唱京剧
2018	2018年中秋晚会	中央广播电视总台	演唱歌曲《但愿人长久》
2019	2019年春节联欢晚会	中央广播电视总台	表演戏曲节目《锦绣梨园》
2020	2020年春节联欢晚会	中央广播电视总台	表演戏曲节目《璀璨梨园》 京剧《空城计》选段
2020	国风少年创演节目《上线吧！华彩少年》	中央广播电视总台	担任"上线官"
2021	《流淌的歌声》第三季	广东广播电视台	表演《曹操》
2021	2021年中秋晚会	中央广播电视总台	表演歌舞《倾国倾城》
2022	《诗画中国》	中央广播电视总台	开卷人
2022	《戏宇宙》特别节目"花好月圆"中秋晚会	山东广播电视台	演唱《踏月留香》
2022	《拿手好戏》	中央广播电视总台	京剧研学
2023	2023年春节戏曲晚会	中央广播电视总台	表演京剧
2023	《戏宇宙》第二季	山东广播电视台	京剧推介人，教唱京剧
2024	《国风超有戏》	中央广播电视总台	演唱《弦上羽》

2020年3月27日，由京剧名家王珮瑜担任策划人之一的首档京剧脱口秀《瑜你台上见》，于每周五、周日中午12点在爱奇艺播出。《瑜你台上见》每期时长不超过30分钟，紧贴京剧题材电视剧《鬓边不是海棠红》的剧情，采用"剧综联动"的营销模式，整体节奏明快、信息量密集。王珮

瑜通过讲故事、与卡通吉祥物"多多"互动、现场情景剧演绎等方式，对剧中的社会背景、民国时的梨园故事、京剧人物关系以及京剧知识进行延展和输出，让更多的年轻人在看懂剧情的同时，了解京剧内涵，喜爱京剧文化。

根据人民网众云大数据平台的分析，《瑜你台上见》在播出期间（2020年3月27日—5月3日），形成了明显的收视、信息传播峰值。

在互联网信息中，与该节目相关的热门词主要集中在"京剧""观众""戏曲""王珮瑜""电视剧"等，显示出"王珮瑜"对京剧节目的传播力和影响力，如图9-3所示。在互联网该节目相关热门文章的前十名中，传统戏曲与年轻观众的关系以及传承问题都是讨论的热点。这对于传媒人思考戏曲文化节目的传播力提升具有一定的启发意义。

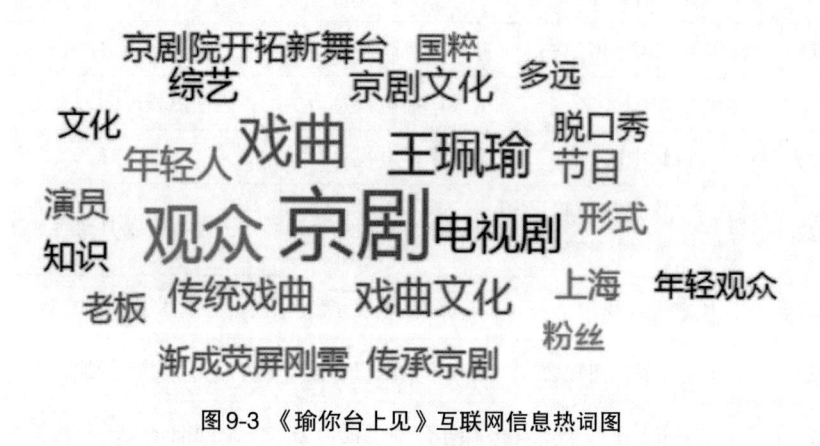

图9-3 《瑜你台上见》互联网信息热词图

综合白燕升对戏曲文化的弘扬、白先勇与青春版《牡丹亭》的创作传播、王珮瑜与京剧的融媒体推广与当代化传播的成功案例，其他戏曲也可以找到自己的代言人，让传统戏曲焕发"青春"光彩，走进更多年轻人的心灵。除了潜心创作，不断推出好作品，还要不遗余力地培养优秀的青年演员，借鉴青春版《牡丹亭》"牵着观众的手入门"的宣传方法，通过开讲座、介绍会、进校园等多种方式，让观众尤其是青少年观众认识戏曲。此外，挖掘、培养出像王珮瑜这样既懂艺术又能运用现代媒体创新传播戏曲的人才也是非常必要的。

2023年5月，浙江卫视推出的戏剧文化体验类电视节目《戏剧中国心》，由中国戏剧家协会副主席、越剧表演艺术家茅威涛带领越剧演员组成"中国心剧社"，走出剧场，走向街巷市井，每期选定一个或多个越剧经典剧目进行重新解读和演绎。节目同时在浙江卫视、Z视介客户端、抖音等平台播出，积极推广越剧文化。

2023—2024年，浙江小百花越剧团打造的新国风环境式越剧《新龙门客栈》的相关话题在社交平台爆红。在2023年8月6日晚的抖音直播中，《新龙门客栈》直播吸引了近千万人观看，观众发布了超过1.4万条评论。演出返场时主演陈丽君单手抱起李云霄转圈的视频，登上各大社交平台热搜榜高位。戏曲集结了"85后"导演、"95后"编剧、"90后"舞美设计以及一批新生代演员，充分发挥了社交媒体短视频营销与周边文创开发的作用，贴合当代年轻人的需求。《新龙门客栈》的主演陈丽君表示："戏曲是刻在中国人骨子里的DNA，一个小石子投下去之后，DNA就被唤醒了。我希望我是那个小石子。"

戏曲名家借助社交媒体当网红，对于弘扬戏曲文化是一条创新路径。在移动互联网时代，期待有更多戏曲名家乐于当网红，积极推广戏曲艺术，让传统文化焕新生辉。

第十章 以身话文 以舞表意

——舞蹈类文化节目对中国"文化记忆"的具身传播

> 舞者用身体讲述那些嘴巴无法表达的话语。

2013 年以来，以《中国诗词大会》《经典咏流传》《国家宝藏》为代表的原创文化节目，以多重形态重构中国"文化记忆"，在文化传承创新发展方面积累了丰富的经验。《非遗里的中国》《舞千年》等舞蹈类文化节目推动了中国文化记忆传播载体从"非具身"向"具身"的转变，是近年来原创文化节目发展的新现象。具身传播将身体看作传播的主体，通过身体本体的实践达到内外一体、身心合一，从而达到意义传播的目的。舞蹈类文化节目通过身体形塑、身体叙事、身体隐喻三种路径，以史连接时间，以舞承载文化，重构中国"文化记忆"中的人物、故事、思想观念等，具有较强的文化价值与创新意义，为推动中华优秀传统文化的创造性转化与创新性发展提供了思路。

第一节　舞蹈类文化节目发展与具身传播

一、舞蹈与电视的融合发展

在中国电视事业刚起步时，1958年5月1日晚7时，时政新闻播出之后，北京电视台采用直播的方式播出了早期的几个电视文艺节目：中央广播实验剧团表演的诗朗诵《工厂里来的三个姑娘》《"大跃进"的号角》和北京舞蹈学校学生演出的舞蹈《四小天鹅》《牧童和村姑》《春江花月夜》等。这是舞蹈与电视媒介的第一次接触。1959年国庆期间，北京电视台转播了苏联芭蕾舞团的访华演出，有经典作品《天鹅湖》、舞剧《吉赛尔》《海峡》的片段等。20世纪80年代以后，在各种类型的电视文艺晚会尤其是央视春晚中，涌现出一批取材于中华优秀传统文化的舞蹈精品节目，如表10-1所示。

表10-1　1995—2024年中央电视台春节联欢晚会上的代表性舞蹈节目

年份	舞蹈名称	表演人员
1995	《醉鼓》	领舞：黄豆豆 表演：兰州军区战斗歌舞团、黑龙江省歌舞剧院舞蹈团
2004	《俏花旦》	四川省歌舞剧院
2005	《千手观音》	中国残疾人艺术团
2006	《俏夕阳》	唐山市小区表演队
2006	《剪纸姑娘》	北京军区战友文工团
2006	《岁寒三友——松·竹·梅》	领舞：谭元元、杨丽萍、刘岩

续表

年份	舞蹈名称	表演人员
2007	《小城雨巷》	南京军区前线歌舞团
2008	《飞天》	广州军区政治部战士文工团
2009	《蝶恋花》	领舞：孙锐 表演：天津歌舞剧院芭蕾舞团、南京市歌舞团等
2012	《雀之恋》	领舞：杨丽萍、王迪
2015	《丝路霓裳》	中国东方演艺集团
2019	《敦煌飞天》	领舞：鲁娜、邱芸庭、王济禹等 表演：中央芭蕾舞团、北京舞蹈学院芭蕾舞系
2021	《茉莉》	领舞：孟庆旸　表演：中国东方演艺集团
	《朱鹮》	领舞：朱洁静　表演：上海歌舞团有限公司
2022	《只此青绿》	领舞：孟庆旸　表演：中国东方演艺集团
2023	《锦绣》	领舞：李倩　表演：北京演艺集团
2024	《瓷影》	领舞：孟庆旸、左思远
	《锦鲤》	领舞：华宵一　表演：北京舞蹈学院
	《鹅鹅鹅》	领舞：戚冰雪、郭思齐、龚诗棋
	《咏春》	领舞：常宏基、张娅姝

　　1999年，中央电视台综艺频道的《舞蹈世界》栏目开播，稳定播出舞蹈节目。2000年，中央电视台主办了电视舞蹈大赛，此后每两年举办一届，参赛人员以专业艺术团体演员为主，比赛舞种包括中国古典舞、民间舞、芭蕾舞、当代舞、国标舞、街舞等，涌现出一批原创舞蹈节目和优秀舞蹈人才，对舞蹈艺术的专业化发展和大众化传播起到了积极的推动作用。

　　2005年后，随着真人秀节目的热播，以《新舞林大会》《这！就是街舞》《一起来跳舞》《舞林争霸》《舞出我人生》《中国好舞蹈》《舞蹈风暴》等为代表的舞蹈类真人秀节目竞相涌现，但过度竞技化、娱乐化、同质化等问题日益突出。对此，舞评人批评"舞蹈类综艺节目为了营造氛围，令观者不得不时常跳脱出原本顺畅的审美过程，无法保有解读作品时应有的逻辑思维，只剩下炫技的叹赏和部分片段的印象"。①

弘扬中华优秀传统文化，让文物和文化遗产"活起来""会说话"，原创文化节目是颇为有效的载体。本章提到的舞蹈类文化节目作为原创文化节目的类别之一，是以舞蹈为载体，由我国广播电视机构自主原创，以弘扬中华优秀传统文化为宗旨的电视综艺节目。这些舞蹈类文化节目分为两种形式：一是以舞蹈为主体，通过舞蹈体现中华传统文化的独特魅力；二是以舞蹈作为辅助元素，借助舞蹈传递深层文化内涵和价值理念。2023年9月8日，国家广播电视总局办公厅公布第二季度广播电视创新创优节目名单，多部含有舞蹈元素的原创文化节目入选，如中央广播电视总台《非遗里的中国》、江苏省广播电视总台《中国智慧中国行》等。

舞蹈类文化节目以舞承载历史，讲述蕴于舞蹈之中的华夏故事，通过"大屏＋小屏"的多次传播，获得了观众们的好评，河南卫视"中国节日"系列节目中的《唐宫夜宴》《洛神水赋》《龙门金刚》等作品获得了全网820亿次的浏览量；舞蹈剧情类文化节目《舞千年》在哔哩哔哩平台评分高达9.9分，有网友评价："一看到就有归属感，会骄傲地说，看，这才是中国风，这就是华夏文明，属于我们的五千年文化。"在推动中华优秀传统文化创造性转化、创新性发展中，厚植于"两个结合"的文化土壤，舞蹈类文化节目是创作者在新时代不断守正创新的成功实践。

二、原创文化节目对中国"文化记忆"的多形态传播

"文化记忆的内容通常是一个社会群体共同拥有的过去，其中既包括传

---

① 高雁，黄凯迪.舞蹈共赏时代已来？：由《舞蹈风暴》热播现象谈起[J].舞蹈，2020(1)：15-19.

说中的神话时代，也包括有据可查的信史。"[1] "优秀传统文化是中华民族的集体'文化记忆'，沉淀着中华民族的精神品质，蕴含着中华民族的文化基因，汉字、成语、诗文、戏曲、书法、绘画、音乐、舞蹈等都是文化记忆的载体或表现形态。"[2]2013—2014 年，汉字类、成语类、诗词类等各类原创文化节目相继诞生，以书写、讲解、背诵等方式传播文化，体现了对中国"文化记忆"的非具身传播。2015 年 11 月，北京卫视推出国内首个以非物质文化遗产为题材的真人秀节目《传承者》。节目中非遗传承人现场展示非遗项目，讲述传承故事。该节目引领了原创文化节目对中国"文化记忆"的传播方式从非具身向具身转变。2021 年，河南卫视与哔哩哔哩合作推出原创文化节目《舞千年》，以舞蹈为载体，在用身体语言活化、创新、传承中华优秀传统文化方面有了进一步的突破。

对于"身体"这个话题的讨论，最早出现在 20 世纪西方社会学及哲学的研究中，在中国，文学界紧跟着提出了"身体叙事""身体写作"等理论，而传播学领域对于身体的探讨则较为模糊。[3] "具身"一词在英语中译为"embodiment"，最初出现在梅洛-庞蒂的《知觉现象学》中。2018 年，国内传播学界开始关注"具身传播"这一概念，有学者认为"具身传播即人的身体参与传播过程与活动"。[4] 芮必峰、昂振认为具身传播"是身体通过意向性与世界和他人达成的一种实践过程，所谓意义、理解和沟通都奠基于这种身体实践过程"。[5]

---

[1] 王霄冰.文化记忆、传统创新与节日遗产保护[J].中国人民大学学报，2007（1）：41-48.

[2] 张爱凤.源与变：中国电视原创文化节目发展史论[M].北京：中国传媒大学出版社，2019：182.

[3] 赵建国.身体传播[M].北京：社会科学文献出版社，2018：6.

[4] 胡启元.赛博格时代：数字化技术中的具身传播[J].上海信息化，2022（6）：18-22.

[5] 芮必峰，昂振.传播研究中的身体视角：从认知语言学看具身传播[J].现代传播（中国传媒大学学报），2021，43（4）：33-39.

目前，学界对"具身传播是什么"这一基本命题并没有明确的定义。在概念的使用上，本书所指的"具身传播"在上述定义的基础上，将身体看作传播的主体，通过身体本体的实践达到内外一体、身心合一，从而达到意义传播的目的。

三、原创文化节目从"非具身"转向"具身"传播的实践与研究

"身体是综合的文化载体和导体。"[①]舞蹈类文化节目通过身体本体的实践加以影视手法的结合，将历史中的人物、事件以及思想观念"真实"地展现在大众面前，使静态的、抽象的中国"文化记忆"具身呈现。例如，河南卫视与哔哩哔哩合作推出的首部以舞蹈为载体的原创文化节目《舞千年》，用身体语言活化、创新、传承中华优秀传统文化，在2022年中国国际青年电影展"网络影视盛典"中，荣获"年度影响力网络综艺"奖。

目前，以《舞千年》为代表的舞蹈类文化节目多次获得"电视创新创优节目""优秀网络视听作品"等奖项，受到《人民日报》、新华社等官方媒体的推荐，得到中国驻外大使的盛赞。"原创文化节目具身传播"是近年来学界较为关注的问题，聚焦该主题的第一篇论文发表于2020年，其后发文量逐年上升。在中国知网以"原创文化节目具身传播"为关键词进行主题检索，相关文献有59篇，以此为篇名进行检索，相关文献为0。

综上所述，目前学界对于这一问题的研究较为薄弱。第二至四节将以《舞千年》为主要研究案例，结合其他节目，通过身体形塑、身体叙事、身体隐喻三种路径，研究舞蹈类文化节目如何具身传播中国文化记忆。

---

① 赵建国.身体传播[M].北京：社会科学文献出版社，2018：85.

第二节　身体形塑重构历史人物形象

历史人物是文化记忆的重要内容，在文化记忆传承的过程中，历史人物如孔子、老子、李白、杜甫、苏轼等，通常是以文本、画像、节日、仪式等方式为载体，经不同时代人们的重构得以传承。"舞蹈"是舞蹈类文化节目的核心元素，身体是舞蹈造型艺术的载体，以舞呈现中华文明上下五千年，正是该类节目的创意所在。

一、形似：服饰妆容直观塑造历史人物形象

《物原·衣原第十一》中记载"有巢始衣皮"，中国服饰有着悠久的历史，最早可追溯到原始社会。通过文字、图像等记录，我们可以了解到不同历史时期的服饰、妆容等特点，由此反映生活在特定时代或地域的人们的生活习惯、民俗特色等。舞蹈类文化节目创新了对历史人物的表达方式，通过身体的形似、神似、意似将其重构，生动形象地表现了历史人物。

获得"2022年度影响力网络综艺"的舞蹈类文化节目《舞千年》，由五位荐舞官带领观众环游汉代、唐代、宋代及20世纪80年代，根据特定时期的历史人物及其独特的时代符号，对五位荐舞官的服饰和妆容做了相应调整。例如唐代服饰以富丽绚烂为主要特征，宋代的服饰则以轻淡典雅为主，这样使得舞蹈演员在外形上更加贴合当时的人物形象，通过外形的塑造达到对历史人物重构的目的。

《舞千年》第三章中的舞蹈《越女凌风》以侠客为主要人物。"侠"最早记载于韩非子的《五蠹》中，在诸多诗人的诗句中也有对"侠客"的描写。李白在《侠客行》的开篇描绘了侠客的形象："赵客缦胡缨，吴钩霜

雪明。银鞍照白马，飒沓如流星。十步杀一人，千里不留行。事了拂衣去，深藏身与名。"元稹在《杂曲歌辞·侠客行》中写道："侠客不怕死，怕在事不成，事成不肯藏姓名。我非窃贼谁夜行，白日堂堂杀袁盎。九衢草草人面青。"整体来看，诗词中描述的"侠客"多武功盖世且抽象、神秘、飘忽不定。

舞蹈《越女凌风》展现的是女侠客的形象，凌风身着青色外套，手持宝剑，清新淡雅，贴合其隐士的形象，展现了成熟的影视化表达方式。舞剧中凌风的形象与《舞千年》中的不同，舞台上的凌风，服装颜色较为鲜艳，在妆容上，舞者额头前有一根麻花辫，干净利落，以此突出侠女的飒爽，呈现"武侠"力与美的结合。

在舞蹈类文化节目中，为了更加适应影视艺术的表现方式，通常会对舞者的服装进行调整。舞蹈类文化节目通过服饰妆容直观塑造历史人物形象，加以舞蹈、武术的动作形态还原了历史人物的形象，将文字中的人物以影视化的手法呈现，无论服饰还是妆容都更加具体、直观、形象。

二、神似：舞蹈动作强化精神气质

在舞蹈类文化节目中，出现了不少观众所熟知的人物，如公孙大娘、伏羲、嵇康、关公等，这些人物的形象是典型的中国文化记忆，所呈现出来的精神品格更是影响了世人。

中央广播电视总台的大型文化节目《诗画中国》以中国经典名画作为内容载体，与舞蹈等艺术形式跨界组合。舞蹈《剑器行》在《诗画中国》第二期播出，复现的是清代任颐创作的纸本墨笔画《公孙大娘舞剑图》，灵感来自杜甫的《观公孙大娘弟子舞剑器行》，展现了唐代著名舞者公孙大娘表演剑器舞的场景。公孙大娘在史书中少有记载，但在不少诗词中被提及，公孙大娘所擅长的舞蹈叫"剑器舞"，这种舞蹈阳刚与阴柔并济，属于健舞的一种。节目将"武舞"结合，通过将舞蹈演员郝若琦的"点剑""刺剑"等舞蹈动作与现代感特效完美融合，将凛凛剑风演绎得淋漓尽致，重现了公孙大娘矫健的身姿。

中国古典舞讲求"拧、倾、圆、曲"，其中"倾"是中国古典舞主要的语言特征。舞蹈类文化节目《舞千年》中的舞蹈《逍遥》多出现斜塔舞姿、踏步翻身、拧身等动作，舞者通过动作所呈现出来的飞腾悠远的气质强化了竹林七贤的精神。

舞蹈演员通过身体实践，去感受、体会历史人物的不同性格，在当下的历史时空中，运用舞蹈动作强化其人物的精神气质，用具象思维展现抽象灵魂，让观众从看"形似"到观"神似"。

三、意似：身体姿态彰显人物风骨

"风骨"二字出自《晋书·赫连勃勃载记论》，是中国古代文论与美学中的重要概念，其"作为一种阳刚、雄健、精爽的力量与气势之美，贯穿于中国古代人物品评，文学书画理论、实践、评论等各个方面"。[①] 许多舞蹈类文化节目呈现了文人墨客、爱国将士等多种类型人物，通过舞者的身体彰显历史人物所具有的风骨。

提起李白，我们最先想到的是"诗仙""酒仙"等称号，"李白斗酒诗百篇，长安市上酒家眠"写出了李白的潇洒与文采的斐然；"人生得意须尽欢，莫使金樽空对月"写出了李白的豪放；"举杯邀明月，对影成三人"写出了李白的孤独与浪漫。河南卫视2022年推出的舞蹈《得见李白》，以李白唯一存世的书法真迹《上阳台帖》为创作元素；《舞千年》中是以舞者胡阳通过肢体的晃荡、步伐的交错等姿态演绎饮酒后的李白。此类文化节目

---

① 曹顺庆，马智捷.再论"风骨"与"崇高"[J].江海学刊，2017（1）：191-197，239.

均通过舞蹈的形式，将李白肆意纵情、酣畅淋漓的诗仙世界展现得淋漓尽致，姿态万千、流畅自如。

舞蹈类文化节目将文字中记载的历史人物通过演员的身体形塑，具象地呈现了侠客的"信"与"勇"、将士的"忠"与"义"等，让观众不仅直观地看到书本上的历史人物，同时感受到了他们身上的精神气质与风骨。

第三节　身体叙事再现历史事件

"身体之所以能够叙事，那是因为身体具有行动、表达、传播能力。"[①]在建构文化记忆时，经常选取有特殊意义的事件进行编码。在我国的集体记忆中，有"卧薪尝胆""荆轲刺秦""四面楚歌"等不少历史事件传承后世，成为中华儿女进行身份"定位"的重要依据。

一、活化：舞姿范式活态重现文物背后的故事

2013年习近平总书记指出，"要系统梳理传统文化资源，让收藏在禁宫里的文物、陈列在广阔大地上的遗产、书写在古籍里的文字都活起来"。[②]中国敦煌石窟内壁的绘画艺术作品属于世界文化遗产，广东卫视推出的首档大型杂技文化节目《技惊四座》第二季以及河南卫视2022年推出的节目《2022重阳奇妙游》中，都有以敦煌壁画为题材的舞蹈类文化节目。

《技惊四座》中，庞迪以《柔舞霓裳》唤醒沉睡千年的敦煌壁画，以空中绸吊、空中吊环等形式，将敦煌之舞与杂技相融合。《2022重阳奇妙游》

[①] 赵建国.身体传播[M].北京：社会科学文献出版社，2018：307.
[②] 中共中央宣传部.习近平总书记系列重要讲话读本[M].北京：学习出版社，人民出版社，2016：203.

中的舞蹈《云窟万象》，以中国四大石窟艺术为创作元素，通过影视艺术手段展现经典石窟造像，以女子群舞的形式营造石窟艺术之美。《舞千年》中的《敦煌飞天》将莫高窟 285 窟中的"飞天"形象通过芭蕾舞的形式呈现，敦煌之舞讲究"三道弯"的姿态，但芭蕾舞的特征为"开、绷、直"，两种舞蹈风格形成鲜明的差异，却分外和谐。

"舞蹈艺术作为身体'体现'的典型现象，是在人的鲜明的意志主导下以特殊的形式训练身体形态，无论在官能感觉还是在抽象的精神方面，都集中体现着某种国家的、社会的、民族的、阶级的、时代的、文化习俗的身体特征。"[①] 此类具有敦煌特色的舞蹈类文化节目，在拍摄中通过慢动作镜头展现了舞者在旋转、托举中的"飞天"形象，在创新的同时也还原了石窟中的形态。舞蹈类文化节目将古代与现代相连接，抓住不同时期的舞蹈风格，以身体作为载体，展现其时代的特征。

二、具象：身体语言讲述历史故事

从古至今，历史故事的记录多以文字为主，"程婴救孤"的历史故事从文字记载到戏曲传唱再到戏剧表演，以不同的呈现方式传播其中的文化价值。2019 年，在深圳卫视播出的《起舞吧！齐舞》第九期"总监合作舞台"中，便是以舞蹈的形式重构了"程婴救孤"的故事。

"赵氏孤儿"的故事最早以元杂剧的形式出现，剧本中记载了"存根保种与斩草除根，舍命救孤与暴虐搜孤，尖锐冲突的矛盾双方按照剧作家的情感目的和悲剧表现的需要，被赋予了忠奸正邪的身份意义。"[②]《起舞吧！

---

① 刘青弋.体现：舞蹈文化研究的根本[J].北京舞蹈学院学报，2001(4)：37-47.

② 吴戈.《赵氏孤儿》的文化改写：古代/当代/中国/外国[J].戏剧艺术，2004(3)：12-24.

齐舞》中的《赵氏孤儿》以舞传"情",主要演绎程婴救子、献子、丧子时的情景。在这些舞段中,舞者虽没有一句台词,却让观众觉得"太有代入感了,明明一句台词都没有,却那么感人"。《舞千年》第四章中的《赵氏孤儿》通过"程婴与妻子之舞""屠岸贾摔子之舞""程婴丧子之舞《残烛》",演绎程婴献子时的情景。在这三个舞段中,舞者同样没有一句台词,而是以程婴夫妇俏皮的互动展现拥有孩子时的喜悦;在程婴决定以自己的孩子替换赵氏遗孤时,通过夫妇二人的"拉扯"展现程婴的大义与其妻子母爱的光辉。

节目通过叙事性的身体动态语言,将我们熟知的历史事件具象地展现在大众面前,使中国历史文化更有立体感。舞蹈将这些动作从现实生活中抽离,并通过身体语言去表达故事情节,具象的呈现让观众沉浸其中。

三、延伸:身体在场拓展历史空间

"人的照片、影像是身体的虚拟在场。"[1]舞蹈类文化节目中舞者通常借助影像达到身体的虚拟在场,而舞蹈与身体不可分离,让舞者置身于过去,使观众沉浸在当时的历史时空中,连接了过去、现在与未来。编导在历史背景的基础上创编舞蹈剧目,在还原史实的同时延伸创新,给特定的时空注入生命力。

《舞千年》中的《醒狮》与《歌唱祖国》两支舞蹈分别展现了1841年与1950年的历史事件,舞者通过身体在场舞蹈及身体虚拟在场于历史空间,将观众带到当时的情景中。两支舞蹈的创编在历史背景之上融入了编导对历史事件细节的想象,因而有了进一步的延伸。《醒狮》塑形取神,通过影视创作的手法,将非遗文化以青春化、当代化的形式传播。《歌唱祖

---

[1] 赵建国.身体在场与不在场的传播意义[J].现代传播(中国传媒大学学报),2015,37(8):58-62.

国》用舞蹈讲述了词曲作者王莘创作《歌唱祖国》之初曲折而又幸福的心路历程,舞者用身体语言带大家感受20世纪50年代的爱情,通过一张定格的黑白结婚照延伸到当年拍摄时的场景,使人沉浸其中。

如今,越来越多的舞蹈类文化节目从全新的影视角度切入,利用科技手段赋能当代表达,运用身体讲述其背后蕴含的文化内涵及价值。这样具象化的表达让观众沉浸其中,不少网友表示"作为中国人的基因密码被激活""这才是文化底蕴"。

第四节 身体隐喻表达思想观念

中华优秀传统文化所蕴含的思想观念是一代代人智慧的结晶。经过长时间的沉淀,这些思想观念已成为中华民族的集体"文化记忆",同时也是文化传承与发展的内在动力。在历史文本、影视作品等媒介中,记载了不少中华民族的优秀精神,传递了前人的思想观念。舞蹈作为"文化记忆"的一种载体,用身体表意,将精神内化于心、外化于行。以舞蹈为核心的原创文化节目,将中华传统文化中的"天人合一""仁爱孝悌""家国情怀"等思想观念,通过身体隐喻具象传达,蕴含着独特的民族精神。

一、变形:形体幻化展现天人合一

"中国哲学中的天人合一观念,发源于周代,经过孟子的性天相通观点与董仲舒的人副天数说,到宋代的张载、二程而达到成熟。"[1]我国自古就有梁山伯与祝英台双双幻化为蝴蝶的神话故事,也有宗教仪式将人的身体

---

[1] 张岱年.中国哲学中"天人合一"思想的剖析[J].北京大学学报(哲学社会科学版),1985(1):3-10.

神化、仙化的传统活动。

中央广播电视总台播出的原创文化节目《诗画中国》,用当代视角解读经典作品的深厚文化内蕴。其中舞蹈《水图》,通过舞者的形体幻化演绎,加以影视特效的配合,呈现了天人合一的效果。"上善若水,水利万物而不争。"该节目以南宋马远《水图卷》作为内容载体,水下舞者化身"水魂",以水图对水不同姿态的描绘为精神内核,用舞蹈展现出水魂的力量以及大自然中种种不同意境形态,最终二者共同升华。舞者通过上下游动、翻滚调换,体现江水浩荡,随风朝大海奔涌而去之景;三位舞者拦腰成团簇拥在一起形成红日圆状,描绘出"晓日烘山"的画面,展现了一片宁静气氛。

河南卫视《舞千年》中的舞蹈《火》从日常中大家见到的火种引入,舞蹈演员通过身体演绎火的不同形态,火幻化成人、人幻化成火,最终二者共同升华。舞者双手手腕并拢,手指不断做"波浪"状,左右手上下波动,加之影视特效的配合,使舞者身体周边有火焰、火星的特效,似火苗一般。舞蹈演员通过甩动舞服上的红纱、黄纱,模仿熊熊燃烧的火焰,将火拟人化,通过形体的幻化去表现人与自然,展现了自古以来人们对火的崇拜,以及母亲为了族人而牺牲自己的大爱精神,不仅有火之美,更有人之情。

此外,2023年在河南卫视《2023元宵奇妙游》节目的舞蹈《瑞鹤归》中,舞者化为仙鹤,与山水共舞,展现了山水与舞蹈交融的意趣。舞蹈类文化节目通过将蕴含意义的身体动作与舞蹈形象的塑造相互勾连,以身体之形传递价值观念。

二、外化:行为动作传递仁爱孝悌

"仁爱孝悌"源于儒家思想,是中华民族的传统美德,在先秦时期便已得到普遍奉行,形成了一种浓烈的家族亲情。"仁的本质是一种社会关系，就是指人与人之间应该互相关爱，友好相处。在孔子眼里，所爱的'人'不是某个特定的人，而是泛指的人，它既包括君主、父母、兄弟朋友还包括普通的大众。"①舞蹈类文化节目《反弹琵琶》与《背影》均以"父爱"为主题，通过舞蹈演员的身体动作将父爱进行外化。其中《反弹琵琶》以"神笔张"的回忆场景为切入点，女舞者以敦煌舞为主体，展现了"神笔张"笔下女儿手持琵琶的舞姿，男舞者手持墨碗、毛笔，通过"神笔张"描绘脑海中女儿的行为动作，展现了其对女儿英娘的思念，即使身陷绝境，他记忆中的女儿依旧笑靥如花。《背影》是朱自清于1925年创作的一篇回忆性散文，在《舞千年》中以舞蹈的形式呈现。舞蹈《背影》与《反弹琵琶》展示父爱的方式不同，《背影》通过第三人称参与视角，去观看"朱自清"与父亲的情感体现，在舞蹈动作的设计上，编导将父子之间那种想要表达却又羞于表达的感情展现得淋漓尽致，许多网友都表示以前学过的课文"活"起来了。

2023年，河南卫视推出《2023元宵奇妙游》节目。舞蹈《中国神话·女娲补天》展现的是女娲造人、女娲补天的传说，节目通过震撼人心的视听语言，表达人间有大爱的情感。诸如此类的舞蹈类文化节目通过舞者的身体动作去抒发情感，以感情引起身动，以身动传递真情，给人以生动直观的感受。

三、意象：具身演绎弘扬家国情怀

"家国情怀"这一思想观念是在中华传统文化中积淀而成的，"家"，"浓缩了母亲、父亲、亲人、故乡的无限情感和思绪，是人类社会赖以生存

---

① 魏萌."仁爱孝悌"文化在影视广告中的应用研究：以《IAI中国广告作品年鉴》为例（2001至2011年）[D].成都：西南交通大学，2013.

的基本情感依靠"[①];《论语·季氏》曰:"丘也闻有国有家者,不患寡而患不均,不患贫而患不安。"这里的"国"指"城邦",随着时间的推移,家国情怀也被赋予了重要的时代价值。

舞蹈类文化节目《秦王点兵》是对"兵马俑"的复现,其将家国情怀与思乡之情融入舞蹈,以"俑"为创作元素。"'俑'的形象指代了中华民族,'俑'所体现的精神就是中华民族的精神,'俑'的灵魂则是中华民族之魂,坚韧不拔、勇往直前、不畏艰险……"[②] 舞蹈多运用闪、展、腾、挪的技术技巧,通过舞者"横移空中回身变叉""空中腾跃劈腿""朝天蹬"等动作,展现出精兵强将的形象,更是体现了秦军男儿保家卫国的奉献精神。

舞蹈的表达依靠身体,而身体作为非语言文字的表达形式,则需要通过呈现的"象"来表"意"。舞蹈类文化节目通过身体隐喻,将中国传统文化中的思想观念具象化呈现,一种文化的发展,而非故步自封,立意很妙。在看这类节目时,网友们表示"虽然没有台词,就是看懂了许多"。以舞蹈的方式具身传播中国文化记忆,给观众带来了视觉上的盛宴,更好地激发了国民的认同感。

《只此青绿》《唐宫夜宴》《舞千年》等舞蹈类文化节目通过身体形塑、身体叙事、身体隐喻三种路径具身传播中国"文化记忆",重构起中国"文化记忆"中的人物、事件、思想观念等,唤醒了国人的文化记忆、强化了身份认同,在一定程度上促进了中华优秀传统文化的创造性转化与创新性发展。

舞蹈类文化节目的出现,打破了传统舞台的展现形式。节目组从其根源着手,将舞蹈背后的故事以综艺影视剧的方式呈现,是一次成功的实践。

---

① 杨清虎."家国情怀"的内涵与现代价值[J].兵团党校学报,2016(3):60-66.
② 蔡丽.由《秦王点兵》谈中国古典舞与大众文化的审美契合[J].艺术教育,2014(2):116.

文化强国背景下原创文化节目发展与传播研究

不可否认的是，以舞蹈为载体的原创文化节目，在创作时也存在一定的局限性。节目通常采用舞蹈影视化的表达手法，在拍摄过程中，一些不恰当的运镜会导致部分舞蹈作品的完整性被破坏，部分网友表示过度的镜头切换令人无法更好地欣赏舞蹈原本的美感与意境。

河南卫视的节目《舞千年》采用"舞蹈艺术+综艺形态+影视化拍摄"的形式，同时融合实景与科技，借助AR、VR、360°拍摄手法、抠像、子弹时间等特效技术，扩充画面表现力，全方位、立体化地呈现中国舞的魅力，主动拥抱Z世代的年轻观众，以年轻化的语态讲述中国故事。截至2024年8月底，B站上《舞千年》的播放量超1.5亿，近2万人评出了9.9的高分，豆瓣评分8.8分，知乎评分8.9分，全网总热搜超400条，短视频总播放量破10亿，弹幕累计近50万条。《舞千年》节目相关话题引发全网热议，微博话题总阅读量21.1亿，微博热搜190条；抖音主话题播放量6.9亿，相关话题总播放量9.8亿，官方抖音号吸粉超31万，获赞431.8万个，播放量累计2.5亿，抖音榜单多达44个。[①]中国驻巴基斯坦大使馆文化参赞、中国驻瑞士大使馆先后发布推特向世界推介《舞千年》。

《舞千年》的创新价值不只体现在节目制作模式和内容创新方面，更体现出中华优秀传统文化创造性转化和创新性发展的一条新路径。在"国潮"成为一种当代风尚的背景下，《舞千年》顺势而为，以中国舞为主体，深入挖掘"中国故事"的历史文化内涵，融合"影视剧+综艺+剧场舞蹈"的表现形式，借助新视听技术予以当代化呈现。B站是《舞千年》的制作方之一，也是一个集合了算法技术系统、参与式节目生产系统、二次元及国风文化聚集系统等层面的融合传播平台。《舞千年》的成功体现了优质的节目品质、强有力的融合传播能力。

近年来，AIGC在影视艺术领域崭露头角，在信息采编、内容制播等

---

① 《舞千年》| 每一份成果，来自于支持河大卫的你[EB/OL].（2021-12-29）[2023-06-25]. https://www.hntv.tv/rhh-8060596226/article/1/1476114300326113282.

多个环节发挥作用。AI 技术也引发了众多有关艺术创作的争论，如内容版权的归属问题、创作者过度依赖技术手段等，但"AIGC 技术从来都不是目的，更美好的生活才是核心。"[①] 从本质上讲，舞蹈是经过加工、提炼、组织、美化了的人体动作，需要舞者的具身实践，舞蹈类文化节目也为原创文化节目拓宽了新的题材，是对中国优秀文化具身传播的新探索。在未来，AIGC 技术也许会作为辅助性工具在舞蹈类文化节目中发挥作用。如何在此基础上守正创新，避免同质化问题的出现，是我们需要不断思考与摸索的。

---

① 郭全中，张金熠. AI+人文：AIGC 的发展与趋势［J］.新闻爱好者，2023（3）：8-14.

第十一章　融合与共生

——原创文化节目融入学校美育的理论逻辑与实践路径

> 美育的目的在于陶冶性情，提高人的审美能力和精神境界。

第一节　移动互联网时代的美育发展

在技术导向型社会情境以及世界多元文化的流动和碰撞中，青年一代的深度注意力及经典阅读量不断下降，思想力、审美力、文化认同等面临严峻挑战。以《中国诗词大会》《朗读者》《经典咏流传》《典籍里的中国》等为代表的原创文化节目，是优秀传统文化当代化、创新化、大众化的载体，具有知识育人、思想育人、审美育人的价值。在目的论、方法论、主体论、接受论等方面，建构原创文化节目逐渐融入大学美育的理论逻辑。以通识教育为载体的大学美育实践，弘扬中华美学精神，通过参与性艺术审美，培养大学生的感同体验力，形塑其人生观、历史观和国家观。将原创文化节目融入大学美育，获得了共生效果的创新实践，也提升了节目面向青年一代的传播力。

近年来，原创文化节目引发收视热潮，这是党的十八大以来，党中央高度重视中华优秀传统文化的弘扬与传承,将创新发展优秀传统文化作为实现"两个一百年"奋斗目标和中华民族伟大复兴的中国梦的根本力量。

2018年9月25日,教育部、国家语委联合发布《中华经典诵读工程实施方案》,计划到2025年形成贯穿大中小幼的中华经典教育体系。以《中国诗词大会》《朗读者》《经典咏流传》《故事里的中国》《一本好书》《诗·中国》《典籍里的中国》为代表的原创文化节目,以经典诵读与传唱、人物访谈、舞台演绎等形式,传承并弘扬中华优秀传统文化,与中华经典诵读工程密切关联,理应将青年一代作为目标受众。但实际上,索福瑞历年的调查显示,稳定的中国电视观众群体还是以中老年人为主。青年一代是弘扬中华优秀传统文化的主力军,也是担当民族复兴伟业的主体,如何提升原创文化节目在青年一代中的到达率和影响力,是当前实践及研究中的难点。

2020年10月,中共中央办公厅、国务院办公厅印发了《关于全面加强和改进新时代学校美育工作的意见》(下文简称《意见》),提出要"将学校美育作为立德树人的重要载体",在高等教育阶段要开设以审美和人文素养培养为核心、以创新能力培育为重点、以中华优秀传统文化传承发展和艺术经典教育为主要内容的公共艺术课程……强化学生文化主体意识,培养具有崇高审美追求、高尚人格修养的高素质人才。[①]

原创文化节目具有知识育人、思想育人、审美育人的功能,可以融入大学美育,激发大学生的学习兴趣,提升审美能力,完善人格,同时也能提升原创文化节目在青年一代中的传播力和影响力。

---

① 新华社.中共中央办公厅 国务院办公厅印发《关于全面加强和改进新时代学校体育工作的意见》《关于全面加强和改进新时代学校美育工作的意见》[EB/OL].(2020-10-15)[2022-12-21]. https://www.gov.cn/gongbao/content/2020/content_5554511.htm.

第二节　原创文化节目融入大学美育的多元背景

一、技术导向型社会情境中大学生注意力的转向

在移动互联网的推动下,中国正逐渐步入技术导向型社会,手游、抖音、直播带货、人脸识别、顶流等新名词、新现象不断出现。利用新技术发明的各种装置、手段、规范、思维,在量、质、历史、关系等不同层面深刻影响人类社会。[①]

美国杜克大学教授凯瑟琳·海尔斯提出了深度注意力和过度注意力两种模式。[②]深度注意力是指排除外界干扰、注意力较长时间聚焦于单一目标之上,如阅读一本书、听一堂课、看一场话剧等,具有集中、专注、持久的特点。过度注意力通常偏好多重信息流动,追求观看中的刺激,对单调沉闷的内容忍耐度较低,通常会在多个任务或目标之间不断跳转,具有游移、跳跃、短浅的特点,如网民刷微信朋友圈、抖音短视频时,喜欢快速浏览不同内容,一旦遇到不感兴趣或需要花较长时间观看的内容时,就会失去耐心。2020年8月,抖音进入日活6亿+时代;"记录世界记录你"的快手港股上市进入倒计时;2020年底,中国短视频用户规模超8.7亿。网络短视频的迅猛发展反映出网民、平台、资本等对过度注意力应用产品的青睐。

日新月异的信息技术、更新迭代的智能手机以及推陈出新的应用程序,

[①] 周宪.技术导向型社会的批判理性建构[J].南海学刊,2016,2(3):1-8.
[②] 海尔斯.过度注意力与深度注意力:认知模式的代沟[J].杨建国,译.文化研究,2014(2):4-17.

深度嵌入青年一代的日常生活中,改变了他们的学习生活习惯和行为方式,也重塑了审美趣味和思维认知。北京大学心理与认知科学学院发布的《95后手机使用心理与行为白皮书》显示,"95后"平均每天使用手机8.33小时,其中社交用时最长,接近2小时。①

在技术导向型社会情境中,大学生或主动或被动地开启了由深度注意力向过度注意力转变的过程,其中一个重要表征就是深度注意力的下降和对手机多媒体应用产品的高度依赖。为此,有人在社交媒体发起了"年轻人戒抖音"的倡议。在当下的实践与研究中,科技发展带来的积极影响被放大,而随之产生的消极影响却未得到应有的重视,"今天中国社会的一些领域,反思批判性弱化,从众性、工具理性逐渐趋强"。②

二、数字原住民的经典阅读危机

中华优秀传统文化是中华民族的文化基因和民族文化血脉,能有力增强民族自信心和民族凝聚力。中华优秀传统文化中的"经典"作品历经时代的考验,在民族文化脉络或文化系统里蕴含基本的观念和思想、具有核心价值,在当代依然具有生命力和影响力。

在《改革开放以来大学生读书思潮的回眸与展望》③一文中,作者描绘了从1978年至2006年近30年大学生的阅读轨迹。恢复高考之后的大学校园里,弥漫着名著热、哲学热、美学热、文学创作热。20世纪80年代中后期的大学生充满了理想和热情,热爱诗歌、关注国家命运、崇尚理想成为他们的特征。这一阶段,大学生的阅读习惯呈现出热情、开放、责任心

---

① IT之家.北大发布《95后手机使用心理与行为白皮书》[EB/OL].(2019-04-20)[2021-01-20].https://www.sohu.com/a/309225903_114760.
② 周宪.技术导向型社会的批判理性建构[J].南海学刊,2016,2(3):1-8.
③ 卢少求.改革开放以来大学生读书思潮的回眸与展望[J].中国青年研究,2006(1):80-83.

强等特征。进入 20 世纪 90 年代,大学教育逐渐走向市场化。实用主义、功利主义等思潮渗透到大学校园里,大学生的阅读习惯从宏观、理想转向微观、务实。1994 年,随着互联网接入中国,大学生的阅读习惯发生了明显的转向,计算机、网络等技术型书籍成为新宠。

根据媒介变迁与代际特点,当下"95 后""00 后"的大学生阅读习惯具有以下两个特点。第一,从阅读介质来看,纸质图书阅读方式下降,手机、Kindle 等电子阅读方式上升。第二,从阅读内容来看,经典阅读量在下降,通俗读物、实用读物、碎片化信息、视听文本的阅读(阅听)量在上升。

2018 年,《中国在校大学生(含研究生)阅读现状调查》结果显示,在校大学生阅读条件明显改善,但着力文化素养提高的经典阅读现状堪忧:有持续阅读行为的约 50%;中国古典"四大名著"平均完成阅读率不到一半,其中理工科为主的高校竟不足 25%。[①] 这显示出当代大学生的经典阅读状况不容乐观。经典作品是文化记忆的重要载体,而日渐弱化的经典教育有可能导致文化记忆的传承面临危机。自 2015 年始,南京大学在本科生中实施了"悦读经典计划",将经典书目分为"文学与艺术""历史与文明""宗教与哲学"等六个单元。通过多元化的方式引领、培育大学生阅读(诵读)经典作品的阅读习惯及文化习性,是走出青年一代阅读困境的有效路径之一。

三、全球化背景下多元主体对文化领导权的争夺

改革开放 40 多年来,中国的经济得到飞速发展,成为仅次于美国的

---

① 杨雷.在校大学生阅读现状调查出炉:趋势可喜,现状堪忧[EB/OL].(2018-04-27)[2021-02-01]. https://m.voc.com.cn/xhn/news/201804/15704107.html.

世界第二大经济体。与此同时，中国的国际地位也在不断提升。但中国面临的问题也是显而易见的，如环境问题、社会阶层分化、城乡发展不均衡、文化对外传播力不强等。

中华优秀传统文化是中华民族的"文化基因"，对于传递规范和价值、建构身份认同、凝聚群体认同具有重要的意义。在现代化、全球化进程中，在世界多元文化的流动和碰撞中，中国大学生的文化认同也面临着严峻挑战。媒介对大学生的文化认同既有建构作用，也有解构作用。欧美日韩的影视剧、流行音乐、网络游戏、动漫、网络短视频等，都在争夺大学生的注意力。

网络在为新生事物和多元文化提供生存可能性的同时，又为技术主义、消费主义、历史虚无主义、新殖民主义等多元思潮的侵入提供了便捷通道。2018年中国社会科学院"中国大学生追踪调查（PSCUS）"研究结果显示，有近四成的大学生关注网红，超六成的大学生玩网络游戏。[①] 当美妆网络主播李佳琦年入千万成为新一代偶像时，中国正迎来全民带货、万物可播的热潮。在网络热搜、顶级流量、各种媒介文化产品的背后，不仅是利益的竞争，更是思想文化领域不同主体对文化领导权的争夺。因此，要学校、媒体从把握文化领导权的战略思维出发，积极主动地为大学生提供当代化、创新化且富有吸引力、竞争力的教育内容和优质文化节目，而近年来涌现出的原创文化节目便是内蕴丰富的美育资源。

四、原创文化节目的美育功能亟待发掘

"美育是一种以'人文主义教育'为其内涵、以人的全面发展为其宗旨

---

① 章正.调查显示：大学生每天玩网游约2小时 近四成关注网红[N].中国青年报，2019-04-18（7）.

的人文学科"①，是理性美学与感性艺术的交融。美育不只是关注审美与情感教育，还广泛地关注人性、人格、生存方式、精神品质等。当前，学习就业压力、情感受挫、网络成瘾、抑郁症等因素，导致大学生自杀情况增多。美育具有涵养人文情怀、提升人生境界、修复人性的内在分裂、塑造并完善人格的功能，可以在此方面发挥正确的引导作用。

在全球化的语境中，美育被各国列入教育体系中，如以美国哥伦比亚大学、芝加哥大学为代表的通识教育模式，以斯坦福大学为代表的美育嵌入生活教育模式，还有以英国剑桥大学、牛津大学为代表的学生自主学习模式等。②各国各校实施美育的模式虽有不同，但"美育的终极目的不是知识和技能，而是态度和境界"③已成为共识。

以诗词歌赋、经典文化为载体的原创文化节目，传承了我国自古就有的"诗教""乐教"的美育传统，具有融入大学美育的可能性。但2013年以来，学界对于原创文化节目的研究成果多集中在模式创新、内容生产、融媒体传播、节目营销等方面，少有关于原创文化节目与大学美育相融合的实践及研究成果。究其原因，一方面，受"娱乐至死"观点的影响，作为文化精英群体的大学教师对电视节目的关注度不高，原创文化节目的美育功能和"化人"价值没有得到充分发掘；另一方面，在移动互联网时代，在网络多元文化产品的竞争中，原创文化节目始终无法有效触达青年人群并对其产生影响力。

在建设文化强国、全面加强和改进新时代学校美育工作的双重背景下，原创文化节目通过线下传播的方式融入"美育课堂"，创新美育方式，具有探索性。以《朗读者》《经典咏流传》《典籍里的中国》为代表的原创文化

---

① 曾繁仁.现代美育理论［M］.郑州：河南人民出版社，2006：358.
② 李牧.欧美高校本科教育中的美育观念与实践及其对中国高等教育的启示［J］.美育学刊，2020，11（4）：11-19.
③ 彭锋.美育重在熏陶与化育（美育）：谈美育的实施方法［N］.人民日报，2018-10-26（24）.

节目,"以弘扬优秀传统文化为核心,生产传播趣味正、格调高、具有贴近性的内容,对于提升观众的审美素养、培育合格公民、凝聚文化认同具有重要的意义……说到底是一种为全体公民提供的新时代的审美教育"。①

第三节 原创文化节目与大学美育融合的理论逻辑

将以弘扬中华优秀传统文化为主旨的原创文化节目与大学美育的融合,有着严密的逻辑契合。

一、目的论:以美育人,以文化人

目的论认为,事物的存在或实践都源于一定的目的。原创文化节目的生产传播与新时代学校美育工作,都具有明确的目的性,且二者之间具有同构性。

进入21世纪以来,在传媒深度市场化的背景下,内地卫视整体原创力匮乏,过度依赖海外引进模式、泛娱乐化、节目同质化等问题突出。"文艺不能在市场经济大潮中迷失方向,不能在为什么人的问题上发生偏差,否则文艺就没有生命力。"②

2013年以来,国家广播电视的主管部门从主体责任归属、行业政策鼓励、创新创优机制确立、奖励扶持制度对接等方面,对原创文化节目提供了全方位的支持。中央广播电视总台及各省级广播电视台涌现出《中国

---

① 张爱凤.原创文化类节目对中国"文化记忆"的媒介重构与价值传播[J].现代传播(中国传媒大学学报),2017(5):85-90.

② 中共中央文献研究室.习近平关于社会主义文化建设论述摘编[M].北京:中央文献出版社,2017:155.

诗词大会》《朗读者》《国家宝藏》《经典咏流传》《国乐大典》《诗·中国》《典籍里的中国》等一批批优秀的原创文化节目。

优秀传统文化是中华民族的文化基因，蕴含着中华民族的价值观，塑造了中华民族的精神品质。汉字、成语、诗文、戏曲、书法、绘画、音乐、舞蹈等都是文化基因的传承载体或表现形态。在《中国诗词大会》《经典咏流传》《典籍里的中国》等原创文化节目中，既沉淀着深厚的家国情怀，"以青春之我，创建青春之家庭，青春之国家，青春之民族"（李大钊《青春》）；也蕴含着陶冶高尚情操、提升境界的人生哲思，"大学之道，在明明德，在亲民，在止于至善"（《礼记·大学》）；还充盈着塑造美好心灵的"挚爱真情""风一更，雪一更，聒碎乡心梦不成，故园无此声"（纳兰性德《长相思》）。经久不衰的经典诗文中蕴含着深厚的民族文化精神，潜移默化地塑造着国人的审美趣味及价值观，成为民族文化基因，而民族文化基因正是在文化的创造性转化及创新性发展中得以代代传承。

原创文化节目的主旨与《意见》所倡导的美育工作原则一致，即弘扬社会主义核心价值观，强化中华优秀传统文化的传承与当代创新，引领青年一代树立正确的人生观、价值观、历史观、国家观等，培养高尚的审美趣味，不断完善人格，提升文化自信。

二、方法论：从"媒介分立"走向"跨媒介性"融合

在大学的美育实践与学术研究中，专业性与综合性、单一学科与跨学科的协调始终是一个难题，也可以被称为"媒介分立"。所谓媒介分立，就是大学在实施美育的过程中，通常将艺术类课程的教学局限于某种特定的媒介，如文学作品鉴赏、经典音乐欣赏、民族舞蹈赏析、美术作品鉴赏等，这使得学生只限于了解该课程的某种艺术，对艺术的整体性缺乏把握。媒介分立是大学专业化、细分化的产物。

"跨媒介性"的概念由德国汉森·洛夫提出，指向不同媒介之间建立的交互关系。他认为晚近以降的媒介不再是彼此分立的，而是具有跨媒介性，包括视觉文化、文学的视觉化、小说和诗歌的音乐化等。跨媒介性是"突破某门艺术的单一媒介局限而进入一个更大的视域，采取总体性的方法来思考艺术，所探究的问题一定是超越单一媒介的艺术中带有普适性和共通性的问题。"[①] 在中国古代文化发展史上，像苏轼、欧阳修这样在诗、词、书、画、散文等多方面都具有极高成就的文化大家，也是跨媒介艺术的美育家。

在媒介融合的背景下，作为电视文艺发展新阶段的创新成果，以《中国诗词大会》《经典咏流传》《朗读者》《故事里的中国》《典籍里的中国》等为代表的原创文化节目，融合了电视、文学、音乐、舞蹈、话剧、朗诵等多种艺术表现形式，具有极强的文化综艺特性，也具有明显的跨媒介性。从某种程度上来说，将原创文化节目引入大学美育，具有弥合媒介分立的隔阂，让美育课程具有跨媒介性和整体性。"融合发展理念将进一步打破单一专业、单一技术、单一媒介、单一国度的闭合式、循环式、主观式的专业发展瓶颈，逐步从单一、狭窄过渡到复合、融合的发展态势。"[②]

以笔者主讲的"艺术与审美"模块的通识核心美育课程"朗诵与演讲艺术"为例，该课程面向全校各年级各专业学生开放，课程内容涉及经典文学作品、音乐、朗诵、演讲、舞台表演、电视文艺等跨媒介特性。从已实施的情况来看，效果很好，受到学生的欢迎。

---

① 周宪.作为艺术理论方法论的跨媒介性[J].江海学刊，2020（2）：202-209，255.
② 胡智锋.新文科建设背景下戏剧与影视学科创新发展的若干思考[J].现代传播（中国传媒大学学报），2021，43（2）：1-5.

三、主体论：从主体"分隔"到主体"互动"

主体论认为，人（主体）在审美教育及相关的审美活动中具有能动作用。在全球化的背景下，当下中国的文化建设及传媒实践首先要有主体意识。"华夏56个民族共同创造的中华文化，至今仍是全体中国人和海外华人的精神家园、情感纽带和身份认同……我们应当与时俱进，反思自己的传统文化，学习和吸收世界各国文化的优长，以发展中国的文化。"[①]

原创文化节目既是国家文艺政策引领的结果，也是电视文艺工作者面对海外引进节目、泛娱乐化、原创精神缺失等问题自觉反思的结果。"过度依赖引进节目模式，使我们中华优秀传统文化的强大基因发生断代……我们面临着文化'转基因'的巨大风险，必须警醒起来。"[②]"决定电视生死的不是一个所谓的经济规律，也不是一个所谓的技术规律，真正决定电视的规律是'人'，有情怀、有担当的人掌控电视，电视依然会有强劲的生命力。"[③]

当前大学美育的实施主体是大学教师。在大学美育的理论研究与教学实践中，存在着审美教育话语与艺术教育话语这两种彼此关联却又分隔的理论话语。[④]前者以热衷于探究美育形而上理论观念的美学研究者为代表，思考的重心不是实践而是理论，通常采用"自上而下""坐而论道"的路线；后者以从事艺术教育的实践者为代表，强调艺术技能的习得与实践，通常采用"自下而上"、起而行之的路线。目前的大学美育需要建立一种有效的互动机制，消除两种话语间的壁垒。

---

① 许嘉璐，等.甲申文化宣言[J].文化月刊，2004（10）：114-115.
② 高长力.全力推动节目自主创新[J].中国广播，2016（4）：1.
③ 胡智锋.谁决定着传媒命运：对"电视将死"的再回应[EB/OL].（2016-12-29）[2022-10-17]. https://www.sohu.com/a/122873596_570245.
④ 周宪.知行张力、多媒介性与感同体验：当前大学美育的三个问题[J].美育学刊，2019，10（5）：7.

《意见》强调新时代美育工作应当以提高学生审美和人文素养为目标，弘扬中华美育精神，以美育人、以美化人、以美培元，培养德智体美劳全面发展的社会主义建设者和接班人。不仅需要理论研究者的参与，更需要美育实践者的推行。"美育是人的心灵教育和人格塑造，美育本体与人的本体、教育本体密不可分。"[1] 笔者既是原创文化节目与审美话语的研究者，也是艺术教育、审美教育的实践者，具有在两者之间探索并建立有效互动机制的可能性。笔者对此问题的思考与实践，也体现出原创文化节目研究主体和大学美育实施主体的双重自觉意识。

四、接受论：确立青年一代的中心地位

20世纪后半叶诞生的接受论，原本是文学理论中用以研究文学作品的接受问题为中心的新学派，延伸到电视节目生产与传播后，更关注受众的主体地位，并且在美育中，更加重视学生的心灵成长和人格完善。从灌输论到接受论，不只是视角的转换，更是明确了青年一代接受主体的重要性、参与性和主观能动性。

原创文化节目以弘扬和传承优秀传统文化为主旨，而青年一代正是优秀传统文化的传承者与弘扬者。大学美育秉持知识育人、思想育人、审美育人和立德树人相结合的育人理念，大学生是大学美育的接受主体，二者之间具有同一性。为此，原创文化节目的生产传播主体和大学美育的研究与实践主体，都应保持高度的自觉意识，强化青年一代接受主体的中心地位。反映在原创文化节目的生产中，便是把握"以人民为中心的创作导向""把人民作为文艺表现的主体，把人民作为文艺审美的鉴赏家"中的"人民"进一步聚焦为"青年一代"。而从传播方面来看，要特别加强对青年一代的审美趣味、审美心理、审美行为的研究。青年一代在哪里，传播的着力点和落脚点就要放在哪里。这一思想反映在大学美育中，便是秉持

---

[1] 王岳川.美育本体论[J].人民音乐,1987(3): 6-7.

问题意识,从当代大学生的实际状况出发,组织富有时代性、贴近性、针对性的美育内容,并选择恰当的美育方式去实施。

第四节 原创文化节目融入大学美育的实践路径

原创文化节目与大学美育的研究者要有服务于美育实践的自觉意识,探索提升原创文化节目在青年一代中的传播力的多维路径,并对感性的美育经验进行总结和凝练,创新富有中国特色的美育模式。作为大学美育的实践者,也要将理性思考融入美育的创新实践。

一、大学美育:以通识教育作为载体

近年来,国内外高校越来越多地采用通识教育作为美育实施载体。"通识教育以一种非专业、非功利的综合性课程体系为载体,旨在把学生培养成为现代社会的健全个体与良好公民。它直接关系着大学生的身心成长和高等教育的质量,对于人才培养具有基础性价值和决定性作用。"①通识教育概念的提出为大学美育及公共艺术教育的实施提供了一定的理论支持。在哈佛大学的课程体系中,美育类课程是通识课程体系中最重要的类别。2009年,哈佛大学的通识教育实现了由艺术教育向审美教育的历史性跨越,"美育类课程的深度、宽度以及校园内外、学生与未来的连接程度得到了较大幅度的提升"。②

---

① 聂迎娉,傅安洲.课程思政:大学通识教育改革新视角[J].大学教育科学,2018(5):38-43.
② 朱苏华.哈佛大学通识课程革新理念对我国高校美育教育的启示[J].艺术百家,2016,32(S1):321-322.

笔者所在的 G 大学，也将美育课程融入学校通识教育的课程体系。《G 大学关于加强通识教育课程建设的实施意见》指出：通识教育课程旨在提升学生的交叉思考与批判性思维能力，激发学生的创造力和洞察力，培养学生积极的学习兴趣、开阔的视野、开放的思想、科学严谨的态度、追求真理的精神，具备有责任感、有道德、有同情心的公民意识，引导学生反思自我、反思人生、反思社会，形成完整人格，助力"德才兼备、家国情怀、视野开阔，爱体育、懂艺术，能力发展性强"人才培养目标的全面实现。

通识教育课程分为核心课程和一般课程两类，面向全校各年级学生开设。通识教育课程划分为七个模块：哲学与逻辑、历史与文化、社会与经济、科学与技术、艺术与审美、创新与创业、运动与健康。其中艺术与审美是美育实施的主体模块，核心课程包括："戏剧鉴赏""舞蹈鉴赏""美术鉴赏""中国民族音乐""中外音乐名作的文化阐释""朗诵与演讲艺术""声乐演唱与赏析"等。通识核心课程通过对艺术作品的审美分析与文本阐释，引领学生了解古今中外的优秀艺术作品，启发学生领悟其中蕴含的思想，感受人类文明真善美的理念，陶冶性情，涵养品格，让学生具备敏锐、丰富、深刻的审美感受力和鉴赏力，引导学生在具体的艺术领域中进行深度体验和自由创作、创造实践，从而激发灵感、张扬个性，提升创新意识和审美能力。历史与文化模块中的课程，如"唐宋词赏析""中国现代文学经典导读""现代英语诗歌赏析""日本文化""大众文化"等也属于广义的美育课程。全校非艺术类本科生需要修满 2 个学分的艺术类通识课程。但在通识教育课程建设的意见中，美育的功能和价值还需进一步清晰凸显。

二、原创文化节目融入美育的课程设计：理性价值与感性形式相融合

综观现有的大学通识美育课程，普遍存在重技轻道、重灌输轻参与、

重传授轻效果的倾向。事实上，在大学美育的具体实施中，每一门课程的设计都蕴含着教师的价值取向以及对美育的理解和信仰。笔者主讲的通识核心美育课程"朗诵与演讲艺术"，力图在实践中扭转上述倾向。

1. 以中华美学精神为理性价值指导

一直以来，作为中国传统美育方式的"诗教"，更多地侧重于对诗歌意象、意义、价值的文本解析，忽略了诗歌的声音审美。"凡音者，生人心者也。情动于中，故形于声；声成文，谓之音。"[1] 诗歌的"声律"问题是中国古代文学理论与批评中一个非常重要的命题。明清时期，诗文的声律受到前所未有的关注。"读诗者心平气和，涵泳浸渍，则意味自出。"[2] 清代"桐城派"吸纳了古代诗文的声律论、神气论以及其他文论的精髓，并加以融会贯通，形成了独具特色的声律诗学。

美学家朱光潜传承了桐城派的声律诗学，形成"音律中心主义"的诗论。朱光潜认为，在情趣、意象和音律三种要素中，音律是诗歌的"命脉"："诗是情感的语言，而情感的变化最直接的表现是声音节奏。这是诗的命脉。读一首好诗，如果不能把它的声音节奏的微妙起伏抓住，那根本就是没有领略到它的意味。"[3] 在此基础上，朱光潜建立了解诗的"声音优先"原则。"从解诗角度说，理解的门径还是声音，因为'同调'就会'同感'，也就会'同情'。"[4] "理想的诗歌朗诵，正如理想的诗歌一样，必须求得语言的自然节奏与音律的形式节奏的和谐统一，这就是既能表情，又有音乐美。"[5] 但"中国人对诵诗似不很讲究，颇类似和尚念经，往往人自为政，既不合语言的节奏，又不合音乐的节

---

[1] 吉联抗.乐记译注[M].北京：音乐出版社，1958：3.
[2] 沈德潜.唐诗别裁集[M].北京：中华书局，1975：3.
[3] 朱光潜.朱光潜全集：第8卷[M].合肥：安徽教育出版社，1993：535.
[4] 朱光潜.朱光潜全集：第10卷[M].合肥：安徽教育出版社，1993：52.
[5] 朱光潜.朱光潜全集：第10卷[M].合肥：安徽教育出版社，1993：367.

奏"。①《中国诗词大会》《经典咏流传》《朗读者》《诗·中国》等原创文化节目中,加强了对经典诗文的解读与诵读,既有陈铎、徐涛、虹云、瞿弦和等艺术家的参与,也有主持人董卿、撒贝宁以及嘉宾康震、蒙曼、郦波、廖昌永等人即兴朗诵,更有节目内外、线上线下普通大众的积极参与,如设置在城市公共空间的"朗读亭"、各类各级的民间诵读会和"中华经典诵读大赛"等。

《中华经典诵读工程实施方案》推动了中小学经典诵读活动的蓬勃开展,相比较而言,大学生经典诵读的理论研究与实践创新都比较薄弱,已有成果也主要集中在经典诵读对大学生语言素养、人文素养、阅读能力及思想政治教育方面的影响,而将大学生的经典诵读与美育相关联的研究几乎为零。

笔者主讲的通识核心课程"朗诵与演讲艺术",正是对"声律诗学"中华美学传统的发掘与弘扬,强化经典诗文与当代人生的互动与交融,通过"情、声、气"相结合的有声艺术表达,全面提升学生的思想、情感、意志、态度、审美修养及人生境界。

2. 参与性艺术审美,培养青年一代的感同体验力

根据笔者的调研,大学生普遍反映多数美育课程依然采用传统灌输式教学方式,课堂缺少参与性、体验性和审美性,"拿学分"成为选课的功利目的。美育是涵养青年人感同体验力的最佳途径②,具有培养个体与自我、他人、社会审美沟通的作用。通过形式丰富的美育活动培养青年学子的人文情怀、社群意识和同理心,超越自我中心主义去观察世界、思考人生,是十分重要且必要的。

在课程设计中,笔者将文学、美学、历史学、传播学、文化研究等理论融入课程,以中华优秀传统文化为题材,围绕"家国情怀""青春人生""挚

---

① 朱光潜.诗论[M].北京:中华书局,2012:127.
② 周宪.知行张力、多媒介性与感同体验:当前大学美育的三个问题[J].美育学刊,2019,10(5):1-10.

爱真情"三个主题遴选经典作品，并融入《朗读者》《经典咏流传》《中国诗词大会》《典籍里的中国》等节目段落进行艺术审美教学，如表 11-1 所示。

表 11-1　原创文化节目融入大学美育的部分经典篇目

主题	原创文化节目名称	经典篇目
家国情怀	《经典咏流传》	汉·刘邦《大风歌》 唐·王昌龄《出塞二首·其一》 宋·范仲淹《岳阳楼记》 宋·文天祥《过零丁洋》 宋·岳飞《满江红·怒发冲冠》 清·梁启超《少年中国说》 李大钊《青春》 毛泽东《沁园春·长沙》 毛泽东《忆秦娥·娄山关》 毛泽东《卜算子·咏梅》 陈毅《梅岭三章》 光未然、冼星海《黄河大合唱》 余光中《乡愁》
	《朗读者》	方志敏《可爱的中国》 舒婷《祖国啊，我亲爱的祖国》
	《中国诗词大会》	毛泽东《西江月·井冈山》 毛泽东《清平乐·六盘山》 毛泽东《七律·人民解放军占领南京》
	《闪亮的坐标》	《浴血忠魂》 《共同的选择》 《冰雪筑忠魂》 《一个共产党员的自白》 《进藏英雄先遣连》 《为了新中国》 《平凡英雄》

续表

主题	原创文化节目名称	经典篇目
青春人生	《经典咏流传》	东汉·诸葛亮《诫子书》 唐·杜荀鹤《小松》 唐·王之涣《登鹳雀楼》 唐·刘禹锡《秋词二首·其一》 唐·李白《上李邕》 唐·李白《将进酒》 宋·苏轼《定风波·莫听穿林打叶声》 明·杨慎《临江仙·滚滚长江东逝水》 清·袁枚《苔》 王蒙《青春万岁》
	《朗读者》	唐·刘禹锡《陋室铭》 宋·苏轼《念奴娇·赤壁怀古》 林清玄《百合花开》 海明威《老人与海》 汪国真《让我怎样感谢你》 汪国真《我喜欢出发》 路遥《平凡的世界》 巴金《做一个战士》 艾青《光的赞歌》 泰戈尔《生如夏花》 塞缪尔·乌尔曼《青春》 普希金《假如生活欺骗了你》 朱光潜《朝抵抗力最大的路径走》
青春人生	《闪亮的坐标·青春季》	《烈火中的青春》 《巅峰使命》 《蓝盔勇士》 《扶贫路上的青春之花》 《我在等你返航》 《凡人之躯 英雄壮举》 《中国女排的故事》

续表

主题	原创文化节目名称	经典篇目
挚爱真情	《经典咏流传》	东晋·王羲之《兰亭集序》 唐·孟郊《游子吟》 唐·王昌龄《芙蓉楼送辛渐》 唐·张若虚《春江花月夜》 唐·李商隐《夜雨寄北》 清·纳兰性德《长相思》 林徽因《你是人间的四月天》
	《朗读者》	朱自清《背影》 史铁生《秋天的怀念》 史铁生《奶奶的星星》 梁晓声《慈母情深》 裴多菲《我愿意是急流》 张桂梅《一封家书》

由于通识核心美育课程的修读学生都是非艺术专业学生，因此在"朗诵与演讲艺术"课程中，特别强调学生对朗诵、演讲等审美活动的参与性。在《经典咏流传》第一季中，袁枚孤独了300多年的小诗《苔》，随着支教教师梁俊和贵州山区孩子的诵读和演绎，展现了平凡大众的生命价值和自强不息的励志精神，与当下弘扬的"伟大出自平凡，英雄来自人民"的时代精神相呼应。在课堂上，学生既理解了《苔》的内涵，同时通过诵读加强了对自我人生的理解，提升了思想境界。不少学生表示"撼动灵魂""起于平凡，追求卓越"。学生的表达体现出课程审美活动、节目内容对其感同体验力的培养。

在"挚爱真情"板块中，课程选入《诗经》中的名篇《蒹葭》作为经典诵读篇目。《蒹葭》被誉为情深景真、风神摇曳的好诗，被评价为"古之写相思，未有过之《蒹葭》者"。《蒹葭》全诗三章，重章叠唱，蒹葭的苍苍、萋萋和采采，伊人的在水一方、在水之湄、在水之涘等，不同字句关联着春、夏、秋季节与情感的变化。通过教师的文本解读、示范朗诵,并引入《经典咏流传》第二季徐涛朗诵、雷佳演唱的《蒹葭》,让学生全方位地感受到这首诗的音韵、节奏、意境之美,并体会到诗中表达的与当下"不忘初心、砥砺前行"相通的坚定、深沉、绵长的情感。

以诗词朗诵、经典传唱、非物质文化遗产展示(吟诵)等为表现形式的课程教学,蕴含着丰富的艺术美、情感美和思想美。学生亲身体验了跨媒介艺术之美,并在此过程中陶冶了性情,启发了人生智慧,强化了对中华优秀传统文化的认同感。

3. 将经典光芒照进人生,实现"以美育人"的价值

原创文化节目与美育课程旨在强化传承、创新中华优秀传统文化,引领青年一代树立正确的历史观、民族观和国家观。这是一种艺术思政与思政艺术的结合,具体体现为培养青年一代的"家国情怀"。

"家国情怀"是指个体对家庭、家族、家乡以及国家的认同、归属、维护并自觉承担责任的一种情感和意志。在美育课程的"家国情怀"主题中,学生诵读的经典内容包括"大学之道,在明明德,在亲民,在止于至善……""格物、致知、诚意、正心、修身、齐家、治国、平天下。(《大学》节选)""黄沙百战穿金甲,不破楼兰终不还。(王昌龄《从军行七首·其四》)""人生自古谁无死?留取丹心照汗青。(文天祥《过零丁洋》)""寄意寒星荃不察,我以我血荐轩辕。(鲁迅《自题小像》)""当我死时,葬我,在长江与黄河之间,枕我的头颅,白发盖着黑土,在中国,最美最母亲的国度……(余光中《当我死时》)"课程融入《中国诗词大会》《朗读者》《经典咏流传》《故事里的中国》等原创文化节目中的经典片段,供学生赏析、品味。

与刷抖音、快手短视频时的过度注意力不同,在美育课堂观摩、诵读经典作品的过程中,教师引导学生形成静观凝神的深度注意力,并培养亲近经典的良好文化"习性"。习性不是源自天赋的纯生物学行为,而是后天习得并受到一定文化、教育影响的社会学行为。习性具体体现在人们的言谈举止以及对不同文化产品的选择等方面。青年正处在教育的关键时期，在好的文化习性养成方面的可塑性比较强。因此，在美育课堂上，教师应引导大学生了解经典、熟悉经典、诵读经典，关注原创文化节目，强化身份认同与文化认同，自觉承担起弘扬与传承优秀传统文化的责任，努力提升原创文化节目在青年一代中的到达率和影响力。

三、原创文化节目融入大学美育的共生效果

不管是原创文化节目的生产传播，还是大学美育的实施，受众（尤其是青年一代）/学生的评价和获得感都是效果评价的重要指标。近年来，《中国诗词大会》《朗读者》《经典咏流传》等原创文化节目格外重视对青年一代的传播。但在创新实践和研究中，对青年一代的拓展尝试大多集中在利用B站、抖音、微博、微信等社交平台进行传播，在融入大学美育的创新实践及研究方面尝试不多。

大学承担着教书育人、科学研究、服务社会以及文化传承的四大职能。教师作为四大职能实施的主体，对课程设计、内容策划、教学方式组织、教学过程管理等都需要积极投入和深入地思考。中共中央、国务院发布的《关于全面深化新时代教师队伍建设改革的意见》突出强调，要"推动教师成为先进思想文化的传播者、党执政的坚定支持者、学生健康成长的指导者"。美育实施的成效体现在学生身上，学校一切教育教学活动的根本目的在于培养出更高质量的人才。因此，大学美育的效果如何，最终必须以学生的获得感为检验标准。美育课程力求通过诵读大量经典作品，让学生浸润于"诗意与美"的课堂，培养凝神、静观、体验、感悟的审美心理，陶冶高雅情操，提升艺术鉴赏能力和朗诵演讲能力，同时也在诵读的过程中形塑人生观、价值观，提升文化自信，强化文化认同。通过课程讲解和经

典诵读，学生能够正确认识"青春与人生""青年与家国""顺境与逆境"等关系，并且获得志存高远、百折不挠、积极乐观的人生态度。

原创文化节目和大学美育都要积极引导学生将经典文化转化为自己的精神内核，转化为自己的素质或能力，成为个体认识世界与改造世界的基本价值、能力和方法。[①]因此，原创文化节目与大学美育绝不能以单调、枯燥的形象出现，内容要贴近学生的实际，具有亲和力和针对性，要能解开学生成长中的困惑、满足学生成长发展的需求和对未来人生的期待。同时，还要通过设计文化活动让学生参与更广泛的节目传播与美育实践（如校园经典诵读大赛、大学生艺术展演等），激发其主观能动性与审美创造性。近年来，《中国诗词大会》《中华好诗词》《经典咏流传》等节目十分注重培养青少年一代观众群，在内容、形式、传播、效果等方面做出了有价值的尝试。

通过将原创文化节目融入大学美育课程获得共生效果的创新实践，期望将学生培养成既有家国情怀又有世界眼光、既有专业特长又有艺术修养、既能仰望星空又能脚踏实地、既有火热激情又有完善人格的新一代！经典的光芒照进学生的人生，能引领青年一代身心健康成长；经典，也因为有了新一代的传承与弘扬而历久弥新。

第五节 公益+美育：语言文化浸润乡村学校的创新路径

中华语言文化是国家重要的文化资源、经济资源、安全资源、战略资源，事关国民素质提高和人才的全面发展，事关历史文化传承和经济社会

[①] 邱伟光.课程思政的价值意蕴与生成路径［J］.思想理论教育，2017（7）：10-14.

发展，事关国家统一和民族团结，是国家综合实力的重要支撑，在党和国家工作大局中具有重要地位和作用。加强中华优秀语言文化的教育传承及创新传播，引领广大青少年诵读中华经典，从中汲取强大的精神能量，成长为志存高远、品学兼优、身心健康的一代新人，具有迫切性和重要性。

语言服务是指国家或者其他团体与个人以语言文字作为资源手段为社会团体各种单元及个体提供帮助与支持的各种活动。自2013年起，国家语委先后与中央广播电视总台联合制作《中国汉字听写大会》《中国成语大会》《中国诗词大会》等语言文化类原创节目，对于推广普及国家通用语言文字、经典诵读等做出了积极贡献。

"学校是语言文字工作的基础阵地，高等学校在其中发挥着重要作用。"为贯彻落实《国务院办公厅关于全面加强新时代语言文字工作的意见》要求，自2019年至今，教育部语用司已立项建设了三批共187个国家语言文字推广基地，充分发挥了高校在语言文化人才培养、国家通用语言文字推广普及、中华优秀语言文化传承发展、语言文字咨政研究、语言文化服务等方面的示范、引领和辐射作用。

语言文化服务是语言服务的重要内容。设立在高校的国家语言文字推广基地，应积极利用好《中国诗词大会》《经典咏流传》《闪亮的坐标》等节目资源，传承并弘扬中华优秀语言文化，积极推广经典诵读，在公益帮扶乡村学校开展语言文化美育实践等方面积极作为，为书香校园、社会主义文化强国建设贡献力量。

一、语言文化服务赋能乡村教育的多维背景

党的十九大报告中首次提出乡村振兴战略。2018年中央一号文件《中共中央 国务院关于实施乡村振兴战略的意见》发布。同年9月，中共中央、国务院印发了《乡村振兴战略规划（2018—2022年）》。

党的二十大报告指出："全面建设社会主义现代化国家，最艰巨最繁重的任务仍然在农村。坚持农业农村优先发展，坚持城乡融合发展，畅通城乡要素流动。加快建设农业强国，扎实推动乡村产业、人才、文化、生态、组织振兴。"

（一）服务乡村振兴战略，锚定乡村教育的"薄弱点"

"乡村教育是乡村振兴的重要战略支撑，作为基本公共服务体系，其既是美丽、宜居、富饶、现代乡村建设的基本要求，也是乡村生态建设与优化、乡村文化保护与发掘、乡村文明复兴与传扬的原动力，更是通过信念坚定、思想解放、观念进步、知识更新、技能培养等方式造就新型乡民不可或缺的重要途径。"[1]教育、人才是推动乡村振兴的"引擎"，但是目前，我国的教育短板在西部地区、农村地区、老少边穷岛地区。不少乡村学校面临着国家通用语言文字普及程度不高、语言文字应用能力不强、课外图书短缺、师资紧缺、办学资源不足、学生流失严重等问题，需要政府及社会各界加大扶持力度。

2021年12月，教育部、国家乡村振兴局、国家语委联合印发《国家通用语言文字普及提升工程和推普助力乡村振兴计划实施方案》（下文简称《方案》）。《方案》特别提出要"突出重点、精准施策。精准聚焦民族地区、农村地区，重点关注学前儿童、教师、青壮年劳动力、基层干部等人群，一地一策、一类一策、专项推动、重点突破。"

自2021年起，教育部语言文字应用管理司、共青团中央青年发展部共同开展了"推普助力乡村振兴"全国大学生暑期社会实践志愿服务活动，旨在引导和教育广大青年学生志愿服务乡村语言文化服务工作。三年来，全国高校的近3000支大学生志愿团队参与此次活动。

2022年7月28—30日，在江苏师范大学召开的"推普助力乡村振兴"

---

[1] 杜育红，杨小敏.乡村振兴：作为战略支撑的乡村教育及其发展路径[J].华南师范大学学报（社会科学版），2018（2）：76-81，192.

研讨会开幕式上，教育部语言文字应用管理司王晖副司长指出，语言文字工作作为基础性、全局性事业，加强国家通用语言文字推广普及，是铸牢中华民族共同体意识的重要途径，是建设高质量教育体系的基础支撑，是实施乡村振兴战略的有力举措，对经济社会发展具有重要作用。上述内容为高校开展面向乡村的语言文化服务提供了有力的政策支持。

（二）落实新时代学校美育工作意见，加强培养乡村学校美育师资

2020年10月，中共中央办公厅、国务院办公厅印发了《关于全面加强和改进新时代学校美育工作的意见》，提出要"将学校美育作为立德树人的重要载体"，并且强调"各地要加强乡村学校美育教师培养……鼓励开展对乡村学校各学科在职教师的美育培训，培养能够承担美育教学与活动指导的兼职美育教师……建立校际教师共享和城乡学校'手拉手'帮扶机制……引导高校师生强化服务社会意识，支持高校开展美育浸润行动计划，支持社会力量开展美育公益项目"。

当前，各国各校实施美育的模式虽有不同，但对于"美育的终极目的不是知识和技能，而是态度和境界"[1]这种说法已达成共识。美育不只是关注审美与情感教育，还广泛地关注人性、人格、生存方式、精神品质等。乡村地区的不少青少年面临着缺失家庭情感陪护、学习压力大、网络成瘾等问题，身心健康问题突出。中国科学院心理研究所国民心理健康评估发展中心发布的《乡村儿童心理健康调查报告》显示，乡村儿童的抑郁检出率为25.2%，焦虑检出率为25.7%。[2]这是一个不容忽视的问题。

---

[1] 彭锋.美育重在熏陶与化育：谈美育的实施方法［N］.人民日报，2018-10-26（24）.

[2] 农民日报.对话丨着力推动农村儿童心理健康体系建设［EB/OL］.(2023-07-20)［2023-12-24］.https://baijiahao.baidu.com/s?id=1771908583474755405&wfr=spider&for=pc.

以语言文化为载体的朗诵与演讲、校园广播台及文艺节目主持、讲故事、课本剧表演等是青少年可亲近和参与的美育实践，但乡村学校语言艺术类美育师资人数少、专业性不强，无法满足现实需求，急需加强培养。

2024年初，教育部印发《关于全面实施学校美育浸润行动的通知》，其中特别提到"乡村美育提质发展行动"，鼓励美育名师进乡村，加强乡村学校美育教师培养培训等。高校是学校美育建设的高地，美育师资及美育资源都比较充裕。设立在高校的国家语言文字推广基地理应发挥语言文化"以文化人、以美育人"的功能。

（三）肩负文化传承使命，以经典诵读浸润青少年心灵

2018年9月30日，教育部、国家语委联合发布《中华经典诵读工程实施方案》，计划到2025年形成贯穿大、中、小、幼的中华经典教育体系。2019年，教育部、国家语委主办公益性、全国性赛事活动"中华经典诵写讲大赛"，每年举办一届，全国各级各类学校师生及社会大众均可参赛。"中华经典诵写讲大赛"可以说是全民参与的《中国汉字听写大会》《中国书法大会》《中国诗词大会》等节目的线下版。

2023年3月27日，教育部等八部门印发《全国青少年学生读书行动实施方案》，提出"丰富读书行动、拓展读书形式、突出读书主题，凝聚多方力量支持，加强读书指导"等具体要求。4月23日，"典耀中华"主题读书行动拉开序幕。该读书行动旨在通过打造中华经典阅读、诵读展示平台，引导青少年热爱中华文化，"静下来多读经典"，增强文化自信。

诗词歌赋、经典诵读传承了我国自古就有的"诗教""乐教"的美育传统，具有融入学校美育的便捷性。中华诗教委员会主任、中国科学院院士杨叔子先生认为要让经典诵读走进校园，打通科学和艺术的壁垒，并提出诗教具有不可替代的作用："一是陶冶感情，提升精神境界，特别是树立对

国家、对民族、对社会、对人生、对自然界的高度责任感；二是挖掘思维潜力，特别是开拓原创性思维的主要源泉。"①

在深入推进乡村振兴战略、全面加强和改进新时代学校美育工作、全面实施学校美育浸润行动、建设社会主义文化强国的多重背景下，高校通过开展"经典润童心 书香伴我行"项目，以线上线下相结合的方式，公益帮扶中西部乡村学校开展校园经典诵读活动，鼓励学生积极参与"中华经典诵写讲大赛"，提振青少年的精气神，激发他们的学习动力，对于帮助青少年树立人生理想，培养爱国主义情感具有积极的意义。

二、高校语言文化服务乡村学校的典型案例

（一）教育部组织实施"童语同音"计划，加强学前儿童普通话教育

幼儿时期是人类语言学习的关键期。为着力加强学前儿童普通话教育，教育部决定在"十四五"时期，实施学前儿童普通话教育的"童语同音"计划。该计划通过分期分批开展民族地区、农村地区幼儿园教师国家通用语言文字应用能力培训，逐步实现基本解决幼儿园教师国家通用语言文字教育教学能力不足的问题。

2021年7月，教育部办公厅正式发布《教育部办公厅关于实施学前儿童普通话教育"童语同音"计划的通知》（以下简称《通知》）。2022年暑期，教育部语用司组织清华大学、北京大学、北京师范大学、北京外国语大学、青海师范大学等33所高校，对内蒙古、四川、云南、西藏、甘肃、青海、新疆等七省区乡村、镇乡结合区、镇区的共8000名幼儿园教师，实

---

① 杨叔子.经典需诵读 诗教应先行：一项弘扬与培育民族精神的战略措施[J].华中科技大学学报（社会科学版），2004（1）：1-7.

施对口培训。

在教育部语用司的组织下，全国百余所高校参与了"童语同音"计划，以语言服务助力乡村学前教育。该计划由教育部门拨专项经费实施，旨在"基本解决幼儿园教师国家通用语言文字教育教学能力不足的问题。使民族地区、农村地区学前儿童逐步具备基本的普通话交流能力，为进入义务教育阶段学习奠定良好语言基础。"该计划参与的主体比较单一，主要为高校，内容为普通话培训，未对学校美育提出进一步要求。

（二）多主体、多平台联动，中国传媒大学实施"语同音"公益工程[①]

作为教育部直属的信息传播领域的行业特色大学，中国传媒大学拥有全国最强的播音与主持艺术专业。早在2019年，中国传媒大学的师生赴甘肃省多地区学校、幼儿园、电视台、融媒体中心开展实地调研与语言志愿服务。在此基础上，2019年10月，中国传媒大学播音主持艺术学院举办了"语言精准帮扶研讨会"，来自教育部语言文字应用研究所、中国扶贫志愿服务促进会、甘肃省各级语言文字推广部门和中小学校，以及人民日报社、中央广播电视总台等十余家单位参会并发言，为高校构建全方位的语言服务体系出谋划策。

2020年7月，由中国传媒大学师生和志愿者共同发起的"语同音"语言服务公益平台（下文简称"语同音"）正式启动，在教育部语言文字应用研究所的指导下，采用线上线下相结合的方式，以语言服务助力脱贫攻坚和乡村振兴。

"语同音"工程秉持"书同文、语同音、人同心"的理念，聚焦一个核

[①] 本案例参考《"语同音"工程助力打造"人同心"社会文化图景》，原文链接：http://www.moe.gov.cn/jyb_xwfb/xw_zt/moe_357/jjyzt_2022/2022_zt04/dianxing/xiangmu/gaoxiao/zhishu6th/202204/t20220413_616383.html。

心——"语言",两个主题——"乡村故事、红色故事",三个主体——"孩子、师生、媒体",将语言作为信息交流的载体和文化传承的本体,整合媒体平台资源,师生联手公益行动,引导乡村孩子用普通话讲好新时代的乡村故事和红色故事。

该项目具有强大的资源动员能力,联动了高校、政府部门、科研机构、媒体主持人、乡村学校等多元主体,通过主流媒体、社交媒体、高校媒体、线下现场等多平台进行立体化宣传推广。中国传媒大学还邀请了知名校友、中央广播电视总台知名主持人敬一丹、尼格买提、朱迅、鲁健等,作为语言文化公益服务专家分别赴甘肃省通渭县、岷县、镇原县、临夏回族自治州东乡族自治县、宕昌县、合水县和内蒙古察右前旗,举办多场"一起说世界,听你讲家乡"主题系列活动,极大地扩大了该项目的品牌效益,激发了乡村孩子学习应用普通话的兴趣,增强了他们朗诵与表达的自信。

中国传媒大学作为国内综合性的传媒类重点高校,具有多个国家级语言资源服务平台,这是国内一般高校难以企及的。"语同音"工程体现了鲜明的公益性和审美性,服务覆盖面广、影响力大,具有"语言服务理念先进、语言服务模式创新、主题资源丰富、青年公益团队保障"等亮点,在全国具有示范引领的作用。

(三)广州大学联合公益组织,开展乡村学校"诵读引路人"公益美育项目

"引领文化是大学的重要功能。"[①] 作为地方综合性高校,广州大学一直坚持构建"思政课程、课程思政、学年礼、经典诵读、社会实践"不间断的"大思政"体系,培养"德才兼备、家国情怀、视野开阔、爱体育、懂

---

① 赵沁平.发挥大学第四功能作用 引领社会创新文化发展[J].中国高等教育,2006(Z3):9-11.

艺术、能力发展性强"的"高素质创新型人才"。

2021年9月，国家语言文字推广基地（广州大学）正式挂牌，执行单位是广州大学新闻与传播学院，拥有播音与主持艺术、网络与新媒体等4个国家级一流专业建设点。针对当前大学语言文化类美育课程稀缺、学生语言实践能力弱、课程学习与日常应用相割裂等突出问题，基地依托国家级一流专业建设点，面向全校开设高质量语言艺术美育课程"朗诵与演讲艺术"，将"优秀传统文化、革命红色文化、社会主义先进文化"三源合流，融入课堂教学，培养了一批批优秀的语言文化传承人、经典诵读的推广人，为公益帮扶乡村学校美育实践培养了志愿者。

国家语言文字推广基地（广州大学）联动"毕业后"公益基金，于2023年2月启动"春暖花开·留守儿童诵读引路人"公益培训项目（下文简称"诵读引路人"项目），为乡村学校培养语言文化类美育师资。首期项目会聚了来自广东、湖南、湖北、河南、江西、陕西、山西等30所乡村小学的30多名骨干教师，开设了"经典诵读与青少年的成长""诵读提升孩子们的精气神""诵读中的情声气结合原则""校园开展经典诵读的理论与方法""经典诵读作品的研读与编排"等系列讲座，以理论讲解、案例分析、精准指导、诵读实践、作品点评相结合的形式，培养了一批乡村学校的"诵读引路人"。

"诵读引路人"项目注重挖掘语言文化的美育价值，以经典诵读培养学生的"爱国心"、增强学生的"自信心"、培养学生的"仁爱心"，充分发挥教师在乡村学校、地区的诵读引领作用，指导乡村青少年勇于开口、敢于表达，从经典中汲取积极的精神能量。

项目开展一年后，累计60余所乡村小学的教师参与公益培训，带动了近万名学生诵读经典。在"诵读引路人"培训项目的引领下，乡村师生热情参与、认真学习和实践。湖南省娄底市新化县桑梓镇坪底学校、陕西省延安市洛川县菩提镇中心小学、河南省商丘市睢县董店乡向阳小学等三所学校，被评为"2023年春暖花开诵读课程诵读示范校"。项目还注重发挥模范学校榜样引领的作用，通过宣传报道、经验介绍、指导参赛、教学成果培育等方式，以点带面，在全国推广。

2023年6月，国家语言文字推广基地（广州大学）组建"经典润童心·书香伴我行"推普助力乡村振兴暑期实践团队，对口帮扶湖南省娄底市新化县桑梓镇坪底学校，现场指导师生开展经典诵读，积极参加中华经典诵写讲大赛。该团队入选了2023年"推普助力乡村振兴"全国大学生暑期社会实践志愿服务活动团队，并在2024年初被表彰为国家级优秀团队。

三、高校"公益＋美育"浸润乡村学校的问题及创新路径

一般高校在实施"公益＋美育"浸润乡村学校存在的问题主要包括：语言文化服务乡村的师生志愿者团队建设及可持续发展面临困境；语言文化服务的内容比较零散、单一，不成体系；参与公益项目的学员内在驱动力有待加强；语言文化服务的美育价值有待进一步提升和彰显等。

基于以往的实地调研和探索实践，笔者从培养服务主体、优化服务内容、创新服务实践、提升服务效果四方面提出如下建议。

（一）培养服务主体：国省级一流专业赋能学校美育，培养推广经典诵读的大学生志愿者

高校可以组织与语言服务密切相关的"汉语言文学""播音与主持艺术"等国省级一流本科专业建设点，赋能大学美育改革，建设一批国省级示范（一流）语言文化通识核心课程，提升大学生的语言文化审美力，为经典诵读浸润乡村学校培养优秀的大学生志愿者。

从提升志愿者的语言文化审美能力出发，经典诵读应以中华美学精神为价值指导。诗歌的"声律"问题，是中国古代文学理论与批评中一个非常重要的命题。明清时期，诗文声律受到了前所未有的关注，形成了独具特色的声律诗学。美学家朱光潜传承了桐城派的声律诗学，提出了"音律中心主义"的诗论。在此基础上，朱光潜建立了解诗的"声音优先"原则，引导语言文化服务从单纯的普通话培训转向富有内涵的经典诵读。

《中华经典诵读工程实施方案》推动大中小学经典诵读活动的蓬勃开展。学校的语言文化类美育课程要充分发掘与弘扬"诗教""乐教""声律诗学"的中华美学精神，强化经典诵读与当代人生的互动与交融，通过"情、声、气"相结合的有声语言表达，对学生的思想、情感、意志、态度、审美修养及人生境界进行全面培养。

（二）优化服务内容：在经典诵读中厚植家国情怀，强化大中小学生对中华文化的认同力

针对高校面向乡村学校开展语言文化服务的内容零散、不成体系等问题，可将中华优秀传统文化、红色文化、社会主义先进文化融入经典诵读的实践内容，遴选不同题材、不同类别、不同难度的作品并汇集成册，满足并引导大中小学生不同层次的经典诵读实践需求。

以笔者开展的"诵读引路人"项目中"以诵读强化学生的爱国心"这一讲为例。"家国情怀"是个体对家庭、家族、家乡以及国家的认同、归属、维护并自觉承担责任的一种情感和意志。在经典诵读"家国情怀"主题中，学生诵读的经典内容包括："天下之本在国，国之本在家，家之本在身。（《孟子》）""秦时明月汉时关，万里长征人未还。但使龙城飞将在，不教胡马度阴山。（王昌龄《出塞》）""人生自古谁无死？留取丹心照汗青。（文天祥《过零丁洋》）""啊，朋友！黄河以它英雄的气魄，出现在亚洲的原野；它表现出我们民族的精神：伟大而又坚强！……（光未

然《黄河颂》)""人生易老天难老,岁岁重阳。今又重阳,战地黄花分外香。一年一度秋风劲,不似春光。胜似春光,寥廓江天万里霜。(毛泽东《采桑子·重阳》)"等体现出强烈"家国情怀"的诗篇。通过诵读经典,学生强化了华夏儿女的身份认同,理解了中华民族共同体的历史渊源以及植根于中华文明血脉中的家国情怀,感受到伟大的民族精神和崇高的爱国主义情感。

同时,项目也将《中国诗词大会》《经典咏流传》《朗读者》等原创文化节目作为学生观摩、欣赏的内容,提升学生的语言文化审美力。《典籍里的中国》第一季第一集开场白:"惟殷先人,有册有典。几千年来,祖先一直在记录我们的历史,讲述我们的故事。这里的每一部典籍,都凝聚着前人的心血和智慧。人们世代守护,薪火相传,让精神的血脉延绵至今。打开典籍,对话先贤,知道我们的生命缘起何处,知道我们的脚步迈向何方。以新的方式读懂典籍,让书写在古籍里的文字活起来。"[①]这段开场白既有思想性,又有文学性和审美性,非常适合学生诵读。

语言文化类美育课程强化传承、创新中华优秀语言文化,引领青少年一代树立正确的历史观、民族观和国家观,是一种艺术思政与思政艺术的结合,具体体现为培养青少年一代的家国情怀。

(三)创新服务实践:美育实践融入公益服务,促进乡村青少年身心健康成长

学校美育实践具有培养起个体与自我、他人、社会审美沟通、情感沟通的特质。"感动中国 2020 年度人物"获得者叶嘉莹一生命运多舛,历经诸多苦难和不幸,但一直保持着积极乐观、坚韧不拔的人生态度,这与她终生热爱古典诗词有着密切的关联。可见,通过形式丰富的公益美育实践涵养青少年的人文情怀、社群意识和同理心,超越自我中心主义、功利主

---

① 《典籍里的中国》第一季第一集开场白。

义去观察世界、思考人生，是十分重要且必要的。积极实施美育实践、社会实践、公益服务三位一体的理念，引导大中小学生参与当代化、创新化且富有吸引力的美育实践，传颂中华经典，提升意志品质，促进身心健康发展。

中国传媒大学的"语同音"项目集合了青年红色筑梦之旅实践团队、教育部"互联网+"大学生创新创业大赛的参赛团队，是一个具有融媒体和播音主持专业优势的大学生语言服务公益平台。广州大学的"经典润童心"项目通过征集校园语言文化志愿者，组成服务团队，让大学生志愿者在语言文化服务中进一步了解国情社情民情，增强了社会责任感。

（四）提升服务效果：绵绵用力，为乡村学校美育、文化传承培养接班人

美育浸润行动中实施的美育课程和公益实践强化传承中华优秀语言文化，通过经典诵读引领青少年树立正确的价值观，这是一种艺术思政与思政艺术的结合。

通过朗诵《我有祖国，我有母语》《黄河颂》《乡愁》等作品，学生理解了中华民族共同体的历史渊源以及植根于中华文明血脉中的家国情怀，感受到伟大的民族精神和崇高的爱国主义情感。

美育浸润乡村学校的实践，力求通过诵读大量经典作品，如《典籍里的中国》《中国诗词大会》《经典咏流传》等优秀原创文化节目中收录的名篇，让学生们浸润于"诗意与美"的课堂，培养凝神、静观、体验、感悟的审美心理，陶冶高雅情操，提升艺术鉴赏能力和朗诵演讲能力，同时也在诵读的过程中形塑人生观、价值观，提升文化自信，强化文化认同。通过课程讲解、经典诵读实践和观摩原创文化节目，学生们正确认识了"青春与人生""个人与家国""顺境与逆境"等主题，并且获得了志存高远、百折不挠、积极乐观的人生态度。

附录1 2013—2024年中央广播电视总台及省级上星电视频道播出的原创文化节目[*]

节目名称	题材	制作方	主要播出平台	首播时间
《汉字英雄》共3季	汉字	河南广播电视台、爱奇艺	河南卫视、爱奇艺	2013.7.11
《中国汉字听写大会》共3季	汉字	中央电视台、国家语言文字工作委员会、北京实力电传文化发展股份有限公司	央视综合频道、科教频道，腾讯视频	2013.8.2
《中华好诗词》已播出8季	诗词	河北广播电视台	河北卫视、爱奇艺、优酷、搜狐视频、乐视、PPTV、风行	2013.10.19
《成语英雄》播出2季	成语	河南广播电视台	河南卫视、爱奇艺、腾讯视频	2013.11.21
《中国灯谜大会》已播出4季	谜语	云南广播电视台	云南卫视、爱奇艺	2013.12.31
《江山如此多娇》	人文游戏	黑龙江广播电视台	黑龙江卫视	2014.1.5
《最爱中国字》已播出2季	历史文化知识	黑龙江广播电视台、好看传媒	黑龙江卫视、爱奇艺	2014.1.6
《国色天香》已播出2季	戏曲曲艺	天津广播电视台、北京视听盛宴文化传媒有限公司	天津卫视、腾讯视频、乐视	2014.1.25

---

[*] 数据统计截至2024年8月30日。

附录1　2013—2024年中央广播电视总台及省级上星电视频道播出的原创文化节目

续表

节目名称	题材	制作方	主要播出平台	首播时间
《中国谜语大会》已播出3季	谜语	中央电视台	央视综合频道、科教频道、央视网、央视影音、爱奇艺	2014.2.11
《最爱是中华》已播出3季	中华传统文化	贵州广播电视台	贵州卫视、乐视、爱奇艺、腾讯视频	2014.4.6
《中国成语大会》已播出2季	成语文化	中央电视台、国家语言文字工作委员会	央视综合频道、科教频道、央视网、乐视、爱奇艺	2014.4.18
《Hello中国》已播出2季	中华文化	广东广播电视台	广东卫视、爱奇艺、腾讯视频	2014.5.1
《中国面孔》	中国人物	山东广播电视台	山东卫视、齐鲁网、腾讯视频	2014.5.15
《天下第一刀》（端午假期）	中国刀文化、武术文化	山东广播电视台	山东卫视、爱奇艺	2014.5.30
《丝绸之路万里行》已播出3季	中华文化	陕西广播电视台	陕西卫视	2014.7.19
《中华好故事》已播出5季	人文综艺	浙江广播电视集团	浙江卫视、中国蓝TV、蓝莓视频、爱奇艺、乐视	2014.8.1
《金色好声音》	中老年人歌唱	河南省老龄办、河南省老龄产业协会、河南省老龄产业发展基金会、金色传媒、河南广播电视台	河南卫视、搜狐视频	2014.12.5
《中华好家风》	家风文化	河北广播电视台	河北卫视、腾讯视频、搜狐视频、华数TV、乐视	2015.1
《叮咯咙咚呛》已播出2季	传承非遗文化	中央电视台 BKW Studio公司	中央电视台、央视网、爱奇艺、腾讯视频	2015.3.1

351

续表

节目名称	题材	制作方	主要播出平台	首播时间
《唐诗风云会》已播出2季	唐诗	陕西广播电视台	陕西卫视、爱奇艺、腾讯视频	2015.3.1
《大国文化》	中华传统文化	甘肃广播电视台、国广文化旗下星丝路公司	甘肃卫视、爱奇艺、腾讯视频	2015.3.1
《群英会》	语言类节目	天津广播电视台	天津卫视、腾讯视频、爱奇艺、优酷	2015.4.1
《精彩中国说》	原创演说	山东广播电视台	山东卫视、爱奇艺、搜狐视频、齐鲁网	2015.4.5
《客从何处来》共2季	家国史、民族史	中央电视台	央视综合频道、央视网、腾讯视频	2015.4.27
《好好学吧》	代际对抗益智	湖南广播电视台	湖南卫视、芒果TV	2015.5.3
《文学英雄》	中国文学	河南广播电视台、果麦文化传媒	河南卫视	2015.5.15
《扎西秀》	西藏音乐	西藏广播电视台	西藏卫视	2015.6.21
《我是先生》共2季	名师传承中华优秀传统文化	山东广播电视台、唯众传媒	山东卫视、爱奇艺、乐视	2015.7.5
《国风秦韵》	秦腔传承	陕西广播电视台、陕西省文化厅、陕西省振兴秦腔办公室	陕西卫视、爱奇艺、乐视	2015.10
《中华百家姓》	首档原创姓氏文化寻根	安徽广播电视台、深圳宏博昌荣传媒集团	安徽卫视、腾讯视频	2015.10.8

附录1　2013—2024年中央广播电视总台及省级上星电视频道播出的原创文化节目

续表

节目名称	题材	制作方	主要播出平台	首播时间
《少林英雄》	中华武术	河南广播电视台、少林寺	河南卫视、乐秀网	2015.10.9
《为你而歌》	民族音乐体验真人秀	山东广播电视台、华策影视	山东卫视、爱奇艺、齐鲁网、PPTV	2015.10.25
《传承者》共2季	非物质文化遗产	北京广播电视台	北京卫视、爱奇艺	2015.11.14
《诗歌之王》共2季	原创诗歌	四川广播电视台	四川卫视、爱奇艺、腾讯视频、乐视	2015.12.12
《旋风孝子》	孝道类真人秀	湖南广播电视台，华录百纳、蓝色火焰	湖南卫视、芒果TV、腾讯视频、搜狐视频	2016.1.23
《中国诗词大会》已播出9季	诗词文化	中央电视台 国家语言文字工作委员会	央视综合频道、科教频道，央视网、爱奇艺、B站	2016.2.12
《中国好家庭》已播出2季	家风文化	辽宁广播电视台	辽宁卫视、爱奇艺、腾讯视频、PPTV、优酷、乐视	2016.3.27
《多彩中国话》	汉语方言文化	湖南经视、湖北综合、河南都市、安徽经视、江西公共、河北经视共六省广播电视机构	爱奇艺、搜狐视频、芒果TV	2016.4.23
《伶人王中王》共4季	传统戏曲竞技	山西广播电视台	山西卫视、爱奇艺	2016.5.8
《人说山西好风光》	旅游竞演	山西广播电视台	搜狐视频、腾讯视频、优酷、土豆网	2016.5.27
《超级老师》	教育类真人秀	陕西广播电视台	陕西卫视、爱奇艺、腾讯视频、乐视	2016.6.1

353

续表

节目名称	题材	制作方	主要播出平台	首播时间
《我在贵州等你》已播出4季	少数民族风土人情	贵州广播电视台	贵州卫视、乐视、爱奇艺、腾讯视频、优酷	2016.6.26
《中国民歌大会》共2季	中国民歌竞技	中央电视台	央视综合频道、综艺频道，央视网，腾讯视频，爱奇艺、B站	2016.10.2
《见字如面》共5季	书信朗读	黑龙江广播电视台、实力文化传媒、企鹅影视	腾讯视频、黑龙江卫视	2016.12.29
《非凡匠心》共2季	匠心文化体验	北京广播电视台、华传文化传播（天津）有限公司、电广传媒影业（北京）有限公司、湖南省文化艺术产业集团	北京卫视、优酷、B站	2017.1.15
《跨界冰雪王》	冰上真人秀（冰雪冬奥）	北京电视台、华策天映传媒、北京华彬文化基金会、上海举起影视文化工作室、华策净玺娱乐基金、北京京视卫星传媒有限责任公司、河北卫视传媒有限公司	腾讯视频、爱奇艺、搜狐视频、乐视、优酷	2017.1.7
《非常传奇》共3季	非遗文化传承创新	中央电视台	央视国际频道、央视网、爱奇艺、腾讯视频	2017.1.29
《耳畔中国》	中国风音乐	安徽广播电视台、北京大禹传媒、江苏中南音乐	安徽卫视、爱奇艺、腾讯视频、优酷	2017.2.17
《朗读者》共3季《一平方木》新媒体节目	经典诗文人文故事	中央电视台、央视创造	央视综合频道、央视网、爱奇艺、B站	2017.2.18
《诗书中华》	传统文化	上海广播电视台、东方娱乐集团	东方卫视、腾讯视频、爱奇艺	2017.4.14

附录1　2013—2024年中央广播电视总台及省级上星电视频道播出的原创文化节目

续表

节目名称	题材	制作方	主要播出平台	首播时间
《世界面食大会》	中华面食文化	山西广播电视台、山西省商务厅	山西卫视、爱奇艺、B站	2017.5.2
《七十二层奇楼》	文化探秘	湖南广播电视台、盛唐时空	湖南卫视	2017.5.5
《青春激扬中国梦》	青春励志	新疆广播电视台、新疆维吾尔自治区党委宣传部、自治区党委教育工委	新疆卫视	2017.5.7
《念念不忘》	家书文化传承	北京广播电视台	北京卫视、爱奇艺	2017.5.24
《少年国学派》	国学文化竞技	安徽广播电视台、优胜教育	安徽卫视、爱奇艺、B站、腾讯视频	2017.7.5
《汉字风云会》	汉字	浙江广播电视台、北京实力文化	浙江卫视、爱奇艺	2017.7.13
《喝彩中华》	戏曲文化	上海广播电视台、东方娱乐集团	东方卫视	2017.7.15
《我是未来》已播出2季	原创科技秀	湖南广播电视台、唯众传媒、中国科学院科学传播局	湖南卫视、芒果TV	2017.7.30
《向上吧！诗词》	诗词文化传承竞技	浙江广播电视集团	浙江卫视、爱奇艺、腾讯视频、搜狐视频、优酷、乐视	2017.8.13
《国学小名士》已播出6季	国学益智	山东广播电视台、龙视传媒	山东卫视、爱奇艺、乐视、B站、优酷	2017.8.17
《阅读 阅美》已播出3季	阅读美文文化情感	江苏省广播电视总台	江苏卫视、爱奇艺、腾讯视频、优酷、微博	2017.8.26
《儿行千里》	中华家风	湖南广播电视台	湖南卫视、芒果TV	2017.8.27

续表

节目名称	题材	制作方	主要播出平台	首播时间
《中国故事大会》共2季	人文讲述中国百姓故事	北京广播电视台、中版昆仑传媒、苏州传视影视	北京卫视、腾讯视频、爱奇艺	2017.9.8
《嘿！马上出发》	草原声音场景式文化旅行	内蒙古广播电视台	内蒙古卫视、爱奇艺	2017.9.9
《唱响中华》	音乐文化	上海广播电视台、东方娱乐集团	东方卫视、腾讯视频、爱奇艺	2017.10.1
《绿水青山看中国》已播出3季	地理文化生态文化	中央电视台	央视综合频道、科教频道、央视网、B站	2017.10.5
《让世界听见》	音乐公益支教	湖南广播电视台	湖南卫视、芒果TV、腾讯视频	2017.10.29
《家风中华》已播出3季	中华家风	安徽广播电视台	安徽卫视、腾讯视频、PPTV、爱奇艺	2017.11.21
《北京评书大会》	评书	北京广播电视台	北京卫视、爱奇艺	2017.11.28
《一路书香》已播出2季	行走读书	深圳广播电影电视集团、万燕传媒、凤凰网	深圳卫视、凤凰新闻客户端、腾讯视频、爱奇艺、芒果TV、优酷、土豆网、秒拍	2017.11.30
《国家宝藏》已播出4季	文博探索	中央电视台、央视纪录国际传媒	央视综合频道、央视网、B站、爱奇艺、腾讯视频	2017.12.3
《声临其境》已播出3季	声音魅力竞演	湖南广播电视台	湖南卫视、芒果TV、爱奇艺	2018.1.6

附录1 2013—2024年中央广播电视总台及省级上星电视频道播出的原创文化节目

续表

节目名称	题材	制作方	主要播出平台	首播时间
《经典咏流传》已播出6季	经典诗文音乐	中央电视台、央视创造传媒有限公司	央视综合频道、央视网、腾讯视频、爱奇艺、优酷	2018.2.16
《国乐大典》已播出4季	中国经典音乐竞演	广东广播电视台、山西广播电视台	广东卫视、山西卫视	2018.3.2
《传承中国》	京剧文化传承	北京广播电视台、北京小家家文化	北京卫视、爱奇艺、腾讯视频	2018.3.4
《信·中国》	历史书信	中央广播电视总台、北京世熙传媒文化有限公司	央视网、腾讯视频、优酷、B站、爱奇艺	2018.3.9
《美好时代》	人文故事讲述	江苏省广播电视总台	江苏卫视、腾讯视频	2018.3.21
《我中国少年》已播出5季	智力竞技	河北广播电视台	河北卫视、腾讯视频、爱奇艺	2018.4.28
《小镇故事》	人文文化探索	江苏省广播电视总台	江苏卫视、爱奇艺、芒果TV、优酷、腾讯视频	2018.5.4
《童声朗朗》	少年儿童文化诵读	湖北广播电视台	湖北卫视、爱奇艺	2018.5.8
《笑礼相迎》	原创相声	天津广播电视台	天津卫视、爱奇艺、芒果TV、微博	2018.5.25
《同一堂课》已播出2季	文化教育公开课	浙江广播电视集团	浙江卫视、中国蓝TV、爱奇艺	2018.5.27
《中国农民歌会》已播出2季	农民赛歌	安徽广播电视台	安徽卫视、优酷、爱奇艺	2018.5.28

357

续表

节目名称	题材	制作方	主要播出平台	首播时间
《阅读正当时》六一特别节目	亲子阅读	北京广播电视台、当当网	北京卫视、爱奇艺	2018.6.1
《一起传承吧》	传统文化传承	黑龙江广播电视台	黑龙江卫视、爱奇艺、腾讯视频	2018.8.3
《相声有新人》	相声竞演	上海广播电视台	东方卫视、优酷、爱奇艺、腾讯视频	2018.8.11
《诗意中国》已播出3季	文博推理秀	深圳广播电影电视集团	深圳卫视、爱奇艺、优酷、微博	2018.9.14
《致敬英雄》	礼赞英雄	黑龙江广播电视台、中国少年儿童文化艺术基金会	黑龙江卫视、爱奇艺	2018.9.30
《戏码头》	戏曲文化	湖北广播电视台	湖北卫视、爱奇艺	2018.10.7
《一本好书》已播出2季	场景读书	江苏省广播电视总台、实力文化、腾讯视频	江苏卫视、腾讯视频	2018.10.8
《图鉴中国》已播出2季	经典对比照分享	深圳广播电影电视集团	深圳卫视	2018.10.20
《声入人心》已播出2季	原创新形态声乐	湖南广播电视台	湖南卫视、芒果TV、爱奇艺、腾讯视频	2018.11.2
《上新了·故宫》已播出3季	文博探寻	故宫博物院、北京广播电视台、华传文化、春田影视	北京卫视、爱奇艺	2018.11.9
《时光的旋律》已播出2季	时代音乐、庆祝改革开放40周年	湖南广播电视台、湖南经视、天娱传媒	湖南卫视、芒果TV、今日头条、B站、优酷	2018.12.10

附录1 2013—2024年中央广播电视总台及省级上星电视频道播出的原创文化节目

续表

节目名称	题材	制作方	主要播出平台	首播时间
《流淌的歌声》已播出3季	时代记忆、音乐文化	广东广播电视台、广东音乐之声、太平洋影音	广东卫视、腾讯视频、爱奇艺	2018.12.29
《闪亮的名字》已播出2季	文化纪实、寻访英雄	上海广播电视台	东方卫视、爱奇艺、B站、微博	2019.1.3
《木偶总动员》	木偶文化交流竞演	广东广播电视台	广东卫视	2019.1.4
《智造将来》	公益科技	浙江广播电视集团、杭州超体文化传媒有限公司	浙江卫视、中国蓝TV、优酷	2019.1.6
《少年国学派》	国学体验益智	浙江广播电视集团	浙江卫视	2019.1.7
《对世界说》	时代故事、电视演讲	海南广播电视总台	海南卫视	2019.3.2
《预见2050》已播出2季	科技人物	浙江广播电视集团	浙江卫视、中国蓝TV、B站	2019.4.29
《跨越时空的回信》已播出4季	红色家书、献礼新中国成立70周年	江西广播电视台	江西卫视、爱奇艺、搜狐视频、腾讯视频、PPTV	2019.5.8

359

续表

节目名称	题材	制作方	主要播出平台	首播时间
《现在的我们》	青年榜样	共青团中央宣传部、山东省委宣传部、山东广播电视台	山东卫视、爱奇艺	2019.4.1
《奇妙的汉字》已播出6季	汉字解字溯源	湖北广播电视台	湖北卫视、爱奇艺	2019.4.30
《民族文化——小康路上 歌声嘹亮》	民族文化	广西广播电视台	广西卫视、桂视网、喜马拉雅	2019.5.5
《起舞吧，齐舞》	团体舞	深圳广播电影电视集团	深圳卫视、壹深圳APP、天威深视频、创维酷开TV	2019.6.7
《神奇的汉字》已播出2季	汉字挑战	湖南广播电视台	湖南卫视、芒果TV	2019.6.10
《我爱古诗词》已播出2季	青少年传统文化益智	江苏省文明办、共青团江苏省委、江苏省广播电视总台	江苏城市频道、江苏卫视、荔枝网、B站、优酷	2019.6.15
《我的家乡在陕西》	人文乡情体验	陕西广播电视台	陕西卫视、优酷	2019.6.21
《邻家诗话》已播出5季	诗歌庭院雅集	腾讯视频、河北广播电视台、一心明德文化	河北卫视、腾讯视频	2019.6.24
《成语天下》已播出2季	成语	河北广播电视台	河北卫视、腾讯视频、B站	2019.6.30
《戏码头暑期特别节目——全国大学生电视戏曲挑战赛》	戏曲文化	湖北广播电视台、白燕升团队	湖北卫视、爱奇艺	2019.7.14

附录1　2013—2024年中央广播电视总台及省级上星电视频道播出的原创文化节目

续表

节目名称	题材	制作方	主要播出平台	首播时间
《悦读·家》	亲子悦读、原创音乐诵唱	福建省妇联、福建省妇儿工委办公室、福建广播电视台	东南卫视、B站	2019.9.29
《老兵你好》	退役军人	中央广播电视总台	央视国防军事频道、央视网、中国军视网、爱奇艺	2019.8.1
《本色》	退伍老兵	北京广播电视台、北京演艺集团、爱奇艺	北京卫视、爱奇艺、中国军网	2019.8.1
《遇见天坛》	天坛文化体验	北京电视台、北京市天坛公园管理处、大业创智	北京卫视、芒果TV、优酷	2019.8.30
《丝路云裳穿在身上的艺术》已播出3季	民族服饰文化	中共云南省委宣传部、云南省民族宗教事务委员会、云南省商务厅、云南省文化和旅游厅、云南广播电视台	云南卫视、爱奇艺、腾讯视频	2019.9.27
《传家宝里的新中国》	融媒体故事秀、传家宝	山东广播电视台	山东卫视、爱奇艺、B站	2019.10.2
《舞蹈风暴》已播出2季	青年舞蹈竞技	湖南广播电视台	湖南卫视、芒果TV、腾讯视频	2019.10.5
《故事里的中国》已播出3季	演绎中国经典故事	中央广播电视总台	央视综合频道、央视网、央视频、爱奇艺、B站	2019.10.13
《诗·中国》	中华诗词文化	安徽广播电视台	安徽卫视、爱奇艺	2019.10.13
《劳动号子》	原创音乐文化	广东广播电视台	广东卫视、优酷、爱奇艺	2019.10.18
《课间十分钟》已播出3季	创意阅读	深圳广播电影电视集团	深圳卫视、B站	2019.10.20

361

续表

节目名称	题材	制作方	主要播出平台	首播时间
《歌声与微笑》	中俄音乐文化交流	黑龙江广播电视台	黑龙江卫视、腾讯视频、优酷	2019.10.27
《又见大唐》	文博	辽宁广播电视台	辽宁卫视、微博	2019.11.4
《中国地名大会》已播出3季	地名文化	中央广播电视总台、中华人民共和国民政部	央视中文国际频道、综合频道，央视网，B站	2019.11.16
《一堂好课》	青年文化讲堂	中央广播电视总台、喜马拉雅	央视综艺频道、央视网、腾讯视频、B站	2019.11.17
《穿越时间的味道》	传统年节美食文化	江苏省广播电视总台、上海煜盛文化传媒有限公司	江苏卫视	2019.11.19
《从地球出发》	天文科幻科普	江苏省广播电视总台、爱奇艺、抖音	江苏卫视、爱奇艺、抖音	2019.12.20
《国学传承人》	青少年国学素养教育传承	中国教育电视台、北京云之国传媒有限公司	中国教育电视台	2019.12.22
《了不起的长城》	长城文化体验	北京广播电视台、灿星制作	北京卫视、芒果TV、优酷	2020.1.4
《24节气生活》	文化探索	浙江广播电视台、观正影视、冉世文化	浙江卫视、腾讯视频、B站	2020.1.9
《与冰共舞》	冰上舞蹈竞演	黑龙江广播电视台	黑龙江卫视、爱奇艺、腾讯视频、咪咕视频	2020.1.22
《第一粒扣子》	课本剧	江苏省广播电视总台	江苏卫视、爱奇艺	2020.6.1
《我在颐和园等你》	园林文化	北京市颐和园管理处、北京广播电视台、华传文化	北京卫视、爱奇艺、腾讯视频	2020.7.3

附录1 2013—2024年中央广播电视总台及省级上星电视频道播出的原创文化节目

续表

节目名称	题材	制作方	主要播出平台	首播时间
《似是故人来》	实景文化深度访谈	江苏省广播电视总台、中国互联网新闻中心	中国网、江苏卫视、新浪微博、B站、百度百家号、腾讯视频	2020.7.21
《叮咚上线！老师好》	互动知识分享	湖南广播电视台	湖南卫视、腾讯视频、爱奇艺、芒果TV	2020.7.27
《还有诗和远方·诗画浙江篇》已播出3季	文化旅游探寻	浙江广播电视集团	爱奇艺、腾讯视频、优酷、B站、中国蓝TV	2020.8.9
《我的桃花源》	乡村文旅体验	北京广播电视台、北京市文化和旅游局	北京卫视、腾讯视频、爱奇艺	2020.8.18
《海报里的英雄》	人文历史	中央广播电视总台	央视综艺频道、央视网、B站	2020.8.30
《青春在大地》	脱贫攻坚	湖南广播电视台	湖南卫视、芒果TV	2020.8.30
《美好的时光》	音乐旅行	浙江广播电视集团	浙江卫视、腾讯视频、爱奇艺、中国蓝TV	2020.9.12
《田园中国》	乡村振兴融媒	山东广播电视台	山东卫视、爱奇艺	2020.9.27
《传承进行时》	文化传承	安徽广播电视台	安徽卫视、爱奇艺	2020.10.2
《从长江的尽头回家》	公益文化纪实	江苏省广播电视总台	江苏卫视、爱奇艺、优酷视频	2020.10.16
《衣尚中国》	中华传统服饰文化	中央广播电视总台	央视综艺频道、央视网、腾讯视频、B站	2020.11.7
《奇妙的诗词》	原创诗词文化	湖北广播电视台	湖北卫视、爱奇艺	2020.12.5

363

续表

节目名称	题材	制作方	主要播出平台	首播时间
《宝藏般的乡村》	乡村文化体验	浙江广播电视集团、浙江从容影视	浙江卫视、爱奇艺、腾讯视频、优酷、中国蓝TV	2020.12.20
《技惊四座》已播出2季	原创杂技文化交流竞演	广东广播电视台	广东卫视、B站、腾讯视频	2020.12.19
《学习达人大会》	辩论观察理论	安徽广播电视台、共青团中央宣传部、安徽省委宣传部、安徽省委网信办、共青团安徽省委员会	安徽卫视、学习强国	2020.12.21
《上线吧！华彩少年》	国风少年创演	中央广播电视总台	央视综合频道、央视网、西瓜视频	2020.12.25
《昆仑风物》已播出3季	历史文化	青海广播电视台、青海省文物局、青海省文化和旅游厅	青海卫视、西瓜视频、抖音	2021.1.20
《美术经典中的党史》	美术	中央广播电视总台、中国国家博物馆、中央美术学院	央视综合频道、科教频道、央视网、央视频、央视影音	2021.1.25
《万里走单骑——遗产里的中国》已播出3季	世界遗产探访	浙江广播电视台	浙江卫视、腾讯视频、爱奇艺、B站、抖音、快手	2021.1.31
《冬梦之约》已播出2季	冬奥运动音乐	北京冬奥组委文化活动部、文投控股，北京广播电视台	北京卫视、优酷	2021.2.5
"中国节日"系列节目	传统节日、文化创新	河南广播电视台	河南卫视、爱奇艺、B站、抖音、微博	2021.2.10

附录1　2013—2024年中央广播电视总台及省级上星电视频道播出的原创文化节目

续表

节目名称	题材	制作方	主要播出平台	首播时间
《典籍里的中国》已播出2季	中华文化典籍	中央广播电视总台、央视创造传媒	央视综合频道、央视网、爱奇艺、咪咕视频、腾讯视频	2021.2.12
《一堂好戏》	青少年戏曲文化传承	中国教育电视台	中国教育电视台	2021.2.11
《书画里的中国》已播出2季	中国书画文化	北京广播电视台	北京卫视、咪咕视频	2021.4.23
《我们的父辈先烈》	先烈故事	广西广播电视台	广西卫视	2021.4.24
《致敬百年风华》	党员故事	江苏省广播电视总台、煜盛文化、优酷	江苏卫视、优酷	2021.4.30
《闪亮的坐标》	红色文化讲演	中国文学艺术界联合会、中共江西省委宣传部、中国电视艺术家协会联合出品，江西广播电视台、江西铜业集团有限公司、中国视协演员工作委员会、中国视协主持人专业委员会联合承制	今日头条、人民网、央视频、今视频、西瓜视频、抖音	2021.5.15
《抗联英雄传》	英雄人物	黑龙江广播电视台、中国少年儿童文化艺术基金会	黑龙江卫视	2021.5.22
《精神的力量》	共产党精神谱系	浙江广播电视集团	浙江卫视、优酷、腾讯视频、爱奇艺、B站、西瓜视频、中国蓝TV	2021.5.24
《电影党课》	党史学习	电影网	中央电视台电影频道	2021.5.31

续表

节目名称	题材	制作方	主要播出平台	首播时间
《时间的答卷》	档案文物	中央党史和文献研究院、中央档案馆（国家档案局）、国家文物局、中国社会科学院、上海市委宣传部支持指导，上海市广播电视局、上海广播电视台东方卫视制作	东方卫视、B站、优酷	2021.6.4
《青春之歌》	红歌	黑龙江广播电视台	黑龙江卫视	2021.6.6
《歌声里的延安情》	红歌党史	陕西广播电视台	陕西卫视	2021.6.24
《唱支歌儿给党听》	红歌音乐故事	河北广播电视台	河北网络广播电视台、冀时客户端	2021.6.26
《最美中轴线》已播出3季	文化音乐竞演	北京广播电视台	北京卫视、腾讯视频、爱奇艺	2021.7.3
《不负宝藏时代》	中国家居文化	中央广播电视总台	央视综艺频道、优酷	2021.9.29
《齐鲁文化大会》	齐鲁文化	山东广播电视台	山东卫视、爱奇艺	2021.10.17
《朗朗少年》	少儿朗读	安徽广播电视台	安徽卫视、爱奇艺	2021.10.17
《最美中国戏》已播出2季	戏曲文化体验	人民日报《国家人文历史》杂志社、北京广播电视台、北京市公园管理中心、北京市颐和园管理处	腾讯视频、爱奇艺、优酷、咪咕视频、B站、人民日报客户端	2021.10.23
《我的家乡，好美！》	探寻家乡宝藏文化	湖南广播电视台、长沙星谱国际传媒有限公司	湖南卫视、芒果TV	2021.11.1
《舞千年》	文化剧情舞蹈	河南广播电视台、幻维数码、B站	河南卫视、B站	2021.11.6

附录1　2013—2024年中央广播电视总台及省级上星电视频道播出的原创文化节目

续表

节目名称	题材	制作方	主要播出平台	首播时间
《中国考古大会》	考古探秘	中央广播电视总台、国家文物局、中国社会科学院	央视综合频道、央视网、咪咕视频	2021.11.20
《妙墨中国心》	书法美育	浙江广播电视集团、浙江省文学艺术界联合会	浙江卫视、腾讯视频、爱奇艺、优酷网、中国蓝TV、B站	2021.11.21
《月光书房》	深夜心灵读本	湖南广播电视台	湖南卫视、芒果TV	2021.12.3
《青春守艺人》	青春文化传承	天津广播电视台、优酷	天津卫视、优酷	2021.12.24
《斯文江南》已播出3季	经典文本围读	上海广播电视台	东方卫视、爱奇艺、B站、优酷、腾讯	2022.1.6
《长城长》	长城文化综艺	内蒙古广播电视台	内蒙古卫视、B站、优酷	2022.2.5
《未来中国》已播出2季	前沿科学思想	上海广播电视台	东方卫视、B站	2022.3.4
《从延安出发》	文艺经典	中央广播电视总台	央视综艺频道、央视网	2022.5.23
《红花郎·好味知时节》	沉浸式体验民俗美食	四川广播电视台	四川卫视	2022.6.3
《活起来的技艺——年份故事》	非物质文化遗产	安徽广播电视台	安徽公共频道	2022.6.17
《中国礼·中国乐》	中华礼乐创新传习	山东广播电视台	山东广播电视台齐鲁频道	2022.6.29
《昆仑之子》	非遗传承	青海广播电视台	青海卫视	2022.7.8

367

续表

节目名称	题材	制作方	主要播出平台	首播时间
《戏宇宙》已播出2季	中国戏曲文化	山东广播电视台	山东卫视、B站	2022.7.9
《博物馆之城》已播出2季	文博探秘	北京广播电视台、北京市文物局	北京卫视、腾讯视频、优酷、咪咕视频	2022.7.15
《超级语文课》已播出3季	大语文公开课	山东广播电视台	山东卫视、B站、优酷、搜狐视频、齐鲁网、PPTV、爱奇艺、腾讯视频	2022.7.17
《美好年华研习社》	中国古典文化	湖南广播电视台	湖南卫视、芒果TV	2022.8.7
《馆长·请亮宝》	文博综艺	内蒙古广播电视台	内蒙古卫视、爱奇艺、优酷、奔腾融媒	2022.8.13
《山水间的家》已播出2季	文旅探访	中央广播电视总台、文化和旅游部	央视综合频道、央视网、央视频	2022.8.27
《诗画中国》已播出2季	中国书画艺术	中央广播电视总台、文化和旅游部、故宫博物院、北京师范大学、中央美术学院、中国美术馆	央视综合频道、央视网、央视频	2022.8.28
《闪耀吧！中华文明》	文博	河南广播电视台	河南卫视、优酷	2022.9.2
《天地诗心》	时代故事展演	河南广播电视台	河南卫视、大象新闻客户端	2022.9.21
《中国国宝大会》已播出2季	国宝文化传承	中央广播电视总台、国家文物局	央视财经频道、央视网	2022.10.1
《一馔千年》已播出2季	饮食文化探索	中央广播电视总台	央视综艺频道、央视网、央视频	2022.10.28
《黄河文化大会》	黄河文化	山东广播电视台牵头沿黄九省（区）广播电视台	山东卫视	2022.10.29

附录1　2013—2024年中央广播电视总台及省级上星电视频道播出的原创文化节目

续表

节目名称	题材	制作方	主要播出平台	首播时间
《中国好声音·越剧特别季》	越剧文化传承	浙江广播电视集团	浙江卫视、腾讯视频、爱奇艺、优酷网、B站、Z视介	2022.10.30
《我在岛屿读书》已播出2季	外景纪实读书	江苏省广播电视总台、今日头条	江苏卫视、今日头条	2022.11.10
《大使的厨房》	环球美食文化	江苏省广播电视总台、环球网、北京翘艺	江苏卫视、芒果TV	2022.11.20
《新生万物》	非遗焕新纪实	江苏省广播电视总台	江苏卫视、腾讯视频	2022.12.23
《非遗里的中国》已播出2季	非遗文化	中央广播电视总台、文化和旅游部	央视综合频道、央视网、央视频	2022.12.30
《手艺人大会·发型师季》	发型师竞技	浙江广播电视集团	浙江卫视、腾讯视频、爱奇艺、优酷网、Z视介	2023.2.18
《新民歌大会》	大型新民歌实景创演	广西广播电视台	广西卫视、B站	2023.4.22
《丹青中国心》	绘画鉴赏	浙江广播电视集团	浙江卫视、Z视介	2023.4.23
《馆长来了》	黄河文化溯源	山东广播电视台、沿黄九省（区）文旅部门及电视台	山东卫视、山东广播电视台文旅频道	2023.5.3
《妙不可言》	人文综艺	河北广播电视台	河北卫视、优酷	2023.5.6
《戏剧中国心》	戏剧文化体验	浙江广播电视集团、浙江小百花越剧院	浙江卫视、Z视介	2023.5.1
《中国书法大会》	书法文化	中央广播电视总台、中国书法家协会	央视综合频道、央视网、央视频	2023.6.2

369

续表

节目名称	题材	制作方	主要播出平台	首播时间
《海洋公开课》	海洋文化知识交互	福建省广播影视集团、新华网	东南卫视、海峡卫视	2023.6.8
《中国米食大会》	米食文化探寻	中央广播电视总台	央视财经频道、央视网、央视频	2023.6.17
《跳进地理书的旅行》已播出3季	益智文化旅行	湖南广播电视台	湖南卫视、芒果TV	2023.7.2
《中国家宴》	宴会仪式文化	河南广播电视台、抖音	河南卫视、抖音	2023.9.12
《你好，赛先生》已播出2季	院士科普创演	湖北广播电视台	湖北卫视、爱奇艺、优酷、西瓜视频、B站	2023.9.29
《一起读书吧》	全媒体阅读推广	黑龙江广播电视台、黑龙江作协	黑龙江卫视	2023.9.30
《美美与共》	国际文化交流	中央广播电视总台、文化和旅游部	央视综合频道、央视网、央视频	2023.10.5
《宗师列传·唐宋八大家》	文化宗师	中央广播电视总台	央视综合频道、央视频	2023.11.10
《中国礼·陶瓷季》	"一带一路"陶瓷文化	江西广播电视台	江西卫视、学习强国、B站、爱奇艺、优酷、腾讯视频、搜狐视频、今视频	2023.11.22
《简牍探中华》	简牍文化	中央电视台综合频道、央视创造传媒	央视综合频道、央视网、央视频、央视影音	2023.11.25
《非遗正青春》	非遗文化创演	贵州广播电视台	贵州卫视、腾讯视频、B站	2023.11.26
《万物友灵》	文物剧情	湖南广播电视台	湖南卫视、芒果TV	2023.11.27

附录1　2013—2024年中央广播电视总台及省级上星电视频道播出的原创文化节目

续表

节目名称	题材	制作方	主要播出平台	首播时间
《中国中医药大会》	中医药文化	中央广播电视总台、国家中医药管理局、中国中医科学院	央视综合频道、中文国际频道，央视网，央视频	2023.12.23
《创意无限》	科技创新科普	黑龙江省委宣传部、黑龙江省科学技术厅、中国共产主义青年团黑龙江省委员会、哈尔滨创意设计中心、黑龙江广播电视台	黑龙江卫视、极光新闻、东北网	2023.12.30
《金石中国心》	篆刻金石文物	浙江广播电视集团、西泠印社	浙江卫视、Z视介、抖音、B站	2024.4.18
《启航！大运河》	运河文化	江苏省广播电视总台	江苏卫视、腾讯视频	2024.5.24
《国风超有戏》	戏曲加流行音乐	中央广播电视总台	央视综合频道、央视网	2024.6.5
《国医少年志》	中医药文化	上海广播电视台	东方卫视、芒果TV	2024.10.18
《开播吧！国潮》	古诗词、器乐、音乐、舞蹈等的传统文化	中央广播电视总台、抖音	央视综艺频道、抖音	2024.11.9
《中国好传承》	古代建筑、甲骨文、唐三彩等文化瑰宝	新华社客户端、河南卫视、抖音	新华社客户端、河南卫视、抖音	2024.11.10

371

附录2 2018—2023年获国家广电总局表彰的电视创新创优栏目

2018年

时间	媒体	节目数	节目名	节目简介
2018年第一季度（9个）	中央广播电视总台	4	《欢乐中国人》（第二季）	讲述新时代中国故事的综艺节目
			《经典咏流传》	原创文化音乐节目
			《谢谢了，我的家》	家风传承节目
			《赢在博物馆》	少年儿童融媒体文博体验节目
	上海广播电视台	1	《我们在行动》	精准扶贫公益纪实节目
	江苏省广播电视总台	1	《最强大脑之燃烧吧大脑》	脑力偶像竞技真人秀
	湖南广播电视台	1	《声临其境》	原创声音魅力竞演秀台词、配音
	贵州广播电视台	1	《关键时刻》	决战脱贫攻坚故事讲述类节目
	广东广播电视台 山西广播电视台	1	《国乐大典》	原创国乐竞演节目

附录2 2018—2023年获国家广电总局表彰的电视创新创优栏目

续表

时间	媒体	节目数	节目名	节目简介
2018年第二季度（7个）	北京广播电视台	1	《向前一步》	首档人和公共领域对话、城市公民与公共政策对话的社会民生类节目
	天津广播电视台	1	《笑礼相迎》	首档原创相声节目
	江苏省广播电视总台	1	《美好时代》	人文故事讲述类节目
	浙江广播电视集团	1	《同一堂课》	文化教育公开课
	山东广播电视台	1	《此时此刻》	"新时代生活日记"节目
	河南广播电视台	1	《老家的味道》	大型文化纪录片节目
	甘肃广播电视台	1	《大戏台》	"文化走基层""戏曲走校园"传统戏曲文化类节目
2018年第三季度（10个）	中央广播电视总台	1	《国宝档案·人民的胜利》	国宝文物类节目
	上海广播电视台	1	《相声有新人》	传承传统相声的真人秀
	浙江广播电视集团	1	《我就是演员》	演技竞演类综艺
	山东广播电视台	1	《美丽中国》	国内首个生态节目
	湖南广播电视台	1	《幻乐之城》	音乐创演秀
	深圳广播电影电视集团	1	《诗意中国》	大型原创文博推理节目
	广西广播电视台	1	《八桂新风行》	弘扬社会主义核心价值观的专题栏目，以新时代涌现的优秀个人或团队的精彩故事为载体

373

续表

时间	媒体	节目数	节目名	节目简介
2018年第三季度（10个）	黑龙江广播电视台	1	《一起传承吧》	宣传、推广、弘扬中华优秀传统文化的大型文化类综艺节目
	海南广播电视总台	1	《光荣的追寻》	中国首档以入党申请书为载体的党建理论讲述类节目
	甘肃广播电视台	1	《扶贫第一线》	以"精准扶贫、脱贫攻坚"为主题的专题节目
2018年第四季度（13个）	中央广播电视总台	3	《平"语"近人——习近平总书记用典》	以习近平总书记一系列重要讲话、文章、谈话中所引用的古代典籍和经典名句为切入点，进行生动阐释与广泛传播
			《国家宝藏》第二季	文博探索节目
			《小鬼当家》	大型家庭教育季播节目
	北京广播电视台	1	《上新了·故宫》	首档聚焦故宫博物院的文化创新类真人秀节目
	吉林广播电视台	1	《嘿！我知道了》	大型少儿成长体验类节目
	黑龙江广播电视台	1	《致敬英雄》	国内首档大型礼赞英雄的励志节目
	上海广播电视台	1	《巡逻现场实录2018》	全景式警务纪实片
	江苏省广播电视总台	1	《一本好书》	场景式读书节目
	湖北广播电视台	1	《戏码头》	大型戏曲文化电视真人秀

附录2 2018—2023年获国家广电总局表彰的电视创新创优栏目

续表

时间	媒体	节目数	节目名	节目简介
2018年第四季度（13个）	湖南广播电视台	2	《时光的旋律》	以"时代经典＋年轻歌手"为形式的音乐纪录片
			《声入人心》	原创新形态声乐演唱节目
	广东广播电视台	1	《2018技行天下》	大型职业技能竞技类节目
	云南广播电视台	1	《好在了，我的家》	讲述云南少数民族故事的纪实专题

2019年

时间	媒体	节目数	节目名	节目简介
2019年第一季度（6个）	中央广播电视总台	2	《经典咏流传》第二季	中国首档大型诗词文化音乐节目
			《中国诗词大会》第四季	全民参与的诗词文化综艺节目
	上海广播电视台	2	《闪亮的名字》	文化纪实寻访时代英雄的节目
			《这就是中国》	思想政论类节目
	浙江广播电视集团	1	《智造将来》	公益性科技综艺节目
	海南广播电视总台	1	《对世界说》	大型群口式时代故事电视演讲节目
2019年第二季度（9个）	中央广播电视总台	1	《等着我》第五季	大型公益寻人栏目
	天津广播电视台	1	《笑礼相迎》	全国首档原创相声节目
	上海广播电视台	1	《忘不了餐厅》	关注认知障碍的记录观察类公益节目
	江苏省广播电视总台	1	《致敬中国英雄》	纪实类电视人物访谈类节目

续表

时间	媒体	节目数	节目名	节目简介
2019年第二季度（9个）	浙江广播电视集团	1	《预见2050》	科技人物专题节目
	江西广播电视台	1	《跨越时空的回信》	原创红色人文节目
	山东广播电视台	1	《现在的我们》	纪实真人秀访谈节目
	湖北广播电视台	1	《奇妙的汉字》	国内首档解字溯源节目
	湖南广播电视台	1	《神奇的汉字》	汉字追本溯源节目，研究汉字的字形、字义、字音、字源
2019年第三季度（9个）	中央广播电视总台	2	《2019开学第一课》	展现新中国70年的发展变化
			《老兵你好》	以演播室访谈为主的大型退役军人情感类栏目
	北京广播电视台	1	《本色》	国内首档老兵生活探访纪实节目
	河北广播电视台	1	《成语天下》	大型原创季播成语文化节目
	安徽广播电视台	1	《品格》	大型经济人物访谈节目
	山东广播电视台	1	《问政山东》	电视问政节目
	湖北广播电视台	1	《戏码头暑期特别节目——全国大学生电视戏曲挑战赛》	首开全国校园非专业类电视戏曲比赛之先河
	湖南广播电视台	1	《第十八届"汉语桥"世界大学生中文比赛决赛》	外国留学生中文比赛节目
	广西广播电视台	1	《我和我的祖国》	庆祝新中国70华诞电视杂志专栏节目

附录2　2018—2023年获国家广电总局表彰的电视创新创优栏目

续表

时间	媒体	节目数	节目名	节目简介
2019年第四季度（13个）	中央广播电视总台	3	《故事里的中国》	自主原创大型文化节目
			《一堂好课》	大型公开课节目
			《中国地名大会》	弘扬地名文化节目
	中国教育电视台	1	《师说》第二季	大型公开思政课
	黑龙江广播电视台	1	《歌声与微笑》	为纪念中俄建交70周年而创办的大型文化交流节目
	江苏广播电视台	1	《从地球出发》	国内首档天文科幻科普节目
	安徽广播电视台	1	《理响新时代》第三季	大型融媒理论节目，首度聚焦"红船精神"、井冈山精神、长征精神、延安精神、西柏坡精神，向青少年生动传播党史
	江西广播电视台	1	《跨越时空的回信》第二季	原创红色家书人文节目
	湖南广播电视台	3	《舞蹈风暴》	顶级青年舞者竞技秀节目
			《长江黄河如此奔腾——解读共和国70年》	电视理论节目，与《社会主义有点潮》《新时代学习大会》一道，成为湖南红色理论片三部曲
			《时光的旋律》第二季	再唱经典、致敬时代的节目
	河南广播电视台	1	《脱贫大决战》第四季	探访脱贫故事和典型人物的节目
	山东广播电视台	1	《传家宝里的新中国》	大型融媒体故事秀

2020年

时间	媒体	节目数	节目名	节目简介
2020年第一季度（7个）	中央广播电视总台	2	《战"疫"故事》	记录疫情期间的动人故事
			《中央广播电视总台2019主持人大赛》	中央广播电视总台成立后推出的第一个电视主持人大赛节目
	北京广播电视台	1	《养生堂——新型冠状病毒防控指引十八讲》	健康养生类电视节目
	黑龙江广播电视台	1	《新青年新思想》	理论分享类节目
	湖南广播电视台	1	《天天云时间》	新型"云"录制智趣类脱口秀公益节目
	重庆广播电视台	1	《美好终将来——〈谢谢你来了〉抗疫系列特别节目》	《美好终将来》抗疫特别节目
	新疆广播电视台	1	《我家的战"疫"生活》	记录疫情下百姓的生活
2020年第二季度（10个）	中央广播电视总台	2	《攻坚日记》	聚焦脱贫攻坚的社会纪实节目
			《喜上加喜》	大型户外综艺相亲类节目
	中国教育电视台	1	《战"疫"，见证中国！》	思政公开课
	黑龙江广播电视台	1	《好好学习民法典》	诠释民法典节目
	江苏省广播电视总台	1	《第一粒扣子》	全国首档课本剧节目
	山东广播电视台	1	《我的城 我的歌》	全国首档城市融媒体宣推音乐秀节目
	广西广播电视台	1	《我们的小康》	融媒体纪实栏目
	甘肃广播电视台	1	《扶贫第一线》	反映甘肃省脱贫攻坚的大型电视公益栏目

附录2 2018—2023年获国家广电总局表彰的电视创新创优栏目

续表

时间	媒体	节目数	节目名	节目简介
2020年第二季度（10个）	贵州广播电视台	1	《与梦想合拍》	脱贫攻坚纪实故事类系列节目
	新疆广播电视台	1	《新疆是个好地方》	新疆文化旅游节目
2020年第三季度（12个）	中央广播电视总台	2	《2020开学第一课》	开学季特别节目
			《海报里的英雄》	纪念中国人民抗日战争胜利暨世界反法西斯战争胜利75周年特别节目
	北京广播电视台	1	《接诉即办》	为实践党史学习教育推出的系列纪录片
	黑龙江广播电视台	1	《一路有你》	扶贫路上的人物故事
	上海广播电视台	1	《极限挑战宝藏行·三区三州公益季》	探索珍贵文化、传递生态环保新理念
	江苏省广播电视总台	1	《似是故人来》	实景文化类深度访谈节目
	浙江广播电视集团	1	《还有诗和远方·诗画浙江篇》	文化旅游类探寻体验真人秀
	山东广播电视台	1	《田园中国》	首档乡村振兴融媒推介真人秀
	湖南广播电视台	1	《青春在大地》	脱贫攻坚主题节目
	广东广播电视台	1	《流淌的歌声》	原创时代记忆音乐文化节目
	广西广播电视台	1	《民族文化——小康路上 歌声嘹亮》	呈现少数民族生活情趣、节庆风情等文化内涵的节目
	新疆广播电视台	1	《青春激扬中国梦》	首档面向高校大学生分享青春故事、传递青春价值的节目

续表

时间	媒体	节目数	节目名	节目简介
2020年第四季度（11个）	中央广播电视总台	2	《故事里的中国》第二季	对新中国经典作品的演绎节目
			《英雄儿女——纪念中国人民志愿军抗美援朝出国作战70周年文艺晚会》	纪念中国人民志愿军抗美援朝出国作战70周年文艺晚会
	北京广播电视台	1	《我的桃花源》	脱贫攻坚题材重点文旅体验节目
	黑龙江广播电视台	1	《与冰共舞》	原创的冰上舞蹈竞演真人秀节目
	上海广播电视台	1	《神奇公司在哪里》	职场招聘节目
	江苏省广播电视总台	1	《从长江的尽头回家》	公益文化纪实类真人秀
	浙江广播电视集团	1	《奔跑吧·黄河篇》	大型户外竞技真人秀节目
	安徽广播电视台	1	《学习达人大会》	国内首档轻辩论观察类理论节目
	广东广播电视台	1	《技惊四座》	首档大型原创杂技文化交流竞演节目
	海南广播电视总台	1	《老乡话小康》	以老乡为主角的大型纪实寻访活动
	新疆广播电视台	1	《这就是我想要的生活》	2020年终特别节目

附录2　2018—2023年获国家广电总局表彰的电视创新创优栏目

2021年

时间	媒体	节目数	节目名	节目简介
2021年第一季度（14个）	中央广播电视总台	2	《典籍里的中国》	全新大型典籍文化类节目
			《美术经典中的党史》	精选100件最具代表性的美术经典作品，生动再现中国共产党100年来波澜壮阔的光辉历程
	中国教育电视台	1	《一堂好戏》	青少年传习传统戏曲文化节目
	北京广播电视台	2	《冬梦之约》	冬奥场馆大型实景音乐秀
			《我是规划师》	首档城市复兴题材大型纪录片
	河北广播电视台	1	《邻家诗话》第二季	原创"诗歌实景雅集"综艺
	内蒙古广播电视台	1	《开卷有理——"康康"我的生活》	第一档"好有趣""好营养""好品味"的"三好读书栏目"
	浙江广播电视集团	1	《万里走单骑——遗产里的中国》	中国首档沉浸式世界遗产探索互动综艺节目
	山东广播电视台	1	《我们的新时代》	为庆祝中国共产党成立100周年推出的党史节目
	河南广播电视台	1	"中国节日"系列节目	弘扬中国传统节日文化节目
	湖北广播电视台	1	《东西南北大拜年》	春节拜年节目
	湖南广播电视台	1	《百炼成钢——党史上的今天》	建党百年微专题片
	海南广播电视总台	1	《追寻·不忘初心 牢记使命》	党史电视节目
	新疆广播电视台	1	《又是一年春来早》	新疆风土人情节目

续表

时间	媒体	节目数	节目名	节目简介
2021年第二季度（22个）	中央广播电视总台	3	《全国大学生党史知识竞答大会》	党史学习教育节目
			《百年礼赞——庆祝中国共产党成立100周年大型交响音诗画》	全景式展现中国共产党百年波澜壮阔的光辉历程
			《上线吧！华彩少年》	台网互动的国风少年创演节目
	电影频道节目中心	1	《电影党课》	从电影中学习党史知识
	北京广播电视台	1	《我为群众办实事》	为群众办实事的节目
	河北广播电视台	1	《唱支歌儿给党听》	原创音乐自制故事节目
	黑龙江广播电视台	2	《青春之歌》	建党百年特别节目
			《抗联英雄传》	聚焦东北抗联英雄故事
	上海广播电视台	1	《时间的答卷》	建党100周年主题电视节目
	江苏省广播电视总台	1	《致敬百年风华》	建党100周年主题电视节目
	浙江广播电视集团	1	《世纪航程：中国共产党党史知识学习达人挑战赛》	党史知识竞赛电视节目
	江西广播电视台	1	《闪亮的坐标》	建党100周年主题红色文化讲演电视节目
	山东广播电视台	2	《寻声记》	首档党建融媒体户外音乐故事节目
			《光影里的来时路》	从光影中讲述党史知识
	湖南广播电视台	1	《28岁的你》	建党百年特别节目

附录2　2018—2023年获国家广电总局表彰的电视创新创优栏目

续表

时间	媒体	节目数	节目名	节目简介
2021年第二季度（22个）	深圳广播电影电视集团	1	《课间十分钟》第三季	创意阅读节目
	广西广播电视台	1	《我们的父辈先烈》	建党百年特别专题节目
	海南广播电视总台	1	《光荣的追寻》第四季	建党百年特别专题节目
	重庆广播电视台	1	《永远记住你——红岩英烈系列故事》	讲述红岩英烈故事的节目
	贵州广播电视台	1	《第一线》	展示基层一线党员故事的节目
	陕西广播电视台	1	《歌声里的延安情》	弘扬延安精神的党史歌唱节目
	新疆广播电视台	1	《永远铭刻的精神》	建党百年特别节目
2021年第三季度（12个）	中央广播电视总台	2	《中国国宝大会》	文博知识竞答节目
			《2021年中央广播电视总台中秋晚会》	综艺性文艺晚会
	电影频道节目中心	1	《我们的旗帜——银幕上的党史故事》	电影中的党史故事
	北京广播电视台	2	《恰百年风华》	建党百年人文纪录片
			《最美中轴线》	文化音乐竞演真人秀
	江苏广播电视总台	1	《烧脑少年团》	少年成长科学真人秀
	江西广播电视台	1	《闪耀东方》	大型思想政论高端对话节目
	山东广播电视台	1	《国学小名士》第四季	青少年国学益智竞赛节目

续表

时间	媒体	节目数	节目名	节目简介
2021年第三季度（12个）	广东广播电视台	2	《行进大湾区》	建党百年特别节目
			《乡村振兴大擂台》	全国首档乡村振兴主题综艺节目
	四川广播电视台	1	《了不起的分享》	智慧分享演说节目
	陕西广播电视台	1	《瞬间》	原创党建融媒节目
2021年第四季度（17个）	中央广播电视总台	3	《国家宝藏·展演季》	文博探索节目
			《中国考古大会》	考古空间探秘类文化节目
			《党课开讲啦》	党课电视节目
	中国教育电视台	1	《青春的旋律》第2季	影视音乐节目
	北京广播电视台	2	《一起向未来》	冬奥会特别节目
			《最美中国戏》	戏曲文化体验真人秀
	吉林广播电视台	1	《冰雪之旅》	冰雪电视节目
	上海广播电视台	1	《国货潮起来》	首档国货社交分享综艺节目
	江苏广播电视总台	1	《2060》	动漫形象舞台竞演节目
	浙江广播电视集团	1	《妙墨中国心》	全国首档书法美育交互式电视文艺节目
	山东广播电视台	1	《齐鲁文化大会》	以"齐鲁文化"为主题的演播室文化综艺节目
	河南广播电视台	1	《舞千年》	文化剧情舞蹈节目

附录2　2018—2023年获国家广电总局表彰的电视创新创优栏目

续表

时间	媒体	节目数	节目名	节目简介
2021年第四季度（17个）	湖南广播电视台	3	《再次见到你》	跨时代人物回访暖综
			《云上的小店》	乡村振兴互助体验类节目
			《时光音乐会》	中国首档户外音乐慢音综
	海南广播电视总台	1	《全球国货之光》	大型国家经贸文化交流节目
	新疆广播电视台	1	《青春激扬中国梦》第四季	大型青春励志类栏目

2022年

时间	媒体	节目数	节目名	节目简介
2022年第一季度（16个）	中央广播电视总台	2	《中国空间站——"天宫课堂"第二课》	首个太空科普教育品牌节目
			《古韵新春》	首档跨越千年溯源中国春节习俗的文化创演节目
	北京广播电视台	2	《哇！冰球》	青少年冰球主题季播节目
			档案"冬奥传奇"系列节目	冬奥纪实节目
	天津广播电视台	1	《青春守艺人》	首档原创青春文化传承类节目
	内蒙古广播电视台	1	《长城长》	"长城"主题大型文化综艺季播节目
	上海广播电视台	2	《未来中国》	中国前沿科学思想秀节目
			《斯文江南》	全国首档经典文本围读节目
	浙江广播电视集团	1	《冰雪正当燃》	冰雪达人竞技成长节目
	山东广播电视台	1	《乡约》	新农人访谈节目

385

续表

时间	媒体	节目数	节目名	节目简介
2022年第一季度（16个）	河南广播电视台	1	"中国节气"系列节目	创新弘扬"中国节气"系列节目
	湖南广播电视台	2	《勇往直前的我们》	青春励志消防纪实体验节目
			《春天花会开》	民歌竞唱节目
	广东广播电视台	2	《技惊四座》第二季	原创杂技文化交流竞演节目
			《从农场到餐桌》	聚焦精准扶贫和乡村振兴战略的融媒体节目
	云南广播电视台	1	《自信中国说》	理论大众化融媒体栏目
2022年第二季度（12个）	中央广播电视总台	2	《从延安出发》	发端于延安文艺座谈会召开后涌现出的典型文艺作品
			《超级生活家》	家庭组队参演节目
	北京广播电视台	2	《书画里的中国》第二季	书画文化类慢综艺
			《为你喝彩·我们这五年》	全国首档聚焦人才的纪实节目
	河北广播电视台	1	《走遍河北》	河北专题宣传节目
	江苏省广播电视总台	1	《闪闪发光的你》	青春职场观察类真人秀
	山东广播电视台	1	《中国礼 中国乐》	首档中华礼乐创新传习节目
	河南广播电视台	1	2022"中国节日"系列节目	创新弘扬"中国节日"系列节目
	湖南广播电视台	1	《中国婚礼——我的女儿出嫁了》	婚庆节目

附录2 2018—2023年获国家广电总局表彰的电视创新创优栏目

续表

时间	媒体	节目数	节目名	节目简介
2022年第二季度（12个）	广西广播电视台	1	《民族文化·广西新民歌大会特别节目》	民歌竞演节目
	宁夏广播电视台	1	《云视嗨唱》	原创音乐节目
	新疆广播电视台	1	《乐享冰雪的人们》	冰雪题材纪录片
2022年第三季度（25个）	中央广播电视总台	4	《山水间的家》	文旅探访节目
			《拿手好戏》	沉浸式戏曲研学创演节目
			《诗画中国》	大型经典诗画文化节目
			《2022开学第一课》	开学第一课专题节目
	电影频道节目中心	1	《今日影评——百花六十》	大众电影百花奖60年专题节目
	北京广播电视台	2	《博物馆之城》	文博探秘类文化互动真人秀
			《中国共产党领导力密码》	大型理论文献电视片
	河北广播电视台	1	《好好学习》	互动答题直播节目
	黑龙江广播电视台	1	《爱上这座城》特别节目《爱上这条江》	旅游节目
	上海广播电视台	1	《我相信》	人文书信体节目
	江苏省广播电视总台	1	《超脑少年团》第二季	沉浸式烧脑真人秀
	浙江广播电视集团	1	《闪光吧！少年》	青少年运动纪实公益节目

387

续表

时间	媒体	节目数	节目名	节目简介
2022年第三季度（25个）	福建广播影视集团	2	《中国正在说》之"中国梦"十周年系列	大型政论节目十周年特别节目
			《信仰的力量》第二季	大型青春榜样人物探访纪实节目
	江西广播电视台	1	《闪耀东方》第二季	大型思想政论高端对话节目
	山东广播电视台	2	《超级语文课》	国内首档大语文公开课节目
			《唱响新时代》	大型文艺系列节目
	河南广播电视台	1	《闪耀吧！中华文明》	文化探索纪实节目
	湖北广播电视台	1	《高山流水觅知音》	音乐雅集节目
	湖南广播电视台	2	《这十年·追光者》	纪实访谈节目
			《匠心闪耀》	致敬大国工匠特别节目
	广东广播电视台	1	《行进大湾区·奋楫扬帆》	大湾区发展专题节目
	深圳广播电影电视集团	1	《图鉴中国——昂首阔步这十年》	十集专题片
	广西广播电视台	1	《奔向共同富裕·十年追梦》	十年追梦特别节目
	海南广播电视总台	1	《大使家宴》	中国首档驻华大使生活纪实节目

附录2 2018—2023年获国家广电总局表彰的电视创新创优栏目

续表

时间	媒体	节目数	节目名	节目简介
2022年第四季度（24个）	中央广播电视总台	3	《一馔千年》	大型饮食文化探索节目
			《追光》	思想解读类融媒体特别节目
			《高端访谈》	人物访谈节目
	电影频道节目中心	1	《这十年，我们的电影生活》	系列微纪录短片
	北京广播电视台	2	《最美中轴线》（第二季）	解读北京中轴线的大型文化原创音乐真人秀
			《桃花源里看十年》	乡村文旅节目
	河北广播电视台	1	《筑梦》	寻访平凡英雄的筑梦心路的专题片
	内蒙古广播电视台	1	《开卷有理·我们的十年》	"中国梦"提出十周年的特别策划理论节目
	辽宁广播电视台	1	《八千里路英雄情》	跨越时空的思政课
	黑龙江广播电视台	1	《燃烧吧！青春》	青年理论学习分享类节目
	上海广播电视台	2	《时间的答卷》第二季	大型主题节目
			《加油！小店》	公益纪实类节目
	江苏省广播电视总台	1	《我在岛屿读书》	外景纪实类读书节目
	浙江广播电视集团	3	《中国好声音·越剧特别季》	越剧竞演节目
			《我们的新时代》	时代主题大片
			《十年·逐梦向未来》	主题文艺晚会
	福建广播影视集团	1	《中国正在说·喜迎二十大》	喜迎二十大特别节目

389

续表

时间	媒体	节目数	节目名	节目简介
2022年第四季度（24个）	江西广播电视台	2	《闪亮的坐标·青春季》	青年团成立100周年特别节目
			《老表们的新生活》第二季	乡村振兴节目
	山东广播电视台	1	《黄河文化大会》	弘扬黄河文化的节目
	湖北广播电视台	1	《改变中国的真理力量》	大型思想理论宣讲节目
	湖南广播电视台	1	《思想的旅程》	电视理论节目
	重庆广播电视台	1	《谢谢你 这十年》	聚焦新时代十年特别节目
	宁夏广播电视台	1	《黄河谣》第二季	大型人物访谈节目

2023年

时间	媒体	节目数	节目名	节目简介
2023年第一季度（18个）	中央广播电视总台	2	《天下黄河》	彰显黄河流域生态保护和高质量发展的国家相册
			《澳门双行线》	大型美食文旅节目
	北京广播电视台	1	《大先生》	国内首档科学文化教育节目
	辽宁广播电视台	1	《永恒的雷锋——辽宁省纪念毛泽东等老一辈革命家为雷锋同志题词六十周年特别节目》	纪念雷锋同志的电视文艺节目
	黑龙江广播电视台	1	《一起传承吧》第二季	弘扬中华优秀传统文化的大型文化类综艺节目

附录2 2018—2023年获国家广电总局表彰的电视创新创优栏目

续表

时间	媒体	节目数	节目名	节目简介
2023年第一季度（18个）	上海广播电视台	2	《极限挑战宝藏行·国家公园季》	环保公益体验节目
			《早安元宇宙》	全球首个元宇宙资讯节目
	江苏省广播电视总台	1	《新生万物》	非遗焕新纪实节目
	浙江广播电视集团	2	《万里走单骑——遗产里的中国》第三季	世界遗产揭秘互动纪实节目
			《手艺人大会·发型师季》	行业手艺人的技能比拼
	安徽广播电视台	1	《中国新远征》	阐释传播习近平新时代中国特色社会主义思想的精品电视理论节目
	福建省尤溪县融媒体中心	1	《向往的乡村》	用镜头讲述乡村振兴的故事
	山东广播电视台	1	《超级语文课》第二季	国内首档大语文公开课节目
	河南广播电视台	1	《国风浩荡2023元宵奇妙游》	创新弘扬"中国节日"节目
	湖南广播电视台	2	《十讲二十大》	生动阐释党的二十大精神的系列短片
			《美好生活手册》	健康生活服务类节目
	深圳广播电影电视集团	1	《当唐诗遇上交响乐》	唐诗与交响乐的跨界节目
	四川广播电视台	1	《沸腾吧！乡村》	乡村深度体验观察类融媒体节目
2023年第二季度（18个）	中央广播电视总台	2	《非遗里的中国》	非遗创新文化节目
			《中国米食大会》	大型米食文化探寻节目

391

续表

时间	媒体	节目数	节目名	节目简介
2023年第二季度（18个）	北京广播电视台	1	《向前一步》（城市更新系列）	深度参与城市治理的栏目
	河北广播电视台	1	《妙不可言》	大型人文科技综艺节目
	内蒙古广播电视台	1	《黄河魂》	以"赓续中华魂"为主题的电视节目
	上海广播电视台	1	《斯文江南》第二季	聚焦五大江南文化地标的文化节目
	江苏省广播电视总台	2	《中国智慧中国行》	大型通俗理论节目
			《我在岛屿读书》第二季	外景纪实类读书节目
	浙江广播电视集团	1	《丹青中国心》	文化美育绘画鉴赏类电视节目
	福建省广播影视集团	1	《海洋公开课》	国内首档海洋文化类知识交互节目
	山东广播电视台	2	《馆长来了》	黄河文化溯源节目
			《戏宇宙》第二季	以"弘扬戏曲文化，传播中华之美"为主题的节目
	河南广播电视台	1	《豫见·非遗》	非遗传承跨界节目
	湖南广播电视台	1	《声生不息·宝岛季》	音乐文化交流节目
	广西广播电视台	1	《新民歌大会》	全国首档大型新民歌实景创演秀
	海南广播电视总台	1	《风华正"贸"》	聚焦海南自由贸易港建设者的人物纪录片节目
	四川广播电视台	1	《熊猫观察》	首档虚实结合的中英双播杂志类节目
	新疆广播电视台	1	《村里有个女"飞手"》	聚焦新疆无人机女飞手的纪录片

附录2　2018—2023年获国家广电总局表彰的电视创新创优栏目

续表

时间	媒体	节目数	节目名	节目简介
2023年第三季度（20个）	中央广播电视总台	3	《中国短视频大会》	原创大型融媒体节目
			《中国空间站天宫课堂》	首个太空科普教育品牌
			《2023开学第一课》	开学第一课专题节目
	北京广播电视台	2	《博物馆之城》第二季	文博探秘类文化互动真人秀
			《我是规划师》第四季	全国首档且唯一一档城市复兴题材纪录片
	河北广播电视台	1	《我中国少年》第五季	大型原创智力竞技节目
	黑龙江广播电视台	1	《一起读书吧》	全媒体阅读推广类节目
	上海广播电视台	1	《未来中国》第二季	"以青春之名，燃科学之光"的前沿科学思想秀节目
	江苏省广播电视总台	1	《你所不知道的水韵江苏》	大型文旅深度探访融媒体节目
	浙江广播电视集团	1	《还有诗和远方·非遗篇》	文化旅游类探寻体验节目
	山东广播电视台	2	《跟总书记学方法》	全国首档交互式电视理论节目
			《行进中国·黄河篇》	聚焦黄河文化的节目
	河南广播电视台	1	《闪耀吧！中华文明》	文化探索纪实节目
	湖北广播电视台	1	《你好 赛先生》	全国首档院士科普创演节目
	湖南广播电视台	1	《第一届"信仰的力量"全国广播电视和网络视听行业青年演讲比赛决赛》	青年广电人以演讲为主体内容

393

续表

时间	媒体	节目数	节目名	节目简介
2023年第三季度（20个）	广东广播电视台	1	《行进大湾区·同心筑梦》	大湾区发展专题节目
	深圳广播电影电视集团	1	《深圳故事》	多语种特别节目
	陕西广电融媒体集团	1	《中国·考古》	考古空间探秘类文化节目
	海南广播电视总台	1	《大使家宴》第二季	中国首档驻华大使生活纪实节目
	云南广播电视台	1	《新思想 一路讲》	理论创新类节目
2023年第四季度（21个）	中央广播电视总台	2	《宗师列传·唐宋八大家》	首档聚焦"唐宋八大家"的大型文化综艺节目
			《中央广播电视总台首届青年京剧演员大会》	普及京剧艺术，激励青年京剧人才成长的文化节目
	中国教育电视台	1	《冠军说》第三季	冬奥冠军思政课
	北京广播电视台	1	《我为群众办实事之问计于民》	为民办实事精品节目
	山西广播电视台	1	《唐小晋博物馆奇妙记》	活化博物馆馆藏文物的文旅节目
	内蒙古广播电视台	1	《开卷有理·实践 π》	中国式现代化特别理论节目
	黑龙江广播电视台	1	《创意无限》	科技创新科普节目
	上海广播电视台	2	《思想耀征程》	大型融媒体理论节目
			《一路前行》	大型公益环保纪实节目

附录2 2018—2023年获国家广电总局表彰的电视创新创优栏目

续表

时间	媒体	节目数	节目名	节目简介
2023年第四季度（21个）	江苏省广播电视总台	1	《江苏省情影像志——乡土江苏》	影像志作品
	浙江广播电视集团	1	《2023中国文学盛典茅盾文学奖之夜》	茅盾文学奖颁奖典礼
	江西广播电视台	1	《中国礼·陶瓷季》	"一带一路"特别节目
	山东广播电视台	2	《黄河文化大会》第二季	弘扬黄河文化的大型文化综艺节目
			《村村有好戏》	乡村文化振兴文艺竞演
	河南广播电视台	1	《总书记的回信》第二季	系列微纪录片
	湖南广播电视台	1	《花儿与少年·丝路季》	"一带一路"游学探访节目
	广东广播电视台	1	《逐梦大湾区——众创英雄汇2023》	大湾区发展专题节目
	贵州广播电视台	1	《非遗正青春》	非遗文化创演类综艺
	青海广播电视台	1	《昆仑风物》第三季	大型历史文化类季播节目
	宁夏广播电视台	1	《乡村的叙述》	乡村振兴纪录片
	新疆广播电视台	1	《我和我的新丝路》	新丝路融合报道节目

参考文献

［1］常江.中国电视史：1958—2008［M］.北京：北京大学出版社，2018.

［2］陈先达.文化自信中的传统与当代［M］.北京：北京师范大学出版社，2017.

［3］陈万雄.五四新文化的源流（修订版）［M］.北京：生活·读书·新知三联书店，2018.

［4］陈志昂.中国电视艺术通史（上、下）［M］.北京：中国文联出版社，2000.

［5］《当代中国的广播电视》编辑部.中国的电视台［M］.北京：北京广播学院出版社，1987.

［6］邓秉元.新文化运动百年祭［M］.上海：上海人民出版社，2019.

［7］费孝通.中国文化的重建［M］.上海：华东师范大学出版社，2014.

［8］费孝通.费孝通论文化与文化自觉［M］.北京：群言出版社，2007.

［9］郭镇之.中外广播电视史［M］.上海：复旦大学出版社，2005.

［10］胡智锋，等.电视发展新论［M］.北京：中国社会科学出版社，2016.

［11］洪晓楠，蔡后奇，等.社会主义文化强国建设研究：基于从文化自觉、文化自信到文化强国的理路［M］.北京：科学出版社，2021.

［12］江泽民.江泽民文选［M］.北京：人民出版社，2006.

［13］李文阁，孙煜华，李达.兴国之魂：文化强国背景下的核心价值体系和核心价值观研究［M］.北京：人民出版社，2017.

［14］刘刚.中华优秀传统文化创造性转化和创新性发展［M］.北京：社会科学文献出版社，2022.

［15］刘俊.融合时代的传媒艺术［M］.北京：中国传媒大学出版社，2017.

［16］刘士林.阐释与批判：当代文化消费中的异化与危机［M］.济南：山东文艺出版社，1999.

［17］刘志伟，王蕾.数字人文与新文科发展［M］.北京：社会科学文献出版社，2022.

［18］孟建，等.冲突·和谐：全球化与亚洲影视［M］.上海：复旦大学出版社，2003.

［19］盛伯骥.中国电视文艺通论（1958—2018）［M］.北京：中国广播影视出版社，2018.

［20］沈仕海，等.文化强国建设的中国逻辑［M］.北京：人民出版社，2017.

［21］沈仕海.论文化自信［M］.武汉：湖北人民出版社，2019.

［22］陶东风，和磊.当代中国文艺学研究（1949—2009）［M］.北京：中国社会科学出版社，2011.

［23］陶东风，和磊，贺玉高.当代中国的文化研究（约1990—2010）［M］.北京：中国社会科学出版社，2016.

［24］陶东风.文学理论的公共性：重建政治批评［M］.福州：福建教育出版社，2008.

［25］王彩平.境外电视节目形态本土化中的文化自觉［M］.北京：国家行政学院出版社，2017.

［26］王杰，石然.当代中国文艺政策发展史［M］.北京：中国社会科学出版社，2019.

［27］习近平.习近平谈治国理政：第2卷［M］.北京：外文出版社，2022.

［28］习近平.习近平谈治国理政：第3卷［M］.北京：外文出版社，2022.

［29］习近平.习近平谈治国理政：第4卷［M］.北京：外文出版社，2022.

［30］姚文放.审美文化学导论［M］.北京：社会科学文献出版社，2011.

［31］姚文放.从形式主义到历史主义：晚近文学理论"向外转"的深层机理探究［M］.北京：北京大学出版社，2017.

［32］尹鸿，冉儒学，陈虹.娱乐旋风：认识电视真人秀［M］.北京：中国广播电视出版社，2006.

［33］余英时.现代危机与思想人物［M］.北京：生活·读书·新知三联书店，2005.

［34］张凤铸，关玲.中国当代广播电视文艺学［M］.2版.北京：中国传媒大学出版社，2016.

［35］张江.实现新时代中国特色社会主义文艺的历史使命［M］.北京：中国社会科学出版社，2019.

［36］张江.建设新时代社会主义文化强国［M］.北京：中国社会科学出版社，2019.

［37］张庆园.传播视野下的集体记忆建构［M］.北京：中国社会科学出版社，2016.

［38］赵静蓉.文化记忆与身份认同［M］.北京：生活·读书·新知三联书店，2015.

［39］赵月枝.传播与社会：政治经济与文化分析［M］.北京：中国传媒大学出版社，2011.

［40］赵一凡，等.西方文论关键词［M］.北京：外语教学与研究出版社，2006.

［41］仲呈祥.中国电视文艺发展史［M］.北京：中国电影出版社，2014.

［42］中共中央文献研究室.习近平关于社会主义文化建设论述摘编［M］.北京：中央文献出版社，2017.

［43］朱光潜.诗论［M］.北京：北京大学出版社，2005.

［44］周凡，李惠斌.后马克思主义［M］.北京：中央编译出版社，2007.

［45］周宪.文化现代性与美学问题［M］.北京：中国人民大学出版社，2005.

［46］周宪，刘康.中国当代传媒文化研究［M］.北京：北京大学出版社，2011.

［47］埃尔，纽宁.文化记忆研究指南［M］.李恭忠，李霞，译.南京：南京大学出版社，2021.

［48］葛兰西.狱中札记［M］.曹雷雨，姜丽，张跣，译.北京：中国社会科学出版社，2000.

［49］艾恺.世界范围内的反现代化思潮：论文化守成主义［M］.张信，译.贵阳：贵州人民出版社，1991.

［50］史密斯.全球化时代的民族与民族主义［M］.龚维斌，良警宇，译.北京：中央编译出版社，2002.

［51］克罗齐.历史学的理论和实际［M］.安斯利，傅任敢，译.北

399

京：商务印书馆，1982．

［52］安德森．想象的共同体：民族主义的起源与散布［M］．吴叡人，译．上海：上海人民出版社，2016．

［53］卜正民．哈佛中国史［M］．北京：中信出版集团，2016．

［54］莫利，罗宾斯．认同的空间：全球媒介、电子世界景观与文化边界［M］．司艳，译．南京：南京大学出版社，2001．

［55］卡瓦拉罗．文化理论关键词［M］．张卫东，张生，赵顺宏，译．南京：江苏人民出版社，2013．

［56］麦奎尔．受众分析［M］．刘燕南，李颖，杨振荣，译．北京：中国人民大学出版社，2006．

［57］凯尔纳．媒体文化［M］．丁宁，译．北京：商务印书馆，2004．

［58］马尔库塞．单向度的人［M］．刘继，译．重庆：重庆出版社，1993．

［59］詹金斯．融合文化：新媒体和旧媒体的冲突地带［M］．杜永明，译．北京：商务印书馆，2012．

［60］吉见俊哉．"废除文科学部"的冲击［M］．王京，史歌，译．上海：上海译文出版社，2022．

［61］格尔茨．文化的解释［M］．韩莉，译．南京：译林出版社，2014．

［62］吉布森．文化与权力：文化研究史［M］．王加为，译．北京：北京大学出版社，2012．

［63］卡斯特．传播力［M］．汤景泰，星辰，译．北京：社会科学文献出版社，2018．

［64］波兹曼．娱乐至死 童年的消逝［M］．章艳，吴燕莛，译．桂林：广西师范大学出版社，2009．

［65］伊格尔顿．二十世纪西方文学理论［M］．伍晓明，译．西安：陕西师范大学出版社，1986．

［66］伊格尔顿.论文化［M］.张舒语，译.北京：中信出版集团，2018.

［67］汤普森.意识形态与现代文化［M］.高铦，等译.南京：译林出版社，2019.

［68］李普塞特.政治人：政治的社会基础（最新增订版）［M］.张绍宗，译.上海：上海人民出版社，1997.

［69］奈.软实力与中美竞合［M］.全球化智库，译.北京：中信出版集团，2023.

［70］阿斯曼.文化记忆：早期高级文化中的文字、回忆和政治身份［M］.金寿福，黄晓晨，译.北京：北京大学出版社，2015.

［71］哈贝马斯.重建历史唯物主义［M］.郭官义，译.北京：社会科学文献出版社，2000.

［72］国家广播电影电视总局发展研究中心.中国广播电影电视发展报告2011［M］.北京：社会科学文献出版社，2011.

［73］国家广播电影电视总局发展研究中心.中国广播电影电视发展报告2012［M］.北京：社会科学文献出版社，2012.

［74］国家新闻出版广电总局发展研究中心.中国广播电影电视发展报告2013［M］.北京：社会科学文献出版社，2013.

［75］国家新闻出版广电总局发展研究中心.中国广播电影电视发展报告2014［M］.北京：社会科学文献出版社，2014.

［76］国家新闻出版广电总局发展研究中心.中国广播电影电视发展报告2015［M］.北京：社会科学文献出版社，2015.

［77］国家新闻出版广电总局发展研究中心.中国广播电影电视发展报告2016［M］.北京：中国广播影视出版社，2016.

［78］国家新闻出版广电总局发展研究中心.中国广播电影电视发展报告2017［M］.北京：中国广播影视出版社，2017.

[79] 国家广电总局广播影视发展研究中心.中国广播电影电视发展报告 2018 [M].北京：中国广播影视出版社，2018.

[80] 国家广电总局广播影视发展研究中心.中国广播电影电视发展报告 2019 [M].北京：中国广播影视出版社，2019.

[81] 国家广电总局广播影视发展研究中心.中国广播电影电视发展报告 2020 [M].北京：中国广播影视出版社，2020.

[82] 国家广电总局广播影视发展研究中心.中国广播电影电视发展报告 2021 [M].北京：中国广播影视出版社，2021.

[83] 国家广电总局广播影视发展研究中心.中国广播电影电视发展报告 2022 [M].北京：中国广播影视出版社，2022.

[84] 国家广电总局广播影视发展研究中心.中国广播电影电视发展报告 2023 [M].北京：中国广播影视出版社，2023.

[85] 陈先达.当代中国文化研究中的一个重大问题 [J].中国人民大学学报，2009，23（6）：2-6.

[86] 董孜孜.《舞千年》与"国潮"趋势下的舞蹈综艺创新 [J].北京舞蹈学院学报，2022（3）：20-26.

[87] 方李莉."文化自觉"与"全球化"发展：费孝通"文化自觉"思想的再阐释 [J].民族艺术，2007（1）：80-87.

[88] 封海清.从文化自卑到文化自觉：20 世纪 20~30 年代中国文化走向的转变 [J].云南社会科学，2006（5）：34-38.

[89] 盖琪.概念、形态与话语：对文化类综艺节目的三重考察 [J].电视研究，2018（5）：38-40.

[90] 高长力.全力推动节目自主创新 [J].中国广播，2016（4）：1.

[91] 关玲，张师迅.电视文化类综艺节目中传统文化的现代转译 [J].中国电视，2019（12）：25-28.

[92] 宫承波，田园.试论文化类真人秀节目中的"三个平衡"：以

《中国成语大会》为例［J］.中国电视，2015（1）：67-70.

［93］黄琳，张毅.嵌入、融合、共生：传统文化的数字新图景——技术逻辑下电视综艺节目的文化创新［J］.中国电视，2022（5）：60-66.

［94］何平.中国和西方思想中的"文化"概念［J］.史学理论研究，1999（2）：13.

［95］何天平，张榆泽.原创文化类节目 IP 系列化开发的经验与启示［J］.电视研究，2021（10）：12-15.

［96］胡智锋，周建新.从"宣传品"、"作品"到"产品"：中国电视50年节目创新的三个发展阶段［J］.现代传播（中国传媒大学学报），2008（4）：1-6.

［97］胡智锋，刘俊.主体·诉求·渠道·类型：四重维度论如何提高中国传媒的国际传播力［J］.新闻与传播研究，2013，20（4）：5-24，126.

［98］胡智锋，杨宾.传播力：中国影视文化软实力提升的重要保障［J］.清华大学学报（哲学社会科学版），2018，33（3）：140-147，193.

［99］胡智锋，兰健华.文化传承与创新语境下中国电视文艺的发展思考［J］.当代电视，2023（12）：4-10.

［100］黄启兵，田晓明."新文科"的来源、特性及建设路径［J］.苏州大学学报（教育科学版），2020，8（2）：75-83.

［101］黄晓晨.文化记忆［J］.国外理论动态，2006（6）：61-62.

［102］贾淑品.科技创新赋能社会主义文化强国建设［J］.甘肃社会科学，2024（1）：42-52.

［103］蒋述卓，洪晓.从春晚看当代大众文化的审美变迁［J］.南方文坛，2018（3）：16-20.

［104］冷淞，张丽平.浅析原创大型文化综艺节目《传承者》的成功经验［J］.中国电视，2016（5）：88-90.

［105］李金勇.文化领导权理论：意识形态话语权的基石［J］.学术

界，2015（9）：101-109，324-325.

［106］李礼.意识形态领导权、管理权、话语权的基本内涵及联系［J］.学术论坛，2017，40（4）：119-124.

［107］李薇.原创传统文化节目传播力提升路径［J］.中国广播电视学刊，2018（7）：40-43.

［108］李维武.传统文化的创造性转化与创新性发展：对习近平文化观的思考［J］.武汉大学学报（哲学社会科学版），2018，71（3）：5-12.

［109］李希光，郭晓科.主流媒体的国际传播力及提升路径［J］.重庆社会科学，2012（8）：5-12.

［110］蔺博.中央广播电视总台文化类综艺节目"IP化"对企业品牌的赋能价值［J］.中国广告，2024（4）：52-54.

［111］刘俊.融合时代文化类综艺节目的发展纵览与养成之道［J］.电视研究，2018（2）：17-19.

［112］刘纲纪.关于文艺与政治的关系［J］.文学评论，1980（2）：36-44.

［113］刘燕南.从"受众"到"后受众"：媒介演进与受众变迁［J］.新闻与写作，2019（3）：5-11.

［114］刘燕南，张雪静.内容力、传播力、互动力：电视节目跨屏传播效果评估体系创新研究［J］.现代传播（中国传媒大学学报），2019，41（3）：15-21.

［115］闾小波.文化救国论：中国人一个世纪的梦［J］.江汉论坛，1989（9）：26-30.

［116］卢少求.改革开放以来大学生读书思潮的回眸与展望［J］.中国青年研究，2006（1）：80-83.

［117］罗启业.关于文艺与政治关系问题的探讨［J］.广西大学学报（哲学社会科学版），1980（2）：17-24.

［118］潘怿晗.原创传统文化电视节目的"文化表达"及其空间拓展探析［J］.当代文坛，2015（4）：142-145.

［119］彭刚.克罗齐与历史主义［J］.史学理论研究，1999（3）：74-86，160.

［120］强月新，陈星.当前我国媒体传播力的影响因素研究：以受众为视角［J］.新闻大学，2017（4）：73-80，149.

［121］沈正赋.新媒体时代新闻舆论传播力、引导力、影响力和公信力的重构［J］.现代传播（中国传媒大学学报），2016，38（5）：1-7.

［122］石长顺，吴龙胜.审美、叙事与娱乐话语：中国文化电视60年［J］.现代传播（中国传媒大学学报），2019，41（1）：82-87.

［123］宋建.建设中华民族现代文明的历史逻辑与根本遵循［J］.江苏社会科学，2024（4）：30-40.

［124］陶东风.超越集体主义与个人主义的二元对立：对"集体记忆"概念的反思［J］.文艺理论研究，2022，42（4）：1-10.

［125］陶东风.文化凝聚力与文化领导权［J］.民主与科学，2011（6）：32-33.

［126］田梅.《经典咏流传》和诗以歌，让经典再次焕发新生［J］.电视研究，2018（6）：61-63.

［127］王若望.文艺与政治不是从属关系［J］.文艺研究，1980（1）：61-65.

［128］王霄冰.文化记忆、传统创新与节日遗产保护［J］.中国人民大学学报，2007（1）：41-48.

［129］王源.中华传统文化的具象化传播：原创性电视节目发展的新路径［J］.西南大学学报（社会科学版），2017，43（6）：146-154.

［130］吴世雄.认知心理学的记忆原理对汉字教学的启迪［J］.语言教学与研究，1998（4）：10.

［131］吴岩.“守城”到“攻城”：新文科建设的时代转向［J］.探索与争鸣，2020（1）：26-28.

［132］徐碧辉.美育：一种生命和情感教育［J］.哲学研究，1996（12）：58-63.

［133］杨生平.话语理论与中国特色社会主义话语体系构建［J］.中国特色社会主义研究，2015（6）：45-51.

［134］阎国忠，张艺声.文艺与政治：一个应重新审视的话题［J］.理论与创作，2002（5）：4-11.

［135］颜梅，何天平.电视文化类节目的嬗变轨迹及文化反思［J］.现代传播（中国传媒大学学报），2017，39（7）：87-90.

［136］王艳，孙华瑾.新能量 新链接 新价值：优秀传统文化类电视综艺节目营销模式研究［J］.传媒，2024（14）：33-35.

［137］王韵，薛羽佳，辛笑颖.剧式表达：文化类综艺节目叙事的空间转向［J］.中国电视，2020（12）：41-45.

［138］王仲士.马克思的文化概念［J］.清华大学学报（哲学社会科学版），1997（1）：7.

［139］解非，孟达.新质生产力引领文化综艺节目高质量发展：科技融入、媒体融合与创意驱动［J］.当代电视，2024（7）：40-46.

［140］姚文放.中国语境与汉语系统中的"文化"概念分析［J］.社会科学战线，2008（8）：199-207.

［141］叶嘉莹.从几首诗词谈我回国教学的动机与愿望［J］.文学与文化，2012（1）：4-18.

［142］尹鸿，陆虹，冉儒学.电视真人秀的节目元素分析［J］.现代传播（中国传媒大学学报），2005（5）：6.

［143］张爱凤.2013—2014国内原创电视文化节目建构的多元认同［J］.现代传播（中国传媒大学学报），2014，36（8）：73-78.

[144]张爱凤.原创文化类节目对中国"文化记忆"的媒介重构与价值传播[J].现代传播(中国传媒大学学报),2017,39(5):85-90.

[145]张爱凤,李军.从"融媒体"到"融文化":论原创文化节目生产传播机制的构建[J].电视研究,2019(8):12-15.

[146]张爱凤.媒介融合背景下原创文化节目创新与审美代沟弥合[J].中国新闻传播研究,2019(5):107-121.

[147]张爱凤.以形象思维触及人民灵魂:论电视剧《觉醒年代》的叙事逻辑[J].中国文艺评论,2021(9):92-103.

[148]张爱凤.中国影视文化治理的"破"与"立"[J].广州大学学报(社会科学版),2022,21(5):24-28.

[149]张春华,温卢.重构关系:媒介融合背景下传播力提升的核心路径[J].新闻战线,2018(13):41-46.

[150]张国光.强满足、弱群体:中国原创文化节目受众心理分析[J].湖南师范大学社会科学学报,2022,51(5):137-147.

[151]张国涛,欧阳沛妮.在中华美学精神层面寻得共鸣:解析河南卫视"中国节日"系列节目[J].中国电视,2021(7):23-29.

[152]张晶,谷疏博.文化记忆、崇高仪式与游戏表意:论原创文化类节目的美育功能[J].现代传播(中国传媒大学学报),2018,40(9):80-85.

[153]张开焱.召唤与应答:文艺与政治关系新论[J].文艺争鸣,2000(2):37-43.

[154]章宏,梁凯静,赵天娜.文化共享与市场契合:中国原创电视节目模式落地海外的机制研究[J].浙江大学学报(人文社会科学版),2024,54(6):44-57.

[155]种海峰.全球化境遇中的文化乡愁[J].河南师范大学学报(哲学社会科学版),2008(2):57-60.

［156］庄谦之，揭晓.中国意识形态安全治理：基于"韩流"扩散的分析［J］.韩国研究论丛，2022（2）：160-173，209-210.

［157］周隽，王永.主持人因素与原创文化节目传播力提升［J］.新闻战线，2020（20）：116-118.

［158］周宪.技术导向型社会的批判理性建构［J］.南海学刊，2016，2（3）：1-8.

［159］周宪.从"沉浸式"到"浏览式"阅读的转向［J］.中国社会科学，2016（11）：143-163，208.

［160］周怡.代沟现象的社会学研究［J］.社会学研究，1994（4）：67-79.

［161］朱成甲.北京大学与五四运动：兼论北大与教育救国、文化救国思潮的内在联系［J］.北京大学学报（哲学社会科学版），2000（3）：87-96.

后　记

行文至此，我想起了朱自清先生的散文《匆匆》中的句子："去的尽管去了，来的尽管来着，去来的中间，又怎样地匆匆呢？"

20多年前，我国广播电视行业迎来了快速发展期，新增了很多广播电视新闻学专业。我也是在那时候，开始担任广播电视新闻学专业的教师。

20多年后，我国广播电视行业成了困难行业，多地广播电视台因转型困难、营收下降、受众流失等问题不得不关停频道（频率）节目。当初如雨后春笋般开办的广播电视学（2012年"广播电视新闻学"更名为"广播电视学"）专业，如今也因招生和就业都面临困境，被多所高校列入拟撤销专业或预警名单中。

在这匆匆飞逝的20多年里，广播电视行业发展和高校的广播电视人才培养、教学科研等，都面临着哈姆雷特的哲学与命运之问："生存还是毁灭，这是个问题！"

2025年春节期间，人工智能新秀DeepSeek（深度探索）以"中国速度"席卷全球，日活跃用户数突破3000万，成为史上最快达到这一里程碑的应用产品。与此同时，国产电影《哪吒之魔童闹海》登顶全球影史单一市场票房榜，成为首部进入全球票房榜前五的亚洲电影，并且登顶全球动画片票房榜。这些令人惊叹的传媒科技及艺术创新产品背后，是研发团队、创作团队日复一日的深耕，是在面对挑战时一次次地激发潜能，是在面对一次次失败后迸发的绝处逢生的创造力。

正如"央视新闻"微信公众号的一篇推文《真的会为长期主义者而感动》中所说："所谓务实的长期主义者，既有远大的梦想，又要有脚踏实地的努力，懂得把遥不可及的目标拆解成一个又一个切实的行动，在干中学！""把怀疑自己有无能力做好，担心失败的战战兢兢，纠结付出与收益性价比的时间，都让给具体的行动吧。"这些话引发了我的强烈共鸣。我的座右铭"正心诚意、慎终如始、精益求精"源于中国古代经典，其精神内涵与长期主义者坚持的信念是相通相契的。

这本书是我主持的国家社科基金项目"文化强国背景下提升原创文化节目传播力研究"（项目编号：18BXW056）成果的一部分，与2019年中国传媒大学出版社出版的《源与变：中国电视原创文化节目发展史论》（下文简称《源与变》）形成一个整体。从2013年到2024年，原创文化节目得到了来自政府部门的制度保障和经费支持，得到了业界、学界及社会各界的一定关注。但是，在媒体市场激烈的竞争环境中，相比于其他纯娱乐综艺节目，原创文化节目的传播力整体比较弱，市场价值与文化价值、社会价值不相匹配。特别是2020年以后，受到新冠疫情和国内外经济形势的影响，除了中央广播电视总台的原创文化节目保持较好的发展态势，省级广播电视台原创文化节目可持续发展都面临着资金不足、融媒体传播乏力、受众流失严重、媒体（节目）经营困难等问题。五年过去，对于原创文化节目发展出现的这些新变化，需要做出及时的回应。因此，这本书对《源与变》一书中的部分内容进行了修改和完善，同时，又在此基础上向前推进了研究。

在本书的写作中，我指导的研究生尹才丽、康莹、康鑫鑫等参与了第六章、第八章、第十章的研究。在此过程中，她们的研究能力和学术素养也得到了很好的提升，逐渐成长为中华优秀文化的传播者。课题组成员李军是广播电视行业的资深从业人员，参与了第七章的研究，他见证了这个行业发展的巅峰时期，也正在经历低谷期。"不在巅峰时慕名而来，不在低

后 记

谷时转身离去",是一种职业精神,也是一种人生态度。

受多种现实条件限制,课题组对中西部省级卫视的原创文化节目生产传播情况缺乏深度的实地调研;提出的原创文化节目传播力评估体系还需要在实践中进一步予以检验和完善。

2022年以来,我开始兼任教育部国家语言文字推广基地(广州大学)的执行主任,对中华优秀语言文化进行传承、推广,工作任务更加繁重。我带领研究生和公益团队合作,面向中西部地区的乡村学校开展"诵读引路人"公益培训项目,探索通过以线上线下相结合的方式,把《中国诗词大会》《朗读者》《经典咏流传》等原创文化节目融入学校教育和家庭教育,把平时接触电视媒介最少的青少年,发展成为原创文化节目的受众和中华优秀文化的传承人。经过几年的探索努力,我们的实践工作取得了明显进展,越来越多的中西部乡村学校教师,成长为"诵读引路人",将经典诵读融入语文教学、校园文化活动,成为中华优秀文化的传播者,真正践行了"学术并举,知行合一"的治学理念,并取得了"以文化人"的效果。

与此同时,我也多次受邀面向香港、澳门的中小学校长、骨干教师,以及海外中文教师开展经典诵读、语言文化等方面的讲座,还担任了广州市残障人艺术团语言艺术的指导老师。我的研究成果不仅融入了教书育人的课堂,也融入了社会服务、文化传承事业,努力体现出把课题研究、论文"写在祖国大地上"的立场!

诗人艾青在《光的赞歌》中写道:"一切的美都和光在一起。"这束光可以是梦想,可以是热爱,也可以是我们对待生命的态度!

党的二十届三中全会提出"七个聚焦",其中之一便是"聚焦建设社会主义文化强国";此外,还强调了"加快构建中国话语和中国叙事体系,全面提升国际传播效能"。以《国家宝藏》《典籍里的中国》《最美中轴线》《中国礼·陶瓷季》等为代表的原创文化节目,成为中华优秀传统文化创造性转化和创新性发展的重要载体。经过十多年的发展,原创文化节目数量多、质量高，面向国内观众的传播力得到显著提升，但在国际传播领域仍未取得有效进展。全面提升原创文化节目国际传播效能，向世界讲述"何以中国"的文化故事，推动文明互鉴，成为一项紧迫的课题。

对我而言，这是一个挑战难度更大的课题。电影《哪吒之魔童闹海》中有一句台词："以前我一直在躲，在藏，直到无路可走，我才明白该如何面对这世界。"

愿我们的心中，都住着一个"哪吒"，"若前方无路，我便踏出一条路"！

我期待着，也一直努力着！

图书在版编目（CIP）数据

文化强国背景下原创文化节目发展与传播研究 / 张爱凤著. --北京：中国国际广播出版社，2025.6.
ISBN 978-7-5078-5738-2
Ⅰ. G222.3
中国国家版本馆CIP数据核字第2025MX3938号

文化强国背景下原创文化节目发展与传播研究

著　　者	张爱凤
策划编辑	杜春梅
责任编辑	韩　蕊
校　　对	张　娜
版式设计	邢秀娟
封面设计	鱼　舍

出版发行	中国国际广播出版社有限公司 ［010-89508207（传真）］
社　　址	北京市丰台区榴乡路88号石榴中心1号楼2001
	邮编：100079
印　　刷	北京启航东方印刷有限公司
开　　本	710×1000　1/16
字　　数	370千字
印　　张	26.5
版　　次	2025年6月　北京第一版
印　　次	2025年6月　第一次印刷
定　　价	78.00元

版权所有　盗版必究